Droemer
Knaur®

Wilhelm Dietl

Waffen für die Welt

Die Milliardengeschäfte der Rüstungsindustrie

Droemer Knaur

Bildnachweis – Wilhelm Dietl: 3 o.r., 3 u., 5 o., 8 u., 10 o., 10 u.l., 14; Indisches Verteidigungsministerium, Neu-Delhi: 80.; Israelisches Verteidigungsministerium, Tel Aviv: 11, 12,; Hans Peter Kruse: 5 u., 10 u.r.; Guido Krzikowski: 15 u.; MBB GmbH, Ottobrunn: 3 o.l.; Rheinmetall GmbH, Düsseldorf: 4 u.; Fritz Stark: 4 o.; U.S. Air Force Photo (Don Sutherland): 1 u.; U.S. Verteidigungsministerium, Washington, D.C.: 1 o., 2, 15 o., 16

CIP-Kurztitelaufnahme der Deutschen Bibliothek

Dietl, Wilhelm: Waffen für die Welt :
d. Milliardengeschäfte d. Rüstungsindustrie / Wilhelm Dietl. – München :
Droemer Knaur, 1986.
ISBN 3-426-26268-1

Umschlaggestaltung: Werner Rebhuhn
Umschlagfoto: dpa
Satzarbeiten: IBV Satz- und Datentechnik GmbH, Berlin
Druck und Bindearbeiten: Freiburger Graph. Betriebe
Printed in Germany
ISBN 3-426-26268-1

2 4 5 3 1

Inhalt

Vorwort

Jeder engagierte Journalist hat ein mehr oder minder aufwendiges Thema im Sinn, von dem er zumeist nur träumen darf. Entweder reicht es bei weitem über die engen Grenzen seiner Alltagsarbeit hinaus, oder er kann es nicht finanzieren. In vielen Fällen findet er auch keinen Verlag, der genügend Geld auf Verdacht hin investiert, damit er, der Autor, über die Runden kommt. Vorliegendes Buch ist so eine Ausnahme, ein Glücksfall.

Es ist aber auch die Summe meiner journalistischen Neugier vieler Jahre. Um die notwendigen aktuellen Informationen zusammenzutragen, bin ich in den letzten zweieinhalb Jahren intensiv gereist – von den USA bis Nordkorea, von London bis Tokio. Ich habe Waffenhändler getroffen und die Repräsentanten weltbekannter Rüstungsfirmen, die Verkaufsabteilungen von Verteidigungsministerien besucht und die Ausbildungslager von Untergrundbewegungen. Nach und nach ergab sich ein Bild, das von den Entwicklungsabteilungen der Produzenten und ihren Waffenschmieden über die Verkäufer bis zu den Endverbrauchern reicht. Die meisten waren für dieses Projekt zu gewinnen und zeigten sich aufgeschlossen, als sie merkten, daß es kein »Schnellschuß« werden sollte.

Aber auch dabei gab es noch Überraschungen. Während die Nobelfirma MBB in München die über eineinhalb Jahre hinweg immer wieder versprochene Kooperation so lange hinausschob, bis sie zeitlich nicht mehr realisierbar war, willigten andere, die bisher noch nie öffentlich aufgetreten waren, in die Zusammenarbeit ein – so Oberst Zvi Reuter, Chef der israelischen Rüstungsverkäufe. Dieses Buch ist das Resultat dreier journalistisch aufregender Jahre. Es erhebt nicht den Anspruch, eine lückenlose Enzyklopädie zu sein. Manche wichtigen Rüstungsproduzenten und -verkäufer wurden bewußt ausgespart, da sich ihre Hintergründe mit anderen Beispielen decken und somit vieles nur unnötig wiederholt würde. Länder, die in keinem eige-

nen Kapitel abgehandelt werden, finden sich mehrfach bei Fallbeispielen und durch ihre Rüstungskooperation mit anderen.
Daß dieses Mammutprojekt in drei Jahren verwirklicht werden konnte, ist vielen fleißigen Helfern und vertrauensvollen Informanten zu verdanken. Es liegt in der Natur des Themas, daß die wertvollsten Gesprächspartner nicht genannt werden können. Zahlreiche Insider haben mich über die verschiedensten Waffentransaktionen nur unter der Bedingung aufgeklärt, daß ich ihre Namen nicht nennen würde. Das ist zu respektieren, da der illegale Zweig des Gewerbes höchst unfreundlich reagieren kann; und auch, weil die meisten Regierungen ihre Aktivitäten auf dem Waffenexportsektor unerbittlich gegen das öffentliche Informationsbedürfnis verteidigen.
Ein großes Dankeschön also den vielen Namenlosen, deren Gunst diesem Buch zugute gekommen ist. Sehr hilfreich war der »United States Information Service« in München wie auch in Washington. Don Jones vom Foreign Press Center der amerikanischen Hauptstadt hat mir viele Türen geöffnet. Ein Dankeschön auch an IISS in London, SIPRI in Stockholm und ACDA in Washington sowie an Dr. Joachim Krause von der Stiftung Wissenschaft und Politik in Ebenhausen, dessen Rat sehr wichtig war. In diesem Zusammenhang möchte ich auch der Rand Corporation, einer führenden amerikanischen »Denkfabrik« in Santa Monica, danken. Meine dortigen Gespräche und die Rand-Unterlagen waren eine wichtige Quelle der Inspiration. Zahlreiche Kollegen haben mir bewiesen, daß sie keinen Konkurrenzneid kennen und einmal gewonnene Interna nicht als Privateigentum betrachten. Anthony Sampson aus London sei in diesem Zusammenhang hervorgehoben. Ebenfalls anonym müssen Diplomaten bleiben, die mir – nicht nur an deutschen Botschaften – weitergeholfen haben. Herzlichen Dank.

München, im Juni 1986

Das internationale Rüstungsgeschäft

»Jedes Jahr gibt die Welt ein Mehrfaches für Forschung aus, um die Zerstörungskraft von Waffen zu steigern, als zur Anhebung der Produktivität in der Landwirtschaft. In der Tat, die Ausgaben für Rüstungsforschung, in der eine halbe Million Wissenschaftler tätig sind, übersteigen die zusammengerechneten Ausgaben zur Schaffung neuer Energietechnologien, zur Verbesserung der menschlichen Gesundheit, für bessere Ernteerträge und zur Kontrolle der Umweltverschmutzung.«

Aus dem Bericht zur Lage der Welt,
Worldwatch Institute, 1986.

Am 2. April 1982 beginnt der wohl seltsamste Krieg der neueren Zeit. Argentinische Truppen landen auf den Falklandinseln im Südatlantik. Argentinien erhebt Anspruch auf diese Inseln am Ende der Welt, die es unter dem Namen Malvinas kennt. Eine Marinekampftruppe von 100 Schiffen verläßt Großbritannien, um die Falklands zurückzuerobern. Das soll nach einigen turbulenten Wochen und mehr als 1000 Kriegstoten bis zum 14. Juni 1982 gelingen.
Der Zerstörer Ihrer Majestät »Sheffield« befindet sich an jenem 2. April mit 270 Mann Besatzung auf der Höhe von Gibraltar. Sein Kommandant, Kapitän zur See Sam Halt, erhält Order, umgehend nach Süden zu fahren. Die »Sheffield« kommt als eines der ersten britischen Schiffe in der späteren Kampfzone an. Sie soll als schwimmende Frühwarnanlage für die zu erwartende Armada dienen. Am 2. Mai, nachmittags 16 Uhr, feuert das britische U-Boot »Conqueror« zwei Torpedos auf den argentinischen Kreuzer »General Belgrano« ab. Das Schiff ist schwer beschädigt und kentert eine Stunde später. 721 Mann Besatzung werden gerettet, 321 finden den Tod in den eiskalten Fluten.

Am 4. Mai sichert die »Sheffield« südöstlich der Falklandinseln den britischen Kampfverband. Zur Mittagszeit bemerkt Lieutenant Commander Nick Batho ein aus Westen sich näherndes Flugzeug. Das ist der Moment, in dem die »Super Etendard« aus dem Radarschatten hochkommt, um ihre Bordsysteme auf die »Sheffield« einzustellen. Die »Super Etendard« ist das modernste französische Marine-Jagdflugzeug, ein elektronisches Wunderwerk für zwölf Millionen Dollar das Stück. Es dauert nur noch Sekunden, bis sich eine direkt über den Wellen anfliegende »Exocet AM 39« – Stückpreis eine Million Mark – mit Überschallgeschwindigkeit in die Steuerseite der »Sheffield«, etwa einen Meter über der Wasserlinie, bohrt. Im Hauptmaschinenraum detoniert die Waffe mit ihren 365 Pfund Sprengstoff. Das Schiff gerät in Brand und kann nicht mehr gelöscht werden. Die Besatzung gibt es auf. Zwanzig britische Seeleute sind tot, 24 verletzt. Eine weitere »Exocet«, die von einer anderen »Super Etendard« abgefeuert wird, trifft ihr anvisiertes Ziel – den Flugzeugträger »Hermes« – nicht. Am 25. Mai schlägt eine dritte »Exocet« in den Flugzeugtransporter »Atlantic Conveyor« ein. Auch dieses Schiff kann nicht mehr gelöscht werden. Zwölf Tote sind zu beklagen. Eine unglaubliche Situation: Französische Waffen in argentinischer Hand versenken englische Schiffe. Noch dazu passiert das mit einer hochentwickelten Rakete, die ab 1967 von Aérospatiale in Paris unter Beteiligung von BAC Hawker Siddeley in London produziert wurde. Eine ganzseitige Anzeige der französischen Rüstungsindustrie im Fachblatt *Heracles* bietet ein anschauliches Beispiel für die Sprache staatlicher Waffenhändler vor dem Hintergrund einer zeitgenössischen Konfliktlösung:

»Die ersten Gefechte im Falklandkrieg haben drei französische Waffensysteme, mit denen argentinische Streitkräfte ausgerüstet wurden, hervortreten lassen. Zwei Luft-Boden-Exocet-AM-39-Flugkörper, die von einer Super-Etendard gefeuert wurden, setzten den Zerstörer HMS Sheffield außer Gefecht und beschädigten den Flugzeugträger Hermes... [was nicht den Tatsachen entsprach. Der Autor] Das persönliche Schicksal der von diesen Kampfhandlungen bedrohten Soldaten läßt einen nicht unberührt – aber es ist außerordentlich beeindruckend, daß so wenige argentinische Waffen gegenüber den starken Offensiv- und

Defensiv-Waffen von etwa zwei Drittel der mächtigen britischen Flotte diesen Erfolg erzielen konnten.«
Diese Anzeige ist ein krasses Beispiel für internationale Rüstungsgeschäfte, die in diesem Jahrzehnt zunehmend nur noch Renditen kennen, aber keine politischen Verpflichtungen. Waffen sind seelenlose Mittel zum Zweck. Eine Weltordnung existiert da schon lange nicht mehr.

Der Friedensforscher Michael Broszka, derzeit tätig beim angesehenen Stockholmer SIPRI-Institut, hat aus Zahlen der Weltbank und der Brandt-Kommission zum Nord-Süd-Konflikt auf der einen und aus Statistiken zum Rüstungstransfer auf der anderen Seite neun Vergleiche erarbeitet. Das klingt so: Ein Panzer des begehrten Typs Leopard II kostet drei Millionen Mark. Dafür könnte man in der Dritten Welt 1000 Klassenräume für 30000 Schüler schaffen. 40000 Dorfapotheken ließen sich für 50 Millionen Mark einrichten: der durchschnittliche Preis eines Kampfflugzeugs. Anstelle einer Fregatte vom Typ 122, die 450 Millionen Mark kostet, wäre ein weltweites Programm von Kinderschutzimpfungen möglich.
35 höchsttechnisierte Tornado-Kampfbomber – Saudi-Arabien hat 1985 die doppelte Menge von Großbritannien erworben – entsprechen vier Milliarden Mark. Damit könnte die Flußblindheit in der ganzen Welt ausgerottet werden. Mit weiteren 4,5 Milliarden Mark, nur ein halbes Prozent der Rüstungsausgaben des Jahres 1980, ließe sich die Malaria ein für allemal beseitigen. Die doppelte Summe steht wahlweise für ein globales Grundschulprogramm oder für weltweit sauberes Wasser. Die Dritte Welt hat 1980 für 50 Milliarden Mark Waffen gekauft. Damit hätte sie ihren Maschinenbestand und ihre Transportmittel um ein Fünftel steigern können. Mit 67 Milliarden Mark, vergleichbar einem Zehntel der Militärausgaben aller Industrieländer, ließe sich die Entwicklungshilfe verdoppeln. Broszka bezifferte die weltweiten Militärausgaben im Jahr 1980 mit 900 Milliarden Mark. Damit könnte das Einkommen der 1,3 Milliarden Einwohner in den 38 ärmsten Ländern der Erde von rund 400 auf 1100 Mark angehoben werden. Dies sind zweifellos Zahlen und Vergleiche, die auf dem Papier revolutionär wirken. In die Realität lassen sie sich jedoch nicht um-

setzen. Die Militärausgaben haben 1985 allem Anschein nach die Billionengrenze überschritten. Wer glaubt, daß sich der Trend umkehren wird, hat unrecht.
Der Transfer von Waffen ist das blühendste Gewerbe der Welt. Er gehört zu den Branchen mit den größten Wachstumsraten und Handelsspannen. Da ändern auch kurzfristige Einbrüche und Imageverluste nichts. Die Branche ist hungrig, und die Konkurrenz wird langsam so gewaltig, daß sich die einstige Dominanz der Verkäufer gewandelt hat. Der Kunde bestimmt und wird entsprechend umworben, damit er möglichst nicht zur Konkurrenz abwandert. Unter den Lieferanten laufen jedes Jahr die beiden Supermächte Vereinigte Staaten und Sowjetunion Kopf an Kopf durchs Ziel. Trotzdem werden ihre Marktanteile immer geringer. Im ersten Jahrzehnt nach dem Zweiten Weltkrieg lieferten nahezu exklusiv Engländer und Amerikaner Waffen für die Welt, und es war üblich, den Großteil der Schießgeräte zu verschenken, um sich Freunde zu schaffen beziehungsweise zu erhalten.
Bei den Amerikanern soll dieser Ausgabeposten damals pro Jahr mit einer Milliarde Dollar zu Buche geschlagen haben, bei den Engländern lediglich mit 400 Millionen Dollar. Um 1955 stiegen die Sowjets in den Wettbewerb ein. Ihr Marktanteil betrug auf Jahre hinaus schätzungsweise 500 Millionen Dollar. Gekräftigt durch die Marshallplan-Millionen, meldete sich der Produzent Frankreich Ende der fünfziger Jahre zurück. 400 Millionen Dollar brachte die Wehrtechnik ab sofort in seine jährliche Außenhandelsbilanz ein. Die Unterscheidung zwischen geschenkten und veräußerten Kampfgeräten war bereits damals nicht immer möglich. Die Sowjets tendierten mithin mehr dazu, sich Sympathien mit Kalaschnikow-Sturmgewehren zu erkaufen, während die westlichen Industrienationen genügend andere Trümpfe hatten. So konnten es sich zum Beispiel die Amerikaner leisten, in den fünfziger Jahren ihre Altbestände größtenteils umsonst abzugeben und erst für Neuentwicklungen marktgerechte Preise zu verlangen. Nimmt man für die Anfangszeit des modernen Waffenhandels (also etwa 1949) ein Jahresvolumen von 500 Millionen Dollar an, so stieg der statistische Umfang in zwei Jahrzehnten auf das Jahresmittel von fünf Milliarden Dollar. Das ist mehr, als die gesamten Länder der Erde Anfang der dreißiger Jahre in ihre Streitkräfte investierten. Die Werte potenzierten sich dann immer

mehr. Und mehr denn je wird zur bitteren Wahrheit, was der US-Autor George Thayer bereits vor knapp zwei Jahrzehnten erkannte: »Es werden mehr Waffen benutzt, wenn sie leichter zu beschaffen sind.« 150 bewaffnete Konflikte mit zehn Millionen Toten seit 1945 sind ein schwer zu entkräftender Beweis.
Das Waffengeschäft der achtziger Jahre – also die verkauften und nicht zum eigenen Bedarf der Groß- und Regionalmächte produzierten militärischen Geräte – ist immer weniger durchschaubar. Die vorliegenden Zahlen und Hintergründe können je nach politischer Notwendigkeit mit sich widersprechender Deutung serviert werden. Einige Beispiele sollen dies verdeutlichen. Nach dem jüngsten Report der Washingtoner Arms Control and Disarmament Agency (ACDA) hat die Sowjetunion im Jahr 1984 Waffen im Gesamtwert von 9,4 Milliarden US-Dollar als Militärhilfe in die Welt geschickt. Davon soll Gerät im Wert von 8,6 Milliarden Dollar an Entwicklungsländer gegangen sein. Die eigenen Exporte werden mit 7,7 Milliarden Dollar angegeben (davon für 4,8 Milliarden Dollar in die Dritte Welt). Der gesamte, weltweite Waffentransfer betrug 34,97 Milliarden Dollar. Damit sind die Anteile der Sowjets und der Amerikaner erstmals unter 50 Prozent gefallen. Ein Trend, den aufmerksam zu studieren sich lohnt.
Obwohl viele Länder der Dritten, der armen Welt erstmals zurückstecken und ihre Bestellungen einschränken mußten, nehmen die Verkäufe in ihrer Gesamtheit nur langsam ab. »Militärhilfe« und »Auswärtige Militärverkäufe« umschreiben es die Amerikaner, wenn sie Erzeugnisse des militärisch-industriellen Komplexes auf Regierungsebene abgeben. Vierzehn freundlich gesinnte Staaten haben sie 1950 beliefert. 1963 lag die Zahl der Empfängerländer bei 69. Nun sank sie wieder auf 45, die im Haushaltsjahr 1986 Kriegsgerät im Wert von 9,4 Milliarden Dollar bekommen. Israel und Ägypten sind ein Haushaltsposten, der bereits fünf Milliarden Dollar verschlingt. Nimmt man die Türkei hinzu, dann haben drei Länder zwei Drittel vom US-Kuchen erhalten. Insgesamt verkauft die Reagan-Regierung für rund 19 Milliarden Dollar im Jahr.
Das klingt alles so einfach, selbstverständlich und transparent – und doch ist es genau das Gegenteil. Drei öffentlich zugängliche Institute mühen sich – neben diversen Nachrichtendiensten –, die Bewegungen des Marktes zu überblicken. Und doch gelingt es ihren Analytikern nur in beschränktem Umfang. Zum besseren Ver-

ständnis dieser gemeinhin unsichtbaren Abläufe sollen die »Denkfabriken« kurz vorgestellt werden. Erst der unbefangene Umgang mit ihren Erkenntnissen führt zum besseren Verständnis der Darstellung weltweiter Waffentransaktionen.

• International Institute for Strategic Studies (IISS): Das Forschungsinstitut im roten Backsteinbau Tavistock Street Nummer 23, einen Steinwurf vom Londoner Covent Garden, wurde 1958 gegründet. Sein Ziel war und ist, »Informationen über internationale Sicherheit, Verteidigung und Abrüstung im nuklearen Zeitalter zu sammeln«. Es finanziert sich durch die Beiträge von Mitgliedern aus mehr als 60 Staaten und durch den Verkauf von Veröffentlichungen zu militärisch-strategischen Themen. Außerdem spenden Stiftungen in den USA, in Großbritannien, der Bundesrepublik Deutschland, Italien und Japan regelmäßig. Das sichert dem IISS weitestgehende Unabhängigkeit. Das alljährlich erscheinende Handbuch *Military Balance* listet alle dem Institut zugänglichen Zahlen und Daten zur Militarisierung der Welt auf.

IISS arbeitet seit 1982 unter Dr. Robert O'Neill, einem aufgeschlossenen Australier. Er diente einst als Armee-Offizier im Vietnamkrieg. Von 1971 bis 1982 leitete O'Neill das Studienzentrum für Strategie und Verteidigung an der Australian National University in Canberra. Er ist Autor einer Reihe von Büchern, darunter *Die Wehrmacht und die NSDAP, Angriffsziel Vietnam, General Giap,* und eines zweibändigen Werkes *Australien im Koreakrieg.*

• Stockholm International Peace Research Institute (SIPRI): Im Vorort Solna der schwedischen Hauptstadt großzügig untergebracht, erforscht SIPRI seit 1966 Krieg, Frieden und Sicherheit. Ein Stab internationaler Wissenschaftler hat sich auf Rüstung und Abrüstung, den technischen Wettlauf der Waffensysteme und den Transfer von Waffen spezialisiert. Das Institut ist eine Gründung des schwedischen Parlaments und wird auch aus dessen Haushaltsmitteln finanziert. Es arbeitet weitestgehend unabhängig von politischen Einflüssen, bezieht Wissenschaftler aus beiden ideologischen Lagern in seinen Aufsichtsrat mit ein. SIPRI wird seit 1. Oktober 1986 von dem Deutschen Walther Stützle geleitet. Er war von 1976 bis 1983 Leiter des Planungsstabes im Bonner Verteidigungsministerium unter den sozialdemokratischen Ministern Leber und Apel und zuletzt Redakteur bei der *Stuttgarter Zeitung* mit dem Spezialgebiet Verteidigungs- und Sicherheitsfragen. Stützle löste den Briten Frank Blackaby ab, dessen Vertrag auslief. Das angesehenste Friedensforschungsinstitut der Welt gibt ein *Jahrbuch* heraus, genannt *Rüstung und Abrüstung in der Welt,* eine wahre Fundgrube militärischer Fakten und Analysen. Die Leserschaft ist jedoch auf einschlägiges Fachpublikum beschränkt, da dieses Jahrbuch sehr wissenschaftlich aufgebaut und zudem ausgesprochen teuer ist. In den 20 Jahren seines Bestehens hat SIPRI bereits mehr als 50 Bücher und zwei Dutzend Forschungsberichte publiziert. Das Spektrum reicht von einer sechsbändigen Studie über chemische und biologische Kriegführung bis zum Standardwerk über den Atomsperrvertrag. SIPRI hat die einzige, öffentlich zugängliche Datenbank über Waffentransfers und ziemlich ausführliche Statistiken über den Waffenhandel der entwickelten mit der unterentwickelten Welt. Wegen seines relativ offenen Umgangs mit Daten wird SIPRI regelmäßig vom Osten wie vom Westen kritisiert.

• Arms Control and Disarmament Agency (ACDA): Als einzige der drei Institutionen steht ACDA unter der Aufsicht der Regierung. Sie arbeitet mit einem 180köpfigen Stab im weitläufigen US-Außenministerium an Washingtons 21. Straße. Was sind die Aufgaben von ACDA? Sprecher Ed Finegold: »Mit einem Haushalt von 19 Millionen Dollar im Jahr arbeiten wir vorwiegend für das State Department. Wir sehen uns geplante Rüstungsverkäufe an und urteilen darüber. Pro Jahr werden wir durchschnittlich in 1500 Fällen eingeschaltet. Unser Fachgebiet sind natürlich die großen Waffensysteme.«

An der Spitze der ACDA steht seit 1983 der frühere US-Vertreter bei den Vereinten Nationen und Abrüstungsexperte Kenneth Lee Adelman. Er zeichnet, wie seine Kollegen O'Neill und Stützle, gleichfalls für einen Jahresbericht verantwortlich. Das Produkt der Washingtoner Agentur heißt *Militärausgaben und Waffentransfers der Welt* und listet jeweils Vergleichszahlen aus zehn Jahren auf. Hartnäckig hält sich das Gerücht, daß ACDA nur beschränkte Einflußmöglichkeiten hat, vom Pentagon wie vom State Department beziehungsweise dem Weißen Haus eher als uneheliches Kind behandelt wird. Sogar die angeblich direkte Schiene zum US-Geheimdienst »Central Intelligence Agency« (CIA) ist überbewertet. Die Datei des »Internationalen Währungsfonds« (IMF) steuert einiges mehr zu den ACDA-Recherchen bei.

Wie kann man nun mit diesen Daten umgehen, ohne sich darin zu verlieren? SIPRI erfaßt lediglich Großwaffen und vergleicht sie von ihrem Kampfwert her. Dazu wurde in Stockholm ein eigenes Bewertungssystem entwickelt. ACDA untersucht umfangreicher und systematischer. Verschiedentlich konnten Rüstungsexperten die ACDA-Tendenz feststellen, westeuropäische Exporte eher zu unterstützen, US-Exporte korrekt wiederzugeben und bei Exporten der Sowjetunion der Phantasie einen leichten Spielraum zuzugestehen. Das Londoner Institut für strategische Studien bietet dagegen in seiner exakten, wertfreien Art keine Angriffsflächen, aber auch kaum Details zu Waffentransfers.
Die drei Institute analysieren nach unterschiedlichen Verfahrensweisen. ACDA bezieht nur rein militärische Güter ein, die jederzeit in einem konventionellen Krieg Verwendung finden könnten. Strategische Raketen, nukleare oder chemische Waffen sind in den ACDA-Statistiken nicht enthalten. Wenn US-Truppen irgendwo auf dem Globus abziehen und einen Großteil ihrer Ausrüstung für die lokalen Streitkräfte zurücklassen, so wird das von ACDA ebenfalls nicht als Rüstungstransfer anerkannt. Adelmans Agentur muß sich auf die Erkenntnisse amerikanischer Regierungsstellen verlassen und hat wenig Möglichkeiten gegenzuchecken. So passiert es immer wieder, daß ACDA in der jeweils nächsten Ausgabe des Jahrbuches Zahlen revidieren muß.
SIPRIs Handicap ist, daß es sich in seinem Jahresbericht hauptsächlich mit Waffentransaktionen in die Dritte Welt befaßt. SIPRI und ACDA kommen deshalb auch zu verschiedenen Ergebnissen, da sie die Relation diverser Währungen zum amerikanischen Dollar nach unterschiedlichen Kriterien umrechnen. Bei sowjetischen Waffen sieht das so aus: Generell sind die Produkte aus Moskau billiger als vergleichbare westliche Systeme. Um einen annähernden Wert zu gewinnen, schätzen die westlichen Analytiker, wieviel eine Sowjetwaffe bei einem westlichen Produzenten gekostet hätte. Auf dieser Grundlage vergleicht ACDA dann den Transfer gleichartiger Waffen. Von einer genauen Preisangabe kann also nicht die Rede sein. Zu häufig zahlen Kunden der Sowjets nur politische Preise, also deutlich weniger, als die teuren Westwaffen kosten würden. Das ist bei ACDA-Statistiken nicht berücksichtigt. SIPRI gibt Waffengeschäfte bekannt, sobald sie von den Geschäftspartnern angekündigt werden, während ACDA erst noch

auf die Auslieferung wartet. SIPRI beschränkt sich auf Schiffe, Panzer, Flugzeuge und Raketen, während ACDA alle Waffen einbezieht. Die Washingtoner Behörde schließt teilweise sogar die Kosten für Militärberater, Aufbau lokaler Rüstungsanlagen in den Empfängerstaaten und Reparaturkosten für verkauftes Gerät mit ein.
SIPRI listet zwischen 1970 und 1977 eher rückläufige sowjetische Rüstungsausgaben auf, während ACDA (mit einem anderen Rubelkurs rechnend) von 30 Prozent Zunahme berichtet. SIPRI berechnet Inflationsraten anhand der Konsumwaren, ACDA legt dagegen die gesamte Wirtschaft eines Landes zugrunde. Dann wird die US-Inflationsrate abgezogen, um einen »reinen« Dollar zu erhalten, der wiederum auf die Verhältnisse der fremden Währung übertragen werden muß. Letztlich differieren auch die Einstufungen mancher Waren in zivil und militärisch. Manches Zivilprodukt kann sich rasch in eine Waffe verwandeln.
So kommt es, daß das SIPRI-Jahrbuch 1985 die USA auf den ersten Platz der Rüstungslieferanten setzt. Sowjetische Waffenexporte gingen deutlich zurück, heißt es in der Analyse, da die Dritte-Welt-Staaten an höher entwickelter Technologie interessiert seien, wo die Sowjetunion nicht mehr mithalten könne. Der ACDA-Report desselben Jahrgangs sieht es genau umgekehrt. Die Sowjets seien Hauptexporteure in jeder Region der Erde, während die USA 90 Prozent ihrer Waffen – aus diplomatischen Gründen – an Staaten mit langjährigen Beistandspakten abgeben würden. Mit 1,7 Milliarden Dollar oder 18 Prozent Vorsprung seien die Sowjets besser im Geschäft.
Übereinstimmung erzielen die Institute noch am ehesten, wenn es um die geschwundenen Marktanteile der etablierten Rüstungsindustrien in Dritte-Welt-Ländern und um die neue Konkurrenz aus aufstrebenden mittleren Staaten geht. Nach einer Untersuchung der Stiftung Wissenschaft und Politik in Ebenhausen sieht die Parade der zehn größten Rüstungslieferanten an Länder der Dritten Welt so aus: Sowjetunion mit einem jährlichen Durchschnitt von 8,36 Milliarden Dollar an erster Stelle, USA mit durchschnittlich 6,09 Milliarden Dollar an der zweiten. Darauf folgen Frankreich mit 4,47 Milliarden Dollar Waffenexporten, Großbritannien mit 2,35 und Italien mit 2,12 Milliarden Dollar. Israel rangiert bei 900 Millionen Dollar, die Bundesrepublik Deutschland bei 740 Millio-

nen, Brasilien bei 650 Millionen. Spanien erlöst noch 530 Millionen, die Volksrepublik China 380 Millionen.
Nach SIPRI-Zahlen wurden zwischen 1978 und 1982 zwei Drittel der verkauften Waffen von unterentwickelten Staaten importiert. Seit etwa 1983 scheint der Waffenhandel aber seine Dynamik verloren zu haben. Heino Kopietz, ein hervorragend informierter Analytiker des Londoner Instituts: »Die Tage der Prestigekäufe sind weitgehend vorbei. Die Länder der Dritten Welt können sich neue Waffen nicht mehr leisten. Ihre Schulden wachsen, Rezession und sinkende Wirtschaftshilfe machen ihnen zu schaffen. Der Trend geht dahin, in den siebziger Jahren gekaufte Waffensysteme mit Ersatzteilen aufzumöbeln und keine neuen Systeme zu erwerben. Es ist einfach nicht genug Geld da, um große Investitionen in neue Systeme zu tätigen.« In den letzten 15 Jahren waren im übrigen auch die Budgets für die interne Sicherheit zumeist größer als jene für die Landesverteidigung.
Das ist nur die eine Seite. Wäre es ausschließlich so, dann würde die Vision des Michael Broszka vielleicht doch noch Wirklichkeit. Ohne die Trendmeldung von Heino Kopietz zu entwerten, muß jedoch die Lage der wirtschaftlich armen Länder auch unter anderen Gesichtspunkten betrachtet werden. Nahezu jeder Krieg der Nachkriegszeit wurde in der Dritten Welt ausgetragen. Diktatorisch regierte Länder brauchen Waffen, da das jeweilige Regime sein Volk in Schach halten muß. Die Beispiele reichen von der Republik Südafrika bis zum Iran. Viele Staaten leben mit ungelösten Grenzproblemen, da die nachkoloniale Ära ihnen willkürliche Grenzen hinterlassen hat. Das trifft auf den indischen Subkontinent genauso zu wie auf den Nahen Osten. Letzten Endes ist auch der unselige Golfkrieg ein Ringen um die Grenzziehung am Schatt el-Arab. In vielen Staaten werden ethnische Konflikte ausgetragen. Volksgruppen, wie die Sikhs in Indien, wollen ihren eigenen Staat gründen und sich von der Nation lösen. Manche Entwicklungsländer kämpfen um die regionale Vormacht. Dabei haben sie nicht selten die Grundstrukturen der Großmachtrivalität angenommen. Andere reagieren entgegengesetzt. Sie haben neues Selbstbewußtsein erworben und lehnen sich gegen jegliche Präsenz entwickelter Staaten auf. Nationale Sicherheit (auch vermeintliche) steht obenan im Prioritätenkatalog der neuen Aufsteiger. Aus diesen Gründen nimmt die Rüstungsschraube kein Ende.

Die Empfängerländer kehren in den achtziger Jahren lediglich zu größerer Sparsamkeit zurück.
Nach dem neuesten Jahresbericht aus London läßt sich beispielsweise in Lateinamerika eine Schrumpfung der Militärausgaben um 15 Prozent festhalten, wovon ganz besonders Argentinien betroffen ist. Lediglich die mittelamerikanischen Staaten, von denen sich einige im Krieg befinden, bauen ihr Kriegspotential aggressiv aus. Sie werden, wie später noch aufzuzeigen sein wird, von den Supermächten hochgerüstet. Mittelamerika und der Persische Golf sind treffende Beispiele für das große Geschäft mit dem Krieg.
Ein immer größer werdendes Geschäft zeichnet sich auch bei einer neuen Elite der Dritte-Welt-Staaten ab, den Produzenten einfacherer und preisgünstigerer Rüstungsgüter. Seit den frühen siebziger Jahren haben sich etwa 30 von ihnen auf den Markt gedrängt. Brasilien, Israel und Südafrika sowie die beiden koreanischen Staaten fügen den im Waffengeschäft etablierten Industriestaaten immer größere Einbußen zu. Auch Ägypten, Argentinien, die Philippinen, Singapur und Taiwan haben respektable Waffenindustrien aufgebaut und verkaufen beinahe ohne Einschränkungen. Die Systeme sind billig und einfach zu handhaben. Brasilien produziert sogar Militärfahrzeuge auf der Grundlage von VW-Produkten. Ersatzteile gibt es überall. Indien, die neben China wohl größte Waffenschmiede der Dritten Welt, ist eine Ausnahme. Bislang hat sich Neu-Delhi an die Ideale des Gründervaters Jawaharlal Nehru gehalten und die internationalen Krisenherde von tödlichen Instrumenten »made in India« freigehalten. Die umfangreiche Produktion deckt fast ausschließlich den Eigenbedarf.
Nun nehmen also die Süd-Süd-Geschäfte zu. Brasilien ist in der Branche der erfolgreichste Aufsteiger. 800000 Dollar kostet der brasilianische Panzer Tamoyo, während für das deutsche Prestigeerzeugnis Leopard II der doppelte Betrag aufgewendet werden muß. Arthur Alexander, Wirtschaftsanalytiker in der amerikanischen Denkfabrik »Rand Corporation«, hat den Trend schon frühzeitig erklärt: »Die kriegerischsten und die am meisten bedrohten Staaten der Dritten Welt haben ihre eigenen Waffenindustrien entwickelt. Nun haben sie sich diskret in das Exportgeschäft gemischt. Sie verkaufen an jeden und schweigen darüber.«
Kenneth Adelman nannte im ACDA-Bericht des Jahres 1985 die

neuesten Zahlen: »Die Entwicklungsländer haben ihren Anteil an den Waffenexporten in den letzten zehn Jahren deutlich vergrößert, von zwei Prozent im Jahr 1973 auf mittlerweile elf Prozent. Die durchschnittliche Wachstumsrate der Rüstungsexporte aus Entwicklungsländern war mehr als 23 Prozent für das gesamte Jahrzehnt und stieg zwischen 1980 und 1983 auf beinahe 32 Prozent.« So kam es, daß die beiden Rüstungsgiganten in ihrem Marktanteil auf unter 50 Prozent gefallen sind. Übrigens glaubt SIPRI noch nicht so recht an den Erfolg der neuen Produzenten. Das Institut räumt ihnen im 85er Jahrbuch nur drei Prozent der Gesamtverkäufe und vier Prozent der Lieferungen an ihresgleichen ein.

Der westliche und der östliche Teilmarkt, beide unter Überproduktion leidend, werden die Abwanderung der Kundschaft in den kommenden Jahren noch stärker zu spüren bekommen. Dr. Joachim Krause von der deutschen Stiftung Wissenschaft und Politik kommt in einer beispielhaften Untersuchung zum »internationalen Handel mit konventionellen Waffen und Rüstungsgütern« unter anderem zu folgendem Ergebnis: »Die Stagnation der Rüstungsnachfrage von Staaten der Dritten Welt trifft die Waffenexporteure in unterschiedlicher Weise. Während die USA wohl am meisten Flexibilität besitzen, um zu erwartende politische und rüstungswirtschaftliche Folgen aufzufangen, dürften für die Sowjetunion schon deshalb Probleme auftreten, weil sie nahezu ausschließlich auf Rüstungslieferungen angewiesen ist, um Einfluß in der Dritten Welt zu gewinnen. Die westeuropäischen Staaten (insbesondere Frankreich, Großbritannien, Italien, Spanien, Belgien, die Niederlande und zum Teil auch die Bundesrepublik) besitzen ihrerseits aus rüstungswirtschaftlichen sowie industrie- und technologiepolitischen Gründen wenig Flexibilität: entgangene Rüstungsexporte werden zu Kostensteigerungen bei einzelnen Waffensystemen führen und den Subventionsbedarf von Industrien erhöhen.« Doch auch dann werden die etablierten Rüstungsunternehmen – im Gegensatz zur langsam aussterbenden Gilde der Waffenhändler und -schmuggler – keineswegs Hunger leiden müssen. Die US-Regierung gibt derzeit nicht weniger als 27 Prozent des Gesamthaushalts für die Streitkräfte aus. Das Budget des Jahres 1986 beträgt 314 Milliarden Dollar. 38 Prozent davon fließen der Rüstungsindustrie zu. In England entfallen zwölf Prozent der

Gesamtausgaben auf das Verteidigungsressort, in Frankreich 18 Prozent. Israel, zum Vergleich, hat bereits die 35-Prozent-Marke für die Sicherheitsausgaben erreicht. 87 Prozent der Erzeugnisse des Rüstungsriesen MBB (München) gehen an die Bundeswehr. 60 Prozent der Produktion von Firmen wie Rolls-Royce oder British Aerospace sind von vornherein im Regierungsauftrag entstanden.

Kostete Lockheeds Unglücksvogel F-104-»Starfighter« noch rund zwei Millionen Mark pro Exemplar (vergleichbarer Wert im Jahr 1980: 3,3 Millionen Mark), so sind für den neuen F-20-»Tigershark« von Northrop bereits 30 Millionen Mark auszugeben. 100 Millionen kostet das teuerste Kampfflugzeug aller Zeiten, der MRCA-»Tornado«. Nach dem Stand von 1985 wurden als Entwicklungskosten für den ambitiösen europäischen »Jäger 90« 3,6 Milliarden Mark eingeplant. 250 Stück der heute noch utopischen Jagdbomber sollen für 17,5 Milliarden Mark feil sein. Norman Augustine, Vizepräsident des Raketenherstellers Martin Marietta, nimmt Stellung zur Kostenexplosion: »Alle zehn Jahre vervierfacht sich der Preis der Kampfflugzeuge.« Das US-Verteidigungsministerium bestellte früher 3000 Flugzeuge pro Jahr. 1981 konnte es sich bloß noch 400 leisten. Deshalb sank die Zahl der verfügbaren Maschinen inzwischen von 18000 (in den fünfziger Jahren) auf 6300 (»Military Balance« 1985/86). Augustine darauf: »Wenn das so weitergeht, bekommt das Pentagon im Jahr 2054 für den gesamten Verteidigungshaushalt nur noch ein einziges Kampfflugzeug, das sich Marine und Luftwaffe teilen müssen.«

Produzenten und Verkäufer

1. USA – Harte Dollars und Weltpolitik

> »Die Programme der Sicherheitshilfe sind lebenswichtige Instrumente der nationalen Sicherheits- und Außenpolitik der Vereinigten Staaten und dienen der Stärkung verbündeter wie befreundeter Regierungen, mit denen die Vereinigten Staaten besondere Sicherheitsanliegen verbinden. Diese Programme ermöglichen es anderen Regierungen, ihre Volkswirtschaften zu stärken und moderne militärische Ausrüstung zu erwerben, die für ihre Verteidigung notwendig ist. Die Sicherheitshilfe trägt auch dazu bei, daß den Vereinigten Staaten der Zugang zu militärischen Anlagen und Militärstützpunkten sichergestellt wird.«
>
> Ronald Reagan, 1985

Das Namensschild wird vom Computer ausgedruckt und dem Gast in einer Plastikhülle zum Anstecken überreicht. Dann muß er sich einer genauen Gepäckkontrolle unterwerfen und darf schließlich den Salon betreten. Es ist ein heimeliger Ort, an dem das Bier aus St. Louis nie zu fließen aufhört, an dem es auf dem reichlichen Büfett texanisches Barbecue und selbst US-Desserts gibt. Auf Videoschirmen steigt ein glänzender, eleganter Vogel mit spitzer Nase in den Himmel und vollführt allerlei Pirouetten. Einige Damen mittleren Alters mit den letzten Frisuren aus den Fernsehserien »Dallas« und »Denver Clan« und schicken Pariser Modellkleidern sehen die Szene etwas gelangweilt zum wiederholten Male. Sie unterhalten sich über branchenfremde Themen.
Währenddessen haben sich ihre Ehemänner zu kleinen Gruppen versammelt. Die durchweg geschäftstüchtig und dynamisch wirkenden Herren – Erkennungszeichen Nadelstreifenanzug und de-

zente Krawatten – stehen zu viert oder fünft um die weichen Ledersitzgruppen herum und diskutieren das neue Marketingprogramm, die Weiterentwicklung des Produkts, die Absatzchancen in noch unerschlossenen Ecken der Welt, die Politik der eigenen Regierung. Dezente Leihbedienstete servieren Drinks und verschwinden wieder auf leisen Sohlen. Dicke Teppiche dämpfen die Schritte.
Nach einiger Wartezeit löst sich ein Mann mittleren Alters aus einer der kleinen Gruppen: Alvin A. Spivak, Direktor der Informationsabteilung. »Herzlich willkommen bei General Dynamics.« Alvin Spivak aus Washington ist für kurze Zeit mein Gastgeber im Chalet A 50 des Aéro-Salons 1985. Ein netter, unverbindlicher Plauderer, der die Tücken des Geschäfts kennt, aber immer nur soviel preisgibt, wie er seinem Gegenüber als Standardwissen zubilligt. Spivak befand sich zur Zeit der 36. Airshow von Paris gerade im wohl schwierigsten Jahr seiner Tätigkeit. General Dynamics war in Mißkredit geraten, weil die Rüstungsfirma allem Anschein nach den Auftraggeber Pentagon, das US-Verteidigungsministerium, schon seit Jahren übervorteilt und wie eine Weihnachtsgans ausgenommen hatte.
Spivak mochte das Thema nicht gerne hören, füllte es doch schon seit Monaten die Spalten der Weltpresse. Zeit war rar, und so beließen wir es bei einem Gespräch über Atmosphärisches. General Dynamics war erneut mit einem der elegantesten Chalets auf dem Jahrmarkt der Luftfahrt-Eitelkeiten vertreten. Ein Erscheinen ist Pflicht, da neben Hunderttausenden von Zaungästen viele Fachbesucher kommen, von denen nicht wenige das erfolgreichste Produkt aus dem Hause General Dynamics kaufen möchten: das Kampfflugzeug F-16, das wohl faszinierendste und zugleich gefährlichste Stück konventioneller Kriegstechnik unserer Zeit.
General Dynamics war auf der zehn Tage dauernden Luftfahrtschau eine von 1100 Firmen aus 34 Staaten, die Raumfahrtentwicklungen, Flugzeuge aller Art, Triebwerke und Zusatzteile ausstellten. Und doch ist der Rüstungsgigant aus St. Louis, wo immer er auftritt, einer der wichtigsten Teilnehmer. Das kann in Paris sein, aber auch bei der gleichfalls im Zwei-Jahres-Turnus wechselnden Flugzeugmesse von Farnborough im südlichen Außenbereich Londons. General Dynamics ist der fünftgrößte Konzern des militärisch-industriellen Komplexes der USA, wenn man seine

80000 Beschäftigten in Relation zu den anderen Rüstungsfirmen stellt. Von der Bilanz her ist GD noch besser im Rennen, bei einer sämtliche Bereiche umfassenden Kalkulation sogar der Größte. Im Haushaltsjahr 1984 hat General Dynamics Produkte für nicht weniger als sechs Milliarden Dollar an das Pentagon geliefert. Die Geschäftsleitung ist stolz darauf, daß ihre Firma an alle drei Teilstreitkräfte verkauft: Der Kampfpanzer M-1 geht an das Heer, das Atom-U-Boot »Trident«, Angriffs-U-Boote und seegestützte Cruise Missiles an die Marine sowie der 20 Millionen Dollar teure Verkaufsschlager F-16 (»Fighting Falcon«) und die dazugehörigen Raketensysteme an die Luftwaffe. Alvin Spivak hält diese Information nicht zurück.
Durch die großflächigen Fenster des Chalets sieht man zwei Ausstellungsexemplare der F-16 stehen. Sie werden von Schaulustigen außerhalb und Kaufwilligen innerhalb der Absperrung umlagert. Eine der Maschinen gehört der belgischen Luftwaffe, heißt es, und sie wurde nur ausgeliehen, neu gestrichen und mit den Flaggen der Dutzend Empfängerstaaten der F-16 verziert. Auf der anderen Seite der Verkaufsbungalows zittert plötzlich der Boden unter der Rollbahn. Die Luft flimmert mit den zusätzlichen Hitzetemperaturen der Triebwerke, und – wie jeden Tag um 14.58 Uhr – ein F-16-Jet hebt ab. Der 2120 Stundenkilometer schnelle Jäger bohrt sich wie ein Pfeil in den Himmel und kommt mit einem geschwungenen Looping in der Form einer Neun zurück. Militärs und Marketingspezialisten haben mittlerweile das Sonnendach der General-Dynamics-Vertretung erklommen. Sie stehen dichtgedrängt und beobachten mit sichtbarer Spannung das zehnminütige Schauspiel. Bei jedem neuen Kunststück des derzeit erfolgreichsten Militärflugzeuges der Welt spenden sie Beifall. Argwöhnisch blickt die Konkurrenz in den Himmel. Gerade die Verkäufer von Northrop, wenige Meter entfernt, wirken etwas verkrampft, war doch ihr Prototyp des neu entwickelten F-20 »Tigershark« auf dem Weg nach Paris in den Wäldern von Labrador zu Bruch gegangen.
Bei kalifornischem Wein aus dem fruchtbaren Nappa Valley ist die Zeit für Anekdoten gekommen. Da soll doch im Jahr zuvor ein nahöstlicher Potentat zum Verkaufschef von General Dynamics in Paris gekommen sein und sogleich sein Scheckbuch gezückt haben. »Was kostet eine Staffel der F-16?« – »Sie müssen das mißverstanden haben«, soll die Antwort des GD-Offiziellen gewesen

sein. »Wir verkaufen keine F-16. Das ist exklusiv die Aufgabe unserer Regierung. Sie müssen mit denen sprechen.« Seine Antwort wurde so überliefert: »Schön und gut. Kann ich dann wenigstens ein Flugzeug mitnehmen?« Er konnte nicht, weil die USA zwar gerne und viel Kriegsmaterial verkaufen, aber alles – oder wenigstens jeder große Deal – durch die offiziellen Kanäle der Regierung gehen muß. Das ist ein ungemein kompliziertes Netz von Zuständigkeiten.

Die wichtigste aller Institutionen befindet sich in einem riesigen Komplex unweit des National Airports von Washington, D.C. und – bezeichnenderweise – des Heldenfriedhofs Arlington. Es ist die Schaltzentrale der größten Militärmaschine der Welt, ein fünfeckiges, verschachteltes Bauwerk von 344000 Quadratmetern. 23000 Menschen arbeiten in diesem für Laien unübersichtlichen Labyrinth mit 28 Kilometer Korridoren, in fünf Ringen (A bis E gegliedert) um den Innenhof angeordnet. Zehn Schneisen durchqueren die Längspfade. Genug, um sich auf Stunden hinaus zu verlaufen. Die Einführung für Neuankömmlinge, daß man jeden beliebigen Punkt innerhalb der Bürokraten-Festung Pentagon innerhalb von zehn Minuten erreichen könne, ist eine reichlich wohlmeinende Feststellung.

Das trotz seiner Jugend von fast 50 Jahren bereits von Patina erfaßte Gemäuer wird vom scharfsinnigen Publizisten Klaus Harpprecht in einem Essay als »gigantische Neurosenzuchtanstalt« tituliert. »Eine liederliche Anekdote berichtet, nicht lange nach der Fertigstellung des Pentagon habe sich ein Psychiater im Schatten des Gebäudes niedergelassen: ›Eine todsichere Investition‹, rief – angeblich – der gewitzte Herr voller Frohsinn, ›die Regierung hat uns ein Gewächshaus für Patienten beschert!‹«

Das legendäre Pentagon existiert für sich alleine, für die Ahnenpflege und zur globalen Projektion von Macht. Bereits räumlich ist es von seiner Umgebung getrennt, grenzt lediglich an große Parkplätze. Gegenüber Unbefugten zeigt sich das Monstrum verschlossen, tastet jeden nach möglichen Querkanälen zu den Schreckensfiguren des schiitischen Terrorismus ab. Am gewaltigen Aufgang von der Potomac-Seite erkannte Harpprecht nur in Ansätzen »eine Art von antiker Größe, wie sie der Tempel-Architektur der National Archives, dem eleganten Klassizismus des Jefferson-Memorials, selbst dem Marmor-Gehäuf des Kapitols zukommen mag«.

Fremdländische Besucher kommen bevorzugt im 50 Meter tiefen Keller, in der Metrostation eines künstlich erhellten Felsentempels an. Über Rolltreppen gelangen sie in das eigentliche Untergeschoß (eine Mischung aus Woolworth, Postamt und Hauptbahnhof), von wo sie mit ihren Gastgebern Kontakt aufnehmen müssen. Das Telefonnummernverzeichnis ist so dick wie der Katalog eines Versandhauses. Dann werden sie abgeholt, durch die Sicherheitsschleusen in den Fuchsbau geleitet. Sie befinden sich unter einem Dach mit dem größten Arbeitgeber der amerikanischen Wirtschaft – 1985 standen 305,7 Milliarden Dollar zur Verfügung – und mit der Firmenzentrale einer Million Bediensteter.
Die Verteidigungsinfrastruktur der Vereinigten Staaten stammt aus dem Jahre 1947. Sie ist, nach Auffassung des Streitkräfteausschusses beim Senat, dringend reformbedürftig. 1984 und 1985 beschäftigten der republikanische Ausschußvorsitzende Barry Goldwater und seine Beisitzer sich intensiv mit dem Pentagon. Ihr abschließender Bericht sorgte für helle Aufregung. Das Pentagon, so stellten sie fest, sei so desorganisiert, daß im Kriegsfalle Amerikaner unnötig sterben müßten, daß der Krieg vielleicht sogar verlorenginge.
Darüber hinaus tobe auf den Korridoren des Pentagon ein Krieg, in den alle Abteilungen verstrickt seien. Sie würden sich lieber mit weiterer Verbürokratisierung als mit nuklearer Abschreckung oder der Verteidigung von Schlüsselregionen wie Europa oder Südwestasien beschäftigen. In dem Bericht heißt es wörtlich: »Teilstreitkraftinteressen und nicht strategische Notwendigkeiten spielen bei Programmentscheidungen die beherrschende Rolle. Die Überbetonung künftigen Bedarfes nimmt den Kampftruppen die notwendige Fähigkeit, auf die Kriege von heute und morgen zu reagieren.«
Die Luftwaffe sei generell nicht bereit, ihr hochgerüstetes Instrumentarium zum Feuerschutz für die Bodentruppen zu verwenden, und die Marine sei gegen den Ankauf von Schiffen zum Transport von Heereseinheiten. Als schlimme Auswirkungen der hausinternen Pentagon-Querelen nannte Goldwater das Scheitern der versuchten Geiselbefreiung im Iran und gewisse skurrile Nebenerscheinungen bei der Besetzung der Insel Grenada. Auf dem Kariben-Eiland habe ein Heeresoffizier mit einer privaten Telefonkreditkarte sein Büro in den USA anrufen müssen, um den gleichzei-

tigen Angriff der Marine zu koordinieren. Denn die Invasionsteilstreitkräfte Heer und Marine verfügten über keinerlei direkte Fernmeldeverbindungen. Auch die 241 im Oktober 1983 in Beirut getöteten Marines könnten möglicherweise noch leben, wenn das Pentagon keine so gewaltige Bürokratie hätte. Die nötigen Befehle erreichten die Friedenstruppen in der libanesischen Hauptstadt erst nach acht Kommandoebenen. Ein Hauch von Komödie zieht durch das Monstrum am Potomac.

Bitter ernst, da sündhaft teuer, wird es erst wieder, wenn man sich mit dem Fluß der amerikanischen Waffen durch das Hauptquartier an die eigenen Truppen und jene befreundeter Nationen beschäftigt. Dafür arbeiten zwei Abteilungen, die wiederum eine Welt für sich darstellen. Die eine heißt Defense Sales Assistance Agency (DSAA). Unter ihrer Ägide werden fremdländische Interessenten beraten beziehungsweise mit ausreichend Militärhilfe bestückt. Auch freie Verkäufe, die also nicht auf Kosten des amerikanischen Steuerzahlers gehen, da sie irgendwelche Banken belasten, müssen die Zustimmung der DSAA finden. Was versteckt sich hinter dieser wichtigen Schaltstelle weltweiter US-Einflußnahme?

Die Geschichte der DSAA, und überhaupt des Großversandhauses Pentagon, reicht bis zum wichtigen Jahr 1961 zurück. Schon vorher gab es im großen Haus am Potomac einen freundlichen Technokraten namens Henry Kuss. Er sollte das Zeitalter der Waffengeschenke beenden und die neue Verkaufspolitik einleiten. Während der zu Ende gehenden Amtszeit des Weltkrieg-II-Generals Dwight D. Eisenhower achtete Kuss in seinem Amt für Military Assistance Planning (Militärische Hilfsplanung/MAP) streng darauf, ob er an einen wirklich Armen liefern sollte oder an einen, dessen Kassen gefüllt waren. Die ersten Lizenzen wurden vergeben, so im Jahre 1959 der »Starfighter«. Die Koproduktion mit Europa begann.

Mit John F. Kennedy kam 1961 ein neuer, dynamischer Verteidigungsminister. Robert McNamara, ein ehemaliger Ford-Manager, machte es sich zur Aufgabe, das Pentagon nach marktwirtschaftlichen Gesichtspunkten umzugestalten. Er wollte Standardwaffen für alle NATO-Partner einführen, diese natürlich bevorzugt in amerikanischen Rüstungsschmieden produzieren. Darüber hinaus litten die USA an einem echten Handelsbilanzdefizit. Kennedy stoppte sofort das unkontrollierte Verschenken von Gerät im Wert von jährlich 1,5 Milliarden Dollar. Eine rasch gebildete Kommission mit so namhaften Mitgliedern wie dem Präsidentenberater McGeorge Bundy und dem damaligen Marineminister – und heutigen Abrüstungsberater – Paul Nitze brachte erste Ordnung in das Chaos. Bald war eine neue Abteilung unter dem verschraubten Namen International Logistics Negotiations (Internationale Logistik-Abschlüsse) ins Leben gerufen. Henry Kuss stand dieser ILN vor und wurde quasi über Nacht zum größten Waffenhändler der Welt.

Der britische Publizist Anthony Sampson beschrieb Henry Kuss so: »Mit seinen einschüchternden Methoden und seinem missionarischen Stil wurde dieser Mann mit dem umgänglichen Wesen bald zu einer legendären Gestalt in Washington und in den europäischen Hauptstädten. Wie alle großen Waffenhändler, wie Zaharoff, Craven oder Krupp, sah er keinen grundlegenden Unterschied zwischen Waffen und anderen Waren; aber mit der Autorität, die ihm sein Amt verlieh, erhob er den Waffenhandel gleichsam in den Rang eines Kreuzzuges, so daß es fast ein Verbrechen war, keine Waffen zu verkaufen.«

Henry Kuss, der »wohlbeleibte Mann mit dem feisten Kinn und dem ungezwungenen Lächeln (Sampson)« und seine 40 Mitarbeiter sorgten dafür, daß bereits 1962 zwei Milliarden Dollar in die Kasse kamen. Die wichtigsten Käufer waren bei den entwickelten Ländern zu finden, zumeist NATO-Partner der USA. Von seinem Zimmer 4E-820 aus dirigierte er fast die ganzen sechziger Jahre lang das amerikanische Rüstungsgeschäft. Der frühere Nachschubkontrolloffizier der Marine stieg zum stellvertretenden Unterstaatssekretär der Verteidigung auf. Über ihm gab es nur noch den Chef der Abteilung für Internationale Sicherheitsfragen und dann den Verteidigungsminister. Heute noch wird Henry Kuss den Aufsteigern im Pentagon als Vorbild präsentiert. Er war, so einer seiner Geschäftspartner, »wie die Kreuzung zwischen einem Yankeepferdehändler und einem libanesischen Juwelenkaufmann... ein schlauer und zäher Verhandlungspartner und – ein großer Bürokrat außerdem«. Von Kuss wird sogar überliefert, daß er im Pariser »Crazy Horse Saloon« einen Bericht für ILN skizzierte und dabei kein einziges Mal zur Bühne blickte.

Mit McNamara wuchs das Amt. Die Rüstungsverkäufe sollten

aber erst in den öldollarreichen siebziger Jahren kräftig in die Höhe schießen. Henry Kuss wurde dann durch Militärs ersetzt. Bei meinen Gesprächen in Washington tauchten immer wieder die Namen des ehemaligen Luftwaffengenerals Howard Fish, des Westpoint-Generals Ernest Graves und des Generals Jim Ahmann auf. Nur mit Eric von Marbod bekleidete zwischendurch wieder ein Zivilist diesen Posten. 1971 wandelte der damalige Verteidigungsminister Melvin Laird die ILN in die DSAA um – die Defense Security Assistance Agency (Abteilung für Sicherheitshilfe). Genaue Richtlinien regelten ab sofort die finanzielle und technische Abwicklung von legalen Waffenverkäufen.
Im Pentagon unterstehen dem derzeitigen Chef der DSAA, Generalleutnant Philip C. Gast, 135 Mitarbeiter. Dazu kommen die Militärmissionen an allen amerikanischen Botschaften. In Tuchfühlung mit der Agency sind auch die Militärberater (Military Assistance and Advisory Group/MAAG) in aller Welt. Nach den Zahlen von 1981 waren es nicht weniger als 1600, aufgeteilt in 320 Teams, stationiert in 54 Ländern. Und so arbeitet das System: Ein Land wie Pakistan wendet sich über die US-Botschaft in Islamabad oder die eigene Vertretung in Washington an die US-Regierung, weil es Kampfflugzeuge, zum Beispiel des Typs F-16, kaufen möchte. Der Antrag trifft im Außenministerium ein und geht dort an den Unterstaatssekretär für Militärhilfe, Wissenschaft und Technologie. Diese Position hält derzeit William Schneider jr., ein Wirtschaftsfachmann und Militäranalytiker, der früher dem Stab des Verteidigungsausschusses im Repräsentantenhaus angehörte.
Daneben gibt es im State Department das Bureau of Politico-Military Affairs, zur Zeit geleitet von Alan Holmes, zuvor amerikanischer Botschafter in Lissabon. Er ist es, der Waffentransfers bei den Anhörungen des Senats erklären muß. Im Außenministerium kümmert sich außerdem das Office of Munitions Control um die kommerziellen Verkäufe, während das Office of Security Assistance and Sales die reinen Beihilfefälle übernimmt. William B. Robinson, ein Karrierediplomat, der die Behörde in allen ihren Schattierungen durchlaufen hat, leitet Munitions Control, der stille Zuarbeiter David L. Blakemore dagegen die andere Abteilung.
Das Büro für politisch-militärische Angelegenheiten holt, je nach

Bedarf, Ratschläge von hauseigenen Experten ein. Das können die regionalen Abteilungen sein, aber auch die Ressorts für Entwicklungshilfe (AID) und humanitäre Angelegenheiten. Wie mir Ed Finegold von ACDA versicherte, wird seine Abteilung gleichfalls konsultiert. Die Abrüstungskontrolleure untersuchen bei geplanten Rüstungsverkäufen, ob damit der regionale Rüstungswettbewerb angeheizt würde, ob durch den Transfer neuer Waffensysteme ein Konflikt entstehen könnte und ob bilaterale wie multilaterale Abrüstungsvereinbarungen verletzt würden. Finegold: »In jedem Fall ist das ein langer Prozeß, weil wir so viele Einzelaspekte berücksichtigen müssen. Rasche Entscheidungen gibt es bei Rüstungsverkäufen gemeinhin nicht.«

Unter der Carter-Regierung waren ACDA-Beratungen ausnahmslos erwünscht, während Reagan diesen Kanal sichtlich vernachlässigt. Die Bedenken von Kenneth Adelman und seinen Leuten werden so gut wie nicht mehr wahrgenommen.

Sofern das State Department dem pakistanischen Interesse an den Jägern positiv gegenübersteht, geht der Antrag an die DSAA im Pentagon weiter. Dort wird ein Letter of Offer and Acceptance (LOA) mit geschätzten Preisen und Lieferdaten erarbeitet. In wichtigen Fällen werden der Nationale Sicherheitsrat und der Präsident eingeschaltet.

Pakistan möchte nun den kommerziellen Weg gehen. Im Haushaltsjahr 1985 bekam die Kriegsrechtsregierung des Generals Zia ul-Haq für einen solchen Zweck Kredite in Höhe von 325 Millionen Dollar eingeräumt. Das Geld kommt dieses Mal vom freien Markt, nicht aus Steuermitteln. Deshalb fallen für den Käufer normale Zinsen und drei Prozent Verwaltungsgebühren an. Will Pakistan direkt von General Dynamics kaufen, dann stellt die DSAA den Kontakt her. Wenn aber nun Pakistan einen Teil der anfallenden Kosten mit versprochener Militärhilfe abdecken möchte, dann muß an dieser Stelle auch das Washingtoner Finanzministerium eingeschaltet werden.

Das Militärhilfeprogramm für das Haushaltsjahr 1987 ist im wesentlichen »der Ermunterung des Friedensprozesses im Nahen Osten« (William Schneider jr.) gewidmet. 5,3 Milliarden Dollar, die Hälfte der beantragten Aufwendungen, wurden dafür reserviert. Weitere 2,8 Milliarden Dollar wollen die Amerikaner 1987 zugunsten ihrer engen Freunde und Alliierten ausgeben. Davon wiederum fließt der Großteil in die Kassen von vier NATO-Partnern: Spanien, Portugal, Griechenland und Türkei. Die Türkei und Griechenland dürfen mit den Geldern F-16-Kampfbomber anschaffen, Spanien die F-18. Im pazifischen Raum investieren die Amerikaner einen gleichfalls hohen Militärhilfeanteil in die philippinischen Basen.

Der zweite Weg, um in den Besitz des begehrten Düsenjets zu kommen, ist die Lieferung von Regierung zu Regierung. Sollte das State Department bereits grünes Licht gegeben und den Transfer abgesegnet haben, kümmert sich die DSAA um alle Aspekte eines Liefervertrages, darunter auch um die Finanzen. 30 Tage bekommt der Kongreß Zeit, dem Verkauf der F-16 an Pakistan zuzustimmen. (Im Falle der NATO, von Japan, Australien und Neuseeland sind es nur 15 Tage. Der Kongreß wird bei der Lieferung von Gerät im Wert von 14 Milliarden Dollar oder bei 50 Milliarden Dollar Gesamtumfang bemüht.) Erst danach erhalten die Südasiaten ein konkretes Angebot zugestellt. Ein Oberst der DSAA erklärte mir das so: »Wir finanzieren beispielsweise auf zwölf Jahre. Nur für Ägypten und Israel haben wir Ausnahmen gemacht. Das waren Sonderfälle. Die Zinsen für die gestundeten Gelder errechnen sich nach den marktüblichen Raten, also derzeit elf bis 18 Prozent. Nur im Ausnahmefall sind wir auf fünf Prozent heruntergegangen.« Die US-Regierung entscheidet über die Priorität der Lieferung. Für die F-16 bestehen gemeinhin lange Wartezeiten, da sie von vielen Ländern bestellt wurde. Sobald die Benachrichtigungsfrist ohne Einspruch des Kongresses abgelaufen ist, wird das formelle Angebot an den Kunden zugestellt. Zahlt dieser die Ware an, ist das Geschäft perfekt.

Aus dem Pentagon werden Waffen in alle Welt geliefert, doch kann ein Bittsteller auch unbarmherzig abgewiesen werden. Das dafür treffendste Beispiel der letzten Jahre ist das Milliarden-Dollar-Waffenpaket für Jordanien. Daran kann sehr anschaulich gezeigt werden, welche Mechanismen und Widrigkeiten einem ungeliebten Deal den Weg versperren können. Jordanien darf wohl zu den friedliebenden Staaten des brodelnden Nahen Ostens gerechnet werden. Daß sich Israel von seinem schwachen Nachbarn offiziell bedroht fühlt, ist eher eine liebgewordene Gewohnheit. Nun, Jordanien sieht sich zwei prinzipiellen Feinden ausgesetzt: Israel und Syrien. Da stehen dann beispielsweise 684 Kampfflugzeuge

des Judenstaates und weitere 500 der Syrer (laut Military Balance 1985/86) den 121 Jets der Luftwaffe König Husseins entgegen. Syrien hat 4200 Panzer, Israel 3600, der Nachbar Jordanien dagegen nur 795.
An dieser Stelle soll der Aufrüstung des Haschemitenreiches keineswegs das Wort geredet werden. Diese Zahlen dienen jedoch der Verdeutlichung einer Ausgangslage. Während die Frontstaaten des östlichen und des westlichen Lagers pausenlos ihre Arsenale erneuern, hat Jordanien in den letzten Jahren sein Geld vernünftiger ausgegeben. Nun scheint es aber um eine Rüstungsinvestition nicht mehr herumzukommen. Die F-5 von Northrop ist gut, aber veraltet, und auch die in Frankreich erstandenen 35 Mirage F-1 können Jordanien im Notfall nicht retten. Die Luftabwehr durch Raketen ist nach dem heutigen Standard ebenfalls leicht museal.
Auf dem üblichen politischen Weg kam es zur Anfrage nach einem hochentwickelten Waffensortiment. Darin enthalten: 40 Exemplare der F-16C von General Dynamics oder der F-20 »Tigershark« von Northrop oder eine Mischung aus beiden. Dazu sollten 300 Sidewinder-Raketen (Stückpreis: 100000 Dollar) geliefert werden. Im zweiten Teil des Pakets befanden sich mehrere Luftabwehrraketensysteme mit Fahrzeugen und Radaranlagen. Darüber hinaus möchte Jordanien 32 Bradley-Panzerwagen erstehen. Laut Pentagon würde auf der Rechnung für das gesamte Gerät der Preis von 1,88 Milliarden Dollar stehen.
Die Eröffnungsszene der Tragikomödie um die jordanischen Waffen bietet folgendes Bild: Außenminister George Shultz und sein Nahostbeauftragter Richard Murphy halten der Kundschaft die Stange und machen ihren Einfluß auf dem Kapitol geltend. Der damalige Chef des Nationalen Sicherheitsrates, Präsidentenberater Robert C. McFarlane, ist nicht begeistert von den anstehenden Bestellungen. Im Pentagon befassen sich damit der Fachmann für internationale Sicherheitsfragen, Staatssekretär Richard L. Armitage, und sein Beauftragter für den Nahen Osten, Robert Pelletreau. In der Legislative haben sich damit die Auswärtigen Ausschüsse des Senats und des Repräsentantenhauses zu befassen. Zahlreiche pro-israelische Senatoren und Abgeordnete werden sofort aufgeschreckt.
Das Unterkomitee für den Nahen Osten im Senatsausschuß für

auswärtige Beziehungen wird von Senator Rudy Boschwitz aus Minnesota geleitet, einem Sympathisanten Israels. Im wesentlichen ist aber der von den Republikanern kontrollierte Senat geneigt, sich nach dem Votum des Präsidenten zu richten. Im Repräsentantenhaus sitzen mehr Demokraten. Der zuständige Abgeordnete für die Frage der Waffenverkäufe an Jordanien heißt Dante B. Facell. Sein Wahlkreis liegt in einem überwiegend jüdischen Bereich von Miami. Er kann die Lieferung natürlich nicht gutheißen. Der Nachbar-Wahlbezirk wird von Larry Smith vertreten. Auch er ist den jüdischen Wählern verbunden, und er ist der eigentliche Gegner des Geschäfts im Ausschuß.

In diesem Fall machten israelfreundliche Lobbyisten Stimmung, und das gefürchtete American Israel Public Affairs Committee (AIPAC) trat auf den Plan. AIPAC ist eine Denkfabrik mit Sitz in Sichtweite des Kapitols. Kluge Köpfe, viel Geld und ein perfekter technischer Apparat machen das Komitee zur Waffe Israels im Ringen um die Gunst der Mächtigen in Washington. Da darf es schon mal vorkommen, daß AIPAC eine radikalere Position als das Kabinett in Jerusalem vertritt. AIPACs Geschäftsführer Thomas Dine kennt in den USA Gott und die Welt, und er kann – wie im jordanischen Fall geschehen – jederzeit mit dem Sicherheitsberater des Präsidenten oder einem Unterstaatssekretär des Außenministeriums zu Mittag speisen und den beiden heftigste Vorwürfe machen. AIPACs Kettenhunde sind die im ganzen Land verstreuten pro-israelischen politischen Aktionsgruppen, die jeden Senator und Abgeordneten einzeln angehen und im Ernstfall Konsequenzen für die nächste Wahl androhen. Im Zweifelsfalle finanzieren diese Kampfgruppen schon einmal den Gegenkandidaten eines uneinsichtigen Politikers.

AIPACs natürliche Gegenspieler sitzen in der National Association of Arab Americans (NAAA), einer Organisation, die sich nach alter arabischer Tradition bevorzugt selbst zerfleischt. Jordanien hat deshalb auch eine professionelle Lobby angeheuert: Neill and Company. Die Firma setzt sich in Washington auch für Ägypten und Marokko ein. Neills Vizedirektor ist ein früherer stellvertretender Unterstaatssekretär im Pentagon. Das erleichtert die Arbeit ungemein.

Jordanien und die USA sind seit 28 Jahren Brüder in Waffen. Seit 1981 führen sie sogar gemeinsame Manöver durch. Genauso lange

ist dieses skizzierte Rüstungspaket im Gespräch. In Washington regte sich lange nichts, und so beschloß König Hussein nach dem neuen Anlauf für eine Friedenslösung im Nahen Osten, dem Februar-1985-Abkommen zwischen ihm und PLO-Chef Jassir Arafat, das zu Direktgesprächen mit Israel führen sollte, nach den ausstehenden Waffen zu verlangen. Als Hussein im Mai die US-Metropole besuchte, bekräftigte er noch einmal den Willen der moderaten Araber zur Kooperation mit Israel. Nun schien dem Geschäft nichts mehr im Wege zu stehen. Doch der Sommer verging, ohne daß etwas geschah. Der Geschäftsführer von AIPAC, Thomas Dine, intervenierte hinter den Kulissen, und so wurde die Entscheidungsfindung im Kongreß bis zum Spätherbst hinausgeschoben.
Die Regierung ließ irgendwann wissen, daß sie den Verkauf von F-20-Flugzeugen billigen könne, die leistungsfähigeren F-16 aber verweigern müsse. Ende September kam König Hussein wieder in die USA, um anläßlich des 40jährigen Jubiläums vor der UNO zu sprechen. Außenminister Shultz traf den kleinen König am 24. September zu einem vertraulichen Abendessen im United Nations Plaza Hotel in New York. Hussein hörte geduldig zu und bestand erneut auf der Lieferung von Maschinen des Typs F-16. Man einigte sich nach Tagen, daß Jordanien die F-16 SC haben sollte, eine weniger offensive Ausführung des Flugzeugs. Das konnten die arabischen Gäste akzeptieren.
Alle nötigen Einzelheiten wurden in einem 14seitigen Papier des State Department festgehalten. Dem folgte eine 25seitige Studie zur Situation Jordaniens, seiner Streitkräfte und seiner geographischen Einbettung. Der Autor dieser neuen Argumentationshilfe war der Jordanienexperte Dr. Anthony Cordesman. Da dieses Papier für die Jordanier sehr positiv ausfiel, schob AIPAC eine Fleißarbeit von 47 Seiten nach: »Das jordanische Waffenpaket: Fragen und Antworten.« Daß die Antworten gegen das Geschäft waren, versteht sich von selbst. Zur selben Zeit publizierte AIPAC ein weiteres kleines Büchlein von 75 Seiten: »Das militärische Gleichgewicht: Die Bedrohung von Israels Luftwaffenbasen.«
Das Thema wurde öffentlich. Da sah auch König Hussein keinen Grund, sich weiter zurückzuhalten. Er erinnerte im Weißen Haus an die Waffen und unternahm eine Goodwilltour zum Kongreß. Das geschah einen Tag nach dem israelischen Luftangriff auf das

PLO-Hauptquartier in Tunis. Im Kongreß war man bereits informiert. AIPAC setzte, allem Anschein nach, manche Abgeordnete massiv unter Druck, drohte Konsequenzen für deren politische Zukunft an. Inoffiziell hieß es immer wieder, Jordanien müsse noch mehr Friedenswilligkeit zeigen. Es gelte, eine optimale Gegenleistung herauszuholen.
Am 17. und 18. Oktober lehnten die Komitees im Senat und im Repräsentantenhaus das Geschäft mit Jordanien ab. Das Weiße Haus war in dieser Angelegenheit und zu jenem Zeitpunkt überfordert, da sich die Vorbereitungen zum Genfer Gipfel ihrem Höhepunkt näherten. Der israelische Premier Shimon Peres traf in Washington ein. Das Thema Jordanien wiederholte sich in allen seinen Reden und Gesprächen. Trotz denkbar schlechter Voraussetzungen ließ das State Department am 21. Oktober die Informationszeit anlaufen, indem es dem Kongreß drei verschiedene Angebotsbriefe vorlegte. Turbulente Ereignisse im Nahen Osten wie die Entführung des Kreuzfahrtschiffes »Achille Lauro« wirkten sich gleichfalls als leichtes Nachbeben im Washingtoner Machtgefüge aus.
Am 23. Oktober bat der Auswärtige Ausschuß des Senats um eine Verschiebung des Geschäfts um 120 Tage. In dieser Zeit sollte König Hussein seine Friedenskarten auf den Tisch legen können. Am 24. Oktober stimmte der Senat mit 97:1 Stimmen für eine Vertagung der Angelegenheit bis zum 1. März 1986. Die Jordanier waren gezwungen, den Kompromiß und die neuen Verhandlungsauflagen anzunehmen. Das Repräsentantenhaus wollte die Verkäufe sogar verschoben sehen, bis Direktgespräche mit Israel stattfinden würden, nach Nahost-Maßstäben eine ziemlich unbestimmte Perspektive. Am 12. November schlossen sich die Abgeordneten aber schließlich dem Senat an. König Hussein war aufgebracht und sprach von »Erpressung«. Präsident Reagan rief ihn persönlich an und versicherte, daß er sich nach dem Genfer Gipfel um das Problem kümmern werde. Vizepräsident George Bush traf den jordanischen General Bin Shakir zum Frühstück. Mit Mühe konnte er das gute Verhältnis zwischen den beiden Regierungen bewahren.
Nach dem Genfer Treffen zwischen Reagan und Gorbatschow begannen die versprochenen Vorbereitungen, um den Jordaniern zu helfen. Die Administration orderte Studien, mit denen die Arbeiten von AIPAC widerlegt werden könnten. Ein langes Ringen um

die Stimmen der Volksvertreter begann. Reagan nahm den Kampf mit AIPAC und das Ringen um die Mehrheit zugunsten der Waffenlieferungen an Amman vorübergehend auf. Ein neuer, mühsamer Verwaltungsprozeß setzte ein. In der ersten Februarwoche 1986 verschob Präsident Reagan die anstehende Entscheidung überraschend auf unbestimmte Zeit. Die mächtigen Gegner des Rüstungsgeschäfts mit Jordanien hatten gedroht, sie würden es im Kongreß scheitern lassen. Der politische Schaden war groß.
Wochen später sah sich die Reagan-Regierung unter dem Eindruck des sich wieder einmal zuspitzenden Golfkrieges gezwungen, den Kongreß aufzufordern, amerikanische Waffenlieferungen an Saudi-Arabien in Höhe von 354 Millionen Dollar zu bewilligen. Dieses Paket war eigentlich erst später fällig gewesen, von Riad jedoch beschleunigt erbeten worden. Im wesentlichen handelte es sich dabei um Luftabwehrraketen der Typen »Sidewinder«, »Stinger« und »Harpoon«. Ein Sprecher des State Departments: »Wir müssen den Wunsch der Saudis nach diesen Waffenlieferungen erfüllen, um unsere eigene Glaubwürdigkeit in dieser so wandelbaren Region zu erhalten.« Eine seltsame Erkenntnis angesichts der angespannten jordanisch-amerikanischen Beziehungen. Auch im Falle der Saudis konterte der Kongreß mit scharfer Kritik und stellte sich auf die Seite der wie üblich entsetzten Israelis. Der politische Schlagabtausch begann erneut. Selbstverständlich wirkte an diesen Projekten auch das Pentagon mit, wo die eigentlichen militärischen Freunde der Jordanier und der Saudis sitzen.
Inwieweit Generalleutnant Philip C. Gast mit den Realitäten der Außenwelt – in diesem Fall des Nahen Ostens – vertraut ist, läßt sich schwer nachprüfen, da er – im Gegensatz zum leutseligen Henry Kuss – kaum in der Öffentlichkeit auftaucht und schon gar keine Interviews gibt. Der 1930 in Philadelphia geborene General gehört zur ersten Nachkriegsgeneration des US-Militärs. Als Kampfpilot flog er von einem Stützpunkt in Thailand 114 Einsätze, davon 101 über Nordvietnam. Nach einer kurzen Dienstzeit in der Bundesrepublik und einem Abschluß an der Nationalen Kriegsschule der USA durfte er sich in den Bürokratenstamm des Pentagon eingliedern. Er sollte das Haus aber nochmals verlassen, unter anderem als Chef der amerikanischen Militärberater im Iran (November 1977 bis Oktober 1979). Den hautnahen Umgang mit

dem besten Kunden der siebziger Jahre, Schah Reza Pahlevi, hatte Gast mit Vorgängern in der Leitung der DSAA gemeinsam. Interessant erscheint die Tatsache, daß der General knapp vor der Geiselnahme der amerikanischen Diplomaten den Iran verließ. Gast stieg zum Einsatzleiter beim Generalstab auf, übernahm schließlich im August 1982 die Defense Security Assistance Agency.

Es war ein erfolgreiches Jahr für die amerikanischen Rüstungsverkäufe. Saudi-Arabien führte mittlerweile die Liste der Kunden an, indem es Waffen für 7,4 Milliarden Dollar erwarb, darunter als größten Brocken die heftig diskutierten Frühwarnflugzeuge des Typs AWACS für beinahe 3,5 Milliarden Dollar. Ein Drittel der Verkäufe des Jahres 1982 entfiel auf die Saudis, auf Kunden also, die keinen Kredit und keine Freundlichkeiten aus dem Programm für Sicherheitshilfe benötigen. Die Saudis zahlen sofort, und sie akzeptieren die Preise. Einige Beispiele, die den Geschäftsgang des willkürlich ausgewählten Jahres 1982 verdeutlichen sollen: Australien kaufte die neuen Jagdbomber des Typs F-18 ein und gab dabei 2,13 Milliarden Dollar aus. Ägypten bekam F-16 für 1,21 Milliarden, desgleichen Pakistan für 1,09 Milliarden.

F-16 gingen im Jahr 1982 auch an Südkorea, Venezuela und die Niederlande. Ägypten kaufte Panzer, Israel Maschinen des Typs F-15, und die vielfach getesteten Jet-Modelle F-5E/F-5F gingen für zusammen eine halbe Milliarde Dollar an Taiwan und Tunesien. Unter den Kunden des Jahres 1982 finden sich außerdem Großbritannien, die Türkei, Japan, Griechenland und die Bundesrepublik Deutschland. In Philip Gasts erstem Jahr wurden Lieferverträge mit Ländern der Dritten Welt in Höhe von 15,031 Milliarden Dollar abgeschlossen, Waffen im Wert von 7,677 Milliarden ausgeliefert. In diesen Summen sind alle Leistungen der DSAA eingeschlossen, auch die Ausbildung der fremden Heere Süd und die eigenen Unkosten. Und die politischen Ziele sind erfüllt, »die Sicherheitsinteressen der USA zu wahren, indem wir unseren Freunden und Alliierten helfen, sich selbst zu verteidigen« (aus einem Informationsblatt des Pentagon).

Das ging den Präsidenten und ihren Zuarbeitern nicht immer so flüssig von den Lippen. Gerade der sensible Jimmy Carter wurde zeitweilig von der Moral übermannt, sprach dann von einem »geschmacklosen Geschäft« und beklagte das harte Los »unserer Nation als größter Waffenhändler der Welt«. Er gab dem Rüstungsgeschäft noch viel üblere Namen, nannte es ein »gefährliches«, ein »zynisches« Gewerbe. Während des Wahlkampfs hielt man es bei Carter für eine neue Masche, mit der er den Zugang zum Weißen Haus erobern wollte. Als er die Waffentransfers auch nach den Wahlen des Jahres 1977 noch verurteilte, nahm ihm die Allgemeinheit seine Haltung langsam ab. In der Präsidentendirektive Nummer 13 enthüllte Demokrat Carter am 19. Mai 1977 die neue Politik. Waffenlieferungen, so hielt er fest, seien ein außerordentliches Instrument der Außenpolitik, »das nur in Fällen benutzt werden sollte, wo klar aufgezeigt werden kann, daß der Transfer unseren nationalen Sicherheitsinteressen entspricht«.

Jimmy Carter wollte qualitative und quantitative Kontrolle auf breiter Ebene einführen. Nur die NATO-Staaten und Freunde, wie Japan, Australien oder Israel, sollten davon ausgenommen bleiben. Für den Rest der Welt verkündete der Präsident sechs Richtlinien folgenden Inhalts:

1. Die Vereinigten Staaten würden in einer Region nicht als erste neu entwickelte und weiterführende Waffensysteme, die eine höhere Kampffähigkeit mit sich brächten, einführen.
2. Die Vereinigten Staaten würden keine Waffen verkaufen, bevor sie bei den eigenen Streitkräften in Gebrauch seien.
3. Die Vereinigten Staaten würden die Entwicklung oder Modifizierung von reinen Exportwaffen nicht genehmigen.
4. Die Vereinigten Staaten würden die Koproduktion hoch entwickelter Waffen, von Ausrüstungsteilen und wichtigen Komponenten nicht genehmigen.
5. Die Vereinigten Staaten würden den Transfer von US-Waffen oder Ausrüstungsteilen an Dritte und ohne Erlaubnis der Regierung unterbinden.
6. Die Vereinigten Staaten würden künftig eine Entscheidung auf der Ebene des Außenministeriums verlangen, bevor ein Verkaufsagent oder ein privater Hersteller seine Erzeugnisse international anbieten dürfte.

Zu gut hatte man damals noch die großen Bestechungs- und Korruptionsaffären in Erinnerung. Bekanntlich deckten die Watergate-Ermittler auf, daß amerikanische Rüstungsfirmen, darunter Northrop, geheime Zahlungen an Richard Nixons Wahlkampfkomitee des Jahres 1972 geleistet hatten. 1975 wurde bekannt, daß Northrop alleine innerhalb von vier Jahren nicht weniger als 30

Millionen Dollar ausgegeben hatte, um Offizielle in den USA und außerhalb zu bestechen und um die weltweiten Aufträge für seine Produkte zu sichern. Anschließend war Lockheed an der Reihe. Dort fanden die Ermittler geheime Ausgaben in Höhe von 200 Millionen Dollar, bei denen 38 Millionen pure Schmiergelder waren. Zögernd gaben auch Grumman, Raytheon und McDonnell-Douglas den Einsatz von Bestechungssummen zu.
Das sollte, nach Carters Intentionen, nie mehr vorkommen. Gleichzeitig bekräftigte der neue Präsident auch seine Position gegenüber Menschenrechtsverletzungen. Wer die Menschenrechte mit Füßen trete, könne von den USA keine Waffen erwarten. Guatemala war als eines der ersten Länder davon betroffen. Carter lehnte in der Folge den Verkauf von Jagdflugzeugen des Typs F-18L und später von Maschinen des Typs F4-G an den Iran ab. Das hätte, so Carters Lehre, die Balance der Region am Persischen Golf gestört und außerdem neu entwickelte Technologie viel zu früh auf den Exportweg gebracht. Der Rüstungswettlauf zwischen Pakistan und Indien sollte durch den Verkauf von 110 Jagdbombern des Typs A-7 an Islamabad nicht erneut ausgelöst werden. Gleichzeitig wirkte die Carter-Regierung auf Schweden ein, das Kampfflugzeug Viggen nicht an Indien zu veräußern. Dieses Veto war möglich, weil der Viggen US-Teile enthält. Taiwan durfte die F-4 wegen ihrer großen Reichweite – eine Gefahr für das chinesische Festland – nicht erhalten. Die Beispiele wären noch lange fortzuführen. Insgesamt soll die Carter-Regierung in den ersten 15 Monaten ihrer Amtszeit 614 Anfragen aus 92 Staaten mit einem Auftragswert von einer Milliarde Dollar zurückgewiesen haben.
Jimmy Carter hatte jedoch keine Bedenken, wenn es um die weitere Aufrüstung des sensiblen Nahen Ostens ging. 60 Jets des Typs F-15 gingen an Saudi-Arabien, 50 F-5E an Ägypten, an Israel 40 F-15 und dazu noch einmal 75 Stück des neuen Leichtgewicht-Jägers F-16. Carter gab dem Rüstungshunger des Schahs in jeder Hinsicht nach. Der Iran wollte nicht weniger als 300 F-16 erwerben und auch sieben AWACS-Aufklärer. Zur Auslieferung kam es dann aus bekannten historischen Gründen nicht mehr. Die Bestellungen wurden von Khomeini storniert. Zahlreiche weitere Länder der Dritten Welt erfreuten sich Carters Gunst. Schließlich zeigte es sich, daß die großen Versprechungen des Jahres 1977 nie-

mals wirklich in die Tat umgesetzt wurden. Es gab unter Jimmy Carter keine neue Waffenverkaufspolitik. Rüstungstransfers blieben, wie bisher, ein bedeutendes Instrument der amerikanischen Außenpolitik. Carters Kritiker sprechen offen von Heuchelei und Naivität.
Heute ist klar, daß Carters Politik auf dem Waffensektor versagt und nur noch größere Konfusion hinterlassen hat.
Im Vergleich dazu war Ronald Reagans Annäherung an das Problem ehrlicher. Mehr als je zuvor wurden Waffenverkäufe zu einem Schlüssel der globalen amerikanischen Politik. Schon in den ersten fünf Monaten nach seinem Amtsantritt machte Reagan keinen Hehl daraus, daß er allen Bestellungen positiv gegenüberstünde und die Verweigerung eine Ausnahme von der Regel sei. Reagan ist wenig daran interessiert, Waffengeschäfte zu ächten und der Dritten Welt ewigen Frieden zu bescheren. Er will ganz einfach der sowjetischen Herausforderung in massiver Form begegnen. In einem vierseitigen Statement mit dem Titel *Konventionelle Waffentransfer-Politik* ließ das Weiße Haus am 9. Juli 1981 keinen Zweifel an den Absichten der neuen Regierung.
Richtig philosophisch heißt es da: »Wir müssen die Welt nehmen, wie sie ist, und nicht, wie wir sie gern hätten.« Reagan ermunterte den militärisch-industriellen Komplex und die Militärabteilungen der US-Botschaften, wieder kräftig die Werbetrommel zu rühren. Im Haushaltsjahr 1982 erhöhte er das Militärhilfeprogramm sofort um 30 Prozent. Saudi-Arabien bekam die gewünschten AWACS-Maschinen. Innerhalb kurzer Zeit wurde modernstes Gerät in Länder wie Israel, Marokko, Jordanien, Venezuela, Südkorea, Pakistan, China, El Salvador, Somalia, Sudan, Tunesien und in die Türkei geliefert beziehungsweise den Interessenten versprochen.
Die Menschenrechtsfrage zählte ab sofort nicht mehr. Auch Argentinien, Chile und Guatemala durften aufgerüstet werden. Trotz erheblichen Mißtrauens gegenüber Pakistan, hervorgerufen durch dessen Nuklearexperimente, sagte die Reagan-Regierung Rekordlieferungen zu. Der Krieg in Afghanistan ließ alles andere unwichtig werden.
Also verdreifachten sich die Waffenverkäufe des Haushaltsjahres 1982 im Vergleich zum Vorjahr. Nach den Zahlen des Pentagon beliefen sie sich auf 21,4 Milliarden Dollar. 1981 waren es nur 7,2 Milliarden gewesen. Damit hatte die Reagan-Administration auch

das beste Ergebnis der Regierung von Gerald Ford übertroffen (17,7 Milliarden Dollar im Jahr 1975). Der pensionierte Konteradmiral Gene La Rocque, Direktor des Washingtoner Zentrums für Verteidigungsinformation, sagte dazu, die Regierung Reagan befinde sich in einem »Verkaufsrausch«. Sie biete Waffen jedem an, der welche verlange. Zwar würden die Verkäufe vermutlich Rekordgewinne für die Rüstungsindustrie einbringen, jedoch könnten sie auch lokale Konflikte anheizen und letztlich die Sicherheit der USA bedrohen. Darauf hörte selbstverständlich niemand und schon gar nicht das Verteidigungs-Establishment. So kam es, daß die Ausgaben der US-Regierung für Militärhilfe an fremde Staaten zwischen 1981 und 1985 um 66 Prozent stiegen. Einem Bericht des amerikanischen Bundesrechnungshofes vom Dezember 1985 zufolge wird diese Hilfe zunehmend als nichtrückzahlbares Darlehen gewährt. Auch in Ronald Reagans zweiter Legislaturperiode und trotz Genfer Entspannungsübungen deutet nichts darauf hin, daß sich daran bis auf weiteres etwas ändern wird. Der Haushalt des Jahres 1986 beinhaltet 14,8 Milliarden Dollar Wirtschafts- und Militärhilfe. Vor dem außenpolitischen Ausschuß des Repräsentantenhauses führte Außenminister George Shultz aus, diese Gelder dienten dazu, »Wachstum zu fördern, Freiheit zu verteidigen, zur Demokratie und zur Respektierung von Menschenrechten beizutragen, Not lindern zu helfen und unsere Freunde und Verbündeten gegen Aggressionen zu schützen«.
Angesichts von Milliardendefiziten im Haushalt und der bei vielen Abgeordneten umstrittenen Höhe der Zahlungen – vor allem für Mittelamerika – erklärte Shultz, die Hilfe hätte in der Vergangenheit dazu beigetragen, daß Demokratien auf dem Vormarsch seien – »besonders in unserer eigenen Hemisphäre«. Weiter in seinen Worten: »1979 waren vier der fünf mittelamerikanischen Länder undemokratisch, aber sechs Jahre haben eine dramatische Änderung gebracht. Heute lebt nur noch Nicaragua unter einer Diktatur...« Die positive Entwicklung in dieser Region verlange die langfristige Verpflichtung, die Unterstützung fortzusetzen.
Die mächtige Rüstungsindustrie, der militärisch-industrielle Komplex (MIK), wird sich freuen. Zurück zum eingangs zitierten Essay des US-Kenners Klaus Harpprecht, zurück in die Umgebung des Pentagon: »Was die großen Waffensysteme angeht, gibt es leider nicht viele potentielle Bewerber, sondern einige Mammut-Organi-

sationen, die das Rennen unter sich ausmachen. Sie belagern das Pentagon tagaus, tagein mit ihren Hilfstruppen, die in den funkelnden Glaspalästen des District of Columbia, von Arlington und MacLean am Südufer des Potomac oder im schicken Bethesda in Maryland Bürofluchten besetzen, von denen niemand behaupten kann, sie seien von Spuren der Verkommenheit gezeichnet, im Gegenteil: schwellende Teppiche, wohin der Fuß auch tritt, abstrakte Kompositionen teuerster Herkunft an den Wänden, als sogenannte Arbeitsplätze aufwendige Kreationen von Knoll International, schnurrende Computer-Maschinen, Telefone, die so behutsam und harmlos klingeln wie die Stimmen der maßgeschneiderten Sekretärinnen im Foyer.«
Nachdem es im Pentagon 34 Generäle und 11000 Offiziere aller Dienstgrade gibt und ohne einen richtigen Krieg kaum einer höher steigt, als er nach menschlichem Ermessen auf der Karriereleiter je erklimmen kann, muß auch die Anschlußchance für jung gebliebene Pensionäre existieren. Harpprechts Beobachtungen lassen keine Zweifel aufkommen, wer gemeint ist: »Es fügte nicht der schiere Zufall, daß in jenen gepolsterten Etablissements manch graumelierte Herr mit diskretem Rat zur Seite ist, der zuvor ›auf der anderen Seite der Barriere‹, nämlich in einer schmucken Uniform mit den Sternen eines Generals oder Obristen, die Verhandlungen führte. Lange Friedenszeiten und der permanente ›Personalstau‹ in den höheren Rängen begünstigen den frühen Rückzug der Krieger ins Privatleben.«
So kommt es, daß sie sich auf die Seite des »Boom Business« schlagen, um ihrem früheren Arbeitgeber den »Big Bang« zu verkaufen. In diesem Fall machen nicht einmal die jeweiligen Direktoren der DSAA eine Ausnahme. Langjährige enge Kontakte erleichtern ihnen den späteren Weg. Wir werden auf das Phänomen noch zurückkommen. Nach einer Statistik aus dem Jahr 1983 gibt es nicht weniger als 1600 Firmen und Einzelpersonen, die sich als Lieferanten des Pentagon haben registrieren lassen. Bereits einige wenige Zahlen zeigen, von welcher Goldgrube hier die Rede ist. Der vorläufige Jahresbericht für 1984 des amerikanischen Verbandes der Luft- und Raumfahrtindustrie (AIA) zeigt auf, daß der Nettogewinn mit 3,6 Milliarden Dollar eine neue Rekordhöhe erreicht hat. Beschaffungen für die amerikanischen Streitkräfte zeigten den größten Anstieg.

Die gesamte Rüstungsindustrie der USA ist gut überschaubar und vielfach mit der politischen Szene und ihren Repräsentanten verflochten. Das Pentagon läßt seine Gunst zwei Dutzend Auserwählten zukommen. Die Liste der Hauptvertragspartner ändert sich selten. Der Politologe Richard J. Barnet stellte schon 1969 in seinem Buch über den »amerikanischen Rüstungswahn« fest: »Die zehn in den Jahren 1961 bis 1967 größten Rüstungsunternehmen waren 1968 immer noch unter den 15 führenden Lieferanten. Immerhin steigt oder fällt das Glück in einzelnen Fällen.« Barnets provokante Frage lautete: »Kontrollieren die zehn oder zwanzig Spitzenunternehmen das Pentagon?«

Dazu eine Antwort aus dem Jahr 1985. Offizielle Regierungsauskünfte ließen erkennen, daß sich die Zahlungen der Rüstungslobbyisten an die amerikanischen Politiker in den Jahren seit 1981 verdoppelt hatten. Die 20 wichtigsten Rüstungsunternehmen haben in diesem Zeitraum allein 3,6 Milliarden Dollar für die Wahlkämpfe von Abgeordneten des Repräsentantenhauses, Senatoren und Präsidentschaftskandidaten ausgegeben. Während desselben Zeitraums stieg das Volumen der Aufträge des Verteidigungsministeriums für die genannten Firmen um 150 Prozent auf insgesamt 69 Milliarden Dollar im Jahr 1984.

Wie in einem Untersuchungsbericht zu lesen ist, sind die Spenden völlig legal an die Wahlkomitees der Politiker geleitet worden. Häufig wurden die Beträge nicht einmal den Konten der Firmen entnommen, sondern auf Initiative der jeweiligen Direktion bei Angestellten und Arbeitern gesammelt. Eine weitere Untersuchung zeigte auf, daß von den 20 Abgeordneten, die 1984 alle über 15000 Dollar Spenden erhielten, 17 für die Produktion von 21 neuen MX-Interkontinentalraketen gestimmt haben. Im Senat war das Verhältnis sogar noch klarer: 13 der 14 Senatoren, deren Wahlkomitees über 30000 Dollar erhalten hatten, stimmten für die neuen MX. Die Firma Lockheed, ein Muster an fragwürdigem Geschäftsgebaren, hat 1984 über 420000 Dollar an die Wahlkomitees verschiedener Politiker bezahlt. Im gleichen Zeitraum stiegen die Aufträge des Pentagon an Lockheed von zwei auf über fünf Milliarden Dollar.

Zurück zur Konzentration innerhalb der Rüstungsindustrie. Nur 14 amerikanische Firmen stellen Flugzeuge her, nur acht Raketen und elf weitere produzieren Schiffe. Lediglich bei Kampffahrzeugen und Munition ist das Feld breiter. Das erfolgreichste Dutzend der Pentagon-Geschäftspartner bestand 1982 aus den folgenden Unternehmen: United Technologies, General Dynamics, McDonnell Douglas, General Electric, Lockheed, Boeing, Hughes Aircraft, Rockwell International, Raytheon, Martin Marietta, Grumman und Northrop. Deutlich zu sehen ist das Übergewicht der Luftfahrtindustrie, deren Produkte auch am meisten kosten.

Die Marktpositionen einzelner Firmen ändern sich mit der Nachfrage des Pentagon nach ihren Produkten. Wenn die neue militärische Strategie vermehrt Luftaufklärung vorschreibt, dann ist die Zeit für Frühwarnflugzeuge von Grumman gekommen. Von der Nachrüstung profitiert die Firma Martin Marietta, die Pershing-II-Raketen und Cruise Missiles (Stückpreis: 850000 Dollar) herstellt. Ein weltweit erfolgreicher Exportschlager wie die F-16 füllt die Kassen von General Dynamics. Die Umstellung auf den neuen »Stealth«-Bomber B-1B favorisiert Rockwell.

Die Flugzeug-, Raketen- und Elektronikindustrie führt den Reigen der Rüstungsgiganten an, während der Schiffbau als Relikt der Vergangenheit abgeschlagen an dritter Stelle folgt. Die Vorrangstellung der Flugzeugbauer hat letztlich auch mit der zunehmenden Exportorientierung der US-Rüstungswirtschaft zu tun. Ohne Militärhilfe und freie Verkäufe würden die Bilanzen der großen Luftfahrtproduzenten viel bescheidener ausfallen. Doch diese Schreckensvision kommt unter der Reagan-Administration gar nicht erst auf. Einige Zahlen können es verdeutlichen: Lockheeds Geschäftserträge stiegen von 1983 auf 1984 um 25 Prozent, seit 1980 um 50 Prozent. Die Gewinne von General Dynamics kletterten zwischen 1983 und 1984 um ein Zehntel, innerhalb von zehn Jahren dagegen um das Dreifache. Ein Ende der Rekordumsätze ist noch nicht abzusehen. Denn von 4072 geplanten Kampfflugzeugen des Typs F-16 waren im Sommer 1985 erst 1300 ausgeliefert. Northrops Umsätze stiegen von 1983 auf 1984 um 13 Prozent. 84 Prozent seiner ganzen Produktion wurden vom Pentagon abgenommen, mehr als drei Viertel davon Flugzeuge. Interessant ist auch die Tatsache, daß es innerhalb der Rüstungsindustrie zu einer Konzentration in verschiedenen Regionen kommt. Ein seit Jahren zu beobachtender Trend ist, daß die ohnehin mobilen Amerikaner mehr und mehr in den warmen »Sunbelt« des Südens und Westens abwandern.

Eine Sonderrolle nimmt das vom Nationalstolz weltweit gepriesene High-Tech-Mekka Silicon Valley ein. Es handelt sich um ein langgezogenes, fruchtbares Tal südöstlich von San Francisco. San Jose heißt die Hauptstadt, Santa Clara County der Bezirk. Man merkt es schon an den Namen: Hier ließen sich einst italienische Obstbauern nieder, die auch lange ungestört blieben. Die Innovation der Moderne hat ihnen nun bis zu achtspurige Highways, Flugplätze und Supermärkte ungeahnten Ausmaßes beschert – und dazu die Creme der Chip-Produzenten. Mikro-Chip ist das Schlagwort, der alles verbindende Begriff in Silicon Valley. Mehr als 1000 Firmen, viele von Absolventen der nahen Stanford University gegründet, haben das Tal erobert. Sie produzieren Computer und alle ihre Kleinteile – Atari und Digital, Data Control und IBM, Memorex und Intel.
So kommt es auch, daß ihre Bosse meistens zwischen 30 und 40 Jahre alt sind. Stephen Jobs und Stephen Wozniak sollen als Beispiele gelten. 1976 entwickelten die beiden Ingenieure einen Computer für jedermann. Sie gründeten eine Firma und nannten sie Apple. 1980 nahmen sie für ihre Produkte 184 Millionen Dollar ein. Die Aktien schossen in die Höhe wie eine jener blanken neuen Raketen, die von den kleinen Mikrogehirnen aus dem Silicon Valley auf Kurs gehalten und ins Ziel gesteuert werden. Ein Stück vom amerikanischen Traum, vom Land der unbegrenzten Möglichkeiten. Wäre Silicon Valley ohne Rüstungstechnologie das geworden, was es heute ist? Bestimmt nicht.
Und doch tun sich immer wieder Grenzen auf, auch für den mächtigen militärisch-industriellen Zweig. So etwa alle zehn Jahre wachsen handfeste Skandale heran, wird die amerikanische Nation von ungläubigem Staunen über die Extravaganzen ihrer Auf- und Ausrüster gebeutelt. Wir kehren wieder einmal in das Pentagon zurück. Genauer gesagt, in den Konferenzraum mit der Nummer 1E-801/7. Dort treffen sich regelmäßig zivile Funktionäre und hohe Offiziere, um über die Zukunft neuer Waffensysteme zu beraten. Die Gruppe nennt sich offiziell Defense Systems Acquisition Review Council (kurz DSARC). Wie der Name schon sagt, kümmern sie sich um den Ankauf militärischen Geräts. Sechs Mikrophone hängen an langen Kabeln von der Decke. Referate werden zumeist auf einem kleinen Podium gehalten, von dem aus sich der hufeisenförmige Holztisch gut überblicken läßt. Hinter einer

Glasscheibe ist ein Diaprojektor zu sehen, der die neuesten Erfindungen der Branche auch visuell näherbringen kann, und in einer Ecke steht die US-Flagge.
Gewöhnlich möchten mehr Offizielle an den Sitzungen der Kommission teilnehmen, als der Raum faßt. Jeder hat ein neues Waffensystem studiert, um es zu empfehlen. Jeder hält eine andere Neuheit für unentbehrlich zur Sicherung des Friedens, des strategischen Gleichgewichts, der Abschreckung, des Verteidigungsauftrages – was immer. DSARC ist ein mächtiges Gremium und arbeitet parallel zur DSAA. Während der eine ausschließlich zum Nutzen der eigenen Streitkräfte einkauft, veräußert der andere zugunsten der Industrie und des Finanzministeriums. Daß amerikanische Waffen in befreundeten Staaten, wie Saudi-Arabien, auch zum möglichen eigenen Gebrauch griffbereit liegen könnten, ist eine weiterreichende, phantasievolle Vorstellung. Soll keiner sagen, Militärs hätten keine Phantasie. Und soll keiner behaupten, nur der Ostblock würde mit modernen Waffensystemen Politik betreiben.
Hunderte von Waffenexperten bereiten die Empfehlungen vor, die dem DSARC eine endgültige Entscheidung erleichtern sollen. Doch auch diese Herren sind nicht unfehlbar, und menschliche Regungen sind ihnen nicht fremd. Wie käme es sonst, daß Anfang Januar 1986 mehr als 100 Angestellte des Pentagon und Vertreter großer Rüstungsfirmen (General Dynamics, Northrop, MacDonnell Douglas und TRW) zu einem Gerichtsverfahren in Alexandria, Virginia, geladen wurden. Vor Gericht standen drei Männer, die einen schwunghaften Handel mit streng geheimen Planungsunterlagen des Pentagon betrieben hatten. Rüstungsfirmen, die in den Besitz dieser Dokumente gelangt waren, hatten einen eindeutigen Vorsprung gegenüber der Konkurrenz bekommen. Sie konnten ihre Angebote genau auf die Vorstellungen des Pentagon abstimmen. Die Angeklagten gehörten dem Management des Rüstungskonzerns GTE an. Zum ersten Mal wurden in einem solchen Verfahren die Spionagestatuten in Verbindung mit dem Diebstahl von Regierungseigentum angewandt.
Ein etwas anders gelagerter, aber weit schwerwiegenderer Diebstahl von Steuergeldern war gerade im Vorjahr aufgedeckt worden. Die Katastrophe brach zur selben Zeit über mehrere Vertragsfirmen des Pentagon herein. Ausgelöst wurde sie von verschiedenen Seiten. Da gibt es die 28jährige Dina Rasor, Leiterin

des privaten Instituts Project on Military Procurement (Büro für militärische Beschaffung), das von mehreren Stiftungen finanziert wird. Von etwa 100 Vertrauensleuten im Pentagon auf dem laufenden gehalten, enthüllt Dina Rasor immer wieder einen neuen Fall, in dem das Verteidigungsministerium übervorteilt, in dem Steuergelder mit vollen Händen zum Fenster hinausgeworfen werden. Ihre Informanten sind allesamt Patrioten, die sich im Pentagon selbst nicht zu erkennen geben.

Dann gibt es noch eine Pentagon-Abteilung mit 550 Mitarbeitern, die den Preiswucher bei Waffen- und Ausrüstungskäufen stoppen soll. Zehn Ministerien, Untersuchungsausschüsse des Kongresses, Geheimdienste, zivile Behörden und Gerichte machen Jagd auf die Räuber in der Rüstungswirtschaft.

Bisher ist folgendes herausgekommen:

- Die Grumman Aerospace Corporation hat die Aschenbecher im Aufklärungsflugzeug E2C mit einem Stückpreis von 659 Dollar berechnet. Begründung: »Die Aschenbecher sind Spezialanfertigungen und müssen bei hoher Geschwindigkeit großen Belastungen standhalten.« Nichtraucher Caspar Weinberger, der Verteidigungsminister, war außer sich: »Entweder läßt man das Rauchen in diesen Maschinen, oder man benutzt ein altes Marmeladenglas. Ich bin jedenfalls nicht bereit, 50 oder auch nur zehn Dollar für so ein Ding zu bezahlen.« Weinberger gab der Marine eine Chance, die umstrittenen Aschenbecher in eigenen Werkstätten zu produzieren. Nun soll der Stückpreis bei 898 Dollar liegen.
- Die Firma Lockheed berechnete für Kaffeemaschinen an Bord des größten Militärtransporters der Welt, der C-5, 7622 Dollar pro Stück. Eine Einziehleiter kostete 74165 Dollar, eine gemeinhin spottbillige Taschenlampe 170,98 Dollar. Die US-Marine mußte dem Produzenten Lockheed für einen Toilettendekkel an Bord des U-Boot-Jagdflugzeuges P-3 Orion 640 Dollar bezahlen. Als die Klodeckel in die Schlagzeilen rutschten, reduzierte sich der Preis über Nacht auf 100 Dollar. Dafür blieb der Kühlschrank bei 16571 Dollar.
- Die Firma Boeing scheute sich nicht, für eine Kneifzange 748 Dollar zu kassieren. Ein Pentagon-Inspektor namens John Melchner fand bei seinen Nachforschungen heraus, daß Glühbirnen nicht weniger als 44 Dollar pro Stück gekostet hatten.

- Die Firma General Dynamics, größter Rüstungsproduzent der Welt, hat das Pentagon ebenfalls in ungeheurem Umfang erleichtert. Am 4. April 1985 gaben die Rechnungsprüfer bekannt, daß General Dynamics dem Auftraggeber in den letzten zwölf Jahren 244 Millionen Dollar zuviel berechnet hatte. Marineminister John Lehman informierte daraufhin die Öffentlichkeit über die Stornierung von Aufträgen an General Dynamics. Ihr Umfang: 22,5 Millionen Dollar. Die Firma hatte in diesem Zusammenhang ein Bußgeld von 676283 Dollar zu zahlen.

Konkret wirft man General Dynamics – acht Milliarden Dollar Umsatz im Jahr 1984, ein Auftragsbestand von 22 Milliarden Dollar – höchst sonderbare Verfehlungen vor. General Dynamics hatte dem Geldgeber im Pentagon 20 Millionen Dollar an ungerechtfertigten Flugkosten in Rechnung gestellt. So war Firmenpräsident Davis S. Lewis regelmäßig auf Onkel Sams Rechnung von St. Louis zu seiner Firma in Georgia ins Wochenende geflogen. Das Management hatte Beiträge von 538781 Dollar für die Mitgliedschaft in allen möglichen Clubs geltend gemacht. Gordon MacDonald, der Finanzchef, mußte bei zwei öffentlichen Kongreß-Hearings erklären, warum er eine »extragroße Matratze für einen sehr großen und schweren GD-Angestellten« zum Preis von 571 Dollar besorgt hatte. Bewirtungsbögen im Wert von fünf Millionen Dollar waren nicht ordnungsgemäß ausgefüllt worden: Es fehlten jeweils die Namen der Bewirteten.

Zwischen 1979 und 1982 hatte General Dynamics »laufende Kostenrechnungen« im Umfang von 170 Millionen Dollar eingereicht. Die Prüfer zweifelten davon 63,6 Millionen Dollar an. Und immer wieder war von Bestechungsgeldern die Rede – ein alter Brauch der US-Rüstungsakquisiteure. Es sollen sowohl ausländische als auch lokale Militärs geschmiert worden sein, gerade wenn es um den Verkauf des Stars F-16 ging. General Dynamics, so wurde bekannt, überreichte an Admiral Hyman Rickover, den ehemaligen Chef der amerikanischen Nuklear-U-Boot-Flotte, Geschenke im Wert von 67628 Dollar. Ein weiterer Posten waren Ohrringe für die Frau des Militärs. GD-Vizepräsident George Sawyer war einst Stellvertreter des Marineministers John Lehman und für das gesamte Schiffbauprogramm verantwortlich gewesen. Wenige Tage bevor er seinen hochdotierten Vertrag bei General Dynamics unterschrieb, zeichnete er noch teure Bauaufträge für

den künftigen Arbeitgeber ab. Ein extremer Fall der sogenannten Pentagon-»Drehtürpolitik«. Hohe Offiziere treten durch die Drehtür in den Dienst der Rüstungsindustrie. 1700 sollen es allein in den siebziger Jahren gewesen sein. Ihr Motto: Erst dienen, dann verdienen. Nicht unbedingt nur ein amerikanisches Phänomen: Zwischen 1967 und 1982 beantragten fast 1000 ehemalige Bundeswehr-Angehörige auf der Hardthöhe, in die Rüstungswirtschaft wechseln zu dürfen.
Aufgeflogen waren die Machenschaften des Giganten General Dynamics übrigens durch einen Dissidenten. Der Topmanager Panagiotis Veliotis, ein gebürtiger Grieche, hatte sich dem Bestechungsverfahren vor einem amerikanischen Gericht durch die Flucht nach Athen entzogen. Der gekränkte Firmenpräsident Lewis ließ daraufhin das Privatvermögen von Veliotis inklusive dessen Aktienbestand im Wert von sechs Millionen Dollar einbehalten. Als sich die Leitung von General Dynamics gegenüber dem flüchtigen Manager uneinsichtig zeigte, nahm dieser Rache. Er lieferte den amerikanischen Ermittlungsbehörden ein Dokument nach dem anderen. So kam die Lawine ins Rollen. Veliotis soll seither drei Attentatsversuche überlebt haben.
Die öffentliche Meinung ist gegen die raffgierige Rüstungsindustrie gerichtet. Jedes neue Urteil wird mit Beifall bedacht. National Semiconductor mußte 1,75 Millionen Dollar Geldstrafe wegen der Lieferung defekter Mikrochips für Flugzeuge und Kriegsschiffe bezahlen. Ein Betrugsverfahren gegen General Electric endete mit einer Geldstrafe von 1,04 Millionen Dollar. Der Rüstungslieferant hatte dem Pentagon für die Entwicklung des Gefechtskopfes »Mark 12 A« der Minuteman-Rakete ganz einfach 800000 Dollar zuviel in Rechnung gestellt.
1985 war das Jahr der täglich neuen Skandale in der US-Rüstungsindustrie. Dina Rasor fand einen Hammer, den die Marine für 436 Dollar angekauft hatte, ein anderes Mal einen Schraubenschlüssel der Luftwaffe, dem niemand seine 9609 Dollar Realkosten ansah. »Mit Geld kauft man keine bessere Verteidigung«, stellte die hübsche Dina, laut *New York Times* der »Pentagon-Feind Nummer 1«, pressewirksam fest. Der militärisch-industrielle Komplex, so schimpfte sie weiter, produziere lediglich 33 Prozent effektive Brauchbarkeit: »Geld auszugeben ist wichtiger geworden, als einen Gegenwert für dieses Geld zu bekommen.«

Der Verteidigungsausschuß des US-Senats ordnete Untersuchungen bei sieben Rüstungskonzernen an. Neben den vier großen Luftfahrtunternehmen wurden nun auch der Hubschrauberproduzent Bell, eine Schiffswerft in Newport News und die Sperry Rand Corporation einbezogen. Das Pentagon stellte seine Zahlungen an General Dynamics ein, »bis die Restsumme von 154 Millionen Dollar ausgeglichen ist«. Als nächste Konsequenz wurde die Vergabe von Aufträgen für vier Jagd-U-Boote ausgesetzt. Ein pensionierter Pentagon-Buchprüfer namens George Spanton trat in den Zeugenstand, um gegen den Triebwerkhersteller Pratt and Whittney auszusagen. Laut Spanton habe der Konzern dem Verteidigungsministerium 1983 Büroausgaben in Höhe von 920000 Dollar zweimal in Rechnung gestellt. Außerdem habe sich die Firma Geschäftsreisen in die Südsee, Golfpartien und Angelausflüge für Generäle und ausländische Militärattachés erstatten lassen.
Präsident Reagan griff persönlich ein und enthob den Direktor des Raumfahrtunternehmens NASA, James Beggs, seines Amtes. Beggs war den umgekehrten Weg durch die Drehtür gekommen – von General Dynamics zum Staatsunternehmen. Er wurde gleich mit drei weiteren Topmanagern unter Anklage gestellt. Zu Beggs Zeiten soll ein Teil der Verluste, die aus einem Vertrag über den Bau eines Flugabwehrgeschützes entstanden waren, der Staatskasse berechnet worden sein; immerhin 3,2 Millionen Dollar.
In ganzen Artikelserien tauchten mehr und mehr Vorwürfe auf. Erhebliche Mängel wurden bei den 750000 produzierten TOW-Panzerabwehr-Raketen festgestellt. Sie seien nicht zielgenau, hieß es. »Vier von fünf TOWs haben Sicherheitsprobleme«, stellte der amerikanische Rechnungshof fest. Pfusch und Schluderei, wohin man blickte.
Das 200000 Dollar pro Stück kostende Artilleriegeschoß »Copperhead« wurde als untauglich bei schlechtem Wetter befunden. Kongreßabgeordnete schwärmten aus und stellten schließlich eigene Ermittlungen an. Sie fanden einen Stahlstift im Wert von zehn Pfennig, der das Pentagon 7417 Dollar gekostet hatte, eine Schraubenmutter für 2043 Dollar und eine Stuhlbeinplastikkappe für 1118 Dollar, dazu noch einen Lichtschalter für 2543 Dollar. Der Abgeordnete Berkley Bedell aus Iowa verglich einen Werk-

zeugkasten für 10186,56 Dollar mit seinem zivilen Gegenstück im Warenhaus. Die unmilitärische Ausführung war schon für 92,44 Dollar zu haben.
Peter Koch schrieb über »die Verschwörung von Militärs und Industrie, die die Regeln der Demokratie längst außer Kraft gesetzt habe«. Denn: Nicht die gewählten unabhängigen Volksvertreter bestimmen Rüstungsentscheidungen, sondern das geheime Machtkartell von Industrie und Uniformträgern. Nicht in den Gremien der Regierung würden die Sicherheitsinteressen des Staates definiert, sondern in den Direktionsetagen der großen Firmen. Nicht tatsächlich vorhandene Bedrohungssituationen gäben den Anstoß zur Entwicklung neuer Waffensysteme, sondern die Verkaufsabsichten der Industrie. Und kein Geringerer als Dwight D. Eisenhower hatte schon 1961 vor dem wachsenden politischen Einfluß der Rüstungslobby gewarnt: »In den Gremien der Regierung müssen wir Maßnahmen gegen den unberechtigten Einfluß treffen, der ... vom militärisch-industriellen Komplex ausgeht. Nur eine wachsame und aufgeklärte Bürgerschaft kann die riesige Rüstungsindustrie und den Militärapparat dazu zwingen, sich unseren friedlichen Methoden und Zielen unterzuordnen, so daß sowohl Sicherheit als auch Freiheit blühen können.«
Wieder – und schon damals – kollidierten die Illusionen eines Politikers mit der rauhen Wirklichkeit. Ein letzter Beweis für die Sinnlosigkeit, den amerikanischen Rüstungsmoloch bessern zu wollen, sollte hier herangezogen werden. In den sechziger Jahren durchforstete der Wirtschaftsausschuß des Kongresses bereits einmal das Dickicht des Gewerbes. Als *Report des Proxmire-Ausschusses* wurden seine Schlußfolgerungen abgeheftet und vergessen. An einer Stelle heißt es: »In der Vergangenheit sind regelrecht Milliarden von Dollar für Waffensysteme verschleudert worden, die dann fallengelassen werden mußten, weil sie nicht funktionierten. Andere Systeme sind den vertraglichen Anforderungen nicht gerecht geworden. So beweist zum Beispiel eine Studie, auf die in den Hearings Bezug genommen wurde, daß bei einer Stichprobe bei 13 wichtigen Flugzeug- und Raketenprogrammen für die Luftwaffe und die Seestreitkräfte, die 1955 mit einem Gesamtkostenaufwand von 40 Milliarden Dollar in Angriff genommen worden waren, weniger als 40 Prozent eine befriedigende elektronische Ausrüstung aufwiesen. Zwei der Programme wurden gestrichen, nachdem sie

bereits zwei Milliarden Dollar verschlungen hatten. Zwei Programme, deren Kosten zehn Milliarden Dollar betragen hatten, wurden nach drei Jahren wegen zu geringer Zuverlässigkeit aufgegeben. Fünf 13-Milliarden-Dollar-Programme sind nur bedingt verwendungsfähig, weil die Zuverlässigkeit ihrer elektronischen Ausrüstung unter 75 Prozent der ursprünglichen Angaben liegt.«
1955 und 1985 – die Pentagon-Mafia hat dafür gesorgt, daß sich nichts ändert.
Wegen seiner angeborenen Sparsamkeit hat Verteidigungsminister Caspar Weinberger den Spitznamen »Cap the knife« erhalten. Doch kappt er wirklich den verschwenderischen Geldfluß? Mir scheint, er ist gefangen zwischen dem eisernen Willen Ronald Reagans, die Militärausgaben – nach einem 40prozentigen Anstieg in den Jahren ab 1981 –, bis 1989 noch mal um 40 Prozent anzuheben, und seinem eigenen Willen, die bösen Geister auszutreiben. Weinberger, intellektueller Anwalt mit Harvard-Abschluß, kennt die Schwachstellen seines Hauses und scheint doch unfähig, ihnen beizukommen.
Die führenden Militärs gehen ihm aus dem Weg, um sich ungehinderter den neuen Waffensystemen widmen zu können. Das Politische überlassen sie Weinberger. Er darf auch die jeweils neuen Rekorde verkünden: Die Marine wird bis 1989 nicht weniger als 600 Schiffe besitzen. Innerhalb von vier Jahren hat das Pentagon den Wehrsold um ein Viertel angehoben. Weinberger meldet sich immer wieder mit neuen Superlativen.
Diese werden von einigen längst bekannten Unruhestiftern in der Legislative gekontert. Dabei ist das amerikanische Politsystem so stabil verankert, daß sogar diese Leute keine Linken oder Grünen oder Friedensbewegte im Wortsinne sind. Keiner kann ihnen verdächtige Neigungen zur ideologisch anderen Seite vorwerfen, und das macht es dem Verteidigungsestablishment so schwierig, sie anzugreifen. Kein Politchinesisch, sondern überwiegend gesunder Menschenverstand und handfestes Sachwissen ziehen sich durch einen 25seitigen Report des Demokraten Les Aspin aus Wisconsin, des Vorsitzenden des Streitkräfteausschusses im Repräsentantenhaus. Er stellt fest, daß Länder mit höheren Investitionen für die Verteidigung ein langsameres wirtschaftliches Wachstum zu gewärtigen hätten. Japan, das weniger als ein Prozent seines Bruttosozialprodukts für die Verteidigung ausgibt, konnte demzufolge

auch das größte Wachstum verzeichnen. Die USA und Großbritannien hatten mit den höchsten Rüstungsausgaben das langsamste Wirtschaftswachstum.
Reagans Regierung argumentiert dagegen, daß jede Verringerung der Militärausgaben um eine Million Dollar nur eine Reduktion des Haushaltsdefizits um 50 Cents ergäbe. Steuereinnahmen, die durch Militärausgaben bewirkt würden, gingen verloren, zusätzliche Ausgaben seien wegen des daraus resultierenden Anstiegs der Arbeitslosigkeit nötig. Das Ringen ist hart. Im Januar 1986 waren die Haushaltsexperten des Kongresses um eine Nasenlänge vorne: Trotz heftiger Reaktionen von seiten des Präsidenten und seines Verteidigungsministers tasteten sie auch den Pentagon-Haushalt an. Etatänderungen, die zwischen dem Budgetdirektor des Weißen Hauses, James Miller, und dem Leiter des Haushaltsbüros im Kongreß, Rudolph Penner, ausgehandelt wurden, erlegten dem Weinberger-Amt im laufenden Haushaltsjahr Kürzungen von 4,9 Prozent auf – eine Auswirkung des Haushalts-Stabilisierungsgesetzes vom Dezember 1985. Es bedeutet, daß das Pentagon bis zum Herbst 1986 sechs Milliarden Dollar weniger ausgeben darf. Für das Haushaltsjahr 1987 soll das Repräsentantenhaus sogar an eine Kürzung des Verteidigungsanteils um 50 bis 65 Milliarden Dollar denken. Das löst bei Caspar Weinberger, der im Gegenzug eine Erhöhung seines Budgets fordert, schlimme Visionen aus. »Wenn die Mittel nicht bewilligt werden, um unsere Verantwortung auszuüben und unsere Verpflichtung zu erfüllen, dann wird den heimtückischsten Kräften der heutigen Welt Tür und Tor geöffnet.« Moskau könne nur in Schach gehalten und an den Verhandlungstisch gezwungen werden, wenn Amerika seine Raketenrüstung weiter verstärke. Es steht so manches auf dem Spiel. Das Heer wartet noch auf die Lieferung von 2000 Kampfpanzern M1 (der übrigens mit 2,36 Millionen Dollar pro Stück 45 Prozent mehr kostet als 1981 projektiert). Die Luftwaffe hat unter anderem den B-1B-Bomber, mehr als 300 neue Kampfflugzeuge des Typs F-15 »Eagle« und 1000 weitere F-16 bestellt (Preiserhöhungen von 50 Prozent in den letzten vier Jahren). Die Marine erwartet 62 neue Kriegsschiffe und 22 weitere U-Boote. In den frühen neunziger Jahren werden 15 amerikanische Flugzeugträger auf den Weltmeeren schwimmen (statt 13). Wenn es in der Legislative hart auf hart ginge, dann müßte 1986/87 einiges davon gestrichen werden.

Das Leben in Washington ist spannender, als man gemeinhin annimmt.

Waffen von der »Agency«

Für die US-Regierung gibt es eine weitere – und nur wenigen Eingeweihten genauer bekannte – Möglichkeit, Waffen an die jeweils Bedürftigen zu bringen: die CIA (»Central Intelligence Agency«), der bekannteste, aber nicht unbedingt erfolgreichste amerikanische Geheimdienst. Die Verrufenheit der CIA – in vielen Ländern der Erde wird sie mit dem absolut Bösen gleichgesetzt – macht es den anderen leichter, ihrem Job nachzugehen. Und es läßt beispielsweise DIA (Militärgeheimdienst) oder NSA (National Security Agency) insgesamt effizienter sein. Ob das nun eine schlaue Strategie oder eine weitere Widrigkeit des Washingtoner Alltags ist – keiner kann es sagen.
Die CIA, im Fachjargon »Company« genannt, also Firma, ist ein ähnlich verzweigter Moloch wie das Pentagon, nur eben geheimer. Zehn Kilometer von Washington entfernt, in Langley, Virginia, befindet sich das Hauptquartier. Aus Platzmangel wurden jedoch zahlreiche Abteilungen in die Hauptstadt selbst und in Renommiervororte wie Arlington ausgelagert. Die Agency hat schlimme Zeiten hinter sich, wurde sie doch Anfang der siebziger Jahre »schwer angeschlagen« (so William Colby, CIA-Direktor von 1973 bis 1975). »Covert Actions«, verdeckte Aktivitäten, hatten dem Ruf der Geheimen schwer geschadet. Die Rede ist von 20000 Attentaten auf Regierungsgegner in Vietnam, vom rechten Putsch gegen Salvador Allende in Chile, vom Watergate-Einbruch und – 1975 – von CIA-Aktionen in Angola. Die Liste ließe sich lange fortsetzen.
Präsident Jimmy Carter dünnte das Personal von Langley aus und schränkte dessen Arbeit erheblich ein. Erst unter dem Law-and-Order-Präsidenten Ronald Reagan ging es wieder bergauf. Admiral Stansfield Turner, damals CIA-Chef, initiierte eine Anzeigenkampagne: »Wir suchen Männer, die ihren Sinn für Abenteuer noch nicht verloren haben. In einer Zeit der geistlosen Jobs bieten wir die alternative Karriere. Sie können in eigener Initiative und

schnell entscheiden. Wenn Sie beim internationalen Geschehen hautnah dabeisein wollen, so haben wir Arbeit für Sie.« Darauf gingen 2000 Bewerbungen ein. In den ersten drei Reagan-Jahren wuchs das Budget des Geheimdienstes um 50 Prozent – rascher als der Haushalt des Pentagon. Die Reaktivierung bedurfte jedoch einer langen Genesungsphase, in der sich die Zahl der geheimen Einsätze nur geringfügig erhöhte. Ein CIA-Mann: »Bei uns war jahrelang alles vernachlässigt worden, und deshalb mußten wir teilweise sogar die Infrastruktur wieder aufbauen.«
Das oblag dem Reagan-Vertrauten William Casey, 73, der im Zweiten Weltkrieg der CIA-Vorgängerorganisation OSS (Office of Strategic Services) angehörte.
Bei Reagans Amtsantritt standen noch 200 Agenten der Abteilung »Covert Actions« auf der Gehaltsliste. Casey holte sofort 400, zumeist pensionierte Agenten dieser Kategorie, wieder zurück (später noch mal 400). Mit seinem Rekordbudget von 1,5 Milliarden Dollar konnte er durchaus klotzen. Mittlerweile wuchs die Agency wieder auf 25 000 Mitarbeiter. Mächtiger denn je steht Casey seinem Imperium vor. Er gehört dem Kabinett des Präsidenten an, berät Reagan in allen Geheimdienstfragen (zweimal wöchentlich treffen sie sich) und koordiniert alle US-Geheimdienste und ihre 200 000 Mitarbeiter. Caseys besonderes Steckenpferd sind die verdeckten Aktionen. Dafür sollen ihm angeblich pro Jahr 150 Millionen Dollar zur Verfügung stehen. Der Löwenanteil dieser Summe fließt für die afghanischen Mudschahedin und für die nicaraguanischen Contras. Solche Einsätze werden auf höchster Ebene besprochen, bei der National Security Planning Group. Die Argumente kommen von Vizepräsident George Bush, Außenminister George Shultz, Pentagon-Chef Caspar Weinberger, CIA-Direktor William Casey und dem jeweiligen Nationalen Sicherheitsberater, derzeit Vize-Admiral John Poindexter. Das entscheidende Machtwort spricht jedoch der Präsident selbst.
Das Nachrichtenmagazin *Der Spiegel* berichtete im März 1986 vom sogenannten »208-Committee«, das sich regelmäßig im Raum 208 des Old Executive Building neben dem Weißen Haus trifft. Ihm gehören Staatssekretär Fred Iklé aus dem Pentagon, der Geheimdienstexperte Morton Abramowitz vom State Department, Clair George, Chef der CIA-Unterabteilung »Geheime Dienstleistungen«, und sein Chef William Casey an. Wörtlich hieß es in dem

Report: »Unter Caseys Führung überwachen die 208er die weltweiten ›Buschfeuer‹ in Gegenden, wo die Interessensphären der beiden Supermächte aneinanderstoßen. Sie planen und veranlassen die Schachzüge der Amerikaner. Die Komitee-Mitglieder legen die Menge und Art der Waffen fest, die Freiheitskämpfern geliefert werden sollen. Sie bestimmen die Zwischenlager für Gewehre, Granatwerfer und Munition, sie benennen die Mittelsmänner, die das Kriegsgerät zu geheimen Landepisten fliegen, wo es von den jeweiligen Rebellen abgeholt werden kann.«
Für Waffentransfers durch die CIA gibt es generell kein Rezept. Da wird von Fall zu Fall entschieden. Bei der Durchführung der Lieferung sind nur wenige Leute eingeschaltet. Der Auftrag geht an die Special Operations Division (SOD), und da wiederum bevorzugt an den stellvertretenden Chef der Operationsabteilung (DDO). Diese Position ist der Schlüssel zum »beweglichsten Zweig der Firma« *(New York Times)*.
Zu Beginn des Jahrzehnts versah der spätere Casey-Vize John McMahon diese Aufgabe. Ihn löste 1981 Max Hugel ab, ein Export-Import-Kaufmann, ebenfalls Geheimdienstveteran aus dem Zweiten Weltkrieg und zuletzt Vizepräsident der Computerfirma Centronics Data in Hudson, New Hampshire. Bereits ein halbes Jahr später mußte Hugel wieder gehen, weil man hinter angebliche Betrügereien an der Börse gekommen war. Eine andere Quelle benennt eine fehlgeschlagene Operation als Grund für den raschen Abgang. Zu Hugels Nachfolger wurde ein Mann bestimmt, von dem nur bekannt ist, daß er John Henry Stein genannt wird.
Über Arbeitsmangel konnte Stein nie klagen. Während Carter zwei oder drei verdeckte Aktionen pro Jahr durch den Nationalen Sicherheitsrat genehmigen und von der CIA durchführen ließ, verdreifachte sich unter Reagan die Zahl der Einsätze.
Immer wieder gab es dabei Ärger mit dem Kongreß und mit der öffentlichen Meinung der USA. Zwei besonders umstrittene Aktionen der »Special Operations Division« waren die Verminung nicaraguanischer Häfen im Jahr 1984 und das Handbuch *Psychologische Operation der Untergrundkriegführung*. Diese CIA-Gebrauchsanweisung für subversive Aktionen war eigens für die nicaraguanischen Contras geschaffen worden. Ratschläge wie dieser werden in dem Büchlein gegeben: »Es ist möglich, sorgfältig ausgewählte und geplante Ziele wie Richter, Polizeibeamte und An-

gehörige der staatlichen Sicherheitsorgane zu neutralisieren.« Keine Frage, was »neutralisieren« bedeutet. Das 42-Seiten-Werk erklärt unter anderem, wie man Gegner entführt und Gebäude sprengt. Es empfehle sich, so heißt es unzweideutig, »zur Ausführung selektiver Aufträge professionelle Verbrecher heranzuziehen«. Das Geheimdienstgremium des Repräsentantenhauses war entsetzt: »Der Vorfall mit dem Handbuch hat der Mehrheit des Ausschusses wieder einmal vor Augen geführt, daß die CIA während der gesamten Geheimaktion in Nicaragua nicht angemessen geführt und kontrolliert wurde.«

Ein weiterer seltsamer Zusammenhang:

Im Jahre 1982 mußte der ehemalige CIA-Offizier Ralph McGehee vor einem New Yorker Gericht aussagen, als die Frage anstand, ob ein Waffenhändler namens George DeMeo im Auftrag der CIA Waffen an die nordirische Untergrundorganisation IRA geliefert hatte (»damit die sich nicht an den Ostblock wenden«). Der Nachweis konnte auch diesmal nicht geführt werden. Doch McGehee beschrieb die Taktik der CIA. »Mögliche Bestreitbarkeit«, nannte er es, »du baust bei jedem Schritt, den du unternimmst, die Möglichkeit ein, es abzustreiten, bis hinauf zum Präsidenten, der auch nicht Bescheid weiß. Das ist das höchste Ziel der Übung.« McGehee wurde gefragt, ob die CIA schon einmal den Kongreß, das Justizministerium und/oder das FBI belogen habe. Seine Antwort: »Das ist mehr die Regel als die Ausnahme.« Liefert die CIA manchmal Waffen an beide Seiten eines Konflikts? »Ja, um den Waffenhandel besser kontrollieren zu können.«

Doch zurück zum Alltagsgeschäft. Die »Special Operations Division«, die nach Auskunft des früheren CIA-Agenten Ralph W. McGehee in Camp Peary bei Williamsburg in Virginia auf einer einsamen Farm ihre Einsätze trainiert, muß sich zuerst einmal an das Verteidigungsministerium wenden. Oberst Fletcher Prouty war dort neun Jahre lang Verbindungsoffizier zur CIA. Ich traf Prouty in Washington. Seine Aussagen zum Waffentransfer sind höchst aufschlußreich: »Wenn wir beispielsweise an eine Widerstandsorganisation in einem Land unter sowjetischem Einfluß liefern mußten, dann nahmen wir bevorzugt Ostblock-Waffen. Die konnten jederzeit als Beutegut gelten, und wir kamen nicht so leicht in Verdacht.« Diese Waffen werden von der CIA in der

ganzen Welt zusammengekauft und in regulären Depots der US-Streitkräfte aufbewahrt.
Fletcher Prouty weiter: »Zu meiner Zeit haben wir die Waffen, um sie besser bewegen zu können, auch außerhalb der USA eingelagert. Ich erinnere mich an ein Camp in der Libyschen Wüste, an eine aufgelassene Luftwaffenbasis im englischen Cheddington, an Depots in Taiwan und Okinawa sowie bei den ›Special Forces‹ im bayerischen Bad Tölz. Wenn eine Entscheidung gefallen war, dann wurde ich stets konsultiert. Wir hatten 8000 Mann und diverse Fluggesellschaften zum Transport der Ware zur Verfügung, eine Auswahl unter 101 Charternamen, die unterschiedlich in allen Weltgegenden Landerechte hatten.«
In ihrer wechselvollen Geschichte hat die CIA immer enge Kontakte zu diversen nationalen Fluglinien unterhalten, aber auch 50 Millionen Dollar in eigene Maschinen investiert. Die berühmteste CIA-Linie war Air America. In ihren besten Zeiten beschäftigte sie 5600 Mann Personal. Sie operierte von 1959 bis in die frühen achtziger Jahre und wurde dann aufgelöst. Die Air Asia arbeitete zwischen 1959 und 1975 für die CIA. In den frühen sechziger Jahren führte Bird Air Aufträge der »Firma« in Laos aus. James Bastian, der frühere Vizepräsident der Pacific Corporation, die als Holding für Air America und Air Asia diente, kümmerte sich für die CIA um die Caribbean Air Services in Puerto Rico. Page Airways soll gleichfalls der CIA verbunden sein, die Southern Air Transport ihr sogar von 1960 bis 1973 gehört haben. Im Vorstand dieser Fluggesellschaften tauchten im Prinzip immer wieder dieselben Namen auf.
Fletcher Prouty erinnert sich weiter: »Wenn wir wußten, wohin wir die Waffen fliegen mußten, dann haben wir nachgesehen, ob eine unserer Airlines dort Flughafenrechte hatte. Wenn nicht, dann wurde über Nacht eine Transportmaschine umgepinselt, und los ging's. Bei einer Panne konnte die Mannschaft immer problemlos ihre Spuren verwischen. Unsere Leute zeigten dann beispielsweise argentinische Pässe mit polnischen Namen.«
Seit Reagans Amtsantritt hat sich manches geändert. Die CIA greift gerne auf Transportmaschinen dritter Länder zurück. Für Waffenlieferungen in den Tschad oder nach Afghanistan bedient sie sich der ägyptischen beziehungsweise saudischen Luftwaffe. Piloten aus El Salvador lenkten nicht selten ihre C-47-Transporter

von der Basis Ilopango bei San Salvador aus über nicaraguanisches Territorium, um Hilfslieferungen für die Contras abzuwerfen. Prouty dazu: »Waffen für die Contras in Honduras sind leicht zu liefern, weil unsere Luftwaffe dort stets Landeerlaubnis hat. Bei weniger offiziellen Transfers werden Zoll und Flugüberwachung durch die Agency informiert. Dann kann im Prinzip nichts schiefgehen.«

Zwei typische Missionen der US-Dienste in neuerer Zeit liefen folgendermaßen ab. Eine Sportmaschine vom Typ Cessna 404, Baujahr 1981, wurde im Oktober 1982 durch eine Leasingfirma namens Investair, Sitz in Delaware, aber insgeheim im vierten Stock eines Bürogebäudes in MacLean, Virginia, bei einem Cessna-Händler gekauft. Der Geschäftsführer von Investair arbeitete früher bei der Intermountain Aviation Inc. 1975 war diese Firma aufgelöst worden. Ihr Name tauchte 1976 in einem Bericht des Geheimdienstkomitees des US-Senats auf. Darin hieß es, Intermountain Aviation Inc. habe der CIA Unterstützung für »rasche Lieferungen nach Übersee« geleistet.

Investair wurde Anfang 1981 gegründet. Ihr Marketing-Direktor heißt Mark L. Peterson. Ein Mann gleichen Namens war 1976 und 1977 für die Finanzen der Air America verantwortlich. Am 27. Juni 1983 wurde die Cessna 404 in Panama durch eine Firma Servicios de Mar, Aire y Tierra registriert. Diese Eintragung wurde Wochen später wieder gelöscht. Am 30. Juli flog ein Mann namens Augustín Román mit der Maschine von Panama City nach San José in Costa Rica. Dort traf er, allem Anschein nach, einen Vertreter der US-Botschaft. Später sollte sich auch zeigen, daß Augustín Román Mitglied der Contra-Organisation des Commandante Eden Pastora war. In dieser Eigenschaft flog er in den Monaten Juni und Juli 1983 häufig zwischen New York, Miami, Houston und El Salvador, Costa Rica wie Panama hin und her. Dabei benutzte er verschiedene Maschinen. Nicht selten überflog er nicaraguanisches Dschungelgebiet, um Nachschub für Pastora und seine Leute abzuwerfen.

Am 8. September 1983 näherte sich die Cessna 404 dem Flughafen von Managua, Nicaragua. Der Pilot, Augustín Román, reagierte nicht auf die Funksprüche der Fluglotsen. Da eröffneten die Sandinisten mit einer Luftabwehrrakete das Feuer. Die Cessna stürzte mit ihrer Ladung ab – Bomben mit einem Gewicht

von 500 Kilogramm. Sie sollten einen Teil des Flughafens zerstören.
Eine andere, gleichfalls atemberaubende Mission begann am 28. Dezember 1983 auf dem Stewart International Airport, wo die 105. Taktische Luftstaffel der New York Air National Guard stationiert ist. Bis zu diesem Zeitpunkt besaß die Einheit 20 Cessna O2A, ein leicht zu handhabendes Flugzeug, das auch auf kurzen und ungünstig angelegten Rollbahnen landen kann. Nach und nach wurden die Maschinen verkauft, die letzten drei an die US-Luftwaffe. Der neue Besitzer war das Logistische Kommando auf der Luftwaffenbasis Andrews bei Washington. Im Februar wurden die drei Sportmaschinen dort ausgemustert und erneut abgegeben.
Nach Dokumenten der Luftwaffe gingen die Flugzeuge an ein Projekt »Elefantenherde«. Das ist der Codename des Generalstabs im Pentagon für eine »übergreifende Aufgabe«. Das kann eine Geheimoperation sein, die alle Teilstreitkräfte einschließt. Der gescheiterte Einsatz zur Befreiung der Geiseln im Iran fiel in diese Kategorie. Im Februar 1984 wurden die drei Cessna wieder gesehen – im Hangar der Firma Summit Aviation in Middletown, Delaware. Summit, 1960 von Richard C. du Pont jr., einem Angehörigen der bekannten Familie du Pont, gegründet, soll eine lange CIA-Vergangenheit haben. Diese Firma hat sich auf den Umbau von zivilen Cessna-Maschinen in militärische Versionen spezialisiert. 1980 verkaufte Summit sechs solcher Flugzeuge an die Königlich-Thailändische Marine, bereits 1976 angeblich sechs O2A an Haiti. Summit-Piloten sollen damals sowohl haitianische als auch nicaraguanische Offiziere an diesen Maschinen ausgebildet haben. Aus Regierungskreisen in Washington wurde bekannt, daß Summit Auftragnehmer der CIA sei und auch CIA-Leute bezahle. Und – jetzt wird es noch spannender – intensive Recherchen amerikanischer Journalisten haben ergeben, daß Patrick J. Foley von Summit im Oktober 1982 eine Cessna 404 bei der Firma Trager Aviation Center in Lima, Ohio, gekauft und am selben Tag an Investair Leasing Corporation weiterveräußert hat. Summits Ausgaben waren 308 872 Dollar. Dieselbe Cessna versuchte dann am 8. September 1983 den Flughafen von Managua zu bombardieren.
Zurück zu den drei Cessnas der Typenreihe O2A. Eine gut unterrichtete Quelle berichtete, daß sie im Februar 1984 bei Summit mit

vier Abschußvorrichtungen für jeweils 28 Raketen ausgerüstet worden sind. Die Nachrichtenagentur *Reuters* tickerte am 2. September 1984 folgende Meldung aus Managua in die Welt: »Bei einem Angriff von vier antisandinistischen Rebellenflugzeugen auf eine Militärakademie in der nicaraguanischen Nordprovinz Nueva Segovia sind am Wochenende nach Angaben von Juntachef Daniel Ortega vier Menschen getötet und drei verwundet worden. Ortega sagte, aus drei Flugzeugen seien zwölf ›raketenartige‹ Projektile auf die Akademie abgefeuert worden. Das Gebäude befinde sich in Santa Clara, zehn Kilometer von der honduranischen Grenze entfernt. Eines der Geschosse habe die Küche der Akademie getroffen. Dabei seien drei weibliche Angestellte verletzt und zwei ihrer Kinder getötet worden. Ein Hubschrauber, der die Flugzeuge begleitet habe, sei durch Luftabwehrgeschütze nicaraguanischer Regierungstruppen abgeschossen worden. Dabei seien die beiden Piloten an Bord ums Leben gekommen.«
Die beiden Toten waren amerikanische Staatsbürger, die in Nicaragua »den Kommunismus bekämpfen« wollten. Tage später verweigerte ein Sprecher des Weißen Hauses jeglichen Kommentar zu den Hintergründen der Flugzeuglieferungen durch die CIA. Ein ungenannter Regierungsoffizieller erklärte dagegen der *Washington Post,* daß die CIA noch weitere Flugzeuge an die Contras abgegeben habe. Im Sommer 1985 beschloß der Senat für die Jahre 1985 und 1986, 38 Millionen Dollar für humanitäre Hilfe an die nicaraguanischen Rebellen zu zahlen. Es hieß, die Abwicklung würde durch die CIA übernommen. Im Januar 1986 wurde aus dem Weißen Haus bekannt, daß sich Präsident Reagan nicht noch einmal mit einer so geringen Summe für die Contras abspeisen lassen wolle. Für das Haushaltsjahr 1987 forderte er schließlich 100 Millionen Dollar. In einem Bericht der *Welt* hieß es dazu: »Eine Reihe demokratischer Kongreßmitglieder hat diese beabsichtigten Finanzhilfen angesichts der schweren Budgetprobleme der Reagan-Administration als eine ›Provokation‹ bezeichnet. Niemand erwartet, daß der Kongreß diese Finanzhilfen in der von Reagan geforderten Höhe bewilligen wird, dennoch sind die Chancen zu einem für Reagan akzeptablen Kompromiß nicht ungünstig.« Reagan benötigte keinen Kompromiß. Im Juni 1986 wurde seiner Forderung entsprochen.

2. Sowjetunion – Außenpolitik mit Waffenexporten

> »Wer zurückfällt, der wird geschlagen. Aber wir wollen nicht geschlagen werden. Nein, wir weigern uns, geschlagen zu werden! Eine Komponente in der Geschichte des alten Rußland waren die andauernden Schläge, die es bekam, weil es zurückgefallen war, für seine Rückständigkeit... Alle haben es geschlagen. Für seine Rückständigkeit; für militärische Rückständigkeit, für kulturelle Rückständigkeit, für politische Rückständigkeit, für industrielle Rückständigkeit...«
>
> Josef Stalin, 1931

Man schreibt den 9. Juni 1982, den vierten Tag des Libanon-Feldzugs, auch genannt »Shalom Hagalil«. Um 14 Uhr erreichen die israelischen Geschwader mit Maschinen der Typen F-4 und F-16 die strategisch wichtige Bekaa-Ebene. Aufklärungs-Drohnen, kleine, 150000 Dollar teure, unbemannte Flugzeuge, haben die Ziele per Video übermittelt, eine mit Elektronik vollgestopfte Boeing 707 und mehrere Störsender am Boden wie an Bord von Hubschraubern die Frequenzen des Gegners gestört.

In zehn Minuten ist der Auftrag erledigt. Während israelische Heereseinheiten südlich des Awali-Flusses mit schwerer Artillerie und Boden-Boden-Raketen des Typs »Zeev« den syrischen Feind zusätzlich ablenken, zerstören die Flugzeuge 17 Batterien sowjetischer SA-6-Raketen und beschädigen zwei weitere erheblich. Mehrere Stellungen mit SA-2- und SA-3-Raketen fallen den angreifenden Israelis zum Opfer. Die verbleibenden beiden Batterien, über Nacht wieder eilig aufgerüstet, werden am nächsten Morgen zerstört. Die Bedienungsmannschaften der Raketenbasen sind den Israelis hilflos ausgeliefert. Obwohl sie zahllose Boden-Luft-Raketen gegen die Jets abfeuern, treffen sie keinen einzigen. Die elektronischen Störmanöver sowie Wolken von Aluminiumplättchen und abgeworfene Phosphorflammen verwirren die sowjetischen Systeme.

Die Niederlage der Syrer soll sich an jenem denkwürdigen Tag noch vergrößern. Die Israelis beobachten auf dem Radarschirm,

wie Kampfflugzeuge der Araber in Rudeln aufsteigen. Die syrischen Piloten operieren nach den starren Instruktionen ihrer sowjetischen Berater und sind total auf den Kontakt mit der Bodenleitstelle angewiesen. Hier liegt die Chance der Israelis. Mit ihrer US-Elektronik stören sie den gesamten Funkverkehr der Syrer und darüber hinaus deren Bordradar. Auf dem Höhepunkt der Begegnung bekämpfen sich nicht weniger als 90 israelische und 60 syrische Kampfflugzeuge. Die syrische Luftwaffe verliert 29 Maschinen der Typen MiG-21 und MiG-23. Sämtliche israelische Flugzeuge kehren dagegen in ihre Heimatbasen zurück.
Am nächsten Tag holen die Israelis 15 weitere MiGs vom Himmel. Eine Luftschlacht folgt der anderen. Bei 2000 Einsätzen wird lediglich eine F-15 beschädigt, die kann aber noch sicher in Israel landen. Die Syrer fliegen 369 Einsätze. Dabei verlieren sie 85 Flugzeuge und zwölf französische Hubschrauber des Typs »Gazelle«. Ähnlich sieht die Situation am Boden aus. Östlich des Karun-Sees in der Bekaa-Ebene treffen schon in den ersten Tagen der Libanon-Invasion israelische Truppen und die 1. syrische Panzerdivision, befehligt von Präsidentenbruder Rifaat Assad, aufeinander. Die beiden Panzerbrigaden stehen vorne, die mechanisierte Brigade hinten. So haben die flexiblen Israelis ein leichtes Spiel. Am 10. Juni zerstören sie 70 sowjetische Panzer. Am nächsten Tag wird die Division komplett aufgerieben. 400 Panzer werden zerstört oder erbeutet. Die zu Hilfe eilende 3. syrische Panzerdivision aus Homs erreicht das Schlachtfeld kurz vor zwölf Uhr, dem Termin eines inzwischen vereinbarten Waffenstillstandes. Innerhalb der letzten sieben Minuten zerschießen die Israelis noch 30 Stück des damals modernsten sowjetischen Kampfpanzers T-72. Das gelingt ihnen mit ihrem selbstproduzierten Merkava-Panzer und mit amerikanischen TOW-Raketen, die wie eine Panzerfaust abgefeuert werden.
Bundeswehrgeneral a. D. Dr. Karl Schnell analysierte später die für alle überraschende wundersame Vernichtung der so gefürchteten Sowjet-Panzer T-72: »Die Ursache für die explosionsartigen Brände nach Bug- und Turmtreffern dürfte in der offenen Munitionslagerung im Turm, bedingt durch das automatische Nachladesystem, zu suchen sein ... Syrische Panzerbesatzungen berichteten von Ausfällen durch Triebwerksüberhitzungen des nur 780 PS starken Dieselmotors, besonders in dem felsigen Gebirgsland. Die

Das Aushängeschild von General Dynamics: die F-16 »Fighting Falcon«. Dieses 20 Millionen Dollar teure Kampfflugzeug ist weltweit ein absoluter Verkaufsschlager.

Gefährliches und zugleich technisch faszinierendes Kriegsgerät – amerikanische F-4E Phantom II mit je vier Raketen der Typen Sparrow und Sidewinder über Deutschland.

Sowjetische Waffen im Manövereinsatz. Beispiele aus dem Arsenal des größten Rüstungsproduzenten der Welt. Beträchtliche Mengen werden davon in die Dritte Welt exportiert.

Ein bulgarischer Frachter, gefüllt mit Waffen und Munition, nimmt Kurs auf die Atlantikküste von Nicaragua. Der militärische Nachschub wird in El Bluff gelöscht.

Panzerabwehrhubschrauber der Firma MBB. Der Hauptkunde ist die Bundeswehr.

Der Tornado, das höchstentwickelte und auch teuerste Kampfflugzeug aller Zeiten.

MBB ist auch beim Jäger 90, dem derzeit größten Zukunftsprojekt der europäischen Luft- und Raumfahrtindustrie, federführend. In Paris wurde ein Modell gezeigt.

Beim Rheinmetall-Verfahren: Demonstranten vor dem Düsseldorfer Landgericht.

Der ehemalige Rheinmetall-Geschäftsführe Dr. Dietrich Falcke und sein Anwalt.

Rheinmetall Wehrtechnik stellt seit beinahe 100 Jahren vorwiegend Maschinenkanonen, Waffenanlagen für Panzer, Artilleriesysteme und dazugehörige Munition her.

Syrer erzielten mit dem T-72 keinen Treffer. Dies kann aber durch den ungenügenden Ausbildungsstand der Besatzungen bedingt sein.«
Die Bilanz der syrisch-israelischen Begegnungen zu Lande: 500 Panzer und Schützenpanzer sowjetischer Produktion wurden zerstört. Allein 200 Stück des Typs T-62 fielen den Israelis unversehrt in die Hände. Die israelischen Panzereinheiten erhielten 60 Treffer. Die Syrer griffen 93mal mit ihren französischen Panzerabwehrhubschraubern »Gazelle« an. Dabei trafen sie lediglich sieben israelische Panzer. Ein weiterer Beweis, daß die Syrer weder mit fortgeschrittener sowjetischer noch mit französischer Wehrtechnik umgehen konnten. Die Israelis hingegen waren wesentlich besser ausgebildet, deutlich selbständiger im Kampfeinsatz – und sie verfügten über technisch höherwertiges Westgerät.
Allein 70 Prozent der syrischen Panzer schossen sie mit ihren selbstentwickelten Merkava-Geschossen ab. Hämisch plazierten sie später ganzseitige Farbanzeigen in internationalen Militärzeitschriften. Das Foto zeigte das aufgerissene Kanonenrohr eines sowjetischen T-62-Panzers. Überschrift: »What did that?« Die Erklärung: »Es wurde von einem 105-Millimeter-Projektil APFS-DS-T, hergestellt von den Israel Military Industries, getroffen.« Die Israelis versäumten nicht, darauf hinzuweisen, daß das Geschoß am Rohr nicht abrutschte, sondern es aufschlitzte. »Es gibt kein anderes Projektil auf der Welt, das es hätte tun können!« Kriege sind Werbeveranstaltungen ganz besonderer Art. Mindestens der zweite Sieger des Libanon-Feldzugs für »Frieden in Galiläa« war General Dynamics. Nachdem sich die F-16 überragend bewährt hatte, kamen die Vertreter mit dem Notieren der neuen Aufträge nicht mehr nach.
Auf der Gegenseite herrschte Bestürzung. Bereits am 13. Juni traf die erste von vier hochrangigen sowjetischen Militärdelegationen in Damaskus ein. Die zutiefst geschockten und gedemütigten Syrer beschuldigten ihre Lieferanten, ihnen Schrott angedreht zu haben. Uneinsichtig, daß die Sowjetwaffen bei richtigem Gebrauch durchaus effizienter sein können, ignorierten sie den miserablen Ausbildungsstand ihres aufgeblähten Militärapparates. Im Juli reiste schließlich sogar Generalstabschef Marschall Ogarkow an, um die Syrer zu besänftigen und Unmengen neuer Waffen zuzusichern. Es galt, das Gesicht der eigenen Rüstungsindustrie zu wah-

ren und die weltweite Rufschädigung sowjetischen Geräts einzudämmen. Niemand hatte erwartet, daß die Ostprodukte so nutzlos sein würden.
In der Folge lieferte die Sowjetunion 1983 und 1984 je zwölf neue Kampfhubschrauber vom Typ MI-24 HIND, zwischen 1982 und 1984 nicht weniger als 115 MiG-23. Im selben Zeitraum trafen 800 neue Schützenpanzer BMP-1, 600 Stück T-62, 450 Exemplare des T-72 und 700 Stück Panzerartillerie ein. Diese Aufstellung läßt sich noch lange fortsetzen. Mittlerweile hat Syrien das Trauma des Juni 1982 überwunden und ein neues Arsenal östlicher Wehrproduktion angesammelt. Mit Mißtrauen blicken die Israelis über den Golan und schicken gelegentlich eine Warnung, wenn die Syrer übermütig werden und ihre seit 1948 lückenlose Kette an Niederlagen zu verdrängen scheinen. Gerade in diesem Teil der Welt stehen sich die Vertreter der Supermächte, bis an die Zähne gerüstet, auf engstem Raum gegenüber. Ein Funke würde genügen, um die Flamme eines neuen Krieges zu entzünden.

Szenenwechsel: Wir befinden uns in Moskau, der Hauptstadt eines militärisch-industriellen Giganten, des einzigen Landes der Erde, in dem die Rüstungsindustrie sämtliche anderen Produktionszweige dominiert, in dem jegliche volkswirtschaftliche Weiterentwicklung von ihr abhängt. Die Rüstungsindustrie der Sowjetunion ist neben der allgegenwärtigen Kommunistischen Partei und dem zentralen Komitee für Staatssicherheit, dem KGB, eine Säule des extrem sicherheitsbedürftigen Staates. Sie ist auch vom selben Schleier des Geheimnisses umgeben wie die Dienste. In der Sowjetunion ist es unmöglich, umfassende Informationen über den militärisch-industriellen Komplex zu sammeln. Diese gewaltige Abschirmung schützt den Apparat, macht ihn aber auch schwerfällig. Die meisten Erkenntnisse des Westens über die Situation der Sowjetwaffenschmieden kommen aus der Aufklärungstätigkeit der Nachrichtendienste.
Bereits das Nennen einer so simplen Zahl wie der des Verteidigungshaushalts bereitet Probleme. Von 1980 bis 1984 wurde von Regierungsstellen jeweils stereotyp die Summe von 17 Milliarden Rubel angegeben. Niemand konnte je erfahren, wie sich der Betrag zusammensetzt; ob er beispielsweise nur zur Verwaltung des

Verteidigungsministeriums dient oder auch Waffenbeschaffung und den Unterhalt der riesigen Streitkräfte beinhaltet. Westliche Beobachter halten diese Zahl für wenig glaubwürdig. Als Finanzminister Garbusow im November 1984 auf der Herbsttagung des Obersten Sowjets das Budget für 1985 bekanntgab, bezifferte er den Verteidigungshaushalt plötzlich mit 19 Milliarden Rubel. Das wären 4,9 Prozent der gesamten Sowjetstaatsausgaben. Wie auch immer – die wirklichen Rüstungsaufwendungen werden auf 15 bis 17 Prozent des Bruttosozialprodukts geschätzt.
Bereits in den fünfziger Jahren veröffentlichte Zahlen russischer Regierungskreise zeigen, daß die Militärausgaben schon damals ein Fünftel des Gesamthaushalts verschlangen. In Kontrast zu den absichtlich niedrigen Moskauer Zahlen steht beispielsweise die Aussage des früheren Sekretärs der Abteilung für Gesellschaftswissenschaften der sowjetischen Akademie der Wissenschaften, Boris Rabot. Er stellte fest, daß »ungefähr zwei Drittel aller sowjetischen Unternehmungen einen Beitrag zur militärischen Produktion leisten«.
Acht Ministerien stehen der staatlich gelenkten Rüstungsindustrie vor. Das Ministerium für mittleren Maschinenbau kümmert sich um Nuklearwaffen. Das Ministerium für allgemeinen Maschinenbau entwickelt strategische Raketen und Weltraumfahrzeuge. Hier wird die östliche Variante der Strategischen Verteidigungs-Initiative (SDI) konzipiert. Im Ministerium für Maschinenbau sitzen die Auftraggeber für Munition aller Art. Das Ministerium für die Verteidigungsindustrie beaufsichtigt die Produktion konventioneller Waffen – alles, was Artillerie und Infanterie benötigen, Panzer und gepanzerte Fahrzeuge. Die immer wichtiger werdenden Ministerien für die Radio- und die Elektronikindustrie bauen elektronische Systeme, Radaranlagen und Computer, wobei sie vorwiegend illegal erworbene westliche Systeme kopieren. Darüber hinaus gibt es noch Ministerien für die Schiffbau- und für die Luftfahrtindustrie.
Im Jahrbuch des Pentagon zur *Soviet Military Power* des Jahres 1985 findet sich folgende Analyse: »Die großen wirtschaftlichen Investitionen in militärische Programme haben es dem militärisch-industriellen Komplex der Sowjetunion ermöglicht, zum größten Waffenproduzenten der Welt zu werden. Es wird angenommen, daß die sowjetische Rüstungsindustrie während des letzten Jahr-

zehnts um mehr als 30 Prozent gewachsen ist. Die Fähigkeit der UdSSR, große Mengen von Waffen aller Kategorien zu produzieren, hat es ermöglicht, ihre eigenen wie die Streitkräfte ihrer Verbündeten auszurüsten und zu modernisieren und zugleich große Mengen von Waffen an Stellvertreter und sonstige Nationen in der Dritten Welt zu liefern.«

Im Jahrbuch für 1986 folgen noch weiterreichende Angaben. Die Pentagon-Späher wollen herausgefunden haben, daß die Sowjetunion mittlerweile die Hälfte der Waffen dieser Welt und drei Viertel der militärischen Ausrüstungsgegenstände herstellt. Nach diesen neuen Erkenntnissen gibt es in der Sowjetunion mehr als 150 bedeutende Rüstungszentren. Sie reichen von Nikolajew im Westen bis Komsomolskaja im Fernen Osten, von Swerodwinsk am Nordmeer bis Irkutsk nahe der chinesischen Grenze. 24 von ihnen befassen sich mit Heeresausrüstung, 24 mit Über- und Unterwasserschiffen, 37 mit Flugzeugen und weitere 49 mit dem Bau von Raketen. 150 andere Schwerpunktbetriebe produzieren Zusatzgerät wie Radar, Funkanlagen oder Militärlastwagen. Von ihnen allen hängen rund 3500 Zulieferfirmen ab. Sie alle fertigen 112 verschiedene Arten von Waffensystemen. Nach einer Statistik, die in der angesehenen Fachzeitschrift *Jane's Defence Weekly* im September 1985 veröffentlicht wurde, hat der Sowjet-Rüstungskomplex 1984 unter anderem 30 bis 35 Langstreckenbomber, 900 Jagdbomber, 3200 Panzer, 3300 Schützenpanzer, 70000 Panzerabwehrraketen, 52000 Luftabwehrraketen und 1000 Marschflugkörper fertiggestellt.

Wie beim Puzzlespiel läßt sich nach und nach ermitteln, daß der im NATO-Jargon »Frogfoot« genannte Düsenjäger SU-25 in Tiflis hergestellt wird. Der »Foxhound« (MiG-31) soll in Gorki entstehen. In Moskau wird die MiG-29 zusammengebaut, in Komsomolsk seit 1986 die neue SU-27 (»Flanker«). Die Interkontinentalbomber »Backfire« und »Blackjack« stammen aus Kasan, der »Bear H« (der weitreichende Cruise Missiles AS-15 trägt) aus Kujbyschew. Sechs Fabriken fertigen Transportmaschinen, wohl 250 pro Jahr. Marschflugkörper kommen aus zahlreichen Waffenschmieden in der gesamten Sowjetunion, Luftabwehrraketen (derzeit 40000 Einheiten von zwölf Systemen) aus Moskau, Leningrad, Swerdlowsk, Kirow und Kowrow.

Der sowjetische Militärkomplex produziert derzeit fünf verschiedene Kampfhubschrauber. Zwei weitere nähern sich der Serienreife. Die wichtigsten Fabriken dieses Zweiges befinden sich in Kasan und Ulan Ude. Der gefürchtete Mi-24 HIND wurde bereits in einer Serie von 2300 Stück aus Arsenjew und Rostow geliefert. Die wichtigsten Panzerproduzenten befinden sich in Swerdlowsk, Charkow, Omsk und Tscheljabinsk. Schützenpanzer kommen aus sieben sowjetischen Werken und aus zwei weiteren Betrieben im Warschauer-Pakt-Bereich. Nach der Voraussage von *Jane's* soll die Produktion von Panzern im Jahr 1987 die 4000er Marke erreichen. Allein Indien hat noch 700 Stück des Typs T-72 zu bekommen. Der Trend geht weg von simplen Waffensystemen und hin zu einer leistungsfähigen Todesmaschinerie, die sich mehr und mehr mit der des Westens messen kann.

Quantitativ waren die Sowjets dem Westen in vergleichbaren Zeiträumen immer überlegen. Nun hat das Ringen um die Qualität begonnen, was im April 1985 sogar ein Sprecher des Pentagon einräumte. Er billigte den Sowjets eine Waffenqualität zu, die in weiten Bereichen mit den eigenen Erzeugnissen konkurrieren könne. Im Dezember 1985 schrieb *Jane's*-Herausgeber John Taylor, die Zeit, in der selbst die besten sowjetischen Militärflugzeuge weit hinter vergleichbaren westlichen Maschinen zurückblieben, sei vorbei.

Das Aufholen ist nach Ansicht Taylors auf technisches Können der sowjetischen Konstrukteure zurückzuführen, wie auch auf erfolgreiche Spionage in westlichen Waffenschmieden. Taylor verwies auf eine im September 1985 herausgegebene Information der US-Regierung, wonach die Feuerleitradarsysteme der neuen MiG-29 und des jüngsten Sowjetjägers SU-27 demselben Teil der amerikanischen F-18 nachempfunden seien und daß die UdSSR durch Verwendung amerikanischer Konstruktionsunterlagen fünf Jahre Entwicklungszeit wie auch 55 Millionen Dollar Entwicklungskosten eingespart habe. Die Suchoi 27, bei der NATO »Flanker« genannt, kann mit ihrem Radarsystem auch unter dem Flugzeug befindliche Bereiche überwachen. Dadurch ist sie zur Abwehr von Tieffliegern und Marschflugkörpern geeignet. Donald Latham, Unterstaatssekretär im Pentagon, wurde von *Jane's* mit den Worten zitiert, der sowjetische Düsenjäger der nächsten Generation, die MiG-31, sei der amerikanischen F-15 überlegen. Dabei galt das US-Produkt seit langem als bester Jäger der Welt. Ein

erneutes Debakel sowjetischer Rüstungserzeugnisse, wie 1982 in der libanesischen Bekaa-Ebene, scheint inzwischen unwahrscheinlich – vorausgesetzt, die Ausbildung am Gerät stimmt.
Wie funktioniert nun der Entscheidungsprozeß hinter den Mauern des Kreml und anderer Behörden beziehungsweise die Umsetzung der Beschlüsse? Strategische und politische Ziele werden im Politbüro formuliert, in welchem der mächtige militärisch-industrielle Komplex natürlich stets einen Lobbyisten sitzen hat. Bis 1982 war es ZK-Sekretär Andrej Kirilenko. Er trat aus Gesundheitsgründen zurück. Sein Nachfolger, der Leningrader Parteichef Grigorij Romanow, fiel dem Reformer Gorbatschow wegen seines korrupten und unsowjetisch lustvollen Lebenswandels auf und mußte gehen. Nun hat das Politbüro neue Mitglieder und eine neue Struktur bekommen: Anstelle langgedienter Parteifunktionäre wird das Spitzengremium von den Repräsentanten des Geheimdienstes und der Rüstungsindustrie beherrscht.
Nach dem Stand von Anfang 1986 vertreten das KGB sein Chef, der Polizeigeneral Viktor Tschebrikow, Außenminister Eduard Schewardnadse (früher Sicherheitschef von Georgien) und Vizepremier Gejdar Alijew (einst KGB-Chef für Aserbaidschan). Die Rüstungsvertrauten sind ZK-Personalchef Jegor Ligatschow, ein Flugzeugingenieur, Premier Nikolai Ryschkow, einst Metallurgie-Ingenieur und Direktor des Rüstungskonzerns Uralmasch, Parteirevisor Michael Solomenzew, ebenfalls Rüstungsingenieur, und der Ministerpräsident der Russischen Republik, Witalij Worotnikow, ein Flugzeugingenieur aus Kuibyschew. Drei Stellvertreter des neuen Sowjetpremiers Ryschkow kommen aus dem für Ausländer gesperrten Rüstungszentrum Swerdlowsk, ebenso Ingenieur Boris Jelzin, seit Januar 1986 Parteichef von Moskau. *Der Spiegel* schrieb in seinen Ausgaben vom 3. und 10. März 1986 über die Umbesetzungen in der Sowjetführung: »Die beiden Gruppen im Politbüro verbindet die Entschlossenheit, Rußlands technologischen Rückstand aufzuholen, die Wirtschaftsproduktivität zu heben und die von Reagan angefochtene Weltmachtrolle der UdSSR zu restaurieren.« Interessanterweise ist der Sitz des Militärs im Politbüro mit dem Tod von Verteidigungsminister Dmitrij Ustinow vakant geworden. Sein Nachfolger Marschall Sokolow hat lediglich den Rang eines Kandidaten für das Politbüro.
Der Verteidigungsrat, dem ebenfalls Gorbatschow vorsitzt, arbei-

tet dem Politbüro zu und dient als Bindeglied zwischen der politischen und militärischen Ebene. Dazu gibt es noch einen Hauptmilitärrat, der dem Verteidigungsrat untersteht. In beiden Gremien werden auch Fragen der Rüstungsproduktion behandelt. Als mutmaßlicher Chef der gesamten Rüstungsindustrie wird derzeit Lew Saikow benannt. Der mit 63 Jahren relativ junge Apparatschik steht der Schwerindustrie, der Verteidigungsindustrie, Plan- und Finanzorganen, dem Maschinenbau, Bauwesen, Transport- und Fernmeldewesen vor. Seine Abteilung umfaßt etwa 100 Mitarbeiter. Unter Saikows Vorgängern in den letzten drei Jahrzehnten befanden sich Leonid Breschnew und Dmitrij Ustinow. Das unterstreicht die Bedeutung dieser Funktion.

Die gut informierte *Österreichische Militärische Zeitschrift* führte in einer Studie über die sowjetische Luftfahrtindustrie aus: »Die Abteilung für Rüstungsindustrie im ZK plant, koordiniert und überwacht alle Angelegenheiten der sowjetischen Rüstung. Für jeden Rüstungsbereich existiert ein eigenes Hauptreferat... Die Abteilung für Rüstungsindustrie arbeitet eng mit dem Verteidigungsministerium der UdSSR zusammen, hier besonders mit der Hauptverwaltung Generalstab beziehungsweise mit dem Direktorat Bewaffnung und Ausrüstung.« In der Studie heißt es weiter: »Im Bereich der Rüstungsproduktion hat das Verteidigungsministerium seit dem Abgang Chruschtschows immer größeren Einfluß ausgeübt und besitzt heute auch gegenüber dem eigentlichen Parteiapparat eine dominierende Rolle. Dadurch allein hat sich der Bereich der Schwerindustrie zum bestfunktionierenden Teil der sowjetischen Wirtschaft entwickelt.«

Damit das so bleibt, wurden einige zusätzliche Instanzen geschaffen. Das Gremium des Ministerrats für Forschung, Planung und Erzeugung trägt den Namen Militärisch-Industrielle Kommission, ihr steht seit 1963 Vizepremier L. V. Smirnow vor. Zu ihr gehören die Chefs der Rüstungsministerien, der Verteidigungsminister und die Leiter von GOSPLAN, des Obersten Staatlichen Planungskomitees der Sowjetunion. GOSPLAN ist ein Staat im Staate. Diese Organisation mit 135000 Bediensteten erstellt die Produktionsziele für den jeweiligen Fünfjahresplan und erarbeitet sämtliche Rüstungsprogramme und -projekte. GOSPLAN war beispielsweise von Anfang an beteiligt, als die Entwicklung der MiG 23/27 beschlossen wurde. Das reicht bis zum Jahr 1956 zurück. Die Pla-

ner steuerten jede Phase – bis die Produktion der Serie A im Jahre 1970 begann, die erste Staffel 1972 einsatzbereit war, und sogar dann noch, als die 3000. MiG 23/27 1983 ausgeliefert wurde.
Bevor es zur eigentlichen Rüstungsproduktion kommt, beauftragen die Militärisch-Industrielle Kommission und GOSPLAN ein Konstruktionsbüro mit dem Entwurf des neuen Waffensystems. Auch dieses Büro gehört jeweils einem der acht Ministerien der Rüstungsindustrie an. Weltweit bekannt sind lediglich die Konstruktionsateliers der Flugzeughersteller. Sie werden nach ihren Technikern benannt. Namen wie Iljuschin, Yakowlew, Mikojan und Gurewitsch sowie Tupolew sind in die Luftfahrtgeschichte eingegangen. Aus dem Büro Mikojan-Gurewitsch kommen die MiGs. Mit dem Jäger MiG-23 und der Jagdbombervariante MiG-27 gelang der sowjetischen Flugzeugindustrie der technische Anschluß an den Westen.
Ein interessanter Zusammenhang am Rande: Beim 24. Kongreß der Sowjetpartei im Jahre 1971 gab Leonid Breschnew bekannt, daß 42 Prozent der Rüstungsproduktion zivilen Zwecken diene. Nach amerikanischen Untersuchungen produzieren sowjetische Waffenschmieden nebenbei ein Drittel aller Eisenbahnwagen, ein Zehntel der Sowjetautos, 60 Prozent der Motorräder, 15 Prozent aller Traktoren, medizinische Instrumente, 50 Prozent der Kühlschränke (Typ »Birjusa«), 30 Prozent der Staubsauger (Typ »Raketa«). Die Sowjetliteratur spricht von »Assimilationsproduktion«, wenn es sich um Radios, Fernseher und Videogeräte aus der Rüstungsfabrik handelt. Das sollte aber nicht darüber hinwegtäuschen, daß der Zivilsektor immer dem militärischen untergeordnet sein wird. Die sowjetische Ökonomie ist – im Gegensatz zum System westlicher Prägung – nicht in der Lage, beides nebeneinander mit Erfolg zu betreiben.
Das mag wohl auch damit zusammenhängen, daß es die Sowjetunion bislang noch nicht geschafft hat, mit größeren Kontingenten ihrer Volksempfänger beziehungsweise unförmiger Videogeräte andere Staaten in Abhängigkeit zu bringen, mit ihren Waffen aber sehr wohl. Die Sowjets exportierten in den Jahren 1980 bis 1983 insgesamt 4200 Panzer, 6350 Schützenpanzer aller Art, 5700 Kanonen, 144 Kriegsschiffe, sechs U-Boote, 6735 Luftabwehrraketen, 1655 Kampfflugzeuge, 790 Hubschrauber und 265 Trainingsmaschinen.

Nach einer NATO-Studie betrug der Wert der geschätzten Waffenlieferungen von Warschauer-Pakt-Staaten an Entwicklungsländer allein im Jahr 1983 nahezu sieben Milliarden Dollar. Schießgerät im Wert von 348 Millionen Dollar ging dabei an kommunistische Entwicklungsländer, der Rest an die ideologisch ungebundenen. 90,4 Prozent der Gesamtkosten trug die Sowjetunion. 1983 wurden zudem neue Waffenlieferabkommen im Umfang von zwölf Milliarden Dollar geschlossen. Hier trieben besonders zwei Rahmenabkommen mit Indien (fünf Milliarden) und Libyen (vier Milliarden) die Statistik nach oben.
Die Zeitschrift *Wehrtechnik* über Erkenntnisse der NATO-Analyse: »Für die nichtkommunistischen Entwicklungsländer gilt allgemein eine deutliche Akzentverlagerung vom wirtschaftlichen zum militärischen Bereich. Die Militärexporte (40 Prozent der sowjetischen Gesamtexporte an nichtkommunistische Entwicklungsländer) bilden den größten und wachstumsstärksten Bestandteil des Handels. Die wirtschaftliche Bedeutung der Waffenlieferungen ist über politische Motive hinaus in den letzten Jahren immer bedeutsamer geworden. Letzten Endes sichern die Waffenverkäufe die für den Ostblock so bedeutsamen ›harten Devisen‹ – schätzungsweise zwei bis drei Milliarden Dollar pro Jahr. Die Sowjetunion hofft ferner, daß der Verkauf von Waffen diese Länder in langfristige Abhängigkeit führen wird – hinzu kommen die Schulden der Entwicklungsländer durch Waffenkauf in Höhe von etwa 15 Milliarden Dollar.«
Der Mechanismus sowjetischer Waffenverkäufe ist so geheim wie der gesamte Rüstungsapparat. Wer mit Daten und Transfervorgängen zu tun hat, wird vorher vom KGB umständlich überprüft und in eine von fünf Sicherheitsstufen eingeordnet. Gerade das kompliziert die Abwicklung der Lieferungen, da Personal mit unterschiedlicher Einstufung Kommunikationsprobleme hat. Juden werden in diesem Sektor generell nicht eingesetzt. Nur in seltensten Fällen dürfen Mitarbeiter dieses Zweiges in den Westen fahren. Seit der Flucht eines sowjetischen Militärdesigners vom Pariser Airsalon 1971 ist kein weiterer Überläufer im Westen bekannt geworden.
Die Entscheidungen über kostenlose Lieferungen und Verkäufe von Waffen werden auf hoher politischer Ebene, vermutlich im Verteidigungsrat, getroffen. Im weiteren Verlauf einer Transak-

tion treten das 10. Direktorat des Generalstabs und das Komitee für Außenwirtschaftsbeziehungen beziehungsweise dessen Militärische Hauptabteilung in Erscheinung. In einer 1985 erschienenen Studie der Stiftung Wissenschaft und Politik (Ebenhausen), der bislang umfassendsten, heißt es: »Dieses Staatskomitee scheint wiederholt als Vertragspartner und Ansprechstelle für Empfängerstaaten aufgetreten zu sein... Zwar wird diese militärische Aufgabenzuweisung in der sowjetischen Literatur nicht erwähnt, dennoch ist die Existenz dieser Militärischen Hauptabteilung vielfach bezeugt. Ihre Leitung liegt offenbar zur Zeit bei Generaloberst Sidorowitsch, einem der stellvertretenden Direktoren des Staatskomitees, zu dessen Mitarbeitern weitere aktive Offiziere gehören. Zudem unterstehen dem Staatskomitee mehrere Export/Import-Gesellschaften, von denen mindestens zwei auch mit Militärhilfeaufgaben betraut sein dürften. Die Organisationen ›Promaseksport‹ und ›Tjazpromeksport‹ sind für den Bau von Industriebetrieben in Entwicklungsländern verantwortlich und vermutlich auch an Projekten zur Rüstungsproduktionshilfe beteiligt... Das Außenhandelsministerium soll ebenfalls eine militärische Abteilung besitzen, die mit Waffenexport und mit der Errichtung militärischer Anlagen im Ausland befaßt ist.«
Die Studie aus Ebenhausen weist für die 70er Jahre nach, »daß Verhandlungen über Militärhilfe in der Regel unter der Leitung höchster sowjetischer Militärs geführt wurden«. Dabei werden die Namen mehrerer Verteidigungsminister, deren Stellvertreter und der Oberbefehlshaber aller Truppengattungen aufgeführt. Die Militärs sind sehr darauf bedacht, daß ihnen diese Zuständigkeit nicht aus der Hand genommen wird. Im Verteidigungsministerium spricht das 10. Direktorat des Generalstabs ein gewichtiges Wort mit, wenn die Freigabe von Waffensystemen zum Export ansteht. Ein amerikanischer Geheimdienstanalytiker, Fachgebiet Sowjetwaffen, erklärte mir in Washington: »Wir studieren gerade die Arbeit dieses 10. Direktorats mit Interesse. Dort wird Waffensystem für Waffensystem über die Exportfreigabe entschieden. Jahrelang haben sich die Sowjets beispielsweise geweigert, den Verkauf der MiG-27 überhaupt zu diskutieren. Inzwischen sind die Dämme gebrochen. Cash-Kunden und Länder, deren Freundschaft den Sowjets viel bedeutet, werden bevorzugt bedient: Indien, Syrien, Libyen... Sie bekommen das A-Paket, wie wir es nennen, First-

Class-Behandlung. Das heißt, sie erhalten auch Waffen, die noch nicht einmal an die Satellitenstaaten des Warschauer Pakts gegangen sind. Man kann praktisch eine Schablone anlegen und genau voraussagen: Wer die Transportmaschine Il-76 haben darf, der bekommt auch den Hubschrauber MI-24. Der neue Jagdbomber MiG-29 ist diversen Ländern angeboten worden, obwohl ihn noch nicht einmal die Sowjetluftwaffe fliegt. Die Aussicht auf Deviseneinnahmen und der zunehmende Wettbewerb mit dem Westen bringt die sowjetischen Verkäufer auf Touren.«

Ein Indiz für die führende Rolle der Militärs findet sich auch in der Arbeit aus Ebenhausen. Darin wird weiteren Abteilungen des Generalstabs Mitwirkung bescheinigt – der Hauptverwaltung für auswärtige Beziehungen und für Rüstungsfragen, gelegentlich auch der politischen Abteilung und der Hauptabteilung für Nachrichtenbeschaffung. Hat das Militärgerät den Empfänger erreicht, dann sind auch noch Offiziere mit der Übergabe und Erläuterung beschäftigt. Nur der Weg dazwischen wird von Zivilisten überbrückt, zum Beispiel auf Schiffen der Handelsflotte. In Ausnahmefällen, wenn es besonders eilt wie bei Luftbrücken nach Äthiopien (1977) oder Irak (1984), transportieren die Sowjetstreitkräfte selbst.

In diesem Zusammenhang taucht ein wesentlicher Unterschied zwischen westlichen und östlichen Waffentransfers auf. Während der Westen komplette »Pakete« anbietet, liefern die Russen das Gerät getrennt von Munition, Wartung und Ersatzteilen. Sie wollen den Kunden in Abhängigkeit bringen, indem sie ihn kurzhalten. Überall in der riesigen Sowjetunion stehen Nachschubdepots zur Verfügung. Es reicht also, wenn nur das Nötigste an die Truppe geliefert wird.

Die Sowjets wollen nicht nur Kunden in der Dritten Welt an sich binden, sie halten auch die eigenen Alliierten innerhalb des Ostblocks knapp. Zum einen sind die Satelliten wertvolle Helfer, wenn es um Waffenlieferungen in alle Welt geht, zum anderen dürfen sie aber nicht zur Konkurrenz werden. Moskau beansprucht ein weitgehendes Rüstungsmonopol und gesteht den Kleinen zum Beispiel nur elf Prozent der Produktion an schweren Waffen zu. Die CSSR und Polen stellen Panzer aller Art, Hubschrauber, Artillerie und Raketenwerfer her, die Ostdeutschen Kriegsschiffe, Infanteriewaffen und elektronische Teile. In Ungarn, Ru-

mänien und Bulgarien überwiegen die Handfeuerwaffen. Aus Ungarn oder Bulgarien werden auch bevorzugt Militärberater entsandt. Rumänien, das gern eigene Wege geht, unterhält unter anderem eine enge Rüstungskooperation mit dem immer wichtiger werdenden Produzenten Ägypten.
Die Koordination der Militärhilfeaktivitäten in Volksdemokratien dürfte auf politischer Ebene im Rahmen des Politischen Beratenden Ausschusses der Warschauer-Pakt-Organisation wie auf bilateraler Ebene stattfinden. Joachim Krause: »Eine wesentliche Rolle – vornehmlich in der Ausführung und Finanzierung von Rüstungsexporten – kommt aber offenbar auch der geheim tagenden Militärisch-Industriellen Kommission des RGW (Rat für gegenseitige Wirtschaftshilfe) zu, in der die Leiter der Militärabteilungen der zentralen Planungskommission und/oder die Leiter der militärisch-industriellen Programme mitwirken. Da es sich um eine Einrichtung des RGW handelt, könnten in diesem Gremium auch Waffenlieferungen von oder nach Kuba sowie die Versorgung Vietnams geregelt werden – sofern es sich nicht um bilaterale Fragen im Verhältnis zur Sowjetunion handelt.«
Gerade Länder der Dritten Welt, die nicht eindeutig politisch links ausgerichtet sind, kaufen im Ostblock, weil sie sich die Zahlungsbedingungen besser leisten können. Die Sowjets und ihre Satelliten geben auf Preise, die schon deutlich unter dem westlichen Niveau liegen (eine MiG-21 kostet umgerechnet nur zwei Millionen Dollar, eine MiG-23 6,7 Millionen. Die vergleichbare F-15 der Amerikaner kommt auf zwölf Millionen Dollar), bis zu 40 Prozent Rabatt. Kredite laufen gemeinhin acht bis zwölf Jahre und werden lediglich mit zweieinhalb Prozent verzinst. Und auch das kann häufig in lokaler Landeswährung oder Naturalien zurückgezahlt werden. Obwohl Waffenlieferungen für die sowjetische Wirtschaft eine größere Bedeutung besitzen als für jedes andere Land der Erde, haben die Kremlherren immer wieder riesige Forderungen abschreiben müssen. Länder wie Äthiopien, Vietnam sind gar nicht in der Lage, ihre Militärschulden zu bezahlen. Die Kubaner arbeiten ihre Verpflichtungen als Söldner in Afrika ab. Ägypten und Indonesien haben niemals rückerstattet, sondern sich einfach vom Ostlager abgewandt. Da ist es dann ein einzigartiger Glücksfall, wenn Kuwait für eine runde Milliarde Mark Ausrüstung bestellt und sofort in harten Öldollar bezahlt.

Stichwort Erdöl: Die eigene Produktion ist für die Sowjets seit dem Preisverfall von 1985/86 ein leidiges Thema. Die langfristigen Auswirkungen verminderter Einnahmen aus dem Ölexport (60 Prozent der Gesamterträge in harten Devisen) könnten letztlich sogar einen Teil von Michail Gorbatschows ehrgeizigen Reformplänen zu Fall bringen. Westliche Geheimdienste glauben, daß die sowjetischen Öleinnahmen zwischen 1986 und 1990 um 28 Milliarden Dollar abnehmen könnten, falls der Weltmarktpreis nicht noch weiter fällt. Ein US-Geheimdienstbericht vom 30. März 1986 vermutet, daß die Sowjets diese mißliche Situation durch verstärkte Waffenverkäufe ausgleichen möchten. Doch das ist mit den gleichermaßen finanziell angeschlagenen Arabern noch nicht ausdiskutiert.

Die Sowjets tragen eine schwere Bürde. Ihre Waffen – die zweifelsohne besser sind als ihr Ruf – haben noch nie durch ungewöhnliche Leistung überzeugt, wenn sie westlichen Produkten gegenüberstanden. Zudem ruhte die Politik gegenüber der Dritten Welt immer auf tönernen Beinen, wenn die Hilfslieferungen nur aus Waffen und sehr selten aus Gütern des täglichen Lebens bestanden. Deshalb, und natürlich auch aus anderen Gründen, kommt es immer wieder vor, daß sich einst enge Vertraute der Sowjets über Nacht abwenden und in das westliche Lager überwechseln. Von großen Waffendepots kann der Mensch eben auf die Dauer auch nicht leben. Die Sowjets haben selbst erkannt, daß ihnen mit dieser Politik nirgendwo ein anhaltender Durchbruch gelungen ist.

Auch Ostexperte Krause beschreibt sowohl den Pessimismus der Sowjets über zahlreiche Mißerfolge in der Dritten Welt als auch die Unfähigkeit, sich umzustellen: »Militärhilfe ist das zentrale Instrument für das sowjetische Bestreben nach globaler Mitsprache und das Bemühen, Einfluß und Macht des Westens in der Dritten Welt so weit wie möglich zurückzudrängen. Ihr nahezu exklusiver Charakter innerhalb des Instrumentariums Moskaus gegenüber der Dritten Welt macht den Kreml im Hinblick auf gemeinsame Absprachen der Großmächte über Krisenmanagement und -verhütung politisch unbeweglich; dazu kommt der starke ökonomische Druck, Waffen zu exportieren.«

Die USA bemühen sich intensiv, alle frei werdenden Posten sowjetischen Geräts aufzukaufen. Gerade die Ägypter haben davon außerordentlich profitiert. Für ihre alten MiGs bekamen sie neue

US-Kampfflugzeuge. Große Mengen an Ostblockrüstungsgütern wurden auch im Libanon-Feldzug erbeutet. Israel stellte sie den Amerikanern zur Verfügung oder lieferte dieses Second-hand-Material allem Anschein nach auch an antikommunistische Befreiungsbewegungen im Süden Afrikas und – indirekt – in Mittelamerika wie Afghanistan. Eine Spezialabteilung des texanischen Luftfahrtunternehmens Limg-Temco-Vought Aerospace Co. – in verantwortlicher Position Ex-DSAA-Chef General Howard Fish – soll dagegen die sowjetischen Kampfflugzeuge zentral erwerben und für den Eigenbedarf bei der US-Luftwaffe überholen. Das Magazin *Time* berichtete im Mai 1984 von »vier bis 15 MiG-23«, die bei der Airforce Dienst tun, und von 24 Exemplaren des Typs MiG-21.
Diese streng geheime Einheit mit sowjetischen Angriffsstaffeln ist auf der Nellis Air Force Base im heißen Nevada, außerhalb von Las Vegas, stationiert. Nellis ist der größte Stützpunkt des Taktischen Luftwaffenkommandos. Sein abgesperrter Luftraum, die Schieß- und Bombenplätze haben die Größe Belgiens. Das Tactical Fighter Weapons Center von Nellis testet neue Methoden der Luftabwehr, untersucht Technik und Taktiken der Sowjetluftwaffe. Seit 1972 gibt es sogenannte »Aggressor-Staffeln«, die im Training die Rolle des Gegners übernehmen.
Generalleutnant Robert M. Bond wurde der allzu vertraute Umgang mit einem Produkt der Konstrukteure Mikojan und Gurewitsch in Friedenszeiten zum Verhängnis. Der Vizekommandeur des Air Force Systems Command auf der Andrews-Luftwaffenbasis bei Washington begab sich gelegentlich nach Nellis, um eigene wie fremde Maschinen zu testen. Am 26. April 1984 wollte er die fliegerischen Eigenschaften einer MiG-23 »Flogger« erleben. Der Jagdbomber geriet über der Wüste von Nevada außer Kontrolle und stürzte ab. Generalleutnant Bond konnte sich noch aus dem Cockpit katapultieren. Dann versagte jedoch, vermutlich wegen der hohen Geschwindigkeit, der Fallschirm, und Bond stürzte zu Tode. Die Umstände seines Unfalls, des benutzten Flugzeugs und der Tatsache, daß es in Nellis sowjetische Düsenjäger gibt, wurden zur Geheimsache erklärt. Das haben die Militärs in Ost und West wieder gemeinsam.

Tschechoslowakei: Die Gier nach Devisen

Die Luftfahrtausstellung von Paris ist eine bunte Welt. Doch auch hier, wo jeder potentielle Kunde in Dollarmillionen kalkuliert, gibt es noch Arme und Reiche. Nachdem ich mich bei meinem Besuch im Mai 1985 eine Zeitlang beim Branchenführer General Dynamics aufgehalten hatte, ging ich ein paar Meter weiter zu Omnipol. Omnipol? Dieses Unternehmen zu kennen, zählt nicht zum Allgemeinwissen. Omnipol ist eine der beiden tschechoslowakischen Staatshandelsfirmen, die Waffen in alle Welt schicken (Merkuria heißt die andere). Omnipol ist mächtig und auch für die politischen Interessen des Ostblocks ein wichtiges Instrument, obwohl sich seine Manager bescheiden, zuweilen gar unwissend geben.
Das Pariser Chalet der Tschechoslowaken – ein systemübergreifender, seltsamer Name für die mobilen Ausstellungshäuschen – unterschied sich von außen kaum von jenem der Konkurrenz, beispielsweise der reichen Amerikaner in derselben Reihe. Innen erwies es sich dagegen als einfache Holz- und Aluminiumkonstruktion, als eine Art simples, realsozialistisches Gasthaus. Da standen Eichentische in kleinen Nischen. Omnipol-Personal verzehrte faltige Wienerwürstchen, es gab Pilsner Bier. Die Aschenbecher waren aus böhmischem Kristallglas geformt. Von der Wand blickte ein gemalter Gustav Husak, ein Staats- und Parteichef im industriell gefertigten Standardrahmen. Im Vergleich zu MBB oder Aérospatiale befand ich mich in einem Familienbetrieb. Ich wurde rasch abgefertigt: »Wollen Sie nur Informationen oder auch etwas kaufen?« Zur tschechischen Luftfahrtindustrie werde man mir etwas sagen. Handfeuerwaffen und ähnliches Gerät seien dagegen ein schwieriges Thema.
Es blieb ein kompliziertes Thema. Mein freundlicher Brief an den Direktor von Omnipol wurde aus Prag mit einem kurzen Telegramm und mehreren verstaubten Broschüren beantwortet. Eine Einladung in die moderne Zentrale von Omnipol, in der Nekázanka 11, einer Parallelstraße zum berühmten Wenzelsplatz, war nicht zu erhalten.
Dabei hätten die Omnipol-Leute soviel zu erzählen – wenn sie nur wollten. Dazu ein kurzes Zitat aus George Thayers Standardbuch *War Business:* »Unstillbarer Devisenhunger hat mit dazu beigetra-

gen, aus dem tschechoslowakischen Außenhandelsunternehmen Omnipol eine der rührigsten Waffenhandelsfirmen der Welt zu machen, die ihre Waffen an jeden Interessenten zu möglichst hohen Preisen verkauft. Die Tschechen gehen dabei ideologisch so unbefangen vor, daß sie auf der einen Seite den Vietcong beliefern, auf der anderen die Rüstungsgüter in westlichen Handelsblättern anzeigen. Jahrelang – auch während des Vietnamkrieges – hat Omnipol ihren Stand auf der (meistens in Chicago abgehaltenen) Jahrestagung der amerikanischen ›National Sporting Goods Association‹ unterhalten. Die Firma schreckt nicht einmal vor Methoden à la Zaharoff [des Stammvaters der Waffenhändler, d. Autor] zurück, wenn es ums Geschäft geht: Sie ließ die indische Regierung wissen, daß sie einen Agenten in Pakistan zur Förderung ihres dortigen Absatzes eingesetzt habe und daß Indien seine Bestellungen in Prag erhöhen müsse, falls es seine militärische Überlegenheit behaupten wolle.«

Doch zuerst einmal zur generellen Bedeutung der tschechischen Rüstungserzeugnisse. In alten Unterlagen fand sich die Information, daß die Tschechoslowakei bereits 1926 den dritten Platz der Waffenlieferanten hielt. 1930, als die Weltexporte angeblich den Betrag von 55,7 Millionen Dollar erreicht hatten, waren die Prager mit 5,3 Millionen dabei. Noch mal fünf Jahre später hatte die Tschechoslowakei den ersten Rang der Exporteure erreicht; und dazu einen Marktanteil von 24 Prozent. Handfeuerwaffen aus Brünn waren damals schon weltbekannt. In den dreißiger Jahren verkauften die dortigen Waffenfabriken 86975 leichte Maschinengewehre in nicht weniger als 19 Länder. 556178 Gewehre gingen an 15 Staaten. 1938 verließen jeden Monat 36100 Gewehre, 1800 leichte Maschinengewehre und diverse andere Produkte die tschechischen Waffenschmieden. In den ersten beiden Kriegsjahren lieferten die Tschechen eine komplette Fabrik für Artilleriegranaten an Stalins Sowjetunion. Ob die umgerechnet verlangten 3,3 Millionen Dollar dafür auch bezahlt wurden, wird nirgendwo überliefert.

In der Periode nach dem Zweiten Weltkrieg erkämpfte sich die tschechische Rüstungsindustrie trotz massiver sowjetischer Widerstände den zweiten Platz im gesamten Ostblock. Entfielen 1950 erst vier Prozent der absoluten Maschinenproduktion auf Rüstungsgüter, so waren es 1953 bereits wieder 27 Prozent. Im Gegensatz zu anderen Sowjetsatelliten begann die ČSSR wieder eine eigenständige Waffenproduktion und verließ sich nicht ausschließlich auf Lizenzen. 1959 startete die Entwicklung eines Düsentrainers, und – in Zusammenarbeit mit Polen – eines Schützenpanzers. Die tschechische Industrie blieb aber stets deutlich hinter dem Westen zurück, weil sie sich mit ihren Rüstungsbetrieben übernahm und zuwenig Artikel des täglichen Lebens produzierte.

Dabei sind die Waffenschmieden in das Netz der gesamten Wirtschaft integriert. Die Maschinenfabriken in Martin fertigen beispielsweise Panzer. Einzelteile dazu kommen von CKD, Skoda, Vikovica, Dubnica und Pal Magneton, die wiederum 100 Subunternehmer beschäftigen, allesamt aus der Zivilwirtschaft. Seit 1968 ist die Panzerproduktion im übrigen stark eingeschränkt. Auch der Exportschlager OT-62, ein Schützenpanzer, wurde Mitte der siebziger Jahre eingestellt. Es gibt wenig Zahlen über tschechische Exporte in Entwicklungsländer. ACDA hat in einer Studie aus dem Jahre 1974 festgestellt, daß zwischen 1967 und 1971 insgesamt 760 Panzer und Panzerartillerie aus der ČSSR geliefert worden sind. Eine andere Information sagt aus, daß die berühmten Tatra-Werke pro Jahr 15000 Lastwagen produzieren, die überwiegend militärisch genutzt werden.

Die tschechische Luftfahrtindustrie beendete die Produktion moderner Kampfflugzeuge zu Beginn der siebziger Jahre. Seither wurden nur noch die erfolgreichen Düsentrainer L-29 (Delphin) und L-39 (Albatros) bei den Unternehmen Aero Vodochody und Rudý Letov Prag hergestellt. Westliche Beobachter gehen davon aus, daß jährlich bis zu 300 Maschinen die Hallen verlassen. Die Produktion dieser Ausbildungsflugzeuge und leichter Transportmaschinen nährt immerhin 30000 Beschäftigte. Inzwischen stagniert jedoch die Entwicklung unabhängiger Waffensysteme. Moskau sorgt dafür, daß die einst blühende Rüstungsindustrie der ČSSR komplett von seinem eigenen militärisch-industriellen Komplex und dessen Lizenzen abhängig ist. Nur bei Handfeuerwaffen werden den Tschechen weniger Hindernisse in den Weg gelegt. Das dient aber auch wieder politischen Interessen.

Auch die ČSSR hat bereits gegen den Ostblockkodex verstoßen, nie an den Feind eines Freundes zu liefern. 1948/49 retteten tschechische Waffen den von allen Seiten angegriffenen Judenstaat im

Nahen Osten. Eine Fortsetzung dieser Verkäufe wurde 1950 durch eine scharfe Anweisung des Oberkommandos der Streitkräfte unterbunden. In den Jahren danach erreichten trotzdem 30 Prozent der tschechischen Exporte den Nahen Osten, aber eben immer nur die Araberstaaten. Der tschechische Fachmann Jiri Blecha formulierte 1968 die blumenreiche Exportphilosophie seines Landes in einem Aufsatz: »Wir gehen von dem Prinzip aus, daß jedes souveräne Land ohne aggressive Absichten, das sich lediglich Waffen zur Verteidigung seiner Unabhängigkeit und seiner Interessen beschaffen will, dieses Recht haben muß. Unsere Waffen dürfen nicht an Spekulanten und Aggressoren verkauft werden. Verträge dieser Art sind stets der politischen Linie verbunden. Aber schließlich, wer in unserem Land nicht kauft, der kauft woanders ein. Das kann am Ende sogar gegen unsere Interessen sein.« Der Autor stellte einen Absatz später die Frage, ob der »Export von Waffen überhaupt ertragreich ist«. Seine Antwort: »Dieser Handelssektor ist einer der profitabelsten in unserer ganzen Schwerindustrie.« Dann folgte eine höchst seltsame Berechnung. Ein Kilogramm Maschinengewehr bringe 700 tschechische Kronen ein, ein Kilogramm Strickmaschine dagegen nur 162 Kronen, ein Kilogramm Meßinstrumente 155 Kronen. Ein Kilogramm Auto sei sogar nur mit 6,6 Kronen zu beziffern. »Nach diesem Kriterium gewinnen wir bei exportierten Waffen hundertmal mehr als bei Personenautos... Also laßt uns bei den Handfeuerwaffen bleiben.«
Nach westlichen Untersuchungen sollen 1983 27 Prozent der nichtsowjetischen Ostblockwaffenexporte in die Dritte Welt aus der ČSSR gekommen sein. Es gilt auch als sicher, daß die ČSSR mehr Waffen in die Sowjetunion schickt als umgekehrt. Viele dieser Schießgeräte werden aber dann wiederum aus Moskauer Beständen in die weite Welt geliefert. Joachim Krause stellt fest: »Die Rüstungskooperation innerhalb des Warschauer Paktes schafft in der Summe Überkapazitäten ähnlich wie im Westen – mit der Folge eines Exportdrucks. Allerdings besteht ein fundamentaler Unterschied: Während sich die Überkapazitäten im Warschauer Pakt aufgrund des hohen Standes der Standardisierung und Interoperationalität der Waffensysteme in das offensiv orientierte militärstrategische Gesamtkonzept integrieren lassen – ja zum Teil dieses effektiver machen –, stellen sie im Westen ein Problem für koordinierte Verteidigungsanstrengungen der NATO dar.« Da-

mit wären wir wieder bei den Exporteuren angelangt, die für harte Devisen alles und an jeden liefern. Ein durchaus legales Geschäft kann mit Frachtpapieren des Czechoslovakian Ocean Shipping, die sich in grenadischen Regierungsschreibtischen fanden, dokumentiert werden. Danach hatte die Botschaft der Inselrepublik Grenada in Havanna beim Außenhandelsministerium in Prag 938 Kisten Munition und Sprengstoff geordert. Die Gesamtlieferung mit einem Gewicht von 25 Tonnen ging vom Hafen Kardeljevo aus mit dem Frachter »Sitno« nach Havanna. Für den Transport zeichnete die Čechofracht verantwortlich. Ein normales Geschäft, obwohl die Größenordnung im Falle einer kleinen Insel wie Grenada erstaunen muß.
Allzu viele tschechische Waffen gehen an sogenannte »nichtregierende Gruppierungen«, was bei westlichen Geheimdiensten die Formel für illegale Waffentransfers ist. Die militärisch geleitete Außenhandelsorganisation Omnipol bedient ein breites Spektrum von Kunden – und sie unterscheidet wenig zwischen Regierungen, Söldnern, Untergrundbewegungen und Händlern aller Art. Die Skorpion-Maschinenpistole zum Beispiel, Mordwaffe im Fall Aldo Moro, erfreut sich weltweiter Beliebtheit. Bei Dauerfeuer kann man mit ihr bis zu 750 Kugeln pro Minute verschießen. Gegen Aufpreis läßt sich dazu auch ein Schalldämpfer erwerben. Diese Waffe wurde mir während meiner Recherchen mehrfach auf dem Wiener Schwarzmarkt angeboten.
Sogenannte Befreiungsbewegungen und Terroristen aller Länder lieben tschechische Pistolen, Schnellfeuergewehre (der Kalaschnikow verwandte Arten), tragbare Kleinraketen und Sprengsätze. Omnipol macht sich selten die Mühe, Endverbraucherbescheinigungen nachzuprüfen. Sobald eines dieser international üblichen Papiere vorliegt – häufig ist es gefälscht oder ganz einfach von korrupten Diplomaten an Händler verkauft worden –, liefern die Tschechen. Das kann manchmal unangenehme Folgen haben. Als vor Jahren tschechische Waffen, die für die Irisch-Republikanische Armee (IRA) bestimmt waren, auf dem Amsterdamer Flughafen Schiphol entdeckt und beschlagnahmt wurden, hüllte sich Prag in beredtes Schweigen.
Solche Geheimaktionen werden natürlich vom tschechoslowakischen Staatssicherheitsdienst eingefädelt, der sich neben Omnipol, Merkuria und den jeweiligen Spediteuren um die reibungslose

Abwicklung kümmert. Die Agenten sorgen für echte Zollplomben, begleiten die Waffentransporte – wenn sie beispielsweise durch Österreich geschmuggelt werden – bis zur Grenze und halten die Zöllner an, das präparierte Fahrzeug nicht zu durchsuchen. Wenn gelegentlich ein Transport auffliegt (wie wir in einem speziellen Fallbeispiel noch sehen werden), dann reagieren sogar die gewöhnlich duldsamen Österreicher sauer und legen Beweise für die »absolut bedenkenlose Handhabung des Waffengeschäfts durch die devisengierige ČSSR« (so das Wiener Innenministerium) vor.

Jiri Blecha fährt in seiner erstaunlich offenen Stellungnahme zur Prager Waffenexportpolitik fort: »Die ganze Welt weiß, daß nationale Befreiungsfronten verschiedener Länder in der Vergangenheit ihre Rechte mit tschechoslowakischen Waffen erkämpft haben... Ja, wir haben ihnen, innerhalb unserer Möglichkeiten, Militärhilfe gegeben. Dafür wurden wir nicht bezahlt, weil wir aus eigener Erfahrung wissen, was es bedeutet, einen guten Freund zu haben und in schwierigen Zeiten nicht alleingelassen zu werden. Der Export von Waffen bedeutet für uns jedoch nach wie vor eine reine Geschäftssache... In der Vergangenheit haben wir unsere Waffen größtenteils auf Kreditbasis verkauft... Nun können wir jedoch qualitative Veränderungen feststellen. Wir verkaufen Waffen vor allem für Bargeld und für harte Devisen.«

Das höchst aufschlußreiche Werk, in tschechischer Sprache erschienen zum Ende des »Prager Frühlings«, endete mit folgender Passage: »Wir werden immer darauf achten, daß unsere Waffen nicht gegen friedliebende Nationen benutzt werden, und wir werden uns niemals schämen, wenn eine solche Nation ihre Souveränität und ihre Rechte mit tschechoslowakischen Waffen verteidigen muß.«

Bulgarien: Gemischtwarenladen Kintex

Vorspiel: Mit dem Datum vom 1. Juni 1978 signiert ein gewisser Peter Mulack im Namen der Firma Yucca Properties Ltd., 104 St. Georges Road, London, folgendes Schreiben: »Die unterzeichneten Herren erklären, daß die Ware aus dem Vertrag Nr. 0028/W-K/78 vom 1. 6. 1978 zwischen Ihnen und Firma INAR in keinem Fall nach Südafrika, Somalia oder Rhodesien, weder direkt noch indirekt, geliefert wird.« Die Ortsangabe Sofia steht vor dem Datum.

Am 15. Juni sendet die im internationalen Waffenhandel nicht unbekannte Banque Internationale in Luxemburg ein Fernschreiben an die Bulgarische Außenhandelsbank in Sofia. Darin versichern die Luxemburger, daß zugunsten der Firma INAR (Anstalt für Außen- und Transithandel) am Sofioter Boulevard Anton Iwanow Nummer 66 der Betrag von 4948600 US-Dollar zur Verfügung steht. Dieser Kredit, gegeben an Herrn Mulack, wird fällig, sobald die Bulgaren Dokumente schicken, die beweisen, daß die Ware auf ein Schiff verladen wurde. Zusätzlich werden die Rechnung in vier Exemplaren, eine Packliste in zweifacher Ausfertigung und ein Zertifikat des Herstellers mit den Herstellungsdaten der Ware verlangt.

Die Ware wird von der Luxemburger Bank als »technische Güter« umschrieben. Eine vornehme Bezeichnung für 5500 Schnellfeuergewehre vom Ostblock-Standardtyp Kalaschnikow, 300 Maschinengewehre RPD mit Reserveteilen und 216 Panzerfäuste RPG-7, außerdem 55000 Handgranaten, 20000 Granaten für die RPG-7 sowie 10000 Minen.

Am 5. Juli unterzeichnet Peter Mulack zwei Zusätze zum Originalliefervertrag, wieder in Sofia. Er bestellt weitere Gewehre, 40-Millimeter-Granaten, Handgranaten und Zusatzteile im Gesamtwert von rund zwei Millionen Dollar. Die Aufstellungen sind in deutscher Sprache abgefaßt.

Peter Mulack wird später seinem Kunden, der sich unter dem Namen Colet Trading Establishment verbirgt, 9127640 Dollar und 40 Cents in Rechnung stellen. Da sich der Betrag aber noch mal erhöht, beträgt sein Gewinn schließlich zweieinhalb Millionen Dollar.

Haupthandlung: Am 22. August verläßt die »Sarah Poulsen«, ein Frachter der dänischen Reederei Trigon, den griechischen Hafen Piräus und nimmt Kurs auf Burgas in Bulgarien. Der Großteil der Ware wird am 28. und 29. August verladen. INAR schickt am 30. August einen Brief nach London. Daraus erfährt YUCCA Properties, daß die »Sarah Poulsen« einen Teil der Güter, verpackt in 2079 Kisten, zurücklassen mußte, da sich ihre Kapazität als zu klein erwiesen hatte. Für 30 Tage würde man die Ware gerne und sicher aufbewahren. Nachher werde INAR pro Monat 18000 Dollar Lagergebühren berechnen.
Die »Sarah Poulsen« fährt nach Griechenland, holt weitere Container und kommt zurück. Als sie am 7. September den Bosporus in Richtung Bulgarien durchquert, wird sie von der türkischen Marine gestoppt und durchsucht. In drei der Holzkisten finden sich Landminen und Munition für Maschinengewehre. Die Papiere scheinen in Ordnung zu sein. Ein Frachtbrief mit Endverbraucherdokument weist die nigerianischen Streitkräfte als Empfänger aus. Die Türken entschuldigen sich und lassen die »Sarah Poulsen« passieren. Es gibt ihnen lediglich zu denken, daß viele Kisten keine Abfertigungsstempel und keine Unterschriften der bulgarischen Hafenbehörden tragen. Das ist in einem derart straff organisierten Staat wie Bulgarien höchst ungewöhnlich. In Burgas nimmt der Trigon-Frachter den Rest der Kriegswaffen an Bord und beginnt seine Reise zum schwarzen Kontinent.
Die »Sarah Poulsen« durchquert das Mittelmeer, läßt Gibraltar steuerbord liegen und nimmt Kurs auf den Hafen von Las Palmas auf den Kanarischen Inseln. Die Schiffahrtsgesellschaft Hamilton & Co. in Las Palmas betreut den Transport während dieser Etappe. Am 22. September erhält sie von der dänischen Reederei ein Telegramm: »Bitte entschuldigen Sie die Verspätung. Der Frachter hat Handelsware an Bord. Ladehafen Burgas.« Am 23. September kommt die »Sarah Poulsen«, nimmt Wasser, Lebensmittel und Treibstoff auf.
Die fünfköpfige Besatzung setzt die Fahrt nach Süden fort. Dann lassen sie jedoch Nigeria links liegen und ankern am 25. Oktober im Hafen von Durban, Südafrika. Dort wird die gesamte Ware gelöscht. Der Apartheid-Staat ist der eigentliche Besteller, und er hat die Lieferung trotz eines Waffenembargos der Vereinten Nationen aus dem Jahre 1977 erhalten. Der Auftrag kam – laut Re-

cherchen der dänischen Fernsehjournalisten Sten Baadsgaard und Jørgen Pedersen – von der Zeefeldt-Gesellschaft, einer Tochter der südafrikanischen Waffen- und Munitionshandelsgesellschaft Armscor, mit Briefkastensitz in Liberia. Die südafrikanische Botschaft in Paris, Quai d'Orsay Nummer 5, hat dazu die Pariser Filiale der Bank der Niederlande angewiesen, bestimmte Beträge auf das Konto Nummer X4 – 43950 der Zeefeldt-Gesellschaft bei der Kreditbank in Luxemburg zu überweisen. Von hier aus wird unter anderem die Trigon-Reederei bezahlt, deren Besitzer Anders Jensen später nach Südafrika flüchtet. Dort erhält er den nötigen Schutz vor den dänischen Behörden, die ihn wegen Waffenschmuggels in 25 Fällen anklagen wollen. Sein Profit aus allen Transaktionen: fünf Millionen Dollar.
Diese Waffen aus Ostblockfertigung werden anschließend in den sogenannten Frontstaaten gegen die linksgerichteten Nachbarregime der Republik Südafrika verwendet, zum Beispiel durch die angolanische Guerillabewegung Unita des Jonas Savimbi. Der Hintergrund ist einfach: Die Volksfrontregierungen im Süden Afrikas beziehen ihre Waffen aus Moskaus Einflußbereich. Damit die westliche Hilfestellung für die Gegner im Busch nicht zu deutlich wird, liefern interessierte Kreise – in diesem Fall Südafrika – ebenfalls Ostblockschießgeräte. Diese können jederzeit als Beutegut ausgegeben werden. Eine Methode, die auch in Afghanistan und Nicaragua bestens funktioniert.
Nachspiel:
Die Rolle von Peter Mulack und seinen Kollegen bei Transaktionen dieser Art wird später noch genauer zu untersuchen sein. Vorerst reicht der Wortlaut einer Stellungnahme der bulgarischen Regierung gegenüber den Vereinten Nationen. Diese Erklärung wurde am 1. September 1980 abgegeben, nachdem die Waffenschiebereien mit Südafrika gerüchteweise bekannt geworden waren. Darin heißt es: »Recherchen der zuständigen Behörden haben unzweifelhaft ergeben, daß es keinerlei Verbindungen mit dem südafrikanischen Regime gegeben hat. Solche Anschuldigungen sind von den betreffenden imperialistischen Kreisen schon häufig erhoben worden, haben sich aber immer als komplette Fälschungen erwiesen. Es gibt keinen Zweifel, daß dieser erneute Versuch, unser Land in Mißkredit zu bringen, wieder fehlgeschlagen ist wie so viele andere Versuche in der Vergangenheit.«

Das arme, bedrängte Bulgarien gilt als Moskaus treuester Vasall, wird manchmal sogar als »16. Sowjetrepublik« bezeichnet. Wie stellte bereits Staats- und Parteichef Todor Schiwkoff, seit 1954 an der Macht, während einer Visite des Sowjetpremiers Nikita Chruschtschow im Jahre 1962 fest: »Unser politischer Uhrenschlag deckt sich auf die Sekunde mit der Uhr der Sowjetunion, unsere Uhr arbeitet nach Moskauer Zeit. Dies erfüllt das gesamte bulgarische Volk mit großem Stolz.«
So versteht es sich von selbst, daß die Bulgaren häufig im Auftrag der Sowjets tätig werden, gerade wenn es um Waffentransaktionen und schmutzige Geheimdienstoperationen geht.
Die Geheimdienste der Sowjetunion und Bulgariens sind ungewöhnlich eng verquickt, ja »organisch integriert«, wie es parteichinesisch heißt. Und in keinem anderen Sowjetsatellitenstaat ist der Geheimdienst ein derart übergreifender Bestandteil der gesamten Administration. Das DS-Hauptquartier befindet sich an der General-Durko-Straße in Sofia. Die meisten der 30000 DS-Offiziere wurden in Moskau ausgebildet, darunter ihr Chef Generaloberst Grigor Schopow, der zugleich als stellvertretender Innenminister fungiert.
Sein Vorgesetzter, Innenminister Dimiter Stojanow, der zu den wichtigsten Geheimdienstentscheidungen hinzugezogen wird, hat an der Schule für KGB-Führungskräfte in der Nähe von Moskau studiert und wurde schon frühzeitig von Jurij Andropow protegiert. Das KGB und sein lokaler Handlanger unterhalten Trainingslager, in denen internationale Terroristen Unterschlupf und Ausbildung finden. Nach Auskunft des geflüchteten DS-Obristen Stefan Swerdlew, der heute unter dem Schutz von *Radio Free Europe* in München lebt, befindet sich eines dieser Lager in Birimirtsi nördlich von Sofia. Hinter der Tarnung als Schweinezucht werden Türken, Griechen, Palästinenser und Westdeutsche an Waffen und in konspirativen Techniken geschult. Weitere Lager dieser Art sollen in Semeonowo, Wrasa und Berkovitsa sein.
Wichtige Bausteine im geheimen Netz der Bulgaren sind die Fremdenverkehrsbüros in aller Welt und die Niederlassungen der Fluggesellschaft Balkan Air. Letztere sollen wiederum dem KGB direkt unterstellt sein. Die Puzzlestücke passen zusammen, wenn man noch das erfolgreichste Tarnunternehmen des bulgarischen Dienstes kennenlernt: Kintex. Nach außen hin eine Staatshandels-

firma, ist Kintex dem Ersten Direktorat des DS angegliedert – der zuständigen Abteilung für nationale und internationale Geheimoperationen. Die meisten KGB-Berater des bulgarischen Nachrichtendienstes sitzen im Direktorat Eins. Ein Viertel der 500 Manager und Verkaufsvertreter von Kintex sind – westlichen Nachrichtendiensten zufolge – vom Ersten Direktorat des DS lediglich »ausgeliehen«.
Kintex befindet sich, und da schließt sich der Kreis mit der Tochter-Firma INAR, in einem modernen, vierstöckigen Glas- und Betonbau am Boulevard Anton Iwanow Nummer 66. Zivilagenten patrouillieren in der Nachbarschaft und sorgen dafür, daß sich kein Unbefugter der Kintex-Zentrale nähert. Gelegentlich, so berichtet Terrorismus-Experte Nathan Adams in *Reader's Digest,* hören Passanten das Tack-tack-tack automatischer Waffen, die in einem unterirdischen Schießstand von der Kundschaft getestet werden. Die Firma steht unter der Leitung von Radoslaw Todorow, Kandidat für das Zentralkomitee der Kommunistischen Partei. Ein hochrangiger DS-Offizier namens Terziew kontrolliert die illegalen Operationen. Sein Stellvertreter ist ein Oberst mit dem Decknamen »Iwan«. Er hat sich auf den besonders lukrativen Handel mit Rauschgift spezialisiert.
Als Oberst Stefan Swerdlew 1971 mit seiner Frau und zwei Kindern aus Bulgarien nach Griechenland flüchtete, nahm er als Garantie für ein geschütztes Leben im Westen 500 streng geheime Dokumente des Staatssicherheitsdienstes, der damals noch Komitet Darschawna Sigurnost (KDS) hieß, mit. Eines dieser Papiere ist die Direktive M-120/00-0050 vom 16. Juli 1970. Die Order geht auf ein Gipfeltreffen der Ostblockgeheimdienste von 1967 zurück. Damals wurden in Moskau Maßnahmen zur »Destabilisierung der westlichen Gesellschaft« durch Methoden wie Waffen- und Drogenhandel beschlossen. Kintex, das selbstverständlich mit einem weiten Spektrum von Gütern – von Marmelade und Tomatensaft bis Zigaretten – handelt, sollte auch diesen Sektor übernehmen.
Die Gründung von Kintex wird auf das Jahr 1968 zurückgeführt. Damals entstand es als eine Art kommunistischer Holding dreier verschiedener Export-Import-Firmen. Erst vier Jahre später kamen seine wahren Aktivitäten langsam ans Tageslicht. In einem vertraulichen CIA-Bericht wurde Bulgarien erstmals als »neues Zentrum für Rauschgift- und Waffentransfers zwischen West-

europa und dem Nahen Osten« gekennzeichnet. 1973 nannte eine amerikanische Zeitung Kintex beim Namen. In einem Artikel unter dem Titel »The Bulgarian Connection« wurde die Kooperation der bulgarischen Staatshändler mit türkischen Unterweltgrößen aufgedeckt. Darin hieß es, die Bulgaren würden die Durchfuhr von Rauschgift nach Westeuropa im Austausch für den Transport von Waffen und Munition in die unruhige Türkei erlauben. Es ist bekannt, daß der immer brutaler werdende Terror der türkischen Rechts- und Linksextremisten in den siebziger Jahren von außen geschürt wurde. 800000 Waffen gelangten auf Schleichwegen ins Land; dazu Munition und Sprengstoff sowie große Geldsummen. Bulgarien war der Hauptlieferant.
Da es immer häufiger zu Operationen kam, wurden auch immer wieder welche aufgedeckt. 1977 durchsuchten die türkischen Behörden den zypriotischen Frachter »Vasoula«, der offiziell »mechanische Ersatzteile« geladen hatte. Die Ware sollte nach Afrika gehen. In Wirklichkeit handelte es sich um 495 Panzerfäuste und 1000 kleine Raketen, die zur Destabilisierung des NATO-Partners Türkei gedacht waren. 1980 fingen die Türken eine Waffenlieferung aus Argentinien ab, die via Bulgarien ins Land gekommen war. Als sich die Türken bei der Regierung in Buenos Aires beschwerten, kam von dort eine klare Antwort: Die Waffen waren drei Wochen zuvor an Kintex verkauft worden.
Mit solchen Aktionen bewegte sich Sofia in gewohnter Tradition. Erstmals waren sie jedoch gegen ein Mitglied des westlichen Lagers gerichtet. Schon seit 1960 hatte es geheime Waffentransporte aus Bulgarien gegeben. Unter der Marke »Waffenhilfe für Befreiungsbewegungen« unterstützte Bulgarien den Kampf der Algerier gegen die Franzosen. Die bedrängte Kolonialmacht wurde auf mehreren bulgarischen Handelsschiffen fündig und beschlagnahmte einen Teil der Lieferungen. Todor Schiwkoff 1964 über Radio Sofia: »Wir haben den Kampf – den bewaffneten Kampf – des algerischen Volkes unterstützt; wir haben ihm sogar Waffen geschickt.« Der Staats- und Parteichef wies auch später immer wieder auf ähnliche Transfers hin – nach Vietnam und Angola, nach Guinea-Bissau, Mozambique und Namibia. Zu Bulgariens Kunden zählen die SWAPO und der African National Congress (ANC), die PLO und die Sandinisten Nicaraguas. Palästinenser und Libyer wurden gelegentlich auch in den genannten bulgari-

schen Lagern ausgebildet. Während eines Staatsbesuches in der Türkei versuchte Bulgariens Außenminister Petar Maldenow 1981 die Haltung seines Landes zu erklären. Internationaler Terrorismus und Waffenhilfe für Befreiungsorganisationen, so sagte er, dürften nicht miteinander verwechselt werden.
Über die Jahre hinweg wurden immer wieder bulgarische Handelsschiffe und Flugzeuge mit falsch deklarierten Waffen entdeckt und abgefangen. Sie waren für den Libanon, für Jemen, Chile, Tansania, Südafrika, San Salvador und andere Staaten bestimmt. Todor Schiwkoff gab in einer stolzen Stellungnahme bulgarische Waffenexporte an 36 Länder und die PLO zu. Die anschaulichste Zahl zu bulgarischen Waffenverkäufen tauchte beim statistischen Institut Wharton Econometric Forcasting Associates in New York auf. Danach soll der Balkanstaat 1982 auf diesem Sektor erstaunliche 965 Millionen Dollar eingenommen haben – sein lukrativster Handelszweig.
Kintex erwies sich stets als erstaunlich flexibler, ja richtiggehend kapitalistischer Betrieb. Vorwiegend über Wiener Konten wird die chronisch knappe Devisenkasse des bulgarischen Staates aufgebessert. Die Versorgung revolutionärer Gruppen mit Schießgerät aller Art unterstützt darüber hinaus internationale ideologische Interessen. Daß die Ware, wie im Fall Mulack, auch mal an den Feind gerät und gegen die eigenen Freunde eingesetzt wird, ist auf die erhebliche Geldgier der Bulgaren zurückzuführen. Wenn das Geschäft lukrativ genug ist, dann liefern sie an jeden. Und dann nehmen sie auch Rauschgift in Zahlung. Kein geringer Anteil der heißen Ware ist für die USA bestimmt. Das hat eine Kongreßanhörung im Jahr 1984 ergeben.
Der dritte Nutzen, den die Bulgaren aus Kintex-Aktivitäten ziehen, ist nachrichtendienstlicher Natur. Verkäufer und Transporteure aus Bulgarien, westlichen und nahöstlichen Staaten werden in das riesige Geheimdienstnetz von KGB und DS eingespannt, um Auslandsaufklärung zu betreiben. Diese Informationen fallen praktisch als Nebenprodukt ab.
Die Bulgaren betreiben ihre Geschäfte ausnahmslos mit Unterweltfiguren wie dem türkischen Rauschgifthändler Mustafa Kisacik. Abuzer Ugurlu und Bekir Celenk sind mit dem Papst-Attentat, Waffen- und Rauschgift-Deals verbunden. Der pockennarbige Syrer Sallah Wakkas gründete in den siebziger Jahren zusam-

men mit italienischen Mafiosi ein florierendes Gemischtwarenvertriebsnetz. Seine Rauschgiftkunden saßen entlang der amerikanischen Ostküste. Wakkas importierte Morphinbase nach Italien. In mafia-eigenen sizilianischen Giftküchen wurde das Endprodukt Heroin hergestellt. Wakkas und seine Gruppe sollen 1980 für die Hälfte der Herointransporte von Sizilien in die USA verantwortlich gewesen sein. Italienische Ermittlungsbehörden fanden heraus, daß er damals allein in vier Monaten Morphinbase im Wert von acht Millionen Mark von Bulgarien nach Sizilien schaffte. Bei Kintex klingelten die Kassen. 1980 soll der Syrer auch Luftabwehrgeschütze des sowjetischen Typs ZSU-23 und dazugehörige Munition im Wert von acht Millionen Mark in den Irak verschoben haben. Als ihm italienische und amerikanische Fahnder 1981 zu nahe rückten, flüchtete Sallah Wakkas nach Sofia, wo er mit offenen Armen aufgenommen wurde. Im Januar 1982 organisierte Wakkas bei einem Treffen mit zwei Mafia-Abgesandten aus Palermo im Sofioter Park-Hotel Moskwa sein Imperium neu. Das Trio wurde dabei vom Staatssicherheitsdienst abgeschirmt. Wenige Tage später, am 16. Januar, wurde der von Interpol gesuchte Wakkas während einer Zwischenlandung auf dem Weg von Sofia nach Beirut in Athen entdeckt und verhaftet und kurz darauf an Italien ausgeliefert.

Eine ähnliche Geschichte läßt sich über den Syrer Henri Nikolaki Arsan erzählen. In den späten sechziger Jahren war er eine Schlüsselfigur der legendären »French Connection«. Schon damals besorgte er sich die Morphinbase über Bulgarien. Von 1975 bis 1982 kaufte er von seinen Rauschgifterträgen große Mengen an Waffen. Sie wurden unter dem Schutz von DS in Warna und Burgas verladen und an Linksextremisten in der Türkei und Libanon geliefert. 1981 hatte seine Firma so weit expandiert, daß sie unter dem Namen Stibam International Transport für einen Rauschgiftring der Mafia tätig werden und dabei 20 amerikanische Panzer des Typs M-48 zum Preis von 16 Millionen Mark in Spanien erwerben konnte. Endverbraucherzertifikate nannten die Türkei als Kunden. In Wirklichkeit gingen die Panzer in den kriegführenden Iran. Teherans Einkäufer legten dafür 40 Millionen Mark auf den Tisch.

Arsan kaufte 1982, ausgerüstet mit falschen Dokumenten, 80 Haubitzen von Frankreich, sieben Tonnen Munition und leichte

Infanteriewaffen von Rumänien. Die gesamte Ware war erneut für den Iran bestimmt. Mit Hilfe von Kintex brachte Arsan im Juli 1982 portugiesische Munition im Wert von sechs Millionen Mark in den Irak. Dann, im November 1982, wurde er in Italien verhaftet. Während der Verhöre erfuhr man, daß er zwischendurch als Informant italienischer und amerikanischer Fahndungsbehörden gearbeitet hatte – jedoch nur, um die Konkurrenz auffliegen zu lassen. Im November 1983 kam er im Gefängnis zu Tode. Nathan Adams in seinen Enthüllungen über die »Bulgarian Connection«: »Im Oktober 1982 bot Syrien einem westeuropäischen Waffenhändler 600 Kilogramm Morphinbase als Bezahlung für eine Flotte von 90 westdeutschen Unimog-Militärfahrzeugen an. Gleichzeitig, und nach den Erkenntnissen westlicher Geheimdienste und Ermittlungsbehörden, hat die PLO 40 Prozent ihrer leichten Infanteriewaffen für Haschisch, Heroin oder Morphinbase aus Laboratorien in Syrien oder in der von Syrien kontrollierten ostlibanesischen Bekaa-Ebene bezogen. Kintex lieferte 90 Prozent dieser Waffen, entweder direkt oder über bulgarische Häfen.«

Der amerikanische Autor stellt in seiner Arbeit sogar die Behauptung auf, daß die CIA über einen westdeutschen Waffenhändler bei Kintex eingekauft hat. Diese bulgarischen Waffen seien dann an die antisandinistischen Guerilleros geliefert worden. Adams nennt die Frachtfirma Despred und die Spedition Komet, beide in Westdeutschland etabliert, als Transportmittel von Kintex. Dazu kämen noch die 5000 Lastwagen des bulgarischen Staatstransporters Somat. Bei diesen Transfers wird, wie ein Report der Washingtoner Drug Enforcement Administration (DEA) vom Mai 1984 aussagt, ständig gegen das Zollabkommen TIR, das Lastwagen mit diesem Zeichen an den Grenzen bevorzugt passieren läßt, verstoßen.

Es fällt in diesem Zusammenhang auf, daß sich nur im Falle Bulgariens die Hinweise auf die Verbindung illegaler Rauschgift- und Waffengeschäfte häufen. Diese verbrecherische Kombination ist westlichen Fahndern bekannt, wird aber wenig publiziert. Ingolf Falkenstein vom ZDF, Mitautor der Reportage »Waffenhändler«, in einer eidesstattlichen Versicherung: »Das Bundeskriminalamt (BKA) hat mich ... davon unterrichtet, daß illegale Waffenlieferungen nach den in diesem Bereich insoweit herrschenden Gepflogenheiten häufig oder zumindest teilweise mit Rauschgiften vergütet werden, also Waffen- und Drogenhandel (beinahe häufig regelmäßig) miteinander verknüpft sind.« Diese Bestätigung konnte ich während meiner eigenen Nachforschungen im Wiesbadener Bundeskriminalamt nicht erhalten. Dafür versicherte mir aber der zuständige Sachbearbeiter eines westlichen Nachrichtendienstes: »Wir wissen, daß eine Beziehung von Rauschgift und Waffen besteht, und dies nicht nur aus der Presse.«

Die Händler und die Lieferanten reagieren auf dieses Thema bereits hysterisch. Jene dänische Fernsehreportage über die Fahrt der »Sarah Poulsen« berichtet unter anderem auch über eine Geschäftsbesprechung des Peter Mulack in Sofia. Bei dieser Gelegenheit soll er den Bulgaren versprochen haben, elektronisches Gerät zu besorgen, dessen Lieferung an den Ostblock untersagt ist. Am Schluß eines Briefes, in dem Mulack die Vereinbarung angeblich bestätigte, heißt es: »Ein Teil der Zahlungen kann in Form von Heroin oder Morphium erfolgen. Weitere Einzelheiten mündlich.« Die Kintex-Vertreter sollen geantwortet haben: »Ihrem Vorschlag – als Teilzahlung die in Ihrem Brief beschriebene Ware zu verrechnen – stimmen wir ebenfalls zu.« Dagegen läuft der mittlerweile in Miami untergetauchte Mulack Sturm. In einer eidesstattlichen Versicherung ließ er wissen: »Ich habe niemals in Sofia ein geheimes Treffen mit Bulgaren wegen Verkaufs elektronischer Geräte in den Ostblock geführt. Ich habe niemals der Firma Kintex zur Lieferung elektronischen Materials angeboten, daß ein Teil der Zahlungen in Form von Heroin oder Morphium erfolgen könne.« Der Westdeutsche Rundfunk in Köln verpflichtete sich, diese Behauptung nicht weiter zu verbreiten, es sei denn, es würden »neue Tatsachen bekannt«.

Die Bulgaren haben wiederholt Hunderte von Journalisten nach Sofia eingeladen und bei langatmigen Pressekonferenzen des Zollgeneraldirektors Nikolay Nikolow und des Chefs der bulgarischen Nachrichtenagentur BTA, Bojan Traikow, ihre Unschuld beteuert. Dabei wurde sogar der international gesuchte Waffen- und Rauschgifthändler Bekir Celenk als vermeintlich harmloser Zeuge präsentiert. Sheljo Wassilew, »Untersuchungsrichter« des Staatssicherheitsdienstes, unterstützte ihn dabei – der Bock als Gärtner. Die Verteidigung der Bulgaren gipfelte in dem Vorwurf, daß die westlichen Massenmedien alles verzerren würden: Die Absichten der Imperialisten seien eindeutig.

3. Bundesrepublik Deutschland

MBB – der europäische Rüstungsgigant

»Wir sind stolz, die atomare Schwelle zu heben. Und ohne die Entwicklung und Fertigung von Panzerabwehrsystemen bei MBB ist auch die Abwehr möglicher sowjetischer Panzer nicht vorstellbar. Industrielle Überlegungen zur Verteidigungspolitik führen zu perfekten Verteidigungswaffen. Und dazu bekennen wir uns.«

Sepp Hort, stellvertretender Vorstandsvorsitzender von MBB,
im Gespräch mit der Illustrierten *Quick*

»Zur Kriegführung bestimmte Waffen dürfen nur mit Genehmigung der Bundesregierung hergestellt, befördert und in Verkehr gebracht werden.«

Artikel 26 Abs. 2 des Grundgesetzes

Die Firma Messerschmitt-Bölkow-Blohm (MBB) aus Ottobrunn bei München, 6,1 Milliarden Mark Umsatz im Jahr 1985, 36000 Arbeitsplätze, ist das Prunkstück der deutschen Rüstungsindustrie. Weit entfernt von den irdischen Niederungen kleiner Waffenschieber und der Fabrikanten alltäglich eingesetzter Schießgeräte, bewegt sich MBB in den geweihten Höhen eines Prestigekonzerns, der der Welt zeigen will, wozu deutscher Erfindungsgeist heute noch/oder schon wieder fähig ist.
Da aber auch Musterfirmen manchmal nicht zwischen der friedfertigen NATO-Welt und aufgewühlten Spannungsgebieten unterscheiden können, unterlaufen ihnen Verkäufe, die das ganze Unternehmen ins Zwielicht bringen. Einer davon ist im *Stern* unter der Überschrift »Heiße Fracht für Bagdad« so umschrieben worden: »Mit raffinierten Tricks hat der größte deutsche Rüstungskonzern gesetzliche Verbote umgangen und staatliche Prüfer getäuscht. Die Firma MBB lieferte militärisch aufgerüstete Helikop-

ter in den Irak, der seit Jahren mit Khomeinis Iran Krieg führt.« Um eines vorwegzunehmen: Es handelte sich nicht um militärische Versionen, weil die BK-117, von der der Irak ein halbes Dutzend erstand, bislang nur in ziviler Ausführung lieferbar ist. Trotzdem sind gerade Hubschrauber offensiv verwendbar, wenn die Besatzung nur eine Tür entfernt und ein Maschinengewehr am Rahmen festzurrt.

Die normalerweise 3,5 Millionen Mark kostende BK-117 wurde von den irakischen Einkäufern in der VIP-Ausführung bestellt, was den Preis auf mehr als fünf Millionen Mark anhebt. Davon hatte MBB vorher nur ein einziges Exemplar ausliefern dürfen, nämlich an die Firma Colgate-Palmolive. Die Iraker brachten genaue Vorstellungen ein. Sie wollten vier superbreite Ledersessel, eine Saftbar, eine Kaffeemaschine, Klimaanlage, Telefon und Stereo eingebaut haben. Da MBB eine solche Innenausstattung selbst nicht installiert, wurde der Auftrag ausgeschrieben und schließlich an die Firma Wolfgang Denzel GmbH in Augsburg, einen Ableger des österreichischen Denzel-Konzerns, vergeben.

Die Umbauarbeiten begannen im Spätsommer 1983. Denzel kaufte nur vom Besten ein, auch Funk- und Navigationsanlagen, die in der Bundesrepublik nicht zugelassen sind oder als rein militärische Ausstattung gelten. Der *Stern* listete sie auf: »Sechs Doppler-80-Radar aus England, sechs Funksprechgeräte für militärische Frequenzen aus Frankreich, sechs Navigationssysteme aus den USA, sechs Höhenmesser aus Frankreich, sechs Navigationsanzeige-Instrumente aus der Bundesrepublik mit passenden Antennen aus England und sechs Funksprecheinheiten aus Italien.«

Im Juli 1984 testeten MBB-Techniker die ersten beiden BK-117, die von Denzel als flugbereit qualifiziert wurden. Das Luftfahrtbundesamt in einer Stellungnahme: »Wir haben keine Erlaubnis zum Testen und zur Erprobung derart ausgestatteter Hubschrauber im Flug erteilt. Die Flüge hätten von uns genehmigt werden müssen.« Die illegalen Zusatzgeräte wurden wieder ausgebaut und die Helikopter dem Prüfer des Luftfahrtbundesamtes vorgeführt. Er genehmigte den Export. Die Spedition Kühne & Nagel brachte die beiden ersten BK-117 nach Österreich. In der Denzel-Niederlassung Pichling bekam einer der Hubschrauber einen beige-grün-braunen Militäranstrich. Der andere blieb sandfarben.

Am 31. Juli 1984 wurden sie mit einer Transportmaschine der Iraqui Airways von Graz nach Bagdad gebracht. Da diese Transaktion viel Aufsehen verursachte, kam am 1. Oktober anstelle der Iraker eine amerikanische Cargomaschine und verlud die beiden, diesmal ganz im Kriegslook gestrichenen MBB-Helikopter zum Transport in den Nahen Osten.
Am 17. Dezember holte eine Hercules der französischen Chartergesellschaft SFR die restlichen BK-117 in der Steiermark. Unabhängig davon flogen jedesmal Techniker der Firma Denzel mit einer kleinen Firmenmaschine nach Bagdad und bauten vor Ort die illegal ausgeführte Militärelektronik wieder in die MBB-Produkte ein. Wie gesagt: Zum reinen Kampfhubschrauber läßt sich dieser Typ nicht umrüsten. Dafür wäre eine Verstärkung der Zellenstruktur notwendig. Doch die tatsächlich geschehenen MBB-Heimlichkeiten reichten schon, um den SPD-Bundestagsabgeordneten Norbert Gansel zu erzürnen: »Kein Zweifel, daß hier unter Bruch des Gesetzes militärisches Gerät an ein kriegführendes Land geliefert worden ist. Das ist die schmutzigste Form der Wirtschaftskriminalität, die am Krieg profitiert.«
Wäre es das erste Mal gewesen, dann hätte man zugunsten von MBB ein gehäuftes Maß an Unwissenheit annehmen können. Im Irak flogen jedoch zu diesem Zeitpunkt bereits 24 Stück der BO-105, die auf dem Umweg über den spanischen MBB-Partner Casa geliefert worden waren. Im Irak sind die MBB-Konstruktionen mit einer 20-mm-Kanone aus der Schweiz und den üblichen »Hot«-Panzerabwehrraketen zu sehen. Casa dementiert, eine bewaffnete Ausführung geliefert zu haben.
Über den südafrikanischen MBB-Vertreter Kuno von Durkheim und seine Firma Lansav aus dem Ort Lanseria lieferte MBB bisher 18 Hubschrauber der Typen BO-105 und BK-117. Zwei davon werden von der Polizei des Burenstaates verwendet, um bei Demonstrationen der Farbigen den nötigen Überblick zu behalten und die Einsätze steuern zu können. Das brachte MBB eine Strafanzeige wegen eines möglichen Verstoßes gegen das Rüstungsembargo der Vereinten Nationen ein. Firmensprecher Eduard Roth stellte dazu verharmlosend fest, die Hubschrauber seien »ein Transportmittel wie jeder Pkw«. Wenn die Polizei in Deutschland einen Verkehrsstau auflöse, dann habe sie dazu auch keine Raketen an Bord.

Mit Raketen begann auch MBBs langer Weg zum großen Erfolg, ein Beispiel bundesdeutschen Wirtschaftswunders. Die allgemeine Rüstungsproduktion der Westdeutschen erwachte schon 1951 zu neuem Leben. Damals gab es noch keine Bundeswehr, und die Abnehmer saßen im befreundeten Ausland. Die ersten nennenswerten Exporte waren im Jahr 1954 Kriegsschiffe nach Ecuador und Indonesien. 1956 erfolgte der Startschuß zur Wiederbewaffnung. 800 Millionen Mark flossen gleich im ersten Jahr in die Wehrwirtschaft, die sich noch bis weit in die siebziger Jahre unter dem Tarnbegriff »Sondertechnik« verstecken sollte. Zuerst wurden Lizenzen erworben. Die ersten Eigenentwicklungen waren ein Leichtflugzeug von Dornier, drei Schnellboottypen und die Panzerabwehrrakete »Cobra«.
Hinter »Cobra« stand Ludwig Bölkow, ein 1912 geborener Flugzeugbauer und einst Projektleiter der berühmten Jagdmaschine Me 109, der nach dem Krieg bei einer Stuttgarter Baufirma untergekommen war. 1956 gründete er die Bölkow Entwicklungen KG und entwickelte als erstes die über Draht gelenkte Rakete. Hergestellt wurde sie bei der Bölkow-Apparatebau in Nabern an der Teck. 1958 zog der Ingenieur mit 500 Leuten nach Ottobrunn um und begründete das, was heute als »Silicon Valley II« besungen wird. Aus einigen Baracken entstand das Zentrum der deutschen Luft- und Raumfahrtindustrie. Ottobrunns Bürgermeister Dr. Horst Stähler-May 1986 zum Wandel von einer armen Waldsiedlung zum bedeutendsten Forschungsplatz Europas: »Der Problempunkt in Ottobrunn ist die hohe Intelligenz. Das ist eine Denkfabrik erster Güte. Von den 21000 Einwohnern sind 17000 Akademiker. Und davon glauben 15000, völlig zu Unrecht vom Nobelpreis ausgeschlossen zu sein. Diese Bevölkerung ist nicht leicht zufriedenzustellen.«
Diese Situation wuchs nach und nach heran. 1968 fusionierte Bölkow mit der Messerschmitt AG und 1969 mit der Hamburger Flugzeugbau GmbH der Schiffbauerfamilie Blohm. Und so entstand MBB. Willy Messerschmitt, geboren 1913, einer der großen Männer der Luftfahrtbranche, wurde erster Aufsichtsratsvorsitzender. Seine heutige Form erhielt der Konzern 1981, als MBB zusätzlich die Vereinigten Flugtechnischen Werke GmbH (VFW) in Bremen schluckte. 1960 gab es in Westdeutschland sechs Flugzeugproduzenten. Heute sind es noch zwei. Der andere, Dornier, ist trotz der

von der Bundesregierung forcierten Konzentrationspolitik autark geblieben.

MBB hängt mit nahezu zwei Drittel seiner Produktion von Rüstungsgütern ab. Der jährliche Umsatz im Bereich Wehrtechnik liegt bei rund zwei Milliarden Mark. In insgesamt 19 Standorten stellen MBB-Mitarbeiter so unterschiedliche Waren her wie das komplizierteste und teuerste Kampfflugzeug aller Zeiten, den MRCA Tornado, halbintelligente Raketensysteme (»Mobility kill«), Minenjagdboote, aber auch zivile Satelliten, Wind- und Sonnenkraftwerke, Datenverarbeitungsanlagen, die Magnetschwebebahn »Transrapid 06« und das Verkehrsflugzeug »Airbus«. Die *Wirtschaftswoche* über MBB: »Der Konzern ist... zum Inbegriff der Denkfabrik und zum Technologiezentrum von höchsten Ansprüchen geworden...«

Das Spitzenprodukt im militärischen Sektor ist natürlich der zusammen mit British Aerospace und Aeritalia produzierte und von Panavia vertriebene europäische Jagdbomber »Tornado«. Helmut Schmidt nannte ihn einst ironisch »das größte Rüstungsprojekt seit Christi Geburt«. Er kostet mit 100 Millionen Mark mehr als ein Supertanker, ein Luxushotel mit 300 Betten oder 400 Jäger aus Messerschmitts Weltkrieg-II-Produktion. Das Lachen verging den Bonnern spätestens dann, als Hans Apels Verteidigungsministerium zugeben mußte, sich bei den Tornado-Kosten um 1,3 Milliarden Mark verrechnet zu haben (Kostensteigerung von 1976 bis 1982 um 500 Prozent). Inzwischen dürfte der Steuerzahler schon mit 40 Milliarden an dem Projekt beteiligt sein. Die »eierlegende Wollmilchsau« (Pilotenjargon für den Alleskönner) rast mit seinen 60000 Pferdestärken in zwei Minuten auf 9000 Meter Höhe. Sein Pilot kann den 16,5 Meter langen Schwenkflügler und seine 7,5 Tonnen schwere Raketen- und Bombenlast (Eigengewicht 26,5 Tonnen) auch auf Baumwipfelhöhe dahinjagen, jeder Unebenheit durch Computersteuerung angepaßt.

Und doch scheint der Tornado seine Abnehmer nicht so recht zu beglücken. Ein Jahr nachdem die Meldung, daß der Münchner Vogel bei einem internationalen Bomberwettbewerb in den USA die ganze amerikanische Konkurrenz hinter sich gelassen hat, durch die Presse gegangen war, erschien der *Stern* mit der Katastrophennachricht, daß »von den 160 Flugzeugen, die der Bundeswehr bisher geliefert wurden,... oft nicht einmal die Hälfte start-

klar« ist. Der Grund ist in der überzüchteten Elektronik, beim chronischen Ersatzteilmangel (nur ein Drittel der 240000 Teile steht dauernd zur Verfügung) und bei den ständigen Konstruktionsänderungen zu finden.
Unter normalen Umständen gilt höchstens die Hälfte der Bundeswehr-Tornados als einsatzbereit. Der *Stern* wörtlich: »Als im vergangenen Jahr sechs Maschinen zu Schießübungen nach Sardinien geschickt werden sollten, machten die Techniker acht Tornados startklar. In Sardinien kam jedoch nur eine der Maschinen an, die anderen konnten entweder gar nicht erst starten, oder sie mußten unterwegs wieder landen.« Zu allem Überfluß sind bereits mehr als ein Dutzend der »flügellahmen Supervögel« (*Stern*) abgestürzt, unter anderem wegen der Anfälligkeit des Tornados für Radiowellen, die die hochempfindliche Elektronik stören.
Die Engländer sind sauer, weil sie anstelle des gewünschten Allzweckfliegers eine Luftabwehrversion erhielten, die selbst für die Luftabwehr nicht kraftvoll genug sein soll. Die deutsche Luftwaffe könnte, nach Ansicht des Friedensforschers und Oberstleutnants i. R. Alfred Mechtersheimer, ihre Tornados dagegen »nur als nukleare Bomber« benutzen. Ihre konventionellen Aufgaben würden durch Marschflugkörper und Raketenartillerie besser erfüllt.
Interessanterweise konzentriert sich die Fachwelt weniger auf das Flugzeug als auf seine Ausrüstung. Das wichtigste Zusatzteil ist die MW-1 (Mehrzweck-Waffe 1), ein unter dem Rumpf aufgehängter Behälter, der sich über dem Angriffsziel öffnet und aus 112 Rohren 4000 kleine Bomben abwirft. Die »Submunition« KB 44 zerstört beispielsweise Panzer aller Art, die MIFF ist eine Mine, die erst dann explodiert, wenn ein Fahrzeug über sie rollt. Die Mini-Bombe MUSA schwebt mit dem Fallschirm zu Boden und jagt beim Aufprall Gebäude wie Treibstofftanks in die Luft. Der Typ MUSPA sprengt vorbeirollende Flugzeuge auf der Runway, ein Explosivkörper namens STABO reißt Krater, sobald er aufprallt, und die Submunition ASW dringt durch Flugzeugunterstände aus Beton. Dies alles steckt im »Rucksack« des Tornados. »Auch dadurch«, sagt Oberst Wolfgang Bühler vom Bonner Verteidigungsministerium, »ersetzen zwei Tornados 30 Starfighter.«
Was kann die Superwaffe noch? Der Tornado stößt am Heck glühende Feuerbälle aus, um feindliche Raketen zu verwirren. Da er

bei einem Direktangriff auf einen Militärflugplatz gefährdet ist, soll die Mehrzweck-Waffe 1 in einer neuen Version bereits aus größerer Entfernung abgeschossen werden, um sich dann – wie bisher – am Zielort zu öffnen. Mit seiner »Electronic Counter Counter Measure« merkt der Tornado-Pilot, daß ihn das gegnerische Radar erfaßt hat. Er kann sofort per Computer eine mögliche Abwehr berechnen und das Bodenradar verwirren lassen. Zu seinen Raketen gehören auch welche, die den empfangenen Radarsender suchen und zerstören. Dies alles soll dem Tornado seine beiden Hauptaufgaben – Lähmung der feindlichen Luftwaffe und der zweiten Panzerwelle – ermöglichen. »Flexible Response« nennen es die NATO-Strategen.
Solche hochtechnisierten Feinheiten haben wohl dafür gesorgt, daß die allen Neuheiten gegenüber aufgeschlossenen Saudis 1985 bei der britischen Regierung 72 Tornados bestellt haben. Die Israelis protestierten wie üblich. Offiziell zeigte sich auch Bonn überrascht, dürfte doch der Tornado nach deutschen Gesetzen nicht in das Krisengebiet Nahost geliefert werden. Inoffiziell scheint jedoch Freude aufgekommen zu sein. Der deutsche 42,5-Prozentanteil an Entwicklung und Produktion des Tornado bedeutet ja nicht nur Aufwand, sondern langfristig auch Ertrag.
Verkäufe über die Briten und ihre Londoner Defence Sales Organisation verschaffen den deutschen Produzenten politische Absolution. Die Interessenlage ist ohnehin identisch, da die erfolgreichsten BRD-Waffen in irgendeiner Form auch von der englischen Rüstungsindustrie (600000 Beschäftigte in 8000 Firmen, zwei Milliarden Pfund Sterling Jahresumsatz) hergestellt werden. Wie sagte einst Verteidigungsminister Dennis Healy: »Es ist nicht nur unser Recht, sondern sogar unsere Pflicht, sicherzustellen, daß die britische Rüstungsindustrie einen Markt hat, der ihr das Überleben und einen angemessenen Anteil an den internationalen Verkäufen sichert.« Seither wird diese Branche in die Geheimdiplomatie der vornehmen Herren von Whitehall einbezogen.
Ein anderes Renommierprodukt des Hauses MBB ist die »deutsche Exocet«, das »Spezial-FK-System Kormoran«. Die Seerakete wird auf Schiffe abgeschossen, die größer als 1000 Tonnen sind. Bei kleineren Schiffen würde die Rakete mehr kosten als das Ziel – ein pures Rechenexempel, wie es der philosophierende MBB-Sprecher Roth liebt. In der Zeitschrift *Transatlantik,* Ausgabe

April 1986, wird er wie folgt zitiert: »Wir haben durchgerechnet, daß wir beim Kormoran mit einem einprozentigen Verteidigungsaufwand einen hundertprozentigen Angriffsaufwand ausschalten. Insgesamt bewegt sich die Rate bei 1:15, das heißt, der Gegner muß 15mal mehr produzieren, um eine halbintelligente Verteidigung zu durchbrechen.« MBB ist im Nahen Osten schon immer gut vertreten gewesen, ohne daß die Ware aus der Bundesrepublik geliefert wird. Ein weiteres Zauberwort zur Vermeidung deutscher Ausfuhrgesetze heißt Euromissile. Die Firma, am 9. August 1972 als »wirtschaftliche Interessengemeinschaft französischen Rechts« in Paris gegründet, gehört zu je 50 Prozent MBB und dem französischen Partner Aérospatiale.

Euromissile verkauft vor allem drei gemeinsame Produkte:

– »Milan«, eine vollelektronisch gelenkte Rakete, die auf 2000 Meter jede Panzerung bis zur Dicke von zehn Zentimetern durchschlägt. Milan wird vom Boden und von Fahrzeugen aus abgefeuert. Derzeit ist das System bei der Bundeswehr, den französischen Streitkräften und in weiteren 33 Ländern im Gebrauch. Rund 180000 Flugkörper (zum Einzelpreis von etwa 15000 Mark) und 7300 Abschußvorrichtungen (rund 120000 Mark) wurden bisher ausgeliefert.

– »Hot«, eine der »Milan« ähnliche Rakete, die von Bodenfahrzeugen und Hubschraubern aus abgefeuert wird und sogar noch auf 4000 Meter Entfernung sicher trifft. Außer von den Deutschen und den Franzosen wurde Hot von weiteren 15 Ländern gekauft. Die Kundschaft verlangte bisher nach rund 1300 Lenk- und Abschußanlagen. Eine Hot-Rakete soll etwa 30000 Mark kosten, die Waffenanlage zum Abschuß des Flugkörpers über 400000 Mark.

– »Roland« ist ein weiteres Raketensystem, das Tief- und Tiefstflieger abfängt. Es erfaßt Ziele bereits in einer Entfernung von 16 Kilometern und trifft mit seinen vier Raketen auf sechs Kilometer. Es ist die erste europäische Waffe, die von den Amerikanern übernommen wurde. Über 500 Systeme des »Roland« wurden bis heute von neun Ländern bestellt. Zur Zeit entwickeln MBB und Aérospatiale eine verbesserte »Roland 3«, die auf bis zu acht Kilometer treffen und unter anderem einen verbesserten Gefechtskopf haben soll. Euromissile möchte die Rakete 1987 ausliefern.

Bis 1984 konnte das Gemeinschaftsunternehmen 9,1 Milliarden französische Francs Umsatz erzielen. Das sind rund drei Milliarden Mark. Über den freundlichen Nachbarn läuft alles leichter, da Waffenverkäufe zur Außenpolitik gehören. Der drittgrößte Rüstungsexporteur der Welt liefert beinahe bedenkenlos an jeden. Nach Jahren der Stagnation stiegen die Rüstungsverkäufe interessanterweise unter den Sozialisten auf Rekordhöhen. 1984 verdoppelte sich das Auftragsvolumen im Vergleich zum Vorjahr auf 62 Milliarden Francs. Die Verkaufsorganisation Délégation Générale pour l'Armement (DGA) war voll ausgelastet. Die vollen Auftragsbücher der zu 80 Prozent verstaatlichten Rüstungsindustrie (300000 Arbeitnehmer und weitere 700000 in den Zulieferbetrieben) wurden zur wichtigsten Devisenquelle.

Mehr als zwei Drittel der Exporte gingen in den Nahen und Mittleren Osten sowie nach Nordafrika. Die beiden potentesten Kunden waren 1984 Saudi-Arabien, das ein Luftabwehrsystem für 30 Milliarden Francs bestellte, und das Golfemirat Abu Dhabi (18 Kampfflugzeuge Mirage 2000). Dagegen erhob sich bei den patriotischen Franzosen kein Widerspruch, da die Waffenverkäufe den allgemeinen Wohlstand heben und sogar noch ein Drittel der öffentlichen Ausgaben für Forschung decken. Konziliant verkauften die Händler von der Seine für die staatlich gebremsten Deutschen mit – den zwischen Dornier und Dassault entwickelten Schul- und Luftnahunterstützungsflieger Alpha Jet (500 Aufträge aus zehn Ländern), die Panzerabwehrflugkörper und die gemeinsamen Hubschrauber. Wenn sich unter deutschen Friedensbewegten Unmut regte, dann konnte das jeweils auf die Franzosen abgeschoben werden.

Wie sich die deutsch-französischen Gemeinschaftsprojekte von MBB in Zukunft gestalten werden, ist derzeit relativ unsicher. Erste Mißstimmung brachte der Panzerabwehrhubschrauber der zweiten Generation (PAH-2). Das Projekt wurde im November 1983 von den Verteidigungsministern aus Bonn und Paris vereinbart. Die Partner einigten sich darauf, den Hubschrauber 1991 in Frankreich einzuführen, 1992 in Deutschland. Und dann stiegen die Preise. Von einem ursprünglich errechneten Entwicklungskostenanteil der Bundesrepublik von 1,1 Milliarden Mark darf schon lange nicht mehr ausgegangen werden. Die letzte Schätzung lag bei 2,027 Milliarden. Die Kostenschätzung für 212 Exemplare stieg um 400 Millionen auf 3,6 Milliarden Mark. Außerdem sollen die Helikopter frühestens 1995 an das Heer ausgeliefert werden

können. Der Skandal ist vorprogrammiert, nur noch kein Schuldiger gefunden.
MBB kann nicht mehr aussteigen, weil es diesen Auftrag benötigt, um den Helikopterbereich nicht ganz in die roten Zahlen zu treiben. Nachdem Militärhubschrauber an Holland, Spanien, Mexiko, Kolumbien, Nigeria, Indonesien, Brunei und Schweden geschickt wurden und die Bundeswehraufträge mit der Lieferung von 312 Stück abgeschlossen sind, scheint der Markt leergefegt. MBB fällt es immer schwerer, den preiswerteren amerikanischen Herstellern Paroli zu bieten, und darf außerdem an die meisten Interessenten nicht legal liefern. Solche Flauten werden gemeinhin durch Großaufträge des Bundes wieder ausgeglichen. 1985 bestellte die Marine zehn Minenkampfboote vom Typ 343. Sie sollen zwischen 1988 und 1990 zum Stückpreis von gut 100 Millionen Mark ausgeliefert werden.
Mit einem solchen Finanzpolster im Rücken läßt sich gut an ein neues Abenteuer herangehen: »Jäger 90«, auch »European Fighter Aircraft« (EFA) genannt. Dieses Traumprojekt der deutschen Renommierrüstungsschmiede soll sogar den Tornado noch in den Schatten stellen. Der Jäger 90 basiert auf dem Grundgedanken, erneut ein rein europäisches Kampfflugzeug zu bauen und die lästigen Amerikaner auszusparen.
In den neunziger Jahren laufen Waffenprogramme wie F-4 Phantom und Starfighter aus und müssen – Zwang der Technik – durch neue ersetzt werden. Der Zukunftsjäger dürfte jedoch so teuer sein – 15 Milliarden Mark Entwicklungskosten –, daß sich mehrere Länder zusammenschließen müssen. Der Jäger 90 sollte auf kleinen Pisten starten können und ausgesprochen wendig sein. Er muß mehrere Ziele zugleich aus bis zu 90 Kilometern Entfernung aufspüren sowie bekämpfen können und darf nicht mehr als 9,75 Tonnen wiegen. Die Bundesrepublik hat bereits zugesagt, sich mit vier Milliarden Mark an der Entwicklung zu beteiligen und mindestens 200 Maschinen zum Preis von 17,5 Milliarden Mark anzuschaffen.
Das Jahr 1985 verging mit kleinlichem Hickhack zwischen den möglichen EFA-Partnern Deutschland, Frankreich, Großbritannien, Spanien und Italien. Die Rüstungsdirektoren dieser Länder trafen sich mehrmals und schieden jeweils in Uneinigkeit, da Frankreich gegen den Willen der anderen dominieren wollte.

Schließlich stellten die selbstbewußten Franzosen einen eigenen Jäger 90 vor. Sie nannten ihn »Rafale« (Windstoß). Der 93jährige Konstrukteur Marcel Dassault begeistert: »Das ist ein Flugzeug für die Welt.« Die Engländer konterten mit ihrem 165 Millionen Pfund teuren Prototyp »EAP«. Schließlich einigten sie sich mit den Deutschen, Spaniern und den Italienern: Der Jäger 90 soll zu viert gebaut werden. Wie im Falle des Tornado wird die Zentrale wieder in München sein. 1987 beginnt die Entwicklungsphase. Der erste Prototyp soll 1990 fliegen. Die Bundesluftwaffe rechnet bereits für 1997 mit der Auslieferung von 250 Stück des neuen Supervogels. Die verärgerten Franzosen verhandeln derweil mit ihren nördlichen Nachbarn und den Skandinaviern über etwaige Vorbestellungen ihres »Rafale«.

Neben MBB werden Dornier und MTU an dem zu erwartenden Innovationsschub beteiligt sein. Ein Dornier-Sprecher: »Dieses Projekt ist von größter Bedeutung. Der Jäger ist auf absehbare Zeit das größte Zukunftsprojekt der Luft- und Raumfahrt, das in Europa gebaut wird. Daraus ergeben sich Zukunftstechnologien, die nicht nur fürs Militär, sondern für die gesamte Luftfahrt von größter Bedeutung sind.« Auch die Rechner von MBB waren zufrieden und verkündeten im Dezember 1985 »für die kommenden Jahre Wachstumsraten von durchschnittlich zehn Prozent« (*FAZ*). Der Umsatz soll zum Ende des Jahrzehnts die Zehn-Milliarden-Hürde überspringen. Insider führen diesen Optimismus auf mehrere Überlegungen zurück: MBB möchte zum einen nach den Sternen greifen und sich sowohl am amerikanischen SDI-Forschungsprogramm als auch an seinem Gegenstück »Eureca« beteiligen (unter anderem mit einem Hochenergielaser), dazu weitere Märkte erschließen. Derzeit laufen Bemühungen in den Staaten der ASEAN-Gemeinschaft, in Indien – ein gemeinsames Hubschrauberprojekt – und in China, wo das MBB-Know-how der Flugzeugindustrie zugute kommen soll.

Auch zu Hause stehen Umwälzungen bevor. Bereits 1984 wollte sich MBB mehrheitlich am notleidenden Panzerbauer Krauss-Maffei AG beteiligen. Das Kartellamt lehnte eine solche Machtkonzentration ab. Auch der Vorschlag von MBB-Chef Hanns Arnt Vogels, der jahrelang Aufsichtsratsvorsitzender von Krauss-Maffei gewesen ist, nur 49 Prozent der Anteile zu erwerben, stieß auf Widerstand. Nun scheint MBB über eine Hilfestellung der

Dresdner Bank, der Deutschen Bank und der Landesanstalt für Aufbaufinanzierung doch eine stillschweigende Majorität errungen zu haben.
Der Weg zum Rüstungszentrum Süd geht noch weiter. MBB – wo die Messerschmitts heute nur noch 6,8 Prozent, Dr. Ludwig Bölkow ein Prozent und die Familie Blohm lediglich 0,7 Prozent halten – soll nach dem Willen des bayerischen Ministerpräsidenten Franz Josef Strauß zum multifunktionalen, schlagkräftigen Rüstungsmoloch werden. 1985 ging bereits eine »Elefantenhochzeit« zwischen Daimler-Benz, Dornier, der Motoren- und Turbinen-Union (MTU) und dem Elektroriesen AEG (zusammen 295000 Arbeitsplätze) in Baden-Württemberg über die Bühne. Das hätte man auch in Bayern gerne. Strauß möchte MBB – derzeit im Besitz der Bundesländer Hamburg, Bremen, Bayern und mehrerer Großkonzerne – mit dem Automobilproduzenten BMW vermählen. Allem Anschein nach läßt sich diese Vorstellung des MBB-Aufsichtsrats aus der Münchener Staatskanzlei aber nicht so einfach verwirklichen, da jeder Partner eigene Vorstellungen hat und keiner von wirtschaftlichen Nöten geplagt ist, also mit jemandem fusionieren muß. Egal, wie es ausgeht: Das Rüstungszentrum München wird wachsen.

Rheinmetall: Management und Regierung unter Anklage

Rund 300000 Arbeitnehmer sind in der Bundesrepublik Deutschland für Rüstungszwecke tätig. Die Bundeswehr, zumeist ihr wahrer Arbeitgeber, läßt ihnen 85 Prozent des Etats für militärische Forschung und Entwicklung, Materialbeschaffung und -erhaltung sowie Instandsetzung zukommen. Das waren 18,9 Milliarden Mark im Haushaltsjahr 1985. Dabei gibt es Direktkontakte mit rund 1100 kleinen und großen Firmen. Wenn man deren Zulieferanten einbezieht, kommt man auf mehrere 10000 deutsche Betriebe. Allein für das Projekt MRCA Tornado soll es 20000 Subunternehmen geben. An der Spitze der Liste wären vor Jahrzehnten noch Gustav Krupp von Bohlen und Halbach gestanden oder August Borsig, nach dem Krieg bald wieder Friedrich Flick. Heute, im Zeitalter der

Hochtechnologie, heißen die Spitzenreiter Siemens und AEG – und natürlich MBB.
Erst an vierter Stelle folgt der Panzerproduzent Krauss-Maffei, an achter Stelle Rheinmetall, und bald dahinter einer der Stillen im Lande, Diehl aus Nürnberg. Strauß-Freund Karl Diehl und seine drei Söhne schaffen es irgendwie immer, mit unverdächtigen Produkten wie Weckern in Verbindung gebracht zu werden. Dabei stellen ihre 15000 Bediensteten Panzerketten und Elektronik, Panzerabwehrwaffen, Maschinenkanonen, Bomben und Zünder her.
Bis hierher sind die Daten noch bekannt, danach geraten wir in den Bereich der gehobenen Spekulation. Denn die Bundesregierung weigert sich beständig, detaillierte Zahlen zum Rüstungsexport preiszugeben. Das Thema liegt ihr nicht, und dabei spielt es keine Rolle, ob diese Regierung sozialliberal oder christlich-sozial-liberal geprägt ist. Erst eine parlamentarische Anfrage ergab, daß die BRD 1983 für 8,6 Milliarden Mark Kriegsgeräte und verwandte Güter außer Landes geschickt hat. Unberücksichtigt bleiben dabei die Erlöse aus Gemeinschaftsproduktionen der europäischen Rüstungskooperation. Das war eine Rekordmarke, da beispielsweise zwischen 1975 und 1980 insgesamt nur für 8,1 Milliarden exportiert wurde. Damit haben sich die Deutschen Platz vier der Weltrangliste erkämpft. 30000 Menschen sollen rein rechnerisch gesehen vom reinen Rüstungsexport leben. Dies alles wird in Bonn stillschweigend zur Kenntnis genommen, denn: »Maßgebend für Umfang und Struktur von Rüstungsindustrie in der Bundesrepublik Deutschland ist der Bedarf der Bundeswehr. Möglichkeiten und Chancen für den Rüstungsexport können kein Maßstab sein.« (Weißbuch 1985.)
Wirklich streng ging es wohl nur in den Jahren nach der Gründung der Bundeswehr zu. Die Exporte der sechziger Jahre bestanden vorwiegend aus Second-hand-Material, das man befreundeten Staaten zukommen ließ, vor allem jedoch Israel. Die Kollektivschuld der Deutschen wirkte lange nach. Waffen waren eh und je ein probates Mittel der Diplomatie, auch für die Bundesrepublik. Ließ etwa ein Staat die DDR links liegen – wo sie nach Ansicht des Herrn Hallstein und vieler anderer hingehörte –, dann durfte er auch aus ehemaligen Bundeswehrbeständen

munitioniert werden. Das ging gut, bis massive Enthüllungen diese Phase der deutschen Nachkriegspolitik bloßlegten.
Unter Verteidigungsminister Helmut Schmidt war erst einmal Schluß mit dem Waffenverteilen. In sein Weißbuch zur Verteidigungspolitik ließ er schreiben: »Der Export von Waffen in Länder außerhalb der NATO – bislang schon für Spannungsgebiete gesperrt – soll grundsätzlich unterbleiben.« Das führte 1971 zu »Politischen Grundsätzen für den Export von Kriegswaffen und sonstigen Rüstungsgütern«. Das Kriegswaffenkontrollgesetz, so stand für jedermann zu lesen, untersage die Aufrüstung von Spannungsgebieten. Über den Charakter eines Spannungsgebietes entscheide das Auswärtige Amt. Das wurde alles nicht so ernst genommen, als die Nürnberger Bundesanstalt für Arbeit ab 1976 immer höhere Arbeitslosenzahlen meldete. Inzwischen war der Ölpreis gestiegen, und die Staaten des Nahen Ostens brachten ihre Petrodollars wieder mit vollen Händen in Umlauf. Selbstverständlich gierten sie nicht nur nach Mercedes-Limousinen und Meerwasserentsalzungsanlagen, sondern nach militärischer Stärke. Die Saudis und der Schah von Persien machten es ihnen vor. Während ACDA für 1974 noch deutsche Rüstungsexporte an die Dritte Welt in Höhe von 390 Millionen Mark verzeichnete, kletterten die Beträge 1977 schon auf 1,2 Milliarden und 1980 auf 1,6 Milliarden Mark.
Nach der Amtsübernahme durch die Sozialliberalen und in den siebziger Jahren zählte der *Spiegel* Waffenlieferungen an 33 auf dem Bonner Rüstungsindex stehende Länder mit Raketen, Mörsern, MGs und U-Booten. Dazu gehörten sogar Iran und Afghanistan, Israel und Äthiopien. »Nicht selten verhelfen die Sonderregeln besonders verrufenen Militärdiktaturen zu modernen Waffen. Wie Paraguay gehört auch die Militärjunta des argentinischen Präsidenten Jorge Rafael Videla zur bevorzugten Kundschaft der Deutschen.« (*Spiegel* 33/80).
Damals wie heute sind die Exporte von Kriegsschiffen sofort genehmigt, da es dem deutschen Schiffbau nicht gut geht und die Werften jede Mark Einnahme brauchen können. Heikle Güter, mit Ausnahme der legendären Panzer, liefen sowieso über den jeweiligen Rüstungspartner, zumeist über Frankreich. Aus innenpolitischen Gründen war es aber nie möglich, den in der Dritten Welt geäußerten Wünschen nach den Kampfpanzern der Leoparden-Familie nachzugeben. Nur die Bundeswehr erhielt 1800 Stück. Die

Holländer haben 445 bestellt, und die Schweizer bekommen 35 Leo 2 geliefert. Weitere 380 dürfen sie in Lizenz herstellen. Die Saudis glaubten schon beim Besuch des Bundeskanzlers Schmidt ein Jein zu hören und erinnerten die Bonner immer wieder an ihr mutmaßliches Versprechen. Auf seiner arabischen Stippvisite gestand Bundeskanzler Helmut Kohl den Gastgebern mehr Militärgerät zu als sein Vorgänger – aber immer noch nicht den Leo 2, den angeblich besten Kampfpanzer der Welt. Die Illustrierte *Quick* stellte den 57-Tonner mit einer Reportage vor: »Der Leo kann mit 70 Kilometern über das Gefechtsfeld preschen, und seine Glattrohrkanone bleibt dennoch stets auf das ausgesuchte Ziel gerichtet. Streng geheime Elektronik macht's möglich: eine Feuerleitanlage, wie es sie in der Welt kein zweites Mal gibt. Der 17 Tonnen schwere Turm mit der Bordkanone kann sich in sieben Sekunden um 360 Grad drehen. In zehn Sekunden kann der Panzer drei Schuß abfeuern. Der Leo 2 verschießt sogenannte Pfeilpatronen. Sie bestehen tatsächlich aus einem Pfeil, der entweder aus den Legierungen Wolframkarbid oder Wolfram besteht. Trifft der Pfeil auf Panzerstahl, geht er wie durch eine Butterscheibe. Beim Durchdringen des Stahls werden Pfeil und Panzerstahl derart erhitzt, daß die Metalle schmelzen – flüssiger Stahl spritzt ins Innere: In Sekundenschnelle stirbt die gesamte Besatzung. Diesem Pfeil widersteht keine Panzerung.
Einzige mögliche Ausnahme: die Panzerung des Leo 2. Er hat eine sogenannte Schott-Panzerung. Zwei Panzerhüllen liegen übereinander, dazwischen ist ein Hohlraum. Dieser ist mit einem streng geheimen porösen Material ausgefüllt.«
Ein möglicher Deal mit den Saudis würde 1000 bundesdeutschen Unternehmen und 20000 Beschäftigten auf Jahre hinaus Arbeit und Brot geben. Riad möchte sich das Prestigeobjekt 600 Millionen Mark kosten lassen. In Bonn denkt man angestrengt darüber nach und hat sich bereits ein weiteres Zugeständnis einfallen lassen. Wie schon oft in den letzten zwei Jahrzehnten soll eine komplette Waffenfabrik genehmigt werden, diesmal für Panzer- und Artilleriemunition. Das Geschäft würde im Falle einer Realisierung an die Unternehmen Thyssen Rheinstahl und Rheinmetall gehen. In dem fertigen Betrieb soll dann unter anderem Panzermunition des Kalibers 120 Millimeter hergestellt werden. In Zukunft besitzen die Saudis nämlich auch Panzer des Typs M1A1 aus

den USA und den AMX 40 aus Frankreich, beide voraussichtlich mit der Glattrohrkanone des Leopard 2 (Produzent: Rheinmetall) ausgestattet.
Doch zurück zur Bonner Wende in der Waffenexportpolitik. Schon zur Zeit der sozialliberalen Koalition gab es keine Einwände, wenn die bundeseigene Fritz Werner Industrieausrüstungen GmbH (eine Tochter der Deutschen Industrieanlagen GmbH) ganze Werke verkaufte. Das Sturmgewehr G 3 von Heckler & Koch, Standardwaffe der Bundeswehr, wird von 14 Ländern nachgebaut, davon sieben in der Dritten Welt. 38 Staaten haben es in ihren Streitkräften eingeführt. Gerade im Iran war Fritz Werner Generalunternehmer und besorgte deutschen Firmen Aufträge im Wert von 400 Millionen Mark.
1982 wurden neue Richtlinien zur Waffenexportpolitik verabschiedet. Sie waren weniger restriktiv und ungenauer. Rüstungskritiker Michael Broszka in einer Analyse: »Der Begriff ›Spannungsgebiet‹ ist fallengelassen worden. Dafür heißt es jetzt, daß Lieferungen von Kriegswaffen und kriegswaffennahen sonstigen Rüstungsgütern bestehende Spannungen nicht erhöhen und nicht an Länder geliefert werden dürfen, bei denen die Gefahr des Ausbruchs bewaffneter Auseinandersetzungen besteht.« Broszka an anderer Stelle: »Von einer ›Fortsetzung der bewährten restriktiven Rüstungsexportpolitik‹ zu sprechen, wie es in der Präambel der Grundsätze geschieht, heißt angesichts des inzwischen erreichten Umfangs der bundesdeutschen Rüstungsexporte, den auf dem Wortlaut der 1971er Richtlinien gegründeten Etikettenschwindel fortzuführen... Die Bundesrepublik ist wichtiger Partner im internationalen Waffenhandel. Die neuen Richtlinien haben diese Perspektive nicht eröffnet, aber sie tun auch nichts Wesentliches zur Veränderung dieser Rolle.«
Wieder ist es Franz Josef Strauß, der den Vorreiter macht. Er fordert liberaleren Rüstungsexport zur »Erhaltung der Kapazitäten in Forschung und Entwicklung«, zur »laufenden Modernisierung der Waffensysteme und Verbilligung der Serien«. Der CSU-Chef führt in seiner Argumentation darüber hinaus die »Sicherung von Arbeitsplätzen«, einen »politischen Einfluß in Öl- und Rohstoffländer« und die »Möglichkeit des Anlagenbaus in diesen Ländern« an. Strauß selbst reist, nach französischem Vorbild, als prominentester Repräsentant der deutschen Rüstungsindustrie durch die

Welt. In gleicher Mission hakte Ende 1985 Verteidigungsminister Manfred Wörner Ost- und Südostasien ab. Denn gerade die Staaten des ASEAN-Paktes werden von Bonn bereits als Freunde eingestuft und deshalb bevorzugt bedient.
Unter diesen Gesichtspunkten wirkt der Prozeß gegen die Düsseldorfer Rheinmetall AG recht altmodisch. Einen, den man gerne loswerden möchte, weil er jedermann unangenehm ist. Was steckt dahinter? Rheinmetall ist ein altgedienter Konzern, der 15000 Menschen beschäftigt und 1984 einen Umsatz von 2,635 Milliarden Mark erzielte.
Der Unternehmensbereich Rheinmetall Wehrtechnik wurde 1889 gegründet. Zu seinen früheren Leistungen gehörten das erste Rohrrücklaufgeschütz, die ersten Feststoffraketen »Rheintochter« und »Rheinbote«, eine Flak vom Kaliber 8,8 Zentimeter und der 60-Zentimeter-Mörser »Karl«. Rheinmetall zählte zu den größten Rüstungsproduzenten des Dritten Reiches. 1951 durfte sich der Konzern wieder seinen alten Aufgaben widmen. 1959 wurde ein Gewinn von 80000 Mark ausgewiesen. 2400 Arbeiter und Angestellte standen auf den Lohn- und Gehaltslisten. 1961, der Mauerbau trieb den Verteidigungsetat in die Höhe, blieben 2,1 Millionen Mark in der Kasse. Zehn Jahre später arbeiteten 6300 Menschen für Rheinmetall, das sich nun in Wehrtechnik, Maschinenbau und Elektronik gliederte.
Das Unternehmen stellt heute in der Wehrtechnik vornehmlich Maschinenkanonen, Waffenanlagen für Panzer, Artilleriesysteme und dazugehörige Munition her. Mehr als ein Viertel der Mitarbeiter arbeiten an der Entwicklung neuer Waffensysteme. Doch nicht sie standen von Januar bis Mai 1986 vor der Düsseldorfer Wirtschaftsstrafkammer im Saal L 111 des Landgerichts, sondern vier Herren des Vertriebs. Es handelt sich um den ehemaligen Leiter der 1978 für unauffällige Transfers gegründeten Rheinmetall International S. A. in Brüssel, Dieter Köhler, 55, um den pensionierten Rheinmetall-Geschäftsführer Dr. Dietrich Falcke, 67, um den kaufmännischen Angestellten Hans Voss, 51, und um den Speditionskaufmann Friedrich Striepke, 50.
Sie werden beschuldigt, von Juli 1977 bis Ende 1980 »vorsätzlich Kriegswaffen ausgeführt oder aus dem Bundesgebiet verbracht zu haben, ohne daß die hierzu erforderliche Beförderung genehmigt war« (so die Anklageschrift). Außerdem sollen drei von ihnen die

»auswärtigen Beziehungen der Bundesrepublik Deutschland erheblich gestört« haben. Dies alles flog während einer Außenwirtschaftsprüfung der Oberfinanzdirektion Düsseldorf im Juni 1978 auf. Im August 1981, während die gesamte Geschäftsführung bei der Hauptversammlung in Berlin weilte, fuhr eine Truppe von 46 Beamten des Bundeskriminalamts in der Düsseldorfer Ulmenstraße 125 vor, der Rheinmetall-Zentrale. Sie durchsuchten die Direktionsetage und nahmen viele Kartons mit Geschäftsbriefen, Fernschreiben und Kontoauszügen mit. Gleichzeitig filzten andere Beamte die Privatwohnungen von leitenden Angestellten.
Im Herbst 1983 trat das ein, was der smarte Rheinmetall-Sprecher Hans-Ulrich Pieper in seinem Pessimismus so umschreibt: »Wer in Deutschland Waffen produziert, steht immer mit einem Fuß im Gefängnis.« Drei der Angeklagten wurden verhaftet und in die Justizvollzugsanstalt neben der Rheinmetall-Hauptverwaltung einquartiert, nach wenigen Tagen aber nach Hinterlegung der höchsten Kautionen der deutschen Justizgeschichte auf freien Fuß gesetzt. Rheinmetall stellte 20 Millionen Mark. Das Trio der Beschuldigten brachte zusätzlich 770000 Mark auf. Obwohl das Landgericht Düsseldorf zu jener Zeit personell verstärkt wurde, hieß es dann, das für Ende 1984 anberaumte Verfahren müsse verschoben werden – aus Personalmangel. Schließlich begann der erste bundesdeutsche Prozeß nach dem Kriegswaffenkontrollgesetz mit eineinhalbjähriger Verspätung.
Den Beschuldigten wurden unerlaubte Geschäfte mit Saudi-Arabien, Südafrika und Argentinien im Umfang von 100 Millionen Mark vorgeworfen:
– Im Juni 1976 kam es zu einem Vertrag mit den Saudis über die Lieferung von 1500 Maschinengewehren des Typs MG 3 nebst Ersatzteilen, Wartungsgerät und Munition. Gesamtwert: 45,89 Millionen Mark. Als das Bonner Wirtschaftsministerium die Ausfuhrgenehmigung nicht erteilte, veranlaßte Rheinmetall die im italienischen Livorno ansässige Firma Whitehead-Moto Fides, zum Schein 1500 Maschinengewehr-Bausätze (einschließlich der Rohre und Verschlüsse) sowie 1608 Ersatzrohre und 600 Ersatzverschlüsse zu bestellen. Die Ausfuhr nach Italien wurde erlaubt. Auf Veranlassung von Rheinmetall erwarb die Firma United Ordnance Procurement (UOP) in Luxemburg – sie gehört der Familie Mertins – das Gesamtpaket und ließ es 1977 von Rheinmetall wie-

der zurückkaufen. Die Ware hatte Deutschland noch nicht verlassen. Von Düsseldorf aus wurden schließlich 999 Maschinengewehr-Bausätze über die Firma Whitehead-Moto Fides an Saudi-Arabien versandt. Als die Finanzprüfer den Geschäftsablauf störten, lieferte Rheinmetall die restlichen 501 Maschinengewehre per Scheinvertrag mit der Madrider Firma Empresa Nacional Santa Barbara aus. Auch Spanien war ein unverdächtiges Zwischenland.

– 1977 bestellte die Firma Naschem Pty. Ltd. aus Johannesburg bei Rheinmetall eine Munitionsfüllanlage zur Herstellung von Artilleriegranaten und Raketensprengköpfen des Kalibers 203 Millimeter. Da die Vereinten Nationen gegen Südafrika ein Embargo verhängt hatten, organisierte der Düsseldorfer Lieferant von vornherein ein Umgehungsgeschäft über Südamerika. Eine Firma in Rio de Janeiro vermittelte den Scheinkauf durch ein anderes Unternehmen in Asunción, Paraguay. Die Endverbleibserklärung kam aus General Stroessners Diktatur und besagte, daß die Munitionsfüllanlage nicht reexportiert werde. Im Mai 1978 wurde die Fabrikationsanlage von Bremen nach Paranagua verschifft. Dort wartete bereits ein anderer Frachter, der sie nach Durban in Südafrika brachte. Die Munitionsproduktion konnte auf dem Militärgelände »Schmidts' Drift« am Vaal anlaufen.

– Bereits 1973/74 vereinbarten das Verteidigungsministerium in Buenos Aires und die Firma Rheinstahl AG, heute Thyssen Henschel Kassel, die Produktion eines mittelschweren Kampfpanzers namens »Tanque Argentino Mediano« (TAM), eine Abart des deutschen Schützenpanzers »Marder«. Rheinmetall verpflichtete sich, die 105-Millimeter-Kanone beizusteuern. Die damals federführenden Rheinmetall-Manager Dietrich Falcke und Dieter Köhler wußten, daß die Bundesregierung einer Ausfuhr der Prototypen nur ohne Rohr und Verschluß zustimmen würde. Also veranlaßten sie ihren italienischen Partner Oto Melara in La Spezia, für die Argentinier ein 105-Millimeter-Rohr, fünf Rohrrohlinge und drei komplette Verschlüsse zu bestellen. Die Italiener mußten angeben, die Ersatzteile seien für Leopard-Türme bestimmt. Auch dieser Transfer klappte. 1978 folgte ein Vertrag zwischen Rheinmetall und dem Heer der argentinischen Obristen über die Lieferung von 75 kompletten TAM-Waffenanlagen. Das zuständige Bundesamt für gewerbliche Wirtschaft erteilte die Ausfuhrerlaubnis, da in dem Antrag nicht zu erkennen war, daß Rheinmetall

auch 75 ganze Verschlüsse liefern würde. 1979 und 1980 trafen die Teile in Argentinien ein. Parallel zum TAM entstand der leichte Schützenpanzer »Vehiculo de Combarte de Infantria« (VCI). Partner waren gleichfalls Rheinmetall und Rheinstahl. Die Düsseldorfer entwickelten für die VCI-Türme Baugruppen zur Aufnahme einer Maschinenkanone. Das Bundeswirtschaftsministerium erhielt 1979 einen Rheinmetall-Antrag zur Ausfuhr von 100 Maschinenkanonen MK 20. Da die Behörde nicht reagierte, entschlossen sich die vier Angeklagten wieder zu einem Umgehungsgeschäft. Erneut wurden die spanischen Geschäftsfreunde um Mithilfe gebeten. Sie bestellten eine größere Anzahl von Rohren und Verschlüssen der Maschinenkanone und versicherten zugleich, die Ware sei »für den Bedarf und die Versorgung der spanischen Streitkräfte« bestimmt.
Die Verteidigung der Angeklagten von Düsseldorf nutzte unmittelbar nach Verlesung der Vorwürfe die von Bonn selbst geschaffene Rechtsunsicherheit und wies auf die Gesetzeslücken hin. Bekanntlich hat die Bundesregierung zeitweise Waffenlieferungen nach Iran oder Argentinien genehmigt, dann wieder untersagt. Eine einheitliche Regelung gab es nie. Die Rechtsanwälte von Rheinmetall stellten in ihrem ersten Antrag die Frage, ob die Partnerfirmen in Italien und Spanien bei den Geschäften mit Saudi-Arabien nicht »eine eigene Verfügungsgewalt über das aus der Bundesrepublik gelieferte Material erworben haben«. Beim Südafrika-Geschäft bestreiten die Juristen eine von der Staatsanwaltschaft festgestellte »erhebliche Störung der auswärtigen Beziehungen«. Das könne der als Zeuge angeführte Bundeswirtschaftsminister, so heißt es, gar nicht beurteilen. Sei dieser Tatbestand nicht gegeben, dann dürfte es sich auch nur um eine Ordnungswidrigkeit handeln.
Im Fall Argentinien behaupteten die Verteidiger, daß Ausfuhrgenehmigungen vorlagen und daß diese nach geltendem Verwaltungsrecht keinesfalls nichtig gewesen seien. Es sei also nichts »erschlichen« worden. Die Vorwürfe aus dem Jahre 1977 müßten im übrigen als verjährt betrachtet werden. Zum Export der Komponenten von 75 TAM-Verschlüssen stellten die Rechtsvertreter fest, daß es sich im unmontierten Zustand um keine Waffe gehandelt habe. Die Ausfuhrgenehmigung habe vorgelegen. Beim Umgehungsweg über Spanien habe der dortige Käufer »die Verfügungsgewalt über die Liefergegenstände erworben«.

Keiner sprach mehr von dem 1984 gescheiterten Versuch der Bonner Regierung, den Paragraphen 16 des Kriegswaffenkontrollgesetzes zugunsten der Rheinmetall-Angeklagten zu entschärfen. In einem Entwurf hatte man Waffenexporte ohne gültige Genehmigung aus dem Bereich der Verbrechen (mit mindestens einem Jahr Freiheitsstrafe) zum Vergehen abwerten wollen. Solche Verfahren könnten dann im Bedarfsfall eingestellt werden. Als dann der *Stern* eine Verbindung zwischen der Rheinmetall AG und der Bonner Spendenaffäre sowie Innenminister Friedrich Zimmermann herstellte – 110000 Mark waren an die Staatsbürgerliche Vereinigung in Köln geflossen, angeblich 15000 Mark an Zimmermann –, verschwand die »Lex Rheinmetall» (SPD-MdB Norbert Gansel) in einer Schublade.
Während der 36 Verhandlungstage im Rheinmetall-Verfahren hatten die Kriegswaffengegner einen Dauertreff gefunden. Wann immer die Düsseldorfer Wirtschaftsstrafkammer tagte und es ihnen in den Terminkalender paßte, stellten sie sich vor dem Landgerichtsgebäude auf und zeigten ihre Transparente: »Mehr Brot für das Leben als Waffen für den Tod« oder »Rüstungsexport ist Völkermord« oder auch »Rüstung tötet täglich«. Viele von ihnen wiesen sich als Mitglieder der Deutschen Kommunistischen Partei aus und erklärten auf Befragen, östliche Waffenproduktion stünde hier nicht zur Debatte und dürfte auch nicht als Vergleich herangezogen werden. Hier ginge es wirklich ausschließlich um den »Tötungskonzern« Rheinmetall. Oder auch »Schweinmetall«, was den Demonstranten noch größeren Spaß bereitete.
Die interessierte Öffentlichkeit hatte sich bereits darauf eingestellt, daß die Verteidigung das Verfahren mit allen Tricks in das Jahr 1987 verschleppen würde – um eine teilweise Verjährung der Vorwürfe zu erreichen. Nachdem 43 Zeugen gehört worden waren – unter ihnen der ehemalige Afrika-Beauftragte der Bundesregierung, der durch die geheime Lieferung von Waffen an Südafrika eine erhebliche Störung der auswärtigen Beziehungen als gegeben sah –, wurde die Beweisaufnahme abgeschlossen. Am 27. Mai folgte der Urteilsspruch. Die Rheinmetaller Falcke und Köhler wurden zu je zwei Jahren, ihre Kollegen Voss und Striepke zu eineinhalb und eineinviertel Jahren Gefängnis verurteilt. Das Gericht setzte die Strafen zur Bewährung aus. Ein Stück bundesdeutscher Justizgeschichte war abgeschlossen.

4. Die wachsende Bedeutung der kleinen Staaten

Österreich: Die Wiener Drehscheibe

»Auch wenn wir das Schießpulver erfunden hätten, wäre dessen Produktion und Export aus Gründen des Wirtschaftswachstums die größte mir vorstellbare Schweinerei.«

Peter Michael Lingens im Magazin *Profil* vom 24. Februar 1986

»Ich frage mich, ob wir es uns wirklich leisten können, auf diesem Sektor großzügig zu sein, päpstlicher als manche Päpste zu sein... Wir haben es nicht in der Hand, dafür zu sorgen, daß Leute, die wir zu Recht ablehnen, keine Waffen bekommen. Daher glaube ich und glauben wir Freiheitlichen, daß der Weg, der da beschritten werden soll, niemandem nützt, sondern nur imstande ist, der österreichischen Wirtschaft und den österreichischen Arbeitnehmern zu schaden.«

Justizminister Harald Ofner zur Waffenexportpolitik

Herbert Amry war ein Karrierediplomat, ein Mann für besondere Fälle. Als Bruno Kreisky sein glückliches Österreich noch als Außenminister vertrat, wurde er auf das junge Nachwuchstalent aufmerksam. Er vertraute Herbert Amry und schickte ihn nach Indien, Thailand, Südvietnam und in die Türkei. Der libanesische Bürgerkrieg war schon in seine erste blutige Phase geraten, als Amry 1978 nach Beirut versetzt wurde. Der Botschafter erfüllte nun auch die Rolle des Bindeglieds zwischen dem stark am Nahen Osten interessierten Bundeskanzler Kreisky, den libanesischen Fraktionen und der PLO. Er übermittelte Botschaften, besänftigte Hitzköpfe und wehrte Schaden von der Alpenrepublik ab, indem er den internationalen Terrorismus im Vorfeld bremste. Einige Zeit danach wollte der Kanzler seinen

getreuen Amry um sich haben und beförderte ihn zum Kabinettschef.
Der emsige Diplomat kümmerte sich aber weiterhin um die Wiener Nahostverbindungen. Bei Kreiskys Pensionierung kehrte Amry wieder in die Krisenzone zurück – als Botschafter in Athen. Er blieb aber dem früheren Chef verbunden und organisierte dessen spätere Nahostcoups, zum Beispiel den israelisch-palästinensischen Gefangenenaustausch vom Sommer 1985. Die unglückliche letzte Woche im Leben des nur 45jährigen Herbert Amry begann am 4. Juli 1985. An diesem Tag bekam der österreichische Handelsdelegierte in Athen, Dr. Günther Wurzer, ungewöhnlichen Besuch. Es handelte sich um den persischen Waffenhändler Al Hadji Reza Dai. Der Iraner berichtete von einem gewaltigen Waffengeschäft zwischen der österreichischen Staatsfirma Voest und dem kriegerischen Teheran. Er bezeichnete sich selbst als Vermittler und forderte 100 Millionen Schilling (rund 14 Millionen Mark) Provision.
Am Morgen des 5. Juli fuhr Wurzer zu Botschafter Amry und gab den Inhalt der Begegnung vom Vortag wieder. Wurzer später: »Nicht ich hatte Angst, sondern Amry. Er war sonderbar nervös. Etwa bei der Hälfte hat er das Gespräch plötzlich abgebrochen und es nur mehr auf Zetteln weitergeführt. Wir haben Fragen und Antworten nur mehr auf Zetteln aufgeschrieben – aus Furcht, abgehört zu werden.« Wurzer und Amry telefonierten mit Voest-Alpine und erfuhren, daß »sie keinen Provisionsanspruch akzeptieren können« (Wurzer). Dann informierte der Botschafter sein Außerministerium per Telex von dem Vorfall.
Dabei sollte es nicht bleiben. Amry sandte, allem Anschein nach, in den folgenden Tagen mehrere Fernschreiben nach Wien. Er soll auch mit Außenministerium und Bundeskanzleramt telefoniert haben. Dann begann das, was seine Tochter Ditas später gegenüber dem Magazin *Profil* so formulierte: »Ich weiß, mein Vater war dem bisher größten österreichischen Waffenschmuggel auf der Spur.« Um diese Spur nicht zu verlieren, kontaktierte Amry den Athener Voest-Vertreter Georg Loukas, dessen obersten Chef in Österreich, Generaldirektor Heribert Apfalter, und traf sich vermutlich zweimal mit dem Perser Al Hadji Reza Dai. Ehefrau Marlene Amry zur Illustrierten *Basta,* die später alles enthüllte: »Der persische Waffenhändler Dai war am 10. Juli zum

letzten Mal bei meinem Mann. Mein Mann hat ihn damals noch einmal zu einem Termin gebeten, weil man in Wien seinen Angaben nicht glauben wollte. Bei dem Gespräch am 10. wurde zwischen meinem Mann und Dai fix vereinbart, daß Dai am 12. in der Botschaft alle Verträge des Voest-Geschäfts mit dem Iran übergeben werden.«

Am 11. Juli, einem Donnerstag, lud das Ehepaar Amry zum Empfang. Als alle 150 Gäste gegangen waren, wurde dem Botschafter gegen 23 Uhr plötzlich schlecht. Sein Herz schmerzte. Er bekam Krämpfe und mußte erbrechen. Der Hausarzt und die Mediziner der Privatklinik »Ygeias« konnten kurz darauf nur noch seinen Tod feststellen. »Herzversagen« heißt es in den offiziellen Papieren. Eine Obduktion wurde nicht durchgeführt, die Leiche Herbert Amrys nach der üblichen Wartefrist eingeäschert. Im heimischen Wien wurde *Basta*-Chefredakteur Wolfgang Fellner von dem mysteriösen Fall durch einen hochrangigen Diplomaten unterrichtet. Das Blatt sollte im September 1985 die Frage nach einem möglichen »Botschaftermord« stellen.

Worüber wäre Amry am nächsten Morgen informiert worden? Was hatte ihn so aufgeregt? Im Herbst 1984 war in Athen die Defendory abgelaufen, eine der internationalen Rüstungsmessen. Voest hatte sich daran beteiligt, um Griechenland als Kunden nicht zu verlieren und um die Kanone »Gun Howitzer Noricum – Kaliberlänge 45«, kurz GHN 45, anzupreisen. Hier handelte es sich um eine kanadische Lizenz, die unter anderer Typenbezeichnung ihren Weg auch nach Israel und Südafrika gefunden hatte. Sie kostete weniger als vergleichbare Fabrikate (zwei bis drei Millionen Mark pro Stück) und kann ihre Spezialmunition ERFB-BB 39,5 Kilometer weit feuern. Voest-Vertreter Loukas informierte den bei der Defendory nicht anwesenden Amry über mögliche Kaufinteressenten aus Japan und Libyen. Rüstungsexportgegner Amry soll zurückhaltend reagiert haben.

Damals muß es zur Geschäftsanbahnung mit libyschen Interessenten gekommen sein. Mit im Spiel waren die Kommissionäre Hadji Dai und, wie sich erst viel später zeigte, der Voest-Vertreter in der Türkei, Apajdin Fasli Apajdin. Der Türke verfügt über Direktkontakte zu Teheran. In einem Brief soll er sich schon als »einziger Vertreter der Firma Noricum in Teheran« ausgewiesen haben. Noricum, eine hundertprozentige Voest-Tochter, die sich mit Pro-

duktion und Vertrieb von Rüstungsmaterial beschäftigt. Es deutet alles darauf hin, daß die Geschäftsverbindung mit dem Iran auf dem Umweg über Libyen zustande kam.
Jedenfalls flogen am 15. März 1985 drei seriöse Österreicher mit einem kleinen Charterjet von Wien nach Teheran. Es handelte sich um Gernot Preschern, damals noch Geschäftsführer der Voest-Tochter Intratrading, um den mittlerweile auch ausgeschiedenen Verkaufsdirektor von Noricum, Johann Eisenburger, und um den damaligen Finanzvorstand der Voest, Alfred Koch. *Basta* in einem »Extra-Dossier«, das zur Abwehr einer Beschlagnahme dem Februarheft 1986 als achtseitiger Sonderdruck beigelegt wurde: »Nach fast zehn Stunden Verhandlungen im Teheraner Verteidigungsministerium war am Sonntag, dem 17. März 1985, alles perfekt: Die Voest hatte das größte und gleichzeitig auch illegalste Waffengeschäft ihrer Geschichte abgeschlossen.«
In dem geheimen Vertrag soll zu lesen sein, daß sich die Voest verpflichtet, in ihrem Liezener Noricum-Werk 600 Haubitzen des Typs GHN 45 zu produzieren und zusammen mit der passenden Munition zu liefern. Für die gesamte Bestellung einigte man sich, wie *Basta* berichtete, auf eine Summe von 800 Millionen Dollar. Finanzdirektor Koch rechnete sogleich einen Reingewinn von 300 Millionen Dollar aus. 40 Millionen Dollar sollten als Provisionen an diverse Mittelsmänner verteilt werden, was später anscheinend auch geschah.
Die Haubitzen müssen, laut Vertrag, innerhalb von drei Jahren geliefert werden, die ersten 200 bis Mai 1986. *Basta* berichtete von den weiteren Modalitäten: Der Waffenhandel sollte nicht bar, sondern mit iranischem Öl bezahlt werden. Um das österreichische Kriegsmaterialgesetz, das Geschäfte mit Spannungsgebieten untersagt, zu umgehen, sollten für alle Haubitzen Endverbraucherzertifikate aus Libyen beigelegt werden. Außerdem sollten zur besseren Tarnung einer libyschen Handelsfirma auch zivile Güter gesandt werden. Schließlich soll es noch eine sogenannte »Performance-Garantie« gegeben haben: Die Firma Voest hatte 42 Millionen US-Dollar bei der österreichischen Credit-Anstalt (CA) zu hinterlegen. Würde sie nicht rechtzeitig liefern, wäre es dem Kunden erlaubt, diese Garantiesumme als eine Art Vertragsstrafe einzukassieren. Aus Kostengründen wurde das später auf die Rate der ersten 200 Haubitzen, also 17,2 Millionen Dollar, be-

grenzt. Die Libyer wollten für ihre Dienste außerdem Barzahlung und keine Öllieferungen.
Ein anonymer Voest-Manager informierte *Basta* darüber, daß der Bank für ihre »Performance-Garantie« nur die Lieferung von »verschiedenen Gütern« angegeben worden war, eine reichlich windige Formulierung, die unter normalen Umständen nicht akzeptiert würde. Zur weiteren Abwicklung sagte er: »Der Iran hat für Voest-Kanonen gezahlt. Er hat bei der ›Union Banque Suisse‹, der Schweizer Staatsbank, Akkreditive für die Kanonen errichtet.« Es soll sich dabei um den stolzen Betrag von 300 Millionen Dollar handeln.
Als das iranische Geld ab Juni 1985 bei der Schweizer Bank lag, stellte das Werk Liezen der Noricum 50 neue Arbeitskräfte ein. Die Produktion für den Großauftrag lief rasch auf vollen Touren. Da kam es zur Panne von Athen. Vorerst ließ sich aber kein Wiener Regierungs- oder Rüstungsoffizieller durch den unplanmäßigen Tod des Mitwisssers Herbert Amry aus der Ruhe bringen. Am 16. Juli wurde der Export der ersten 40 Voest-Kanonen unter der Nummer 59067/41-II/13/85 offiziell genehmigt. Am 22. August verließen 26 Stück – mit persischsprachigen Gebrauchsanweisungen versehen – das Werk Liezen. Sie wurden per Bahn zum jugoslawischen Adriahafen Kardeljevo-Ploce gebracht. Nach dort reisten ihnen *Basta*-Reporter nach. Die beiden österreichischen Journalisten wurden von der Hafenverwaltung irrtümlich für Voest-Mitarbeiter gehalten. Sie durften einen Container öffnen und fotografieren. Das geschah am 30. August. Mitte September verließ die heiße Ware den Hafen.
Dieses Waffengeschäft geriet zum innenpolitischen Sprengstoff. Die Regierungsmedien berichteten nur zaghaft darüber, während Zeitschriften wie *Basta* sich in der Tat einschossen. Das veranlaßte Bundeskanzler Fred Sinowatz am 19. Februar 1986 zu folgender Aussage vor dem österreichischen Parlament: »Oppositioneller Kampfgeist und mediales Sensationsbedürfnis müssen dort ihre Grenze finden, wo die existentiellen Interessen des Staates auf dem Spiel stehen.« *Basta* schlug zurück und verglich den Skandal mit Watergate und der Greenpeace-Affäre. Chefredakteur Fellner in einem Editorial: »Was Fred Sinowatz seit dem Erscheinen des letzten ›Basta‹ verzapft, ist so absurd, daß sich zumindest in unserer Redaktion statt Zorn schön langsam Mitleid breitmacht.«

In dieselbe Kerbe hatte bereits zuvor Kommentator Gerd Leitgeb von der Zeitung *Kurier* geschlagen: »Nicht die Berichterstattung in den Medien gefährdet Arbeitsplätze in Waffenfirmen, sondern die unüberlegte Handlungsweise von Politikern.«
Wenn alles so stimmt, dann hat Voest durch diesen Waffentransfer für eine weitere Eskalation des unseligen Golfkrieges gesorgt, wo die Haubitze GHN 45 unter verschiedenen Bezeichnungen auf beiden Seiten der Front vorhanden ist. Das Supergeschütz erreichte den Iran erstmals mit den gigantischen US-Lieferungen der siebziger Jahre. Die österreichische Version wird vom Irak verwendet. Der arabische Frontstaat hat sie aus Jordanien erhalten, da die Jordanier nämlich 200 Stück der Wunderkanone legal aus Liezen bezogen haben. Dem Staatsbetrieb Voest-Alpine AG, einem Grundpfeiler der österreichischen Wirtschaft, geht es in den letzten Jahren nicht gut. In der Nachkriegszeit leistete er Mustergültiges zum Wiederaufbau. Der Stahlkoloß befand sich bis 1971 weit in den schwarzen Zahlen. Der Jahresumsatz stieg auf 21 Milliarden Mark. Bald darauf aber wirtschafteten der Staatskonzern Voest und seine 70000 Beschäftigten nicht mehr rentabel. Ab 1974 zahlte die Regierung drauf, zuerst nur wenig, 1978 schon 150 Millionen Mark. Unter Generaldirektor Heribert Apfalter wollte man der Krise mit einem Investitionsprogramm in Höhe von drei Milliarden Mark trotzen. Die Geldspritze minderte jedoch nur die Verluste. Nach den einst hoffnungsvollen Planungen sollte Voest 1986 gesund sein. Dann verloren die Stahlkocher jedoch 1985 volle 800 Millionen Mark, vielleicht auch mehr.
Die Ursache der Misere war eine risikofreudige Geschäftspolitik, zum Beispiel durch kostspielige Auslandsengagements, Bartergeschäfte, die sich später als Reinfall erwiesen, und eine Fehlkalkulation im Anlagen- und Maschinengeschäft sowie bei der eigentlich zukunftssicheren Elektronik. Der größte Verlust erwuchs der Voest 1985 mit ihrem Handelshaus Intertrading GmbH: 340 Millionen Mark. Preschern und Apfalter sowie der neunköpfige Voest-Vorstand mußten deshalb Ende des Jahres gehen.
Der Paradekonzern Österreichs schlingert nun mit neuer Führung dahin. Aus seiner Abteilung Wehrtechnik kommen nach wie vor Granaten, Panzerwannen, -türme und -stahlplatten, Radlader, Patrouillenboote, Pontonbrücken, Flugzeughangars, Munitionsbunker, Mannschaftsunterstände, Munition der schweren Kaliber

– und die Wunderwaffe Kanonenhaubitze GHN 45, die im Februar 1986 wieder einmal positiv ins Gerede kam. Voest und Noricum zeigten sich geneigt, das Geschütz per Lizenz an die brasilianische Aufsteigerfirma Engesa zu verkaufen. Die brasilianische Tageszeitung *O Estado do São Paulo* schon vorab: »Brasilien wird in diesem Jahr mit der Herstellung der größten Feldkanone in Lateinamerika beginnen.« Es folgten die Typenbezeichnung, das Ursprungsland Österreich und Engesa als Neuproduzent für Brasilien. Es sollte daraus sogar eine Version als Panzerartillerie entstehen – GHN 45 auf den Kampfpanzer Osorio montiert.
Ähnlich prekär ist die Situation bei der Konkurrenz. Steyr-Daimler-Puch heißt der wichtigste Mitbewerber um die Gunst der Aufrüster, das gerade 50 Jahre alt gewordene Kind der traditionellen Österreichischen Waffenfabrik Steyr. Während sich Voest noch mit der Abstammung von den Hermann-Göring-Werken schmükken kann, hat Steyr eine Historie von 120 Jahren. Aus der kleinen Firma von Josef und Franz Werndl im Steyr des Jahres 1864 wuchs die größte Waffenfabrik Europas. In der Firmengeschichte sind für das Jahr 1890 bereits 9000 Beschäftigte und die Produktion von 500000 Karabinern und Gewehren aufgelistet. Bis 1918 verließen noch 50000 Maschinengewehre die Steyr-Werke. Dann untersagte der Friedensvertrag von St. Germain die Kriegswaffenherstellung. Ab 1920 rollten die Steyr-Automobile über Österreichs Straßen. 1938 kehrte das Großunternehmen wieder zu den bleihaltigen Erzeugnissen zurück. Die seit 1934 existente Steyr-Daimler-Puch AG stellte in Steyr und Graz alles her, was die Wehrmacht benötigte. In der Phase zwischen Kriegsende und Österreichs neuer Selbständigkeit im Jahre 1955 konzentrierten sich die Steyrer auf Landmaschinen. Der Staatsvertrag von 1955 erlaubte wieder ein Heer. Steyr-Puch wurde erneut ein Markenname für Rüstungsgüter aller Art. Fast 15000 Beschäftigte produzieren heute mehrere leichte Panzertypen, darunter das Prestigeobjekt Jagdpanzer »Kürassier«. Sie stellen Handfeuerwaffen aller Art, am erfolgreichsten jedoch das Sturmgewehr StG 77 AUG, her. Aus Steyr und Graz kommen Scharfschützengewehre und Bajonette, die teuren Geländefahrzeuge der Marken Haflinger und Pinzgauer sowie Militärtransporter. Die Produktpalette ist gewaltig. Deshalb lag *Profil* nicht daneben, als es mal zu folgendem Schluß kam: »Von zu vielem wird zu wenig produziert.«

Gerade Steyr-Puch und die Hirtenberger Patronenfabrik (im Besitz der Voest) lebten seit 1955 vorwiegend von den Aufträgen des österreichischen Bundesheeres. In den frühen siebziger Jahren war dieser Markt jedoch nahezu gesättigt, so daß die Österreicher massiv mit Rüstungsexporten beginnen mußten. 1977 erhielt Tunesien als erster Großkunde 45 Kürassier-Panzer. Der leichte und wendige Kampfwagen, dessen Turm und Kanone aus Frankreich stammen, entwickelte sich vor allem in ideologisch relativ ungebundenen Ländern als Exportschlager. Meistens blieb es nicht nur beim Kauf der 1,7 Millionen Mark teuren Panzer. Einmal auf Shoppingtour in Österreichs Waffenschmieden, langten die Kunden kräftig hin.

In den frühen achtziger Jahren begann die bis heute anhaltende Diskussion um das Für und Wider österreichischer Waffenverkäufe. Aus politischen Gründen lehnte die Bundesregierung die Lieferung von Panzern nach Chile und Marokko ab. Das brachte der Firma Steyr-Puch mehr als 200 Millionen Mark Verlust. 1981 zahlte die Aktiengesellschaft daraufhin keine Dividende mehr. Mit den Erträgen ging es von Jahr zu Jahr weiter bergab. Steyr-Puch hatte keine Möglichkeit, sein Gewicht auf ein anderes Bein zu verlagern. Aufsichtsratsvorsitzender Hannes Androsch definierte das so: »Die strukturellen Probleme sind vor allem dadurch gekennzeichnet, daß die zivilen Sparten derzeit nicht tragfähig genug sind, um das Unternehmen ohne den Militärbereich wirtschaftlich führen zu können.« 1983 mußte das Bundesheer 96 Kürassier-Panzer kaufen, um dem Werk ein Konkursverfahren zu ersparen. In einer Sendung des österreichischen Fernsehens, im Herbst 1984, erklärte das Steyr-Management, innerhalb von fünf Jahren müßten 1400 Arbeitsplätze gestrichen und drei Betriebsstellen geschlossen werden. Kein Wunder: Seit der Lieferung von 75 Schützenpanzern an Nigeria (1980/81), von 100 Schützenpanzern an Griechenland (1981) und 57 Jagdpanzern an Argentinien (1981) hat Steyr-Daimler-Puch keine Kettenfahrzeuge mehr ins Ausland liefern können. 120 Kürassier stehen im Wiener Stadtteil Simmering auf Halde. 1985 überwies der Staat für sie fast zwei Milliarden Mark – eine »Ausfallhaftung« aus der Steuerkasse.

Inzwischen hatte der Verteidigungsminister auch aus Staatsräson bereits wieder 50 Kürassiere und dazu 30000 Sturmgewehre und 180 Lastwagen der Firma Steyr erworben. Anfang 1986 besaß das

Bundesheer 40 Prozent zuviel Sturmgewehre, 80 Prozent zuviel Maschinengewehre und um die Hälfte zuviel mittelschwere Maschinengewehre. Auch bei den Kürassier-Panzern hätte Österreich locker 60 Prozent übrig. Nun soll spätestens 1986 die Voest-Haubitze GHN 45 für das Bundesheer beschafft werden. Die Militärs sind dagegen. Auf diesem Sektor reden aber die Politiker ein Machtwort. Es sind dieselben Politiker, die sich schon seit fünf Jahren gegenseitig rhetorisch zerfleischen, wenn es um die Genehmigung von Waffenexporten geht. Jeder von ihnen hat zuerst einmal die Affäre Lütgendorf vor Augen. 1977 mußte der Verteidigungsminister zurücktreten, als eine Waffenschmuggelaktion seines Freundes Alois Weichselbaumer aufflog. Der Waffenhändler wollte 2000 Steyr-Mannlicher-Gewehre und 400000 Schuß Munition trotz Verbots nach Syrien liefern. Seither wurde das Exportgesetz für Kriegsmaterial noch genauer formuliert. Und seither müssen vier Ressorts der Regierung ihr Ja geben. Die Waffen dürfen auch in kein Land gehen, das sich im Kriegszustand befindet, von Spannungen bedroht ist oder die Menschenrechte mißachtet. Trotzdem standen 1982 38 der 45 Importstaaten wegen Verstößen gegen Menschenrechte am Pranger. In den letzten Jahren wurden die meisten Kunden verschreckt, da die Vertraulichkeit ihrer Bestellungen nie richtig gewährleistet war. Wer es dennoch bis zur Auslieferung schaffte, hatte praktisch in der Lotterie gewonnen. Österreichs Genehmigungen hängen nämlich vorwiegend von politischen Strömungen und von der Gunst der Stunde ab. Das im Tschad engagierte Libyen wurde beliefert, die gegen Polisario-Rebellen kämpfenden Marokkaner dagegen nicht. Sozialist Kreisky, der Waffen immer nur als »diese Geräte« umschrieb, hatte nämlich immer schon ein Herz für Khadafi, während seine Partei Sympathien zugunsten der Polisario hegt. Bolivien bekam zu gewissen Zeiten Panzer, Argentinien dagegen nicht. Gerade bei solch dubiosen Abnehmern kam es nicht selten vor, daß die Gelder mit Verzögerung oder auch nie eintrafen. Das ging regelmäßig zu Lasten des Staates, da 90 Prozent der 185 österreichischen Rüstungsbetriebe der Allgemeinheit gehören. Bei 2,15 Milliarden Jahresumsatz im Jahr 1985 schloß Steyr-Daimler-Puch mit 85 Millionen Mark Verlust ab.

Derweil kommt es zu einer immer deutlicheren Polarisierung der öffentlichen Meinung. Justizminister Harald Ofner und der Vor-

sitzende der Fraktion Christlicher Gewerkschafter, Robert Lichal, fordern zusammen mit vielen Arbeitnehmervertretern und – eine seltene Kombination – der Industriellenvereinigung eine Liberalisierung der Waffenexporte. Ofner riet im Februar 1986 zum Studium der Beispiele Schweiz, Frankreich, Sowjetunion und Tschechoslowakei. Innenminister Karl Blecha, ein entschiedener Ausfuhrgegner, hielt dem entgegen: »Man kann doch nicht die Sowjetunion, die Tschechoslowakei oder Frankreich als Beispiel hinstellen. Wir sind doch schließlich ein neutrales Land.«
Die bunte Zeitschrift *Wiener* druckte in ihrer Märzausgabe 1986 eine repräsentative Umfrage der Österreichischen Gesellschaft für Marketing (OGM). Danach sollen Waffenverkäufe nach Ansicht von 55 Prozent der Österreicher erleichtert werden. 83 Prozent der befragten Männer meinten: »Wir brauchen eine Waffenproduktion.« 86 Prozent der Sozialdemokraten: »Waffen sichern Arbeitsplätze.« Wiederum 73 Prozent der Österreicher: »Waffenexporte sind ohnehin nicht kontrollierbar.« Der *Kurier* erkannte untrüglich, wo das eigentliche Problem sitzt. Er prangerte ein System an, in dem »die Produktion von Waffen in Staatsbetrieben von Politikern sanktioniert wird«, ihre Ausfuhr aber dann auf schier unüberwindliche Schwierigkeiten stößt. Leitartikler Gerd Leitgeb zum »Kriegsmaterial-Ausfuhrgesetz«: Der Waffenexport könne »nur dann problemlos funktionieren, wenn man von der schwachsinnigen Annahme ausginge, die friedliebendsten und solidesten Länder der Erde kauften in Österreich Kriegsgerät, das sie gar nicht brauchen. Nur an solche Länder dürfen wir nämlich die bei uns gefertigten Waffen verscherbeln.« Leitgebs Schlußfolgerung: »Ein scheinheiliges Gesetz ist keine Lösung.«
Eine ähnlich direkte Ausdrucksweise praktizierte Peter Michael Lingens von *Profil*: »Die in Österreich noch immer so bejubelten Schützenpanzer sind mittlerweile von ihrem Preis-Leistungs-Verhältnis her so miserabel, daß wir sie zwangsläufig nur mehr bei den miesesten Diktatoren anbringen. So wie auch die meisten anderen Produkte der verstaatlichten Industrie.« Lingens riet zu Einkäufen für das Bundesheer auf dem internationalen Rüstungsmarkt – »unter voller Ausnutzung der dort herrschenden Konkurrenz«. Die derzeitige Rechtsunsicherheit sei zu beseitigen, und zwar durch die Einschränkung der Exporte auf »möglichst demokratische Staaten«. Das dürfe als »praktische Moral« gelten.

Gegen den Willen der Rüstungsindustrie und gegen deren aktive »Einschüchterung und Diffamierung« entstand zum Jahreswechsel 1985/86 im Auftrag des Wissenschafts- und Forschungsministeriums eine weithin beachtete Studie zur *Rüstungskonversion in Österreich*. Ein Wissenschaftlerteam unter dem Wirtschaftsprofessor Alexander van der Bellen zeichnet dafür verantwortlich. Schon im Vorwort stellen die Analytiker fest, »daß in Österreich die Profitabilität des Rüstungsgeschäfts immer mehr zu wünschen übrig läßt«. Die Wissenschaftler widersprechen dem Mythos von der autarken österreichischen Rüstungsindustrie. Dazu drei grundlegende Erkenntnisse: »Die Entwicklungskosten für neue Großwaffen sind für österreichische Konzerne schwer zu finanzieren. Das Bundesheer kann nicht völlig unabhängig von Weltmarktpreisen kaufen. Eine Produktion rein für das Bundesheer würde die Betriebe aufgrund der geringen Seriengröße zwingen, die tolerierten 15- bis 20prozentigen Überschreitungen der Weltmarktpreise zu überziehen. Der Ausweg über weitere Exporte würde die heutigen Probleme der Rüstungsindustrie wahrscheinlich noch potenzieren.«
Sogar die Wiener Experten hatten Probleme, wirklich stichhaltige Zahlen zu präsentieren. Sie fanden heraus, daß die Umsätze pro Jahr zwischen umgerechnet 500 Millionen und einer Milliarde Mark liegen müssen. Die wahre Natur der Exporte erschließt sich auch ihnen nicht zur Gänze. Begründung: »Da Waffenexporte in Österreich einer im internationalen Vergleich extremen Geheimhaltung unterliegen, ist es – vor allem im Bereich der Infanteriewaffen – ohne weiteres möglich, daß große Exporte niemals bekannt wurden.« Weitere erschreckende Ergebnisse: Bei weitgehender Kapazitätsauslastung seien 26746 Österreicher direkt und indirekt in der Rüstungsindustrie voll beschäftigt (derzeit jedoch nur 16000). Mittelfristig seien aber nur jene Arbeitsplätze sicher, die von der Nachfrage des Bundesheeres abhängen würden; und das sind nicht mehr als 6400. So kommt die Studie zu dem unvorteilhaften Schluß: »Heute sind vage Hoffnungen (für Waffenexporte, d. Autor) an die Stelle konkreter Aussichten getreten. Und die wenigen verbliebenen Exportchancen größeren Ausmaßes liegen in der Regel schon jenseits der Grauzone des Kriegsmaterialgesetzes. Weitere Investionen in österreichische Rüstungsproduktionen sind wirtschaftlich nicht mehr vertretbar.«

Während diese versierte Arbeit die Rüstungsproduzenten zwischen Vorarlberg und Niederösterreich verunsichert, arbeitet immer noch ein dichtes Netz Unerschrockener in der Halb- und Unterwelt der Drehscheibe Wien. Sie lassen sich nicht von den Unkenrufen mangelnder Kriegsgeschäfte demoralisieren, da sie generell keine Gesetze achten und deshalb ihre Kundschaft auch nicht so leicht verlieren. Beginnen wir mit einem minder schweren Fall, der aber ideal aufzeigt, wie nahe sich in Österreich Staatskonzerne, lizenzierte Waffenhändler und die Piraten des Gewerbes sind.

Ende 1985 tauchte zunehmend der Verdacht auf, die Steyr Anlagenbau – ein Ableger von Steyr-Puch – sei im Irak am Bau eines angeblichen Buntmetallwerks beteiligt gewesen, das aber in Wirklichkeit eine Munitionsfabrik namens SAAD 21 sein soll. Im Prinzip war sogar die Rede von vier Munitionsfabriken. Doch erstaunlicherweise kursierte plötzlich ein Vertrag zwischen einer »Staatsorganisation für technische Industrien« in Bagdad und einer Organisation für industrielle Projekte (OIP) in Vaduz-Liechtenstein. Die Unterschriften von neun Irakern, von zwei Vertretern der Firma Vitraco in Vaduz, zweien der Firma Steyr und eines Herrn der Enzesfeld-Caro-Metallwerke-AG in Niederösterreich finden sich unter dem Papier. Diese zuletzt genannten Metallwerke stellen übrigens neben anderem auch Munition und Heeresausrüstungsgegenstände her.

Der Vertrag spricht von einer Blei-Antimon-Drahtproduktion, die unter anderem zur Herstellung von Munitionsprojektilen benötigt wird. Die Begriffe »Patronen« und »Kaliber« (unter und über 40 Millimeter) werden verwendet. Dann taucht der Satz auf: »Vorsichtige und komplette Demontage des Zündmaterials.« Bei noch genauerer Betrachtung zeigt sich, daß die Liechtensteiner OIP in ganz Europa Anlagen für die Militärproduktion des Irak organisiert. Jedem Insider kommt in den Sinn, daß Österreich auf dem Exportsektor für Industrieanlagen viel Erfahrung hat. Ein Zweigwerk von Steyr-Daimler-Puch steht in Griechenland, eine schlüsselfertige Panzerfabrik in Nigeria. Steyr bekam 1985 den Auftrag, eine Gewehrfabrik in Malaysia zu bauen.

Vergnüglich liest sich die Schlußfolgerung einer Wiener Boulevardzeitung zu den vermutlich in Iskandariyah, Falujah und Latifiah im Irak entstehenden SAAD-Werken: »Irak führt seit sechs

Jahren einen mörderischen Krieg. Mit hohen Verlusten an Mensch und Material. Dieses Land läßt sich für 2,6 Milliarden Schilling [umgerechnet 370 Millionen Mark] eine Fabrik bauen. Eine Fabrik, deren österreichische Maschinen sowohl Schrauben, Installationsrohre als auch Munitionshülsen herstellen können. Was würde der Irak jetzt im Krieg wohl am liebsten mit diesen Maschinen produzieren: Schrauben, Installationsrohre oder Patronen?«
Im weiteren Verlauf dieses typisch österreichischen Skandals erstattete der Wiener Rechtsanwalt Michael Mayrhofer im Namen einer Bürgerinitiative gegen drei private Kaufleute und drei Steyr-Manager Anzeige wegen eines mutmaßlichen Verstoßes gegen das Kriegsmaterialausfuhrgesetz. Er benannte dabei sogar einen Zeugen, der aussagen könnte, daß bei Steyr »jedem klar war, daß im Irak eine Munitionsfabrik gebaut werden sollte«. Kanzler Fred Sinowatz, bereits durch den Ankauf von 24 veralteten Abfangjägern des schwedischen Typs Draken für das Bundesheer überfordert, riet zu Mäßigung in allen aktuellen Waffenaffären. Der Ruf der österreichischen Wirtschaft stehe auf dem Spiel.
Ein aufschlußreicher Auszug aus einem Gespräch mit Sinowatz, am 24. Februar 1986 in *Profil* abgedruckt:
»Frage: Würden Sie als sozialistischer Bundeskanzler auch dann nicht ins Management eingreifen, wenn etwa der neue Voest-Vorstand sein Heil in einer weiteren massiven Steigerung der Waffenproduktion erblickte?
Sinowatz: Na, bitte, jeder, der will, kann in Österreich soviel Waffen erzeugen, wie er will. Beim Export dieser Waffen müssen allerdings die entsprechenden Gesetze eingehalten werden.
Frage: Um die alte Kreisky-Formel ein wenig polemisch zu adaptieren: Ein paar hundert tote Irakis sind Ihnen lieber als ein paar hundert Arbeitslose?
Sinowatz: Auf diesem Niveau denke ich gar nicht daran, weiterzudiskutieren. Wenn Sie das so fortsetzen wollen, dann wird unser Gespräch zu Ende sein. Ich denke nicht daran, auf dieser Ebene zu diskutieren ... Ich lasse mir nicht unterstellen, daß österreichische Waffen in den Iran gegangen wären. Wenn Sie etwas von illegalen Waffenexporten wissen, dann gehen Sie doch zum Staatsanwalt. Nach unserem Wissensstand gibt es nur Exporte, die unseren Gesetzen entsprechen. Wir haben das alles überprüft.

Für großen Eigenbedarf und Exporte leistet sich Israel eine der aufwendigsten Rüstungsindustrien. Das Bild zeigt den Autor beim israelischen Libanon-Feldzug.

Die Geheimwaffe der Israelis im Kampf gegen die Syrer: Aufklärungs-Drohnen, kleine unbemannte Flugzeuge, die per Video die gegnerischen Ziele direkt übermitteln.

Im Libanon-Feldzug des Jahres 1982 wurden 70 Prozent der syrischen Panzer mit israelischen Merkava-Geschossen zerstört. Diese Anzeige erschien in Fachblättern.

Ein Verkaufsprospekt mit der Produktpalette des österreichischen Rüstungskonzerns Steyr-Daimler-Puch AG, wurde für die Kunden im Nahen Osten in arabischer Sprache abgefaßt. Die Firma exportiert vorwiegend in umstrittene Länder der Dritten Welt.

Seit 1971 stellt der indische Luftfahrtkonzern »Hindustan Aeronautics« sowjetische MiG-Kampfflugzeuge weltweit in exclusiver Lizenz her. Es begann mit der MiG-21.

Eine typische Situation auf dem Ausstellungsgelände einer internationalen Rüstungsmesse, hier im englischen Farnborough. Bei den Firmen laufen Verkaufsgespräche.

Frage: Der Regierung genügen also sogenannte ›End-User-Zertifikate‹, wo man uns auf Papier geschrieben bestätigt, daß österreichische Waffen nicht weitergegeben werden. Viele Kenner dieses Geschäfts glauben zu wissen, daß diese Papiere käuflich zu erwerben sind.
Sinowatz: Sie behaupten, daß das käuflich ist? Ich glaube das nicht. Alle Hinweise in diese Richtung sind ergebnislos überprüft worden. Mir sind keine Waffenlieferungen in den Iran, den Irak oder andere kriegführende Länder bekannt.«
Das mag schon sein. Dafür aber den wahren Dunkel- und Hintermännern. In Wien und einigen anderen Orten Österreichs leben schätzungsweise ein Dutzend ordentlich lizenzierte Händler »für das Gewerbe der Vermittlung des Kaufes und Verkaufes von militärischen Waffen und militärischer Munition« (aus dem »Konzessionsdekret« des Magistrats der Stadt Wien). Sie ragen aus dem Meer der hartgesottenen Dealer, die jeden Trick kennen, und der unzähligen Glücksritter in diesem Gewerbe hervor. Auf der nächst tieferen Stufe befinden sich die Waffenschieber. Wien liegt geographisch ungemein günstig, und so nutzt vor allem der Ostblock die Chance (und die Visafreiheit), um sein Schießgerät über Wien in die Welt zu transportieren. Die Strohmänner solcher Geschäfte sitzen natürlich auch an der Donau.
In den vergangenen Jahren wurden immer wieder Waffen aus Moskaus Einflußbereich durch Österreich transferiert. Im Herbst 1977 brachte das staatliche ungarische Unternehmen Tecnica 580 Tonnen Kalaschnikows, zwölf Millionen Schuß Munition und noch andere Rüstungsgüter mit Hilfe einer Liechtensteiner Firma über Salzburg nach Mogadischu in Somalia. Transportiert wurde die Ware durch drei als Linienflugzeuge getarnte Boeing 707 der amerikanischen Transport-Air. Die gefälschten Lieferpapiere gaben übrigens das nigerianische Lagos als Ziel der Transaktion an. Die Bulgarin Maria Kelemer und ihre attraktive Tochter Vera gehörten zum Umkreis der Waffenhändler Wilhelm Weiß und Peter Mulack. Sie waren vor Jahren in lukrative bulgarische Waffenverkäufe verwickelt. Noch heute streiten sie untereinander um Provisionen und Anteile. Wer immer sie besucht, muß sich das stundenlang anhören. Gerade Vera, vorübergehend verheiratete Meyrhofer, war bei unseren Gesprächen über die Wiener Situation nie zu bremsen. Dieses Bekenntnis wiederholt sie regelmäßig: »Ich bin

da unschuldig reingerutscht und habe überhaupt nie gewußt, was die Leute machen. Wenn ich einen von den beiden erwischen würde, dann könnte ich ihn erschlagen. Der eine versteckt sich in Wien, der andere in den USA.« Dann macht die Waffenexpertin eine Kehrtwendung: »Alle denken nur an Geld. Man glaubt gar nicht, wie schön das Leben ist, wenn ganz einfach nur die Sonne scheint.« Bei unserem letzten Telefonat, Anfang 1986, erzählte sie mir, daß sie nun für die Firma Voest-Alpine Kommissionsgeschäfte einfädeln werde.
Am 11. Januar 1983 wurde der Tscheche Peter Bardon bei der Einreise aus der ČSSR in Klein-Haugsdorf verhaftet. In seinem Kastenwagen fanden sich 308 Pistolen und sieben Scharfschützenhochleistungsgewehre der Marke »Draganov«. Bardon war nur ein Kurier. Die Pistolen gehörten nämlich dem Waffenhändler Leopold Willert. Seine Abnehmer saßen in Ghana. Horst Grillmayer, Waffenhändler aus Krems, hatte die Gewehre geordert – für einen Kunden aus der Bundesrepublik Deutschland. (Dazu Kapitel »Deutsche Geheimdienste und das Waffengeschäft«.)
Durch die Lagerhallen des Wiener Flughafens Schwechat gingen im Sommer 1983 große Mengen an Pistolen, die auf dem Umweg über Kopenhagen nach Südafrika gebracht werden sollten. In Dänemark wurden sie entdeckt und beschlagnahmt. Der ursprüngliche Absender saß nicht in Österreich. Eine Kriegsmaterialmustersendung aus Rio de Janeiro, bestimmt für Bagdad, wurde im Januar 1986 in Wien abgefangen. Erich Grolig vom *Kurier* über Schwechat als »Drehscheibe des internationalen Waffenhandels«: »Die Mehrzahl der Lieferanten sitzt in Italien, in der Bundesrepublik Deutschland, in Belgien, Großbritannien und den USA, der Großteil der Endempfänger ist im Nahen und Mittleren Osten sowie in Schwarzafrika zu Hause. Doch ihre Namen tauchen fast nie in den Begleitpapieren auf, als Zwischenempfänger sind gewöhnlich bestimmte österreichische Firmen genannt.
Als Partner solcher im internationalen Waffenhandel üblichen Dreiecksgeschäfte spielen sie eine wichtige Rolle: Sie übernehmen die Ware und lagern sie in der Zollhalle ein. Dann stellen sie, als Absender, neue Frachtbriefe mit dem endgültigen Bestimmungsort irgendwo in der Dritten Welt aus. Gibt es keine Panne, landet die Waffensendung schließlich im Bauch einer Heimatlinie des wirklichen Empfängers... Transaktionen dieser Art gehören im

Schwechater Flughafen zur Routine. Mehrmals wöchentlich werden Waffensendungen ein-, aus- oder umgeladen, von einer Fluglinie zur anderen transferiert. In der Regel wird die Fracht in einem irakischen, libyschen, iranischen, aber auch israelischen oder bulgarischen Flugzeug verstaut, das, kaum sind die Ladeluken geschlossen, zur Startpiste rollt.«
Eine interessante Stellung nehmen unscheinbare Firmen ein, die sich in dem Handelsniemandsland zwischen Ost und West angesiedelt haben. Bei den Recherchen um die Drehscheibe Wien fiel mir immer wieder ein Export-Import-Unternehmen namens Automotive Supplies Außenhandelsgesellschaft mbH auf. Die Firma wurde im Februar 1978 gegründet. Bis Juni 1983 befand sie sich in der Wiener Seidlgasse 21. Dann zog sie in den zweiten Stock der Aßmayergasse 60. Im Handelsregister firmiert sie so: »Betrieben wird der Handel mit technischen Erzeugnissen, insbesondere Kfz-Ersatzteilen, vor allem der Export, Import und Transithandel solcher Erzeugnisse, ferner die Überseespedition eigener Exporte, die Vermittlung von Geschäften aller Art sowie von Finanzierungen und die Beteiligung an anderen Unternehmungen aller Art im In- und Ausland. Der Schwerpunkt der Tätigkeit liegt im Export nach osteuropäischen Ländern (UdSSR, Bulgarien, Jugoslawien).«
Der Firma geht es blendend, da die Umsätze – und damit wohl auch die Gewinne – jedes Jahr steigen. 1982 erzielte Automotive Supplies umgerechnet 6,5 Millionen Mark Ertrag. 1983 und 1984 waren es zehn Millionen, 1985 sogar 14 Millionen Mark. Das wird den Herrn Hell freuen. Karlheinz Hell, Kaufmann aus Hamburg, geboren 1943, ist nämlich der eigentliche Besitzer des Unternehmens. Zusammen mit drei Kompagnons betreibt Hell eine Elektronikfirma namens Tecno Außenhandelsgesellschaft mbH. Auch hier ist die offizielle Beschreibung sehr allgemein. Die Produktpalette reicht von Versicherungen bis zu Autoersatzteilen. Hell liefert von der Hamburger Brandstwiete 4 aus überallhin, allem Anschein nach aber nicht in den Ostblock. Der Hamburger Jahresumsatz beträgt rund 20 Millionen Mark.
Die Tecno aus der Hansestadt ist an acht weiteren Firmen beteiligt, darunter eine Hamburger Spedition. Drei der Betriebe sitzen in Florida, Kalifornien und New Jersey. Der Wiener Zweig, und damit wären wir am Ende des Bogens, heißt Automotive Supplies.

Mit rund 100000 Mark hat sich die Tecno als Gesellschafter eintragen lassen, mit jeweils 50 Prozent dieser Summe werden Karlheinz Hell und ein 1949 geborener Jugoslawe namens Milan Lajhner als Geschäftsführer ausgewiesen. Lajhner arbeitete bei Monark Diesel in Hamburg, als er Hell kennenlernte. Seit 1980 leitet der elegante und geschickte Belgrader den Wiener Zweig. 1982 beantragte er die österreichische Staatsbürgerschaft. Automotive Supplies bescheinigte ihm damals, »einen großen Beitrag zum gesamtösterreichischen Interesse« zu leisten. Milan Lajhner ist eine Spur zu freundlich, als wir uns in seinem Büro treffen. Er breitet Geschäftsunterlagen aus, läßt mich – den ihm völlig Unbekannten – in einem Leitzordner mit Personaldokumenten blättern. »Herr Lajhner, Sie handeln unter anderem mit Waffen, und das ist auch nach österreichischem Gesetz illegal.« Der Angesprochene lacht unlustig: »Wir sind nicht registriert für Waffenhandel. Wir können das nicht machen. Wir haben das nie gemacht.«

Nun steht Aussage gegen Aussage. Der frühere, und im Zorn geschiedene, Abteilungsleiter der Automotive für Rüstungsprodukte heißt Helmut Aitonitsch. Ich treffe ihn mehrfach, und er versichert mir wiederholt, daß sein früherer Arbeitgeber in Waffengeschäfte verstrickt ist. Das nehme er »auf jeden Eid«. Aitonitsch aus Klosterneuburg hat bei Automotive bis Anfang 1985 als »Mitarbeiter zur Entlastung des Einkaufsleiters« (Lajhner) gearbeitet. Kurz vor seinem Ausscheiden übergab Aitonitsch ein »Memorandum«, in dem er sich weigerte, weiterhin auf dem Sektor »Defence Products« zu arbeiten – »da wir für die Tätigkeit... keine Lizenz besitzen bzw. Sie nicht die Absicht haben, diese zu besorgen.«

Bei seinem raschen Abgang blieben ganze Stapel an Unterlagen zurück, die keine Zweifel an den geschäftlichen Interessen der Automotive Supplies aufkommen lassen.

Milan Lajhner will von den Aktivitäten des Helmut Aitonitsch nichts gewußt haben: »Sie sehen ja, daß die Post immer an seine Privatadresse ging. Das hat er auf eigene Rechnung gemacht und uns bei den Geschäften, die uns wirklich interessierten, im Stich gelassen. Wir haben uns von ihm getrennt, weil er keine Aufträge gebracht und außerdem Firmengelder unterschlagen hat.« Letzteres scheint wohl minder schwer zu wiegen, da Hel-

mut Aitonitsch trotz eines vorübergehenden Ermittlungsverfahrens in dieser Sache immer noch auf freiem Fuß ist.
Der endgültige Beweis, daß Automotive Supplies Waffen verschoben hat, kann auch von mir nicht erbracht werden. Daß die Firma von verbotenen Früchten naschen möchte, geht aus den Papieren, darunter auch Kommissionsverträgen mit der Waffenhandelsfirma Merkuria in Prag deutlich hervor. Karlheinz Hell verletzt keine deutschen Gesetze, wenn er solche Transfers in und von Österreich aus durchführen lassen sollte. Eine Form, die ich übrigens in Wien ein zweites Mal erleben durfte. Es gibt mindestens einen weiteren Deutschen, der die Gesetzesnische erkannt hat und von Österreich aus operiert.
In der Donaumetropole ist so ziemlich alles möglich, wenn es nicht gegen die Interessen der Republik verstößt. Die Staatspolizei, für Spionage- und Terrorabwehr zuständig, behält verdächtige Ausländer im Auge. Im Prinzip greift sie aber nur zu, wenn sie den ungeschriebenen Moralkodex brechen und einheimische Kreise stören. Österreichs Sicherheitsdirektor Dr. Robert Danzinger ist ein jovialer, umgänglicher Mann. Ich traf ihn in seinem Amt, im Innenministerium. »Wissen Sie«, sagte Robert Danzinger im Tonfall des Wieners, »wir wollen ein Platz der Begegnung sein, aber nicht solcher Begegnungen. Doch wie wollen Sie das verhindern? Neutrale Staaten werden eben von den politisch bedeutenden Ländern mißbraucht.« Generaldirektor Danzinger räumt ein, daß Österreich ein gern genutztes Durchgangsland für Waffen und Rauschgift ist. Der Umfang dieser Schiebereien würde aber stets übertrieben dargestellt. Er gibt zu, daß es in Österreich von Mitarbeitern östlicher und westlicher Geheimdienste wimmelt. Ihre Zahl – Insider sprechen von Tausenden – sei aber eindeutig übertrieben.
Bei der Polizeidirektion I, Sitz der Staatspolizei, kontrolliert man auch die seichten Donaubuchten, wo nachts Ostblockfrachter ihres geringen Tiefgangs wegen ankern. Waffentransporte fliegen nur selten auf. Wenn nämlich nur durchgefahren wird, bereitet das den Österreichern weniger Kopfzerbrechen. Die Ware im Land behalten zu wollen, würde einen unendlichen Papierkrieg entfachen. Was bei Stichproben entdeckt wird, ist noch mehr als genug. Dr. Otto Gratschmayer, Wiens höchster Zollbeamter, räumte bei einem Interview im Jahr 1981 ein, daß seine Fahnder allein auf Lastkähnen des Ostblocks 7000 Schnellfeuergewehre und 2500

Landminen gefunden haben. Über den Zeitraum wurde nichts ausgesagt.
Das Drehkreuz Wien dient auch einem noch moderneren Waffengeschäft, dem mit hochsensiblen Computern und deren Teilen. Die erheblich genervten amerikanischen Ermittlungsbehörden mußten immer wieder feststellen, daß ihre sorgsam gehütete Hochtechnologie über Wien in den feindlichen Osten verschwindet und dort den Rückstand der Rüstungsindustrie aufholen hilft. In Wien sind nicht weniger als 1000 sowjetische Diplomaten und Beamte angesiedelt, ganz zu schweigen von den Bürgern der umliegenden Ostblockstaaten, für die der Kontakt mit der alten Hauptstadt der Monarchie noch eine ganz andere geschichtliche Dimension hat. Die Staatspolizei macht keinen Hehl daraus, daß sie mindestens 200 Sowjets verdächtigt, dem Broterwerb Spionage nachzugehen. Seit 1986 leben alle Wiener Russen auf einem 40000 Quadratmeter großen, aufwendig abgesicherten Areal in der Nähe der UNO-City. Hinter vorgehaltener Hand wird die Siedlung bereits als Geheimdienstzentrum bezeichnet. Ihre Planung geht ohnehin auf Ex-KGB-Chef Andropow zurück.
Die Ostblockstaaten unterhalten und fördern ein Netz von Firmen und Einkäufern, die speziell auf »High Tech« angesetzt sind. Viele davon sitzen in Wien. Die meisten operieren jedoch international und laufen Wien nur in der letzten Phase einer Transaktion an. In der Donaustadt sind Firmen mit Namen wie E.S.A. Technischer Industriebedarf Handelsgesellschaft m.b.H., International Engineering Service, Teltron Gesellschaft für Elektronik GmbH und die Export Contact Handelsgesellschaft mbH ins Gerede und auf amerikanische Schwarze Listen geraten. Sogar der Zuckerbäcker (Café Demel) und Allroundgeschäftemacher Udo Proksch (alias Serge Kirchhofer), eine der schillerndsten Figuren Wiens, kommt aus der »Grauzone des Waffenhandels und illegalen Technologietransfers« nicht mehr heraus. Da helfen ihm auch seine überaus engen Kontakte zur gesamten österreichischen Politszene, bis zum Altkanzler und Außenminister, nichts. Der Ostblocksympathisant bleibt in den Schlagzeilen aller Blätter, obwohl ihm noch keiner so richtig etwas nachweisen konnte. Und allem Anschein nach genießt er das.
Robert Danzinger, der Sicherheitschef, verfolgt alles kopfschüttelnd. Zum Genießer der Szene wird er wohl nicht einmal im ver-

dienten Ruhestand werden. »Wir haben eindeutige Abkommen mit den Amerikanern«, erzählt er mir. »Wenn die aber nicht einmal in der Lage sind, ihre eigenen Firmen zu kontrollieren und die geheime Technologie im Land zu behalten, dann sollten sie diese Aufgabe nicht auf Dritte abschieben. Wir sind doch in jedem Fall das schwächste Glied. Wenn auf den Frachtpapieren nach Moskau die Warenbezeichnung ›Ofenrohre‹ steht, dann müssen wir das zuerst einmal glauben. Eine Totalkontrolle ist in einem Staat unserer Prägung nicht drin. Sollten Sie ein Allheilmittel herausfinden, dann rufen Sie mich einfach an.«

Israel: Aggressiv und ohne Skrupel

> »Wir würden es sehr begrüßen, wenn israelische Exporte ausschließlich aus Blumen, Avocados, Tomaten, Computern und hochentwickelten medizinischen Instrumenten bestehen würden. All diese Dinge bringen aber nicht, was notwendig und wichtig ist.«
>
> Exverteidigungsminister Ariel Sharon, 1982

> »Das jüdische Volk, das sich selbst als Volk des Buches definiert hat, wird immer rascher zum Volk des Schwertes. Ist das eine unvermeidbare, notwendige Entwicklung?«
>
> Yoram Peri und Amnon Neubach, 1985

»Was hatten Sie mit der ›Viking‹ im Sinn, Herr Oberst?« Zvi Reuter blickt von seinem Toastbrot mit Lachs hoch und setzt eine verblüffte Miene auf. Er gewinnt Zeit, als er den Bissen zum Mund führt. Sein Blick weicht nicht aus. Das gedämpfte Licht des Restaurants an der Strandpromenade von Tel Aviv läßt nicht genau erkennen, ob er weiterhin lächelt und Charme verbreitet oder ob ihn die Frage stört. Er läßt sich jedenfalls nicht aus der Ruhe bringen und antwortet konkret, wie fast immer. Die »Viking« war ein in Panama registriertes Frachtschiff, das im März 1984 vor der sizilianischen Küste vom italienischen Zoll aufgebracht wurde. In seinem Inneren befanden sich größere Mengen an Geschossen des

Artillerie-Kalibers 155 Millimeter, Maschinengewehre und Granaten für rückstoßfreie Geschütze. Das Schiff gehörte zwei Israelis mit Firmensitz in England und im heimatlichen Haifa.
Der Oberst unterstreicht seine knappen Sätze mit einer unwilligen Bewegung. »Diese Leute bekamen von uns die Erlaubnis, Kleinwaffen und Munition nach Brasilien zu bringen. Wie konnten wir damals wissen, daß die ›Viking‹ noch einen Abstecher in die Türkei machen würde?« Der Oberst will nicht beschwören, daß die »Viking« nur Sturmgewehre des Typs G 3 zusätzlich an Bord nahm und kein Rauschgift. Beim italienischen Zoll war sie nämlich allem Anschein nach als Drogentransporter amtsbekannt. Zvi Reuter liebt dieses Beispiel nicht, weil es die Geschäfte ins Zwielicht rückt. Die »Viking« und ihre Ladung wurden seinerzeit beschlagnahmt, niemand jedoch vor Gericht gestellt. Die Brasilianer und die Israelis protestierten vergeblich. Eine italienische Quelle behauptete noch, die »Roten Brigaden« hätten auf einen Teil der Waffen gewartet. Dann breitete sich der Schleier des Vergessens über die Affäre.
Das ist der Idealzustand für alles, was die Israelis heimlich anpakken und was sie aus Gründen der nationalen Sicherheit – beziehungsweise des ohnehin schon ramponierten Ansehens – nicht ausposaunen wollen. Zvi Reuter ist einer von denen, die geräuschlos arbeiten und dabei viel bewegen. Der mittelgroße, drahtige Herr ist in seinem Gewerbe ein Dutzendtyp, und trotzdem vergißt man ihn wegen seiner eindringlichen Art nicht mehr. Es heißt, er sei die meiste Zeit seines Lebens aktiver Offizier und Militärattaché an den israelischen Botschaften in Amsterdam, Kopenhagen und Oslo gewesen. Gewöhnlich gut unterrichtete Kreise bezeichnen ihn zudem als einen in Ehren ergrauten Oberst des Geheimdienstes Mossad.
Jedenfalls verrichtet Zvi Reuter seit 1979 eine Tätigkeit, die ihn noch scheuer und vorsichtiger werden läßt. Die neue Karriere begann, als er stellvertretender Direktor von SIBAT wurde; seit August 1983 steht er an der Spitze. SIBAT ist hebräisch. Die englische Version heißt ausgeschrieben Foreign Defense Assistance and Defense Export Organisation (FODADE). Es handelt sich also um die geheim arbeitende Waffenverkaufsorganisation der Israelis. FODADE vermittelt einen Großteil der Geschäfte, die dem Judenstaat im Jahr rund eine Milliarde Dollar einbringen.

Und sogar diese Zahl wird nicht offiziell preisgegeben. Zuviel Publicity, heißt es in Tel Aviv, »das mögen die Kunden nicht, und wir haben im Endeffekt auch nur Ärger. Denn unsere ausgereiften Produkte werben für sich selbst.«

FODADE ist dem stellvertretenden Generaldirektor des Verteidigungsministeriums unterstellt und hat dieselben Aufgaben wie die DSAA in Washington. Die Organisation berät Kundschaft, rechnet deren »Verteidigungsnotwendigkeiten« aus, vertritt die Rüstungsindustrie in allen Botschaften und Verkaufsbüros, kann als israelischer Vertragspartner gegenzeichnen und die Vorführung wie auch Lieferung jeglichen Schießgeräts ermöglichen. Warum Zvi Reuter seine Gewohnheit, nicht mit der veröffentlichten Meinung zu sprechen, im vorliegenden Fall aufgegeben hat, blieb mir verborgen. Sein Entgegenkommen sollte aber gewürdigt werden.

»Wir liefern immer noch billigere und bessere Ware als die anderen – und wir liefern ohne politische Bedingungen. Keiner muß uns Gutes tun, weil er israelische Waffen erhalten hat. Er muß nur zahlen, und zwar sofort. Unsere Situation erlaubt es uns nicht, Geld zu verleihen. Nur Bargeschäfte zählen. Und sie sichern das Überleben unserer Rüstungsindustrie.« Wäre Oberst Reuter unbescheidener, dann dürfte er sogar – und unwidersprochen – behaupten, daß seine Einnahmen das finanzielle Überleben des ganzen Staates sichern. Mosche Mandelbaum, Chef der israelischen Staatsbank, ist jedenfalls so frei, dies zu behaupten. Und Banker wägen ihre Worte ab.

Tatsächlich besitzt Israel neben Brasilien den höchstentwickelten und dynamischsten militärisch-industriellen Komplex der Dritten Welt. In der Rüstungsindustrie, der größten Wachstumsindustrie des kleinen Landes, schaffen 60000 Menschen, darunter allein 22000 beim Marktführer Israelische Luftfahrtindustrie. Sie fertigen ein Viertel von Israels Industrieexporten. Und sie sind längst eine Eigenleben entfaltende Macht im Staate. In einem Staat, dessen Industrie nicht im Bedrohungsfall auf Kriegswirtschaft umschaltet, sondern die permanent im Dienste des Krieges steht.

Zuerst ein Blick auf die Rüstungsbetriebe. Sie haben eine vergleichsweise lange Geschichte. In den späten zwanziger Jahren entstanden die ersten illegalen Werkstätten für Handfeuerwaffen und Munition. Die britische Kolonialmacht genehmigte den Juden

offiziell keine Waffen. Der arabische Gegner konnte sich dagegen aus vielen Quellen versorgen. 1929 kam es zu ersten bewaffneten Auseinandersetzungen. Der von den Israelis als »Unabhängigkeitskrieg« bezeichnete erste Waffengang zwischen dem neu gegründeten Judenstaat und der gesamten arabischen Welt, im Jahre 1948, schuf Probleme, mit denen Israel später noch oft zu kämpfen hatte. Die Großmächte verhängten ein Waffenembargo. So wurde Israel praktisch gezwungen, sich ungewöhnliche Freunde – in diesem Fall die Tschechoslowakei – und eine eigene Rüstungsproduktion zuzulegen.
Die Israel Military Industries (IMI), das Herzstück dieses Wirtschaftszweiges, gab es damals schon. Sie war, unter anderem Namen, in den dreißiger Jahren gegründet worden, um der Schutztruppe der Siedler, genannt Haganah, zu dienen. In den frühen fünfziger Jahren entstand der heute wichtigste Konzern, die Israel Aircraft Industries (IAI). 1952 wurde die weltberühmte Uzi-Maschinenpistole entwickelt, von der sich bis heute 750000 Stück in 40 Länder verkaufen ließen. Als Engländer und Sowjets die Araber aufrüsteten, suchte sich Israel, dessen eigene Produktion selbstverständlich in den Kinderschuhen steckte, einen anderen Partner: Frankreich. Zwischen 1956, dem Jahre des zweiten Nahostkrieges, und dem Sechstagekrieg 1967 lieferten die Franzosen erhebliche Mengen an modernen Waffen und sogar Kernmaterial für Israels Nuklearversuche in der Negev-Wüste, insgesamt 85 Prozent von Israels Einkäufen. Als auch Paris gegenüber den kriegerischen Israelis ein Lieferembargo erließ, kühlte das innige Verhältnis spürbar ab. Zu dieser Zeit stapelte sich das größtenteils schon bezahlte Material auf französischen Flughäfen, und auch Brigadegeneral Mordechai Limon, der Chefeinkäufer Israels, konnte es nicht loseisen. In Cherbourg entstanden gerade 12 Raketen-Schnellboote, die Tel Aviv Jahre vorher bestellt hatte. Im April 1967 lief das erste vom Stapel, die »Mivtash«. Im Mai folgte das nächste, und im Herbst waren zwei weitere fällig. Nach einem Vergeltungsschlag gegen den Flughafen von Beirut, im Dezember 1968, erweiterte Charles de Gaulle seine Rüstungssperre gegen Israel auch auf die Schnellboote von Cherbourg. Unkonventionell wie immer gingen israelische Besatzungen am 4. Januar 1969 an Bord von drei Raketen-Schnellbooten. Es war ein Wochenende, und die französischen Arbeiter hatten die Baustelle verlassen. Die

Israelis machten ihre Schiffe startklar, setzten die Flagge mit dem Davidsstern und nahmen Kurs aufs offene Meer. Mordechai Limon wurde sofort vom französischen Verteidigungsminister über den Verbleib der Boote kontaktiert. Seine Antwort: »Sie haben Befehl erhalten, nach Haifa zu fahren. Sie gehören uns.«

Die Konstruktion der letzten fünf Schnellboote ging zügig voran. Durch den raschen Zugriff der Israelis alarmiert, ließen die französischen Behörden das Dock von Cherbourg nicht mehr aus den Augen. Die verbleibenden Schiffe wurden schwer bewacht. Die Israelis brüteten jedoch bereits über einem Plan, um die ihnen gehörenden Marinefahrzeuge zu entführen. Der damit befaßte Geheimdienst Mossad gab der Operation den Namen »Arche Noah«. Rasch wurde in Panama eine Briefkastenfirma gegründet, die angeblich Norwegern gehörte. Israel erklärte, es sei an den Schiffen nicht mehr interessiert. Daraufhin bekamen die »Norweger« eine Chance. Diese erwarben die restlichen fünf Schnellboote und verließen am späten Heiligabend 1969 den Hafen von Cherbourg – in Richtung Haifa.

Da Frankreich auch 50 Jagdflugzeuge des Typs Mirage V nicht ausgeliefert hatte, schwenkten die Israelis zu einem neuen Lieferanten um, den USA. Zur selben Zeit beschloß das israelische Kabinett, »hochentwickelte Fertigungsanlagen für lebenswichtiges Gerät« aufzubauen. Es sei, so hieß es seinerzeit, schlechthin »Selbstmord«, diese Vorsorgemaßnahmen in nicht israelischer Hand zu belassen. Der forcierte Ausbau der Rüstungsindustrie lief an. Die siebziger Jahre waren diesem atemberaubenden Aufbau gewidmet. Jagdbomber, Elektronikteile, Kriegsschiffe, Luftabwehrraketen, ja sogar ein eigener Kampfpanzer entstand.

Auch der Fertigung des ersten israelischen Kampfflugzeuges ging eine Geheimdienstoperation voraus. Da gab es den Chefingenieur der Firma Sulzer in Winterthur. Der Deutschschweizer Alfred Frauenknecht empfand tiefe Sympathie für das kleine Israel und erboste sich über das Waffenembargo der Franzosen. Frauenknecht wollte sein Gewissen von lange zurückliegenden Gefühlen für die Nazis befreien und setzte sich deshalb vehement für die Sache der Juden ein. Da die Firma der Gebrüder Sulzer eine Schweizer Lizenzausgabe von Daussaults »Mirage« herstellte, war sie den Israelis nicht unwichtig. Kurz nach dem Sechstagekrieg benötigten die Israelis neue Mirage-Bomber und Ersatzteile dringender denn

je. Die Schweiz und Frankreich lehnten Lieferungen ab. Ein Plan, die 50 bestellten und blockierten Mirage V ganz einfach zu stehlen, wurde im Mossad-Hauptquartier wieder verworfen. Auch Frauenknecht konnte vorerst trotz guten Willens keine Ersatzteile beschaffen und gegen das Embargo verkaufen.
Anfang April 1968 sprachen noch einmal zwei Männer des Mossad bei dem eleganten, kleinen Ingenieur vor. Oberst Zvi Allon und Oberst Nehemiah Kain wiesen erneut auf die Dringlichkeit ihres Anliegens hin. Tage später meldete sich dann Frauenknecht bei ihnen. Er bot an, die kompletten Konstruktionsunterlagen der Mirage V und ihrer Fertigungsmaschinen zu besorgen – für den Spottpreis von 200000 Dollar. Das sei als Altersvorsorge gedacht, sagte er, keinesfalls als realistische Summe für die Dokumente. Den Israelis war es recht. In der Folgezeit unterbreitete Frauenknecht seinem Arbeitgeber Rationalisierungspläne, die das Archivieren der immerhin zwei Tonnen wiegenden Konstruktionspläne und das Vernichten der Originale vorsahen. Die Aktion lief unter größten Sicherheitsvorkehrungen an, aber Frauenknecht schaffte es regelmäßig, die bereits mikroverfilmten Dokumente auf dem Weg zur Verbrennungsanlage gegen wertloses Altpapier auszutauschen und das für Israel so wichtige Material seinen jüdischen Freunden zuzuspielen.
Die erste Lieferung traf am 5. Oktober 1968 bei der israelischen Luftfahrtindustrie ein. Nach der letzten Transaktion, Ende September 1969, gab es jedoch eine Panne. Frauenknecht konnte noch liefern, der ertappte Mittelsmann aber nicht mehr alles abtransportieren. Er mußte bei seiner Flucht einen Karton zurücklassen. In Zuge der Ermittlungen wurde der bescheidene Ingenieur verhaftet und in die Haftanstalt von Basel gebracht.
Frauenknecht war ein Problemfall, weil es sich bei ihm um keinen Spion aus Liebe, Geldgier oder sonstigen Motiven handelte, und weil der Schweiz rein juristisch auch kein Schaden entstanden war. Sein Bekenntnis war einfach und schlüssig: »Ich habe Israel aus Gewissensgründen geholfen. Für das Land war es eine Frage des Überlebens. Ich, als gläubiger Christ, werde noch immer von der Erinnerung an Dachau und Auschwitz verfolgt.« Nach 18 Monaten Untersuchungshaft kam Frauenknecht vor Gericht. Am 23. April 1971 erging das Urteil: Viereinhalb Jahre Zwangsarbeit. Der Ingenieur saß bis 1975 in der Baseler Strafanstalt ein. Inzwischen

hatten die Israelis ein neues Kampfflugzeug entwickelt. Es durchlief seine Probephase unter dem Namen »Nesher« (Adler) und wurde schließlich 1975 in Tel Aviv und 1976 auf dem Luftwaffenstützpunkt Hatzerim im Negev offiziell präsentiert. Da hieß es schon »Kfir« (Junger Löwe). Der Kfir-C2 ist ein einsitziges Mehrzweckkampfflugzeug, das der Mirage ähnlich sieht. Er trägt zwei Shafrir-MK-2-Luft-Luft-Raketen und kann durch ein aus den USA bezogenes J-79-Triebwerk der Firma General Electric mit höherer Waffenlast starten. Daß die Verwendung amerikanischer Technologie zugleich eine Belastung sein kann, hat sich vor allem beim Kfir gezeigt. Washington nahm – von Ausnahmen abgesehen – immer wieder sein Vetorecht gegen den Verkauf des Kfir wahr. Um den Versuchen der Amerikaner zu entgehen, eine lästige Konkurrenz auf dem Flugzeugmarkt auszuschalten, wurde übrigens etwas später eine Sparversion ohne General-Electric-Triebwerk entwickelt. Diese neue Kfir bekam den Namen »Dagger« (Dolch) und war nun kaum mehr von der Mirage zu unterscheiden. Argentinien bestellte 26 Stück des Exportmodells in Tel Aviv. Sie wurden während des Falklandkrieges gegen die Engländer eingesetzt. Dabei gingen elf »Dagger« verloren. Israel baute ab 1978 einen Kfir-TC2-Trainer, der seit 1981 eingesetzt wird. Die israelische Luftwaffe unterhält heute drei Abfangjägerstaffeln und eine Jagdbomberstaffel mit Kfir-Maschinen. 1985 dürfte die geplante Produktionsziffer von 200 Maschinen erreicht worden sein.

Alfred Frauenknecht aus der Schweiz durfte an der Präsentation des Kfir als geladener Gast teilnehmen. Der Mossad bekannte sich jedoch niemals zu ihm, während viele Israelis – ausnahmslos Privatbürger – Geschenke und anerkennende Briefe schickten. Zusammen mit seiner Frau lebt er heute in einem kleinen Dorf bei Winterthur. Der Ingenieur verdient seinen Lebensunterhalt mit Erfindungen. Eine von ihnen rationalisiert die Vernichtung von Altpapier.

Die Geschichte der israelischen Rüstungsindustrie ist die Geschichte zahlreicher hochentwickelter Waffensysteme, nicht allein des Jagdbombers Kfir. Nach einer neuerlichen Enttäuschung während des Yom-Kippur-Krieges von 1973 – Amerikas Angebot von Waffenlieferungen gegen einen Waffenstillstand – schwanden bei den Israelis die letzten Hemmungen zum Ausbau der heute alle

Bereiche ihrer Wirtschaft erfassenden Verteidigungsindustrie. Schlechte Erfahrungen mit den Regierungen Carter und Reagan rechtfertigten die Entscheidung aus israelischer Sicht voll.
Der erfolgreichste Sektor der israelischen Industrie – zwölf Prozent Jahreswachstum – besteht aus einem guten Dutzend Firmen und Holdings. Er wird von der Israelischen Luftfahrtindustrie (IAI), der Israelischen Militärindustrie (IMI), Rafael und den armee-eigenen Rüstungswerken bestimmt. Diese und andere israelische Fabriken unterhalten zahlreiche Joint Ventures mit ausländischen Firmen. Das verschafft Israel dringend benötigte Hochtechnologie. US-Unternehmen wie General Telephone, General Electrics und die Control Data Corporation (sie engagieren sich bei den israelischen Firmen Tadiran, Elbit und Motorola) profitieren dagegen von den geringen Personalkosten am östlichen Mittelmeer.
Das beste Beispiel für den ungeheuren Aufschwung der israelischen Rüstungsproduktion ist die Luftfahrtindustrie. 1967, als die bestellten Mirage-Flugzeuge ausblieben, hatte IAI 4000 Beschäftigte. Heute ist der Konzern der größte Arbeitgeber des Landes. 22000 Israelis stehen auf seiner Gehaltsliste. Viele von ihnen sind Wissenschaftler und Ingenieure. Es ist kein Zufall, daß statistisch gesehen auf 10000 Einwohner Israels 275 Wissenschaftler und Ingenieure entfallen. IAI ist eine komplette Waffenindustrie. Das staatseigene Unternehmen produziert in 14 Werken Flugzeuge, Elektronik, Raketen und Marinesysteme. Auf der Weltrangliste der Luftfahrtkonzerne rangiert es unter den ersten zehn.
Die Israel Military Industries (IMI) stellt unter anderem Panzer, Bomben, Handfeuerwaffen, Artillerie, Munition und Lenksysteme her. Weniger als zehn Prozent seiner 15000 Beschäftigten sind im zivilen Sektor tätig. IMI steht unter der Aufsicht des Verteidigungsministeriums und gehört ebenfalls dem israelischen Staat. Während IAI im Jahr 1983 Gerät im Wert von einer Milliarde Dollar verkaufen konnte, werden die Einnahmen von IMI für 1983 mit 550 Millionen Dollar angegeben.
Ein Großteil der Rüstungsforschung wird bei Rafael in Haifa betrieben. Rafael ist eine hebräische Abkürzung und bedeutet »Amt für die Entwicklung von Kampfmitteln«. In Israel spricht man nicht gerne über Rafael, weil dieser Bereich sehr sensibel ist. Das Land befindet sich seit 1948 permanent im Kriegszustand, ist also

gerade auf Rafaels Erfindungen angewiesen. Nur einmal konnte ich in einer internationalen Fachzeitschrift folgenden Anzeigentext entdecken: »Vielleicht haben Sie noch nie von Rafael gehört. Aber haben Sie sich noch nie gefragt, wer hinter dem kompakten, präzisen Artillerierechner David steckt? Oder wer komplette Datenverarbeitungsanlagen in Artilleriefeuerleitsysteme integrierte? Es handelt sich um Rafael – Israels Rüstungsentwicklungsbehörde. Rafael arbeitet mit den israelischen Streitkräften eng zusammen, findet Lösungen für die Verteidigungsprobleme von heute und morgen.«

Rafael unterhält Laboratorien, die sich neben anderem mit der Entwicklung von Boden-Boden-Raketen, Luftabwehrflugkörpern und elektronischen Lauschanlagen beschäftigt. Rafaels Stab von 6000 Technikern ist auch für die Konstruktion immer raffinierterer Bomben bekannt.

Das kleine, hochverschuldete Israel leistet sich zwei Waffensysteme, vor deren Kostenlawine sogar wohlhabende Staaten zurückschrecken würden. Das eine ist der Merkava (»Streitwagen«), einer der besten Kampfpanzer der Welt. Die israelischen Streitkräfte verfügten lange Zeit nur über Second-hand-Panzer der Typen Sherman, Centurion und M-48. Mitte der sechziger Jahre begannen Verhandlungen mit den Engländern. Israel wollte den »Chieftain«-Panzer kaufen, ihn sogar unter Lizenz produzieren. Doch die Briten gaben arabischem Druck nach und stiegen 1969 aus dem Geschäft aus. Die Stunde von Generalmajor Israel Tal war gekommen. Er schuf nach dieser erneuten israelischen Enttäuschung einen den geographischen und klimatischen Besonderheiten des Nahen Ostens angepaßten Merkava. Das 62-Tonnen-Gefährt ist niedrig, hat einen Frontantrieb und bietet seiner fünfköpfigen Besatzung durch Spezialpanzerung überdurchschnittlich viel Sicherheit. Die elektronischen Systeme halten jedem internationalen Vergleich stand. Nur sein Preis läßt den Merkava nicht konkurrenzfähig sein, da er pro Stück auf zwei Millionen Dollar kommt (der amerikanische M-60 dagegen nur auf eine Million).

Sollte der Merkava wider Erwarten doch noch zu einem Exportartikel werden, dann dürften die bekannten Probleme zwischen Israel und den USA erneut auftreten, da der Kampfpanzer von einem amerikanischen Motor angetrieben wird. Oberst Zvi Reuter über die Aussichten, den Merkava zu verkaufen: »Daran denken

wir vorerst nicht, weil wir gar nicht genug Merkavas haben.« Dieses und auch das folgende Beispiel zeigen, wie wenig sich die israelische Rüstungsindustrie von den amerikanischen Patentfirmen gelöst hat, und wie hoch der Preis für einen Schutzpatron ist.
Der Lavi (»Löwe«) ist das teuerste und ehrgeizigste Projekt der israelischen Waffenschmieden: ein neuer Jagdbomber, dessen Entwicklung schon 1982 1,5 Milliarden Dollar kosten sollte. Inzwischen ist der Gesamtumfang des Vorhabens auf 2,2 Milliarden geklettert – eine astronomisch hohe Ausgabe für ein Volk von 4,5 Millionen. Der Lavi ist ein Prestigeobjekt, durch den die israelische Luftfahrtindustrie entweder zum Produzenten des besten Kampfflugzeuges der neunziger Jahre wird oder zugrunde geht. So und ähnlich war es zwischen 1974 und 1984 immer wieder bei Parlamentsberatungen in Jerusalem zu hören, immer wenn die umstrittenste aller Subventionen anstand – vergleichbar der innenpolitischen Debatte um den westdeutschen »Tornado« und seine schier grenzenlose Kostenexplosion.
Schon 1974 wurde die Geburt des Lavi beschlossen, die Amerikaner zu Paten ernannt. Der Verteidigungsminister hieß damals Shimon Peres. Da die Israelis ohnehin immer an einer auswärtigen Nabelschnur hingen (kürzeste Definition: USrael) und auf Pump lebten, bestellten sie – noch unter dem Eindruck des Yom-Kippur-Krieges – gleich 50 Jagdbomber des US-Typs F-15 »Eagle« und nicht weniger als 225 von General Dynamics F-16, die allerdings beide erst auf dem Reißbrett existierten. 1978 stellte der neue Verteidigungsminister Ezer Weizman 200 zusätzliche Ingenieure ein, um dem Lavi endlich Leben einzuhauchen. Verhandlungen mit den Amerikanern über eine Lavi-Koproduktion begannen.
Als bis zum Mai 1981 noch nichts Entscheidendes geschehen war, meldete sich die nimmersatte israelische Luftwaffe zu Wort. Ihr Kommandeur, Generalmajor David Ivri, drängte den neuen Premier Menachem Begin zu einer Entscheidung. Das war übrigens derselbe Ivri, der nach seiner Pensionierung, Ende 1982, Direktor der »Israel Aircraft Industries« wurde. Pikanterweise ließ er sich 1983 wieder als stellvertretender Stabschef reaktivieren und übernahm 1985 erneut IAI. Ivri ist kein Einzelfall, was die personelle Verknüpfung der israelischen Rüstungsindustrie und der Streitkräfte betrifft.
Begin vertraute dem fachlichen Urteil des Herrn Ivri und gab dem

Projekt ohne Studie und Kostenvoranschlag grünes Licht. Nachdem also alles beschlossen war, startete die endlose Diskussion über den Lavi. Experten kamen zu dem Schluß, daß der Ankauf von F-16-Jagdbombern denselben Zweck erfüllen würde. Dann gab aber den Ausschlag, daß der Lavi eine israelische Entwicklung sei und die IAI im Geschäft bleiben würde. Eine Kalkulation des Jahres 1980 ergab, daß der Lavi von 1983 bis 1988 jeweils zehn Prozent des Verteidigungshaushalts benötigen würde. Bis zu 2700 Ingenieure und Techniker wären in der Entwicklungsphase beschäftigt, 9000 Personen während der Produktionszeit. Bei einer Produktionszahl von 300 Flugzeugen wird ein Lavi, nach letzten Schätzungen, auf 25 bis 30 Millionen Dollar kommen.
Der pensionierte Brigadegeneral Menachem Eini fungiert als Lavi-Produktionsleiter im israelischen Verteidigungsministerium. In der Zeitschrift *Interavia* wurde er 1986 wie folgt zitiert: »Sie müssen die Lage Israels verstehen. Wir haben nicht nur einen militärischen Bedarf, sondern auch die Pflicht, unsere technologische Basis zu erweitern. Qualitativer Vorsprung heißt nicht einfach F-15 gegen MiG-23, vielmehr ist auch der Rückhalt unserer Industrie erforderlich.« Das ist die herrschende Ideologie. Da kann die Produktion des Lavi nicht mehr scheitern, koste es, was es wolle. Die israelische Lobby hat im amerikanischen Kongreß alles richtig eingefädelt. Die von Northrop mit einem Kostenaufwand von 600 Millionen Dollar entwickelte F-20, eine Alternative zum Lavi, wurde beiseite geschoben. Der Luftfahrtkonzern Grumman bekam die Erlaubnis, mit den Israelis zu paktieren. Der Kongreß genehmigte für die Zeit zwischen 1984 und 1987 eine Lavi-Finanzhilfe in Höhe von rund 1,8 Milliarden Dollar. General Eini vergab bis 1986 mehr als 150 Entwicklungs- und Vorserienaufträge für den Lavi an US-Firmen. Das bedeutet, daß 800 Millionen Dollar wieder zurückfließen. Allein 100 Millionen Dollar erhält Grumman.
Und wieder erzählt eine israelische Annonce, wie das Unmögliche wahr wird: »Lavi: Ein echter CCV-Kämpfer mit einem Luft-Boden-Einsatzradius von über 1850 Kilometern. Voll rechnergestützte Avionik-Systeme, internes EloGM-Gerät und Mehrfunktionsbildschirme. Eingebaute Wartung sorgt für überlegene Bereitschaft und kurze Bodenzeiten. Für die erfahrensten Kampfflugzeugpiloten der Welt maßgeschneidert.« Noch vor Jahresende 1986 wird der erste Prototyp des Lavi aus dem Hangar rollen. Wei-

tere fünf Prototypen sollen im Abstand von je vier Monaten folgen. Die Serienfertigung dürfte 1990 beginnen. Wenn der amerikanische Steuerzahler bis dahin durchhält...
Sollten die Israelis eines fernen Tages den Wunsch haben, den Lavi in ein anderes Land als die Vereinigten Staaten zu exportieren, dann wird ihnen die Diskussion über den Technologietransfer erneut zeigen, wie abhängig sie noch immer sind. Daß Israels gesamte Existenz von Zwängen bestimmt ist, zeigt sich am ehesten beim Rüstungsexport, dessen hohe Umsätze die Produktionskosten in Israel balancieren helfen. In der »Berliner Jüdischen Wochenzeitung« stand im Oktober 1984 geschrieben: »Wie für kein anderes Land der Welt hat die Rüstungsausfuhr... für Israel ein existentielles Motiv, so daß es verständlich ist, wenn Jerusalem seine Anstrengungen auf diesem Gebiet forciert, Lieferung von Waffen somit nur in jene Länder unterläßt, die es als Gefahr für die eigene Nation beurteilt.« Dieses Zitat und sein Inhalt bedürfen einer weitergehenden Erörterung.
Oberst Zvi Reuter auf meine Frage nach dem Zusammenhang zwischen dem Umfang der israelischen Rüstungsindustrie und ihren Ausfuhren: »Wir haben keine exportorientierte Rüstungsindustrie. Unser Hauptinteresse ist die eigene Verteidigung.« Scheinbare Widersprüche, und doch treffen beide Versionen zu. Israel spricht nicht gerne über Waffengeschäfte. »Gute Geschäfte«, sagt Professor Aharon Klieman von der Universität Tel Aviv, »können negative Politik bringen.«
Warum muß Israel unbedingt Waffen verkaufen? Yoram Peri und Amnon Neubach vom International Center for Peace in the Middle East in Tel Aviv haben 1985 eine bemerkenswert umfangreiche Studie über den *Militärisch-industriellen Komplex in Israel* vorgelegt. Bei ihrer Analyse israelischer Waffenexporte seit 1960 kommen sie auf drei grundlegende Motive. Da sind zum einen Sicherheitsüberlegungen. Israel hat beispielsweise die kurdischen Rebellen im Irak beim Kampf gegen die Zentralregierung unterstützt. Spektakulärer noch waren jahrelange Zuwendungen an die Christen im Libanon. Das wohl prominenteste Beispiel sind die israelischen Waffenverkäufe an den Iran des Ayatollah Khomeini. Solche Transaktionen werden von beiden Seiten bestritten, haben jedoch mindestens bis 1983 stattgefunden. Ungeachtet der Frage, ob das größere Übel in Bagdad oder Teheran sitzt: Khomeini

hält die Iraker im Zaum, und damit sind sie als potentielle Gefahr für Israel neutralisiert.

Die zweite Motivation ist politischer Natur. Viele Waffenkunden der Israelis wollen bestmögliche Ware bekommen, das Gerät aber nicht bei den ideologisch engagierten Supermächten bestellen. Aus den Lieferungen sollen keine Abhängigkeiten entstehen. Solche Verkäufe werden von Israel auch ohne diplomatische Kontakte ermöglicht. Als Beispiele geben die Autoren Peri und Neubach den Verkauf von »Skyhawk«-Flugzeugen an Indonesien und die noch laufenden Gespräche zwischen Israel und der Volksrepublik China an.

Schließlich gibt es noch »politisch-kommerzielle Erwägungen« (Peri/Neubach) – Geschäfte auf rein kommerzieller Basis, bei denen auf niemanden Rücksicht genommen werden muß. Das sind eindeutige Transfers, wie sie Oberst Reuter allen anderen vorzieht. Nachdem in Israel alle Dienstwege kurz sind, wird auch beim Verkauf von Rüstungsgütern nicht lange gefackelt. Die Konkurrenz ist groß, und Israels Einnahmequellen sind beschränkt. Nur in gewichtigsten Fällen wird eine politische Entscheidung getroffen. Ansonsten geht die Ware einfach raus, als sei es eine Ladung Obst oder Gemüse.

Insider der israelischen Szene könnten nun dagegensetzen, daß es seit wenigen Jahren ein »Ministerialkomitee für Waffentransfers« gibt. Ihm gehören der Premierminister, die Minister für Verteidigung, Auswärtige Angelegenheiten und Industrie an. Aber auch dieses Gremium wird in der Praxis nur bei schwierigen Fällen konsultiert. Die Routine bleibt beim militärisch-industriellen Komplex, und natürlich bei Zvi Reuters SIBAT.

Der mächtige Devisenbringer ist in einem bescheidenen Haus in der David-Elazar-Straße Nummer 8, mitten im gut gesicherten und weiträumigen Areal des Verteidigungsministeriums, untergebracht. Lediglich 20 Personen arbeiten unter Oberst Reuter. Dafür ist sein weltweites Netz um so größer. In den Dienst der Waffenverkäufe stellen sich die Botschaften und ihre Militärattachés. Zur Förderung von Verkäufen haben auch ehemalige Verteidigungsminister, wie Moshe Dayan, Ezer Weizman und Ariel Sharon, schon ihre Koffer gepackt und sind zu den Kunden gefahren. Dann gibt es noch clevere Waffenhändler, die mit den 112 Firmen der israelischen Kriegsindustrie direkt zusammenarbeiten.

Einer von ihnen ist David Marcus Katz, dem man beste Kontakte zu Lateinamerikas Militärdiktatoren nachsagt. Nach einem Artikel der israelischen Zeitung *Davar* vertritt Katz, der bald zwei Jahrzehnte in Mexico-City lebt, 17 israelische Firmen. Politisch steht er dem konservativen Likud-Block und der Nationalreligiösen Partei nahe. Ihnen spendet er auch beträchtliche Beträge und sichert sich so die Sympathien der Mächtigen. Die radikale Siedlerbewegung Gush Emunim weiß, was sie an Katz hat. Katz war über viele Jahre das Bindeglied zwischen Israel und Nicaraguas Anastasio Somoza. Bis kurz vor seinem Sturz, 1979, lieferte ihm Katz 98 Prozent des nicaraguanischen Militärbedarfs – trotz eines amerikanischen Waffenembargos.
Wenig bekannte israelische Export- und Importunternehmen, wie Isrex oder Koor-Sachar, sind weltweit mit Niederlassungen vertreten. Reuven Givon, der Vertreter von Koor in Kinshasa, hat den Israelis das wichtige Abnehmerland Zaire durch enge persönliche Kontakte mit dem Staatspräsidenten Mobutu erschlossen. Ein weiterer wichtiger Name im Gewerbe ist Shaul Eisenberg, der einem gigantisch verschachtelten Konzern von angeblich 70 Einzelfirmen vorsteht. Seine Agenten sitzen seit Jahrzehnten einflußreich in Afrika, Asien und Lateinamerika. Es heißt, daß der Waffenhandel zehn Prozent seiner Einnahmen bringt. Mehr als 300 Händler sollen für Israel in aller Welt verkaufen, viele von ihnen aber zugleich ausländische, zumeist amerikanische Waffenproduzenten in Israel repräsentieren. Für die pikanten Kontakte mit dem revolutionären Iran ist offensichtlich ein renommierter Waffenhändler namens Jakob Nimrodi zuständig. Seine Transaktionen werden von einer Firma mit dem seltsamen Namen International Desalination Equipment Limited (49 Ibn Gvirol Street, Tel Aviv) und einem Büro in London organisiert. Ein mir vorliegender Liefervertrag zwischen Nimrodi und dem Verteidigungsministerium in Teheran – er wurde im Iran gestohlen – trägt das Datum des 24. Juli 1981. Das Büro von Nimrodi, der sein den Ayatollahs verhaßtes Land als Militärattaché während der gleichfalls verhaßten Schahzeit vertreten hat, bezeichnet den Vertrag als glatte Fälschung, kann jedoch dazu nichts Näheres sagen. Auch Nimrodi selbst zog es vor, bei meinen Besuchen in Tel Aviv kein Gespräch zu gewähren. Zuviel Licht läßt seine Ware verderblich werden.
Eine letzte Kategorie israelischer Mittelsmänner sollte nicht uner-

wähnt bleiben – die Militärs. Der frühere Militärberater der Premiers Rabin und Begin, Exbrigadegeneral Efraim Poran, ist der bekannteste unter ihnen. Der frühere Militärattaché an der israelischen Botschaft in Singapur verkauft bevorzugt an die Philippinen. Herzl Shafir, früherer Generalmajor bei den israelischen Streitkräften und Chef der israelischen Polizei, eröffnete als Ruheständler ein Büro in Nigeria. Von dort aus wirkt er als Vertreter mehrerer Waffenproduzenten. Er arbeitet aber nicht nur als Repräsentant staatlicher Unternehmen, sondern auch für Privathändler wie Alfred Akirow. Die israelischen Waffenhändler Shlomo Eliyahu und Yechiel Fromer »kauften« sich Exgeneralmajor Avigdor »Yanosh« Ben-Gal, als dieser in Pension ging. Der frühere Kommandeur des nördlichen Abschnitts verkauft heute Waffen. Diese Aufzählung von Namen und Verbindungen ließe sich noch lange fortsetzen. Sie zeigt einmal mehr, wie kompliziert und aktiv Israels Waffenverkaufsnetz ist, aber auch wie sehr sich die Israelis in der weiten Welt gegenseitig Konkurrenz machen. Würde nun die vielfache Verflechtung des Gewerbes mit den Geheimdienstlern des Mossad offengelegt, dann wäre alles noch unübersichtlicher. Da kann es dann schon einmal zu Pannen kommen. Ohne Zynismus sei an den Waffeneinkäufer Klaus Barbie (»Schlächter von Lyon«), einen ehemaligen hochrangigen Nazi, erinnert, der israelische Uzis und Galil-Sturmgewehre für sein Asylland Bolivien besorgte. Solche Transaktionen provozieren den prominenten israelischen Publizisten Uri Avnery – der im Kindesalter vor Hitlers Terror aus Deutschland geflüchtet ist – zu wahrhaft bösen Kommentaren. In seiner Tel Aviver Wohnung erklärte er mir: »Wenn wir schon skrupellos sind, warum verkaufen wir dann eigentlich kein Heroin? Es ist billiger, und man verdient mehr dabei. Und schließlich bringt man weniger Leute um. Israel ist auf demselben moralischen Niveau wie alle anderen Waffenverkäufer, bei denen es längst egal ist, an wen die Ware gerät; solange sie nur nicht gegen einen selbst verwendet wird.« Die Abnehmer sitzen in 60 Ländern. Da ist zuerst einmal der lateinamerikanische Markt. Mit ihm verbinden die Israelis so manche Sentimentalität. Immerhin war es kein Geringerer als Anastasio Somoza, der schon 1939 der Jewish Agency beim Waffenkauf half. Ignacio Klich, freier Autor in London und überragender Kenner dieser Zusammenhänge, über die weitere Freundschaft zwischen Nicaragua und

Israel: »Zum Einkauf von Waffen für den 1948er Krieg stellte Somoza das Endverbraucherzertifikat aus. Er lieferte auch zwei nicaraguanische Pässe. Teddy Kollek, heute Bürgermeister von Jerusalem, und Laszlo Pataky konnten mit diesen Papieren Waffen für 1,2 Millionen Dollar beschaffen. Somoza erhielt von den Israelis angeblich 200000 Dollar, eingezahlt auf eine Bank in London, und außenpolitische Hilfe in Washington. Die Tradition setzte sich fort. 1957 genehmigte Shimon Peres, damals Generaldirektor des Verteidigungsministeriums, eine Waffenlieferung im Wert von 1,7 Millionen Dollar an Nicaragua. Am Ende steht die heutige Unterstützung für antisandinistische Contras.«
Süd- und Mittelamerika ist der wichtigste Markt für israelische Schießgeräte. Nicht weniger als 21 Länder der Region haben den Zionistenstaat diplomatisch anerkannt. Außerdem existieren in Lateinamerika starke jüdische Gemeinden, die als natürliche Lobby fungieren. In Staaten mit linker Guerilla treten israelische Militärberater als Antiterrorexperten an. Argentinien steht, nach Südafrika, an zweiter Stelle unter Israels Abnehmern.
Auf dem Höhepunkt des Falklandkrieges wurde ein mit Bomben und Munition gefülltes israelisches Cargoflugzeug bei einer Zwischenlandung in New York festgehalten. Das Material sollte in Argentinien gegen die Engländer eingesetzt werden.
Als die USA 1976 ihre Militärhilfe für Chile einfroren, nahm Israel – wie üblich – ihre Funktion ein. Die Chilenen kauften sechs Reshef-Patrouillenboote der 410-Tonnen-Klasse, Shafrir-Luftabwehrraketen, Radarsysteme sowie leichte Waffen und Munition. Zum Vergleich: Eine Luft-Luft-Rakete vom Typ »Rafael«, die der amerikanischen »Sidewinder« ähnelt, kostet 40000 bis 50000 Dollar, eine »Gabriel« MK III 500000 Dollar. Die »Gabriel« kann als billigerer und vollwertiger Ersatz der französischen Exocet gelten. Ein Sturmgewehr »Galil« kommt auf 500 Dollar. Es ist der sowjetischen Kalaschnikow nachempfunden. Das Original wird auf internationalen Märkten mit zumeist 180 Dollar gehandelt, ist jedoch für manche Kunden ideologisch vorbelastet. Die Maschinenpistole Uzi kann für 300 bis 400 Dollar in Tel Aviv bestellt werden, ein Raketenboot für 15 Millionen bis 20 Millionen Dollar.
Diese Produkte wurden mir von Oberst Reuter als erfolgreichste Exportschlager der israelischen Rüstungsindustrie benannt. In fast allen südamerikanischen Staaten sind sie in die regulären

Streitkräfte integriert. Kolumbien, Ecuador und Venezuela haben zudem »Kfir«-Jagdbomber erhalten, die meisten anderen »Arava«-Transportmaschinen, die auf einfachsten und kürzesten Bahnen landen können. Israel hat auch an Honduras zwölf »Kfir« geliefert, an El Salvador dagegen Trainer des Typs »Fouga Magister« und Kampfflugzeuge »Ouregan«. Im übrigen findet sich überall das einschlägige Kleingerät. El Salvador soll 81 Prozent seiner gesamten Rüstungskäufe aus Israel bezogen haben. Der zweitgrößte Abnehmer israelischer Waffen auf der mittelamerikanischen Landbrücke ist Guatemala. Seit 1948 verbindet die beiden ungleichen Staaten eine enge Freundschaft. Ab 1977, dem Jahre des amerikanischen Waffenembargos (wegen fortgesetzter Menschenrechtsverletzungen) wurde sie intensiviert. »Wir verehren Israel«, sagte der damalige Juntachef García Lucas, »und wir sehen den israelischen Soldaten heute als den besten Soldaten der Welt an, wir sehen ihn als ein Beispiel für uns selbst.« Guatemala erhielt Arava-Transporter, Panzerwagen, 10000 Galil-Gewehre, Kfir-Jagdbomber und viele Zusatzteile. Guatemaltekische Soldaten setzen israelische Computer zur Terrorbekämpfung ein. Israelische Berater trainieren Polizei und Militär des Landes. Dasselbe Schema wird auf Honduras angewandt, wo sich das gesamte Repertoire israelischer Waffen befindet. Angeblich verstärken die Israelis auch amerikanische Bemühungen um die Contra-Rebellen. Contra-Kommandeur Eden Pastora soll jedenfalls in einem Interview zugegeben haben, »daß die Israelis gekommen sind, um die Amerikaner in unserem Kampf zu ersetzen«. Das behaupten von Zeit zu Zeit auch die Sandinisten, konnten bislang aber noch keinen Beweis liefern. In Israel wird die Waffen- und Ausbildungshilfe für die Contras logischerweise dementiert. Doch sogar kritische Kollegen wie der populäre Fernsehreporter Ehud Yaari – ich traf ihn in Jerusalem – äußern Zweifel an der Information. Auch ihm gegenüber hatte Daniel Ortega seinen Vorwurf nicht untermauern können. Dem steht lediglich die Behauptung eines israelischen Söldners entgegen, der im Februar 1984 aus Honduras zurückkehrte. Er will dort, zusammen mit einigen anderen Landsleuten, bis zu 10000 Dollar pro Monat erhalten haben, um die Antisandinisten zu trainieren.

Israel, das mal an 7. Stelle, mal an 12. Stelle der Weltwaffenhändler erscheint, ist in schwarzafrikanischen Staaten ähnlich aktiv. In

den sechziger Jahren konnten sich die Israelis auf viele politische Freunde in Afrika verlassen. Das nächste Jahrzehnt brachte einen Einbruch. Die meisten Sympathisanten wanderten nach dem Yom-Kippur-Krieg in das arabische und anti-USraelische Lager ab. Neue Chancen eröffneten sich in den achtziger Jahren. Zaire ist der wichtigste Kunde unter den Schwarzafrikanern. 1982 nahm es wieder diplomatische Beziehungen auf. 1983 folgte Liberia. Außenminister Yitzhak Shamir und Ariel Sharon kamen als erste israelische Besucher. 1984 reiste sogar Israels Staatspräsident Chaim Herzog an. Das zeigt die Bedeutung der afrikanischen Staaten für das isolierte Israel. 1985 erschien Zaires Mobutu Sese Seko zu einer Gegenvisite in Jerusalem. Dabei wurde ein sensationeller Handelsvertrag unterzeichnet. Israel verpflichtete sich, Export- und Investitionsversicherung nicht nur für israelische Firmen, sondern auch für jüdische Firmen aus westlichen Ländern zu beschaffen, die in Zaire investieren wollen.
Mobutu bekommt Militärhilfe. Israelische Einheiten trainieren die Präsidentengarde in Kinshasa und die Kamanyola-Division in der umkämpften Shaba-Provinz. Derzeit leben und arbeiten 600 Israelis in Zaire. In Nigeria sind es sogar 2000. 1984 wurde paramilitärische Ausrüstung im Wert von rund acht Millionen Mark an die nigerianische Polizei geschickt.
Die Beziehungen zwischen Israel und Marokko waren stets verhalten-freundlich. Zum einen wollten die Israelis einen moderaten arabischen Staat kultivieren, zum anderen die Emigration marokkanischer Juden sicherstellen. Da durften auch Waffen geliefert werden. Ähnlich ist die Situation zwischen Israel und dem linken Äthiopien, einem wichtigen Alliierten der Sowjetunion. Nicht nur zu Zeiten des Herrschers Haile Selassie unterhielten die Israelis positive Beziehungen zu Addis Abeba. Sie schickten Waffen zum Kampf gegen die Aufständischen in Eritrea und gegen Somalia. Israelische Techniker kümmerten sich um die Wartung der äthiopischen F-5-Jagdflugzeuge, auch nachdem die Amerikaner zu Somalia umgeschwenkt waren. Als Lohn konnten israelische Schiffe stets auf eine sichere Seeroute durch das südliche Rote Meer und um das Horn von Afrika vertrauen. Auch die Emigration der jüdischen Falaschas soll dadurch ungestört abgelaufen sein.
Am 18. Dezember 1985 trafen sich Shimon Peres und Präsident

Félix Houphouet-Boigny von der Elfenbeinküste insgeheim in Genf, wo sie unter anderem beschlossen, die diplomatischen Beziehungen wieder aufzunehmen. Das gute Dutzend afrikanischer Staaten, dessen Verhältnis zu Israel immer enger wird, stört sich nicht an der traditionellen Partnerschaft Jerusalems mit Südafrika. Die Kaprepublik und der Außenseiter des Nahen Ostens kamen sich 1976, bei einem Besuch des Ministerpräsidenten John Vorster in Israel, näher. Dabei wurde ein Abkommen über wissenschaftliche und technische Zusammenarbeit unterzeichnet. Das sollte bis zur Lieferung von atomarem Know-how gehen. Israelische Experten trainierten ab sofort südafrikanische Truppen, unter anderem auch in Antiguerillakampfführung. Israelische Firmen bauten die südafrikanische Elektronikindustrie auf.

Die israelische Gabriel-Rakete wurde zum Muster für die südafrikanische »Scorpion«, das Reshef-Raketenboot für das südafrikanische »Minister«-Raketenboot. Israel lieferte Raketenkampfschiffe, Patrouillenboote und Rafael-Raketen. Gemeinsam arbeitet man an der Entwicklung einer 850-Tonnen-Korvette. Schon im März 1980 verpflichteten sich die Südafrikaner bei einem Besuch von Ezer Weizman zur Koproduktion des Lavi sowie eines U-Bootes. Nach einer Information der *Österreichischen Militärischen Zeitschrift* »wurde ein Abkommen über die Lieferung von 36 israelischen Kfir-Kampfflugzeugen im Wert von 450 Millionen Dollar unterzeichnet«. Israel soll auch bereit sein, Merkava-Panzer zu liefern. Südafrika hat von Israel gefertigte Fernaufklärer der Typen »Scout« und »Mastiff« bereits in Angola und Mozambique eingesetzt. Eine besonders abenteuerliche Aktion war die Beschaffung einer ursprünglich in Kanada hergestellten 155-Millimeter-Haubitze. Mit israelischer Hilfe kam sie ans Kap und wurde fortan als G-5- beziehungsweise G-6-Haubitze von den Südafrikanern produziert. Bei der Rüstungsausstellung in Athen war sie 1982 erstmals zu sehen und sorgte für einen Skandal.

In Asien sind die Israelis schwächer vertreten. Hervorzuheben sind die Kontakte zur Volksrepublik China. Die Chinesen haben bei ihren Bemühungen um eine Modernisierung ihrer Volksarmee die Kampferfahrung, die fortgeschrittene Technologie und das noch immer erträgliche Preisniveau israelischer Produkte erfahren. Sogenannte gut unterrichtete Kreise wollen wissen, daß die von beiden Seiten abgestrittenen Kontakte zwischen China und Israel schon seit einigen Jahren existieren. China soll um Hilfe bei der Überholung sowjetischer Kampfpanzer gebeten haben. Die jüdische Presseagentur JTA sprach im Februar 1985 von einem Auftrag über 9000 Panzer. Das vor kurzem vereinbarte Geschäft belaufe sich auf mehrere 100 Millionen Mark. In diesem Zusammenhang kam es zu erheblicher Verstimmung zwischen Großbritannien und Israel. Die Engländer mußten nämlich feststellen, daß die Israelis die von ihnen in Lizenz nachgebaute Panzerkanone L 7 (Kaliber 105 Millimeter) der Royal Ordnance Factories modifiziert und an China verkauft haben. Dieses Geschäft, und ein weiteres über Panzergranaten und Gabriel-Raketen (die vorher schon an Taiwan gingen), soll über das Verkaufsbüro der Israelis in Singapur abgewickelt worden sein. Auf diese Weise können die Chinesen, wie üblich, jede Verbindung mit Israel dementieren.

Die Erzeugnisse der israelischen Luftfahrtindustrie sind in Australien, in Indonesien, Malaysia, Singapur, Taiwan, Thailand, sogar in Papua-Neu Guinea zu finden. Auch Neuseeland hat israelisches Militärkleinzeug gekauft. In diesen Ländern gibt es außerdem israelische Truppentransporter, Funkanlagen und Computer.

Immer mehr israelische Waffen werden immer aggressiver verkauft. Und skrupellos, wie immer. Die Handelsphilosophie läßt sich ganz einfach mit den Worten eines von Aharon Klieman zitierten, anonymen Regierungsoffiziellen erklären: »Wenn ein Land, das uns freundlich gesinnt ist, um Hilfe bittet, dann fragen wir nicht, ob es demokratisch oder undemokratisch ist, und wir fragen auch nicht nach seinen Motiven.«

Brasilien: Ein Aufsteiger erobert den Markt

»Für Waffen wird immer Geld übrig sein; in zwei oder drei Jahren überholen wir Großbritannien und Frankreich als Exporteure, und der Markt ist dann grenzenlos.«

José Luis Whitaker Ribeiro,
Präsident der Rüstungsfirma Engesa

Brasilien, der Aufsteiger, ist die Nummer eins der Waffenindustrien in der Dritten Welt, die Nummer fünf weltweit. Wann immer ein Konkurrent zögert, ein Geschäft zu akzeptieren, greifen die flinken Südamerikaner zu, was selbst die allzeit bereiten Israelis und Südkoreaner immer wieder spüren.

Die brasilianische Rüstungsindustrie ist eine der jüngsten, obwohl der Amazonas-Staat bereits um 1900 Waffen produziert und in den dreißiger Jahren Anstrengungen unternommen hat, seine Rüstungsfertigung auszubauen. Wirkliche Resultate gab es jedoch erst in den Fünfzigern zu sehen. Das Luftwaffenministerium begründete in der kleinen Stadt São José dos Campos, 100 Kilometer nordöstlich des Industriezentrums São Paulo gelegen, die Luftfahrtindustrie. Das Centro Tecnologico de Aeronautica (CTA) kümmerte sich um Forschung, das Instituto Tecnologico de Aeronautica (ITA) um die Schulung des künftigen Fachpersonals. Als diese Bereiche zuverlässig arbeiteten, entstand 1969 die eigentliche brasilianische Luftfahrtindustrie, die Empresa Brasileira de Aeronautica, kurz Embraer.

In den frühen sechziger Jahren gab es auch Fortschritte in anderen Produktionsbereichen. Die Brasilianer bemühten sich, nicht nur Waffen einzukaufen, sondern auch das Know-how zu besorgen. Am liebsten erstanden sie ganze Fabriken. Diese Taktik klappte erstmals mit der Eigenproduktion britischer Fregatten. Der Industriezweig Wehrtechnik blieb aber immer noch schwach entwikkelt, da die brasilianischen Streitkräfte unter einer Wirtschaftskrise zu leiden hatten. Mit Ausnahme der Luftwaffe durfte niemand wirklich investieren.

In den siebziger Jahren änderte sich die gesamte Szene. Am 15. März 1974 kam General Ernesto Geisel an die Macht. Nach

Jahren der politischen Repression durch seine Vorgänger versprach er umgehende Liberalisierung. Dem Menschenrechtspräsidenten Jimmy Carter ging jedoch die politische Wende in Brasilia zu langsam voran, und es kam zu ernsthaften Konflikten zwischen den bislang befreundeten Staaten. Die Militärverträge von 1952 wurden daraufhin gekündigt und die militärischen Kontakte größtenteils eingefroren.
Nationalbewußt beschlossen die Brasilianer, fortan ohne die Dienste der US-Rüstungsschmieden auszukommen. Der eigene Produktionszweig für Schießgerät erhielt absolute Priorität. Ein nächster Anstoß zum Totalausbau des militärisch-industriellen Komplexes folgte 1982, während des Falklandkrieges vor der Haustüre Brasiliens. Die Militärs mußten von ihrer bisherigen These Abschied nehmen, daß Brasilien in ewigem Frieden leben werde, und daß Südamerika als solches von den Kriegszonen der Erde weit entfernt liege. Zudem wurde die bisher freundliche Politik gegenüber der NATO in Frage gestellt. Im Ernstfall, so sagten sich die Brasilianer, würden auch sie nicht verschont werden. Und dann könnten sie bei ihren bisherigen Partnern nicht mehr auf genügend Nachschub an Waffen und Munition rechnen.
So entstand jene enge Verbindung zwischen zivilen und staatlichen Firmen; ein Modell, bei dem die Regierung auch Entwicklungskosten des Privatsektors übernimmt und die steuerlichen Vergünstigungen beachtlich sind. Der Technologiepark von São José dos Campos ist beispielhaft für die erfolgreiche Kooperation, ja sogar für eine Art Wirtschaftswunder. Die wichtigsten Waffenproduzenten leben dort neben- und miteinander. 2000 Wissenschaftler arbeiten in den Labors von 350 Rüstungsfirmen und in staatlichen Forschungsstellen.
Embraer, der sechstgrößte Flugzeugproduzent der Welt, hat bisher 15 verschiedene Maschinen in 50 Versionen gebaut – insgesamt 2500 Stück. Zum größten Exporterfolg entwickelte sich die für zivile wie auch militärische Zwecke taugliche zweimotorige Turboproptransportmaschine Bandeirante. Zum Stückpreis von 1,6 Millionen Dollar kauften allein die Amerikaner 90 Stück. Ein ähnlicher Erfolg zeichnet sich bereits beim Trainer Tucano EMB-312 (auch T-27) ab. Daß der Tucano, genannt nach einem dunkelgefiederten Amazonasvogel mit goldenem Schnabel, die veralteten Pilatus PC-9 aus der Schweiz im Rennen um einen briti-

schen Auftrag ausstach, sicherte ihm 1985 weltweites Ansehen. Die Luftwaffe der Engländer bestellte 130 Tucanos. Davon kommen acht aus Brasilien. Der Rest wird in Nordirland auf Lizenzbasis gebaut.
Embraer nimmt bei diesem Geschäft 200 Millionen Dollar ein. Direktor Ozires da Silva: »Was gut ist für die Royal Air Force, das ist auch gut für die ganze Welt.« Nach einer ägyptischen Großbestellung von 120 Stück – die am Nil zusammengebaut werden sollen – flog der Tropenvogel bereits in der Gewinnzone. Weitere Tucanos gibt es schon im Irak und in Honduras, in Nigeria und Venezuela. Argentinien verhandelt um die Lizenz zum Nachbau, und sogar die US-Luftwaffe ist interessiert.
Gut zu verkaufen war auch das vergleichsweise einfache Kampfflugzeug EMB-326 Xavante, eine Koproduktion mit der italienischen Aeronautica Macchi. Es eignet sich zum Bodenkampf, beispielsweise bei der Guerillabekämpfung. Nun will Embraer zusammen mit Aermacchi und Aeritalia in den Sektor der hochtechnisierten Kriegsflieger einsteigen. Mitte der siebziger Jahre vereinbarten sie die Produktion des AMX. 30 Prozent der mit 720 Millionen Dollar angegebenen Entwicklungskosten dieses zehn Millionen Dollar teuren Abfangjägers trägt Brasilien, den Rest die Italiener. Flügel, Leitwerk und Fahrwerk kommen aus São José dos Campos. Der Einsitzer wurde am 15. Mai 1984 erstmals in Turin vorgeführt. Ab 1987 sollen Bestellungen ausgeführt werden, doch liegen über die Auftragslage noch keine genauen Angaben vor. Dafür hat sich die Turboproptrainingsmaschine EMB-121 Xingu einen breiten Markt erobert. Embraer hatte 1970 einen Mitarbeiterstamm von 595. 1983 wurde die Zahl der Beschäftigten mit 7000 angegeben. Konnte die Firma 1975 für fünf Millionen Dollar exportieren, so stand die Quote 1981 schon bei über 100 Millionen.
Ähnlich erfolgreich ist Engesa oder Engenheirios Especializados S. A. 1970 startete die Firma mit 240 Leuten, 28 von ihnen Ingenieure. Heute arbeiten 10500 für den Konzern. Er verkauft in 20 Länder und bezeichnet sich selbst als weltgrößten Produzenten von gepanzerten Fahrzeugen. Ingenieur José Luis Whitaker Ribeiro entwarf 1970 den »Cascavel« (Klapperschlange) und später den »Urutus« (Viper). Beide Radpanzer trafen genau in eine Marktlücke. Inzwischen wurden 5000 von ihnen verkauft. Die

Chinesen haben den Cascavel in der Wüste Gobi getestet und erwägen eine Lizenzproduktion von 2000 Stück. Der als Spähwagen geeignete EE-9 Cascavel wiegt nur 13 Tonnen und erreicht dadurch eine Geschwindigkeit von 100 Stundenkilometer. Serienmäßig mit einer belgischen 90-mm-Kanone versehen, ist der Streitwagen bereits für 400000 bis 500000 Dollar zu haben. Besonders zufriedene Kunden sind im übrigen die Libyer, die ihn im Juni 1977 bei einem Grenzstreit mit den Ägyptern einsetzten und damit die schwerfälligen Sowjetpanzer des Gegners in die Flucht schlugen. Später wurde er auch auf libyscher Seite im Tschad gesehen. Cascavels Zwilling, der Urutu, hat amphibische Fähigkeiten. Er kann schwere Lasten transportieren, gegen Guerilleros eingesetzt werden und die Luftabwehr verstärken (mit 20-mm-Kanonen von Oerlikon-Bührle aus der Schweiz).

Engesas Verkaufserfolg ist leicht zu erklären. Die Firma liefert Kriegsgerät, das sich in der Dritten Welt leicht einsetzen läßt und das nur wenig Ausbildung erfordert. Auch die Beschaffung von Ersatzteilen stellt bei den brasilianischen Radpanzern kein Problem dar. Rasch und unbürokratisch wird geliefert. Allein Libyen bekam 1982 Engesa-Ersatzteile im Wert von 100 Millionen Dollar. Der Nahe Osten ist überhaupt Engesas bester Markt. 1984 bestellte der Irak Radpanzer, Raketenwerfer und Munition im Gesamtwert von 300 Millionen Dollar. Mit Ausnahme von Kuba und Südafrika liefert Brasilien an jeden. Daß die Ware über den Spitzenkunden Libyen in den kriegerischen Iran gehen könnte, kümmert niemanden in São Paulo. US-Klagen über Embargoverletzungen stoßen auf taube Ohren.

Hatte Engesa vor Jahrzehnten vorwiegend Weltkrieg-II-Panzer vom Typ »Sherman« aufgemöbelt, so laufen jetzt intensive Vorbereitungen zur Produktion eines eigenen Kampfpanzers (auf Raupen), des 42 Tonnen schweren T-1, genannt »Osorio«. Diese einfachere Version des deutschen »Leopard 1« wird zwei Millionen Dollar kosten, sobald er in Serienproduktion geht. Angeblich liegen bereits 800 Bestellungen vor. Der Osorio gilt als ehrgeizigstes Projekt der Brasilianer. Er steht auch im Mittelpunkt der 1984 vereinbarten rüstungstechnischen Zusammenarbeit mit Saudi-Arabien. Die Saudis wollen in Dschiddah eine Fabrik zur Fertigung des Osorio bauen. Dort sollen 500 bis 1000 Panzer im Gegenwert von 1,5 bis drei Milliarden Dollar entstehen. Damit würde Brasi-

lien eine wichtige Rolle beim Aufbau der geplanten Rüstungsindustrie für die arabischen Golfstaaten spielen. Daß sie zuverlässig sind, haben die Brasilianer in den vergangenen Jahren oftmals bewiesen. Allein Engesa hat bei seinen Kunden 160 Techniker stationiert, die alle Verpflichtungen aus der zwölfmonatigen Garantie für Militärgerät erfüllen. 50 von ihnen arbeiten derzeit im Irak, nicht selten unmittelbar an der Front.
Zum Ende des Jahres 1986 werden Engesa und Avibrás Aerospacial, ein weiterer brasilianischer Hersteller, in Konkurrenz treten. Avibrás, Arbeitgeber für 1500 Personen, produziert vor allem Raketen, Bomben und integrierte Waffensysteme. Das Unternehmen existiert seit 1962 und war seit Beginn an der Entwicklung der Forschungsrakete »Sonda« im brasilianischen Zentrum für Weltraumtechnik beteiligt. Inzwischen existiert bereits »Sonda IV«, eine Kooperation zwischen Brasilien und der Deutschen Forschungs- und Versuchsanstalt für Luft- und Raumfahrt (DFVLR). Mißtrauische Kriegswaffengegner unterstellen diesem Programm, daß es zur Entwicklung der ersten brasilianischen Atomrakete dienen soll. Auf alle Fälle wird der südamerikanische Staat bis zum Ende dieses Jahrhunderts aus eigenen Mitteln einen selbstentwikkelten nationalen Satelliten in die Erdumlaufbahn befördern.
In den letzten Jahren hat sich Avibrás mit der Fertigung eines mobilen, zehn Millionen Dollar teuren Raketenbatteriesystems namens »Astros 2« beschäftigt. Als erste Waffe dieser Art wird es von einer einzigen Feuerleitstelle aus mehrere Raketen verschiedener Kaliber auf unterschiedliche Ziele schicken können. Die größten Raketen haben ein Kaliber von 300 Millimeter. Sie fliegen 70 Kilometer weit und sind als Träger nuklearer Sprengköpfe geeignet. Wehrexperten glauben, daß dieses Avibrás-Produkt weltweiten Vergleichen standhalten kann. 1980 exportierte Avibrás militärische Raketen im Wert von vier Millionen Dollar. 1983 betrug der Auftragsumfang dagegen bereits mehr als eine Milliarde Dollar. Die Konkurrenzsituation mit Engesa wird eintreten, wenn im Oktober 1986 die ersten zwei Panzerabwehrraketen aus der Rüstungsschmiede von José Luis Whitaker Ribeiro auf den Markt kommen. Die eine soll 5000 Meter weit fliegen und durch einen Laserstrahl gelenkt werden, die zweite sogar 8000 Meter. Sie verfügt angeblich über einen Gefechtskopf mit eingebauter Fernsehkamera (Werbung: »fire and forget«). Die Fachpresse spricht be-

reits von den »am höchsten perfektionierten Panzerabwehrraketen des Westens«.
Derzeit verkaufen 50 brasilianische Rüstungsfirmen mit 70000 Beschäftigten pro Jahr Waffen im Wert von zwei Milliarden Dollar, das sind 90 Prozent der Gesamtproduktion. Allein Engesa konnte 1985 einen Umsatz von 600 Millionen Dollar erzielen. In einem Jahrzehnt wollen sie die Zehn-Milliarden-Marke erreicht haben. Daß Brasilien mit der fünfthöchsten Hungerquote der Welt leben muß, sollte man aber ebenfalls wissen. Der Staat zählt auch zu den höchstverschuldeten. 100 Milliarden Dollar müssen seine 130 Millionen Einwohner gegenüber der entwickelten Welt abstottern. Brasilien wird dabei immer stärker auf Waffen setzen, den lukrativsten Wirtschaftszweig neben Kaffee, Karneval (sprich: Tourismus) und Soja. Und so endeten noch alle kritischen Diskussionen mit Brasilianern: »Wenn Ihr wollt, daß wir uns jemals aus eigener Kraft sanieren werden und Euch nicht auf ewig zur Last fallen, dann laßt uns mit der Ware handeln, die in über 50 Ländern begehrt ist. Was ist so schlimm daran? Wenn wir nicht liefern, dann tun es andere.«

Süd- und Nordkorea: Ware ohne politische Bedingungen

> »Es ist ein offenes Geheimnis, daß die Nordkoreaner seit 1982 Waffen im Wert von 800 Millionen Dollar an den Iran geschickt haben. Die dummen Iraker haben dann die diplomatischen Beziehungen abgebrochen. Sie hätten doch, zusammen mit anderen Arabern, die Nordkoreaner ohne weiteres aufkaufen können. Den Iranern wäre es nicht gelungen, da mitzuhalten.«
>
> Ein in Pyöngyang akkreditierter Nahost-Diplomat

Das »Land der Morgenstille« ist geteilt. Seit dem verheerenden Krieg in den Jahren 1950 bis 1953, dem nicht weniger als zwei Millionen Menschen zum Opfer fielen, existieren zwei Koreas mit einer entmilitarisierten Zone am 38. Breitengrad. Der Krieg ist auch der Grund für den Aufbau immer leistungsfähigerer Rüstungsindustrien in beiden Koreas. Der Süden gilt bereits als »Schwellenland«, ist also ein besonders hoch entwickelter Staat der Dritten Welt. Er tritt in der Elektronik gegen das japanische Wirtschaftswunder, auf dem militärisch-industriellen Sektor gegen Israel und Brasilien an. Der Norden fällt dagegen immer weiter zurück. Die größten Hindernisse sind veraltete Industrieanlagen und eine starre Ideologie.

Doch zurück zur historischen Entwicklung beider Koreas:

Nach dem Waffenstillstand von 1953 – ein Friedensvertrag wurde bis heute nicht geschlossen – kehrte für 15 Jahre relative Ruhe ein. Sie wurde im Januar 1968 durch ein nordkoreanisches Kommandounternehmen gegen den Wohnsitz des südkoreanischen Präsidenten Park Chung Hee unterbrochen. Daraufhin beschloß die Regierung von Seoul, stärker aufzurüsten. Der erste Hinweis auf die neuen Aktivitäten: Der Präsident ordnete den Ausbau erster Munitionsfabriken für das Jahresende 1968 an. Auf Guam verkündete US-Präsident Richard Nixon 1969 die gleichnamige Doktrin, die eine Freigabe amerikanischer Waffenlieferungen und selbst von US-Hochtechnologie mit sich brachte. Koreaner und Taiwanesen bedienten sich freimütig. Als einzige Staaten außerhalb der

NATO und Westeuropas erhielten sie großzügige Lizenzverträge. Ab 1971 durfte Südkorea das Sturmgewehr M-16 produzieren, ein Jahr später die 7,62-mm-Munition. Heute stellen diese koreanischen Produkte eine echte Konkurrenz für den Absatz der amerikanischen Originale in Ostasien dar.
Seoul stellte 1971 einen ersten Truppenmodernisierungsplan auf. Park gründete eine zentrale Rüstungsbehörde, die Agency for Defense Development (ADD) und ordnete den gezielten Aufbau von Waffenfirmen an. 1973 verkündete die Regierung ein neues Gesetz, in dem der Rüstungsindustrie hohe Kredite, Steuer- und Zollerleichterungen, ihren Beschäftigten sogar die Freistellung vom Wehrdienst und überdurchschnittliche Entlohnung versprochen wurden. Als 1975 die Amerikaner Vietnam verlassen mußten, was die Südkoreaner mit Sorge erfüllte, verabschiedeten sie sogleich einen zweiten Truppenmodernisierungsplan, für den die Regierung umgerechnet fünf Milliarden Dollar genehmigte. Präsident Park hielt es für vorteilhaft, mit so wenig Devisen wie möglich zu operieren. Also mußte viel Rüstungsmaterial im eigenen Land produziert werden.
Erst unter Jimmy Carter war die Kooperation zwischen Seoul und Washington wieder gestört. Im Mai 1977 verkündete der Präsident neue Waffenlieferrichtlinien, die auch die Koreaner betrafen. Es sollten zudem alle amerikanischen Bodenkampftruppen aus Südkorea abgezogen werden – 28000 Mann. Dazu kam es nicht, weil sich die Spannungen mit dem aggressiven Norden wieder verstärkten. Trotzdem erkannte die Regierung Park die Zeichen der Zeit und ließ ihre Rüstungsindustrie noch schneller aufbauen. Das Fernziel sollte natürlich wehrtechnische Unabhängigkeit sein. Die politische Lage war wieder vorteilhafter, und so bekam Südkorea alle Militärgüter, die es sich wünschte; vorerst mit Ausnahme des Kampfflugzeugs F-16. Washington wollte die militärische Balance nicht zu offensichtlich zugunsten des Südens verändern. 1979 genehmigte die Regierung in Seoul einen speziellen Fonds für die Rüstungsindustrie: 195 Millionen Dollar. Man konnte stolzgeschwellt bereits die ersten eigenen Produkte öffentlich vorführen: eine Haubitze vom Kaliber 155 Millimeter, die Luftabwehrkanone »Vulcan«, gepanzerte Truppentransporter, M-16-Gewehre, Raketenwerfer, Bomben und Minen. Am 26. September 1978 feuerte Südkorea – zu jener Zeit eine Sensation – seine ersten Boden-Bo-

den-Raketen mit einer Reichweite von mehreren 100 Kilometer ab. Südkorea wurde die Nummer sieben im weltweiten Club der Raketenbauer. Nun wandten sich die Koreaner der Herstellung von Militärflugzeugen zu. 1979 erlaubten die Amerikaner eine Koproduktion der Kampfbomber F-5E und F-5F. Northrop und Korean Air Lines wurden zu Partnern. Zur selben Zeit entstand der erste Landungsschiff-Panzer und, 1980, ein erster Zerstörer.
Zum Ende der siebziger Jahre mußten die Südkoreaner umdenken. Ihre rasch expandierende Rüstungsindustrie hatte den lokalen Bedarf längst gedeckt. Nun galt es Waffenkunden zu finden, um die rege Produktion aufrechterhalten zu können. Kurzerhand organisierte man die erste Rüstungsmesse, die KODEX '81, auf welcher 88 koreanische Waffenhersteller Interessenten aus 63 Staaten anlockten. Koreas steile Karriere unter den Waffenverkäufern der Welt begann. Indonesien kaufte gleich vier Landungsschiff-Panzer, Brasilien sogar 38 der 155-mm-Haubitzen. Bald lagen Bestellungen aus 40 Staaten vor.
Die Beziehungen zur US-Regierung verbesserten sich mit dem Amtsantritt von Ronald Reagan, der im Juli 1981 seine liberalen Waffenexportrichtlinien verkündete. Beim Staatsbesuch von Präsident Chun Doo Hwan in Washington versicherte Reagan, man werde keine Truppen von der koreanischen Halbinsel abziehen. 1982 begann ein neuer militärischer Aufbauplan der Südkoreaner. Präsident Chun kündigte sogar die Entwicklung von hochtechnologischem Gerät und die Massenproduktion von einfachen Waffen und Munition an. Im September 1982 fand der erste Probeflug der in Lizenz produzierten F-5F statt, und Ende 1982 stachen die ersten hochmodernen Korvetten der koreanischen Kriegsmarine in See. Inzwischen sind die Kapazitäten der koreanischen Aufrüster so stark angewachsen, daß Seoul mit allen Mitteln und ohne politische Bedingungen nach Käufern Ausschau hält. Zur Auslastung der Fabriken werden sogar Schützenpanzer der in Korea stationierten US-Truppen gewartet.
Unter der Aufsicht von ADD hat sich eine respektable Rüstungsindustrie etabliert. Sämtliche Angaben zu ihren Aktivitäten unterliegen strengster Geheimhaltung. Zwei Dutzend Firmen und weithin verästelte Konzerne teilen sich den Markt. Die drei Spitzenreiter dürften die Hyundai-Werft (Patrouillenboote, Panzer, Rake-

ten, Elektronik), Daewoo (Artilleriewaffen und Munition) sowie die Metallfabrik Poongsan (Munition, Kleinwaffen) sein.
1979 erreichten die koreanischen Waffenverkäufe die Marke von 250 Millionen Dollar. Inzwischen soll der Jahreserlös bei 300 Millionen liegen. In Seouler Regierungskreisen spricht man gerne über das Fernziel, Waffen im Wert von zwei Milliarden Dollar pro Jahr im Ausland abzusetzen. Zu Südkoreas Stammkunden zählen heute Thailand, Venezuela, Guatemala, Ecuador, Burma, Malaysia, Bangladesch, Kamerun, die Philippinen und der Südjemen. Die Verkaufswerbung ist aggressiv, und die Preise werden scharf kalkuliert. Südkorea verstößt schon mal gegen US-Embargos. 1982 wollte es Haubitzen, Munition und Granatwerfer an Jordanien verkaufen, obwohl ziemlich klar war, daß das Gerät in den Irak weitergereicht werden sollte. Die Amerikaner stellten sich quer. Als Folge daraus wurden die späteren in Seoul heftig dementierten Geschäfte mit dem Iran heimlich abgewickelt. Bis heute lassen sie sich nur mühsam rekonstruieren.
Trotzdem reagieren die Amerikaner nicht ungehalten, da sie Südkorea aus strategischen Gründen dringend benötigen. Sie spendieren jährlich über 200 Millionen Dollar Beschaffungskredite, damit der Militärhaushalt von 4,4 Milliarden Dollar (ein Drittel des Gesamtbudgets) nicht schrumpfen muß. Auf diese Weise können sich die Ostasiaten ab 1986 auch ein Kontingent von 100 Jagdbombern des Typs F-16 leisten. Die gesamten Kosten, inklusive Ersatzteile, Wartung, Zusatzausrüstung und Training, werden auf 900 Millionen Dollar veranschlagt. Die Industriegruppe Daewoo möchte gleich in den Deal einsteigen und auf hochmodernen Fertigungsanlagen Teile der F-16 selbst produzieren. Die Rüstungsindustrien der entwickelten Länder blicken mißtrauisch auf die Geschwindigkeit, in der das neue Boomland Südkorea ihre Produkte kopiert und auf den Markt wirft. Die Furcht vor einer ernsten, besonders leistungsfähigen Konkurrenz geht um.
Ganz anders ist das im hermetisch abgeriegelten Nordkorea, wo die Rüstungsindustrie noch wichtiger als jeder andere Wirtschaftszweig erscheint. Dort sind keine Zaungäste zugelassen, um sich ein Bild von der Produktion zu machen. Nordkorea ist ausschließlich ein Studien-Objekt westlicher Geheimdienste.
Von 1953 bis 1961 wurden im nördlichen Korea die Wunden des Krieges beseitigt. Die meiste Fremdhilfe kam dabei aus Moskau

und Peking: Am 6. Juli 1961 unterzeichneten Kim Il Sung und die Seinen einen Freundschafts- und Beistandspakt mit der Sowjetunion, am 11. Juli mit den Chinesen. In den sechziger Jahren zog Pyöngyang die Rüstungsschraube kräftig an. Der Verteidigungshaushalt wurde verdreifacht. Nordkorea befand sich aber immer noch in der Phase der Selbstverteidigung.

Die Situation änderte sich grundlegend in den siebziger Jahren. Von allen Schäden genesen, schlugen die Nordkoreaner eine Politik vermeintlicher Stärke ein und bewaffneten sich und – soweit es ging – andere bis an die Zähne. Hier treten erste analytische Probleme auf, weil die Nachrichten aus Nordkorea viel spärlicher fließen als aus irgendeinem anderen Land der Erde.

Der Durchbruch zeichnete sich mit dem ersten Siebenjahresplan, beginnend 1961, ab. Noch vor dessen Ende produzierten die militanten Nordkoreaner jede Menge Handfeuerwaffen, Raketen, Artillerie, Kriegsschiffe und Militärfahrzeuge. Bei einfachen Heereswaffen und kleinen Schiffen wurden sie zum Selbstversorger. Der nötige Technologietransfer kam ausschließlich von den Sowjets. Hochfliegende Pläne zur Herstellung von Kampfflugzeugen und ähnlich kompliziertem Gerät wurden in höchsten Gremien erörtert.

Die Rüstungsindustrie überflügelte alle anderen Wirtschaftszweige. Und dabei blieb es bis heute. Auch der zweite Siebenjahresplan stand im Zeichen der Schwerindustrie. Die Kriegsschiffe wurden größer, und erste Panzer entstanden. 1976 sickerten Erkenntnisse über die Montage von MiG-19-Jagdbombern durch. Anscheinend nahm aber die gesamte Produktion nur unmerklich zu. Das hatte mit der hohen Verschuldung des Landes und mit den technologischen Grenzen seiner Wirtschaft zu tun.

Nichtsdestoweniger unterhält Nordkorea die fünftgrößte Streitmacht der Erde. Nach der neuesten *Military Balance* sind es bereits 838000 Männer und Frauen. Als ich im September 1985 das Land für beinahe drei Wochen bereisen durfte, schien mir die Hälfte der Bevölkerung in zumeist grünen »Ehrenkleidern« zu stecken. Uniformen auch für die Mädchen, Uniformen für die Jungen. Die Kinder sind das Experimentierpotential des Staates. Im Einheitslook präsentieren sie sich – die Mädchen in blauen Trägerkleidern mit weißen Blusen, im Haar eine rote Seidenblüte, die Jungen in dunkelblauer Hose, mit einer ebensolchen Ballonmütze, einem hellblauen Hemd und dem roten Tuch der Pioniere. Das wäre noch hinzunehmen, würden diese Kinder nicht in Reih und Glied marschieren – zur Schule und wieder retour. Dabei singen sie: »Wir sind die neue Generation Koreas. Wir lernen fleißig und bauen das Land auf.«

In dieser durch und durch militarisierten und gleichgeschalteten Gesellschaft, wo der einzelne nicht die geringsten Rechte hat – ich vergesse durchaus nicht den traurigen Stand der Meinungsfreiheit und der Menschenrechte in Südkorea –, ist die alles dominierende Rüstungsindustrie so selbstverständlich, daß niemand darüber spricht. Jede Frage danach wird als feindselige Haltung gedeutet.

Trotzdem gelingt es nach und nach, gewisse Grundstrukturen zu erkennen. Die beiden verantwortlichen Gremien der nordkoreanischen Waffenproduktion sind die Militärkommission des Zentralkomitees der kommunistischen Partei und die Verteidigungskommission eines Zentralen Volkskomitees. Das Zweite Ministerium für Maschinenbau trägt die fachliche Aufsicht. Selbstverständlich ist das Ministerium für die (aufgeblähte) Volksarmee hinzugezogen. Heereswaffen werden in rund 20 Fabriken produziert. Die meisten von ihnen befinden sich in der Industriezone von Kanggye, unweit der chinesischen Grenze. Diese Region ist selbstverständlich für Ausländer gesperrt. Die restlichen Rüstungsgüter, wie Schiffe und Panzer, entstehen in Betrieben, die zugleich zivile Waren herstellen. Nach der Grundstruktur der nordkoreanischen Wirtschaft können beliebig viele Fabriken augenblicklich in Rüstungsbetriebe umgewandelt werden. Die meisten Staatsunternehmen dieses Sektors tragen nur Nummern. Manche heißen dagegen so ähnlich wie »Fabrik, wo Genosse Kim Seyun arbeitet«. Die Fabrik Nummer 26 ist, zum Beispiel, identisch mit der Traktorfabrik Kanggye. Fabrik Nummer 65 befindet sich in Chonchong, Provinz Changang. Fabrik Nummer 17 stellt in Hungnam (Stadt Hamhung) offiziell Düngemittel, in Wirklichkeit aber auch chemische Kampfstoffe her. Militärfahrzeuge kommen aus der Traktorfabrik Kumson. Schießgerät stammt aus dem Kangson-Stahlkombinat, der Yongsong-Maschinenfabrik, der »Fabrik des 26. Februar« und unter anderem den Präzisionsmaschinen-Werken Pyöngyang und Kangdong. Die Liste ließe sich noch lange fortsetzen. Alle diese Angaben sind strengste Staatsge-

heimnisse. Letztlich darf auch niemand erfahren, daß die nordkoreanische Rüstungswirtschaft 60000 Menschen beschäftigt.
Nach den letzten Erkenntnissen aus dem verschlossenen Land wurde immer noch keine Flugzeugindustrie eingerichtet, die Montage von MiGs aus unbekannten Gründen wieder aufgegeben. Dafür behaupten jedoch japanische, südkoreanische und amerikanische Quellen, daß die Jünger des »weisen, hochverehrten und Großen Führers« (so die offizielle Anrede) Kim Il Sung Panzer der sowjetischen Baureihen T-54 bis T-62 in großen Stückzahlen herstellen. Dies und viele andere Hintergründe wurden mir bei einem Gespräch mit zwei kürzlich pensionierten japanischen Generälen, einer davon aus dem Militärgeheimdienst, in einem Tokioter Club bestätigt. Beide arbeiten übrigens jetzt für die japanische Rüstungsindustrie und fertigen strategische Studien über den ostasiatischen Raum an.
Einer der beiden Japaner, die selbstverständlich ungenannt bleiben wollen, gebrauchte folgende Formulierung: »Nordkorea ist eine Verkaufsagentur der Russen.« Und das trifft zu. Wo die Russen nicht direkt liefern können beziehungsweise auch keinen ihrer europäischen Satelliten einschalten möchten, muß das weit entfernte Korea einspringen. Das beste Beispiel sind die ungeheuren Mengen an Kriegsmaterial für den Iran. In Pyöngyang selbst wurde mir berichtet, daß im Iran-Paket sowjetische Panzer T-62, Maschinengewehre, Granatwerfer, Handfeuerwaffen enthalten sein sollen. Es würden auch Gespräche über die Lieferung von Kampfflugzeugen des chinesischen Typs »Shenyang F-6« laufen. Ich hatte Gelegenheit, ausgesprochen scheue iranische Handelsdelegationen im Pyöngyanger Koryo-Hotel und etwas selbstbewußter auftretende Nordkoreaner im ehemaligen Teheran Hilton (heute Esteqlal) zu erleben.
Wo liefern die Nordkoreaner noch hin? Schon 1972 wurden sie in Mittelamerika gesichtet, 1974 in Zaïre, in Chile 1975, im Sudan und in Ägypten Ende der siebziger Jahre. Heute ist das kleine Nordkorea eine der wichtigsten Waffenschmieden der Dritten Welt. Insider sprechen von Jahresumsätzen in Höhe von mindestens 500 Millionen Dollar.
Laut *Military Balance 1985/86* gibt es 300 nordkoreanische Militärexperten im Iran, 28 in Nicaragua, 1000 in elf verschiedenen afrikanischen Ländern (inklusive Angola). 200 aus Uganda müssen

nun von der Gesamtrechnung abgezogen werden, weil sie beim bislang letzten Sturz des Präsidenten Milton Obote im April 1985 kurzerhand in ein Flugzeug gesetzt und heimgeschickt wurden.
Ähnliches Pech hatten die unscheinbaren Helfer in Grenada. Als sie im Oktober 1983 unfreiwillig die Kriegskunst der amerikanischen »82nd Airborne Division« studieren durften, war auch ihr Abreisetag gekommen. 24 Techniker wurden der Insel verwiesen. Die Invasionstruppen fanden einen detaillierten Liefervertrag über Waffen im Wert von zwölf Millionen Dollar. Die Ware befand sich jedoch noch nicht in Grenada.
Schließlich sollte der Einsatz nordkoreanischer Waffen und Berater zugunsten von Untergrundbewegungen in aller Welt nicht unterschätzt werden. Der wichtigste Kunde dürfte auf diesem Sektor die Palästinensische Befreiungsorganisation PLO sein. Vorsitzender Jassir Arafat ist ein gerne gesehener Gast in Pyöngyang. Ein Vertreter der amerikanischen Botschaft in Tokio zürnt in diesem Zusammenhang sogar mit den Japanern. »Sie haben Isuzu-Lastwagen an Nordkorea verkauft. Dort wurden sie zu gepanzerten Mannschaftstransportern umgebaut und an die PLO weitergeliefert. Nichts ist hier unmöglich.« In Nordkorea selbst sollen derzeit 800 libysche Offiziere, Tansanier und Militärs aus acht weiteren Staaten der Dritten Welt in Guerillakampfführung trainiert werden.
Nordkorea zieht jedes Register, wenn es um den proletarischen Internationalismus oder ganz einfach nur um die Beschaffung lebenswichtiger Devisen geht. Das weiß niemand besser als das diplomatische Korps des Landes. Daß über das diplomatische Gepäck der Ostasiaten Kleinwaffen transportiert werden, ist nicht neu. Das Warenlager wurde aber inzwischen auf den Umfang eines ganzen Duty-free-Shops erweitert. Nachdem die nordkoreanischen Auslandsvertretungen sich anscheinend selbst finanzieren, werden immer wieder Diplomaten bei ungesetzlichen Geschäften erwischt. Bevorzugte Güter: Rauschgift, Elektronik, Uhren und Alkohol. Seit 1970 sollen 50 Schmuggelfälle in 32 Ländern bekannt geworden sein. 20 nordkoreanische Diplomaten wurden deshalb aus neun Staaten ausgewiesen. Einige von ihnen scheinen nach Rückkehr in die Heimat befördert worden zu sein.
Der bizarrste Fall ereignete sich in Malaysia. Im März 1982 wurden Angehörige der nordkoreanischen Botschaft beim Handel mit

unverzollten Uhren und Elektronik auf frischer Tat erwischt. Es kam zu einer kinoreifen Verfolgungsjagd, bei der ein Nordkoreaner tödlich verunglückte. Seine Beerdigung fand in Kuala Lumpur statt. Dazu wurde aus Pyöngyang ein Sarg eingeflogen. Bei seiner Ankunft öffneten ihn die Malaysier – und fanden ihn gefüllt mit Videogeräten.

Wir kommen zum größten Coup, den die Nordkoreaner auf dem internationalen Waffenmarkt je gelandet haben; gleichfalls eine Schmuggelaffäre.

Es begann in Berlin. Die Hauptakteure im ersten Teil der Handlung sind der Handelsattaché der nordkoreanischen Botschaft in Ost-Berlin. Sein Name lautet Li Yong. Dann die Spedition Killewald Espotrans GmbH aus dem Westberliner Bezirk Tiergarten. Ihr Geschäftsführer heißt Wladislaw Kalitzki. Er trägt die Mitverantwortung an der Transaktion. Und schließlich ist da noch Kurt Behrens aus Ochtendung im Landkreis Koblenz. Behrens besitzt die Firma Delta Avia Fluggeräte GmbH. Bislang hat er den Luftfahrtkonzern Hughes Helicopters Inc. aus Culver City, Kalifornien, vertreten. Nach einer Meldung der Nachrichtenagentur United Press International vom Februar 1985 wurde er aber inzwischen auf die Schwarze Liste gesetzt. Das kam so: Die Nordkoreaner wollten, obwohl sie von ihrer Devisenlage her praktisch pleite sind, 100 der besten westlichen Kampfhubschrauber kaufen. Sie testeten mehrere Typen und entschieden sich für den Hughes 500 D/E. Helikopter der 500er Serie fliegen bereits in 87 Ländern. Sie haben einen guten Ruf, sowohl für den zivilen als auch für den militärischen Gebrauch. Gerade von dieser Ausführung wurden in Südkorea bereits 200 in Lizenz hergestellt. Das muß die Nordkoreaner noch mehr gereizt haben. Nun galt es nur noch, einen Händler zu finden, der ein lukratives Geschäft über politische und moralische Erwägungen stellen würde. Kurt Behrens war der passende Mann.

Am 13. August 1983 unterzeichneten die Vertreter von Delta Avia und der Staatsfirma Korea Mangyong Trading Corporation einen Vertrag. Danach mußte Behrens 100 Helikopter liefern. Gesamtwert der Bestellung: 41 Millionen Dollar. Die *Los Angeles Times* brachte in Erfahrung, daß Hughes-Repräsentant Behrens der

Herstellerfirma gegenüber angab, er wolle die Ware nach Japan, Portugal, Spanien und Nigeria weiterverkaufen. David J. Peters, ein Fahnder des Handelsministeriums, fand heraus, daß dies nicht stimmte. Da waren aber bereits 87 der Hubschrauber ausgeliefert, genug für ein ganzes Regiment. Die restlichen Hubschrauber wurden sofort, das heißt also am 1. Februar 1985, vor der Verladung auf dem Van-Nuys-Flughafen in Los Angeles beschlagnahmt.
Die Ermittlungen ergaben, daß zwei Hubschrauber von Los Angeles nach Yokohama und Nordkorea sowie 15 weitere von Los Angeles nach Antwerpen gebracht worden waren. Von dort hatte man sie nach Rotterdam transportiert und auf einen sowjetischen Frachter namens »Prokorow« umgeladen. Dieser nahm Kurs auf Nordkorea. 70 weitere Hubschrauber verließen Kalifornien in vier Lieferungen, die letzte im November 1984. Nach amerikanischen Erkenntnissen nahmen sie ebenfalls den Weg über Rotterdam. Die Abwicklung auf kalifornischer Seite ließ Behrens durch zwei Partnerfirmen namens Unitrans International Corporation und Associated Industries erledigen. Das Handelsministerium entzog ihnen ebenfalls nachträglich die Lizenzen.
Doch das Geschäft war bereits abgewickelt. In Seoul zitierte der südkoreanische Außenminister Lee Won Kyung US-Botschafter Richard Walker zu sich, um heftig zu protestieren. Auch westdeutsche und japanische Diplomaten mußten Vorwürfe über sich ergehen lassen. Unterstaatssekretär Michael Armacost versicherte bei einem Besuch in Seoul, daß alles unternommen werde, damit eine solche Affäre nicht wieder passieren könne. Eine militärische Folge dieses bislang größten illegalen Transfers amerikanischer Hubschrauber: Die südkoreanische Luftwaffe stellte ihre eigenen Hughes-Helikopter vorübergehend außer Dienst, um Grenzverletzungen durch die identischen Fluggeräte des Feindes erkennen zu können. Das äußerst sensible Gleichgewicht auf der Halbinsel war wieder einmal empfindlich gestört.
Kurt Behrens präsentierte sich als Unschuldslamm und wollte von der militärischen Bedeutung seiner 87 Hubschrauber nichts wissen. Am Telefon versicherte er mir: »Es war ein eindeutiges Zivilgeschäft. Und in Deutschland ist es nicht verboten, mit Nordkorea Handel zu treiben.« Wie wahr, doch jeder amerikanischen Firma wurde es untersagt, den Feindstaat des Koreakrieges zu beliefern. Hughes hätte den Deal auch nicht machen dürfen, obwohl sich die

verkauften Hubschrauber nicht auf der Exportkontroll-Liste befinden. Nach Paragraph 40 der deutschen Außenwirtschaftsverordnung handelte es sich um eine »außerhalb des Wirtschaftsgebiets befindliche Ware«. Die Helikopter hatten die Bundesrepublik nie erreicht. Behrens, schlau wie er ist, zahlte die anfallenden Steuern und hatte nichts mehr zu befürchten. Ermittlungen der Zollfahndung in Koblenz und der Oberfinanzdirektion Neustadt/Weinstraße wurden am 16. April 1984 eingestellt.

Seither streiten die Gelehrten, ob sich die Hughes-Fluggeräte in Waffen umwandeln lassen. Kurt Behrens erzählte dem deutschen Fernsehen, was auch ich von ihm zu hören bekam: »Es ist so gut wie technisch unmöglich, wenn man das Wort ›militärische Version‹ definiert. Militärisch ist im Grunde genommen ein Hubschrauber nur sinnvoll, wenn er bewaffnet ist. Und Waffen, wie Raketen, an so einen Hubschrauber ranzuhängen, ist technisch unmöglich, außer für das Herstellerwerk.« Die ARD ließ auch den englischen Experten Paul Beaver zu Wort kommen. Sein Kommentar: »Ja, es ist möglich. Der Hughes 500 wurde in Vietnam und in Grenada militärisch eingesetzt. Es ist eine ganz einfache Geschichte, die Hubschrauber umzurüsten.« Das könne durch Tarnanstrich und Sonderausrüstung geschehen, durch Halterungen für Maschinengewehre oder kleine Raketen, und durch eine weitergehende Umwandlung durch Wehrtechniker. Raketen, so sagte Beaver, seien für Nordkorea jederzeit und einfach zu beschaffen.

Das Nachspiel erfolgte gegen die nordkoreanischen Diplomaten in Berlin. Nachdem sich immer mehr zeigte, daß die kleinen Männer mit dem Auto-Kennzeichen CD-11 auf rotem Grund faktisch ein Büro in West-Berlin unterhielten und dort jeden Tag ihren Geschäften nachgingen, leiteten Polizei und Zollfahndung Untersuchungen ein. Waren Kontrollen angesetzt, verschwanden die Nordkoreaner flink, erschienen aber am nächsten Tag wieder, als ob nichts geschehen sei. Sie wissen, daß ihr diplomatischer Status im Westteil der Stadt nicht gilt, und wollen sich deshalb auch nicht erwischen lassen.

Im Januar 1986 nahmen Hinweise zu, wonach die Nordkoreaner Ersatz- und Zusatzteile für ihre Hughes-Hubschrauber über Berliner Grenzübergänge unkontrolliert in den Osten schafften. Im Februar unterzeichnete die Alliierte Kommandantur einen Ausweisungsbefehl für die Asiaten. Als amerikanische Sicherheitsbeamte

und Berliner Polizei anrückten, um die Waffenhändler zusammen mit ihrem Komplizen Kalitzki zu fassen, waren sie aber bereits endgültig in den Ostsektor geflüchtet. Die südkoreanische Regierung unterstützte diese Aktion, indem sie Japan, Italien und Argentinien – wo Hughes-Teile in Lizenz produziert werden – baten, den kommunistischen Brüdern nichts zu liefern. Im Norden standen die Hubschrauber aber längst wieder zum Verkauf. Als Interessenten meldeten sich die Iraner, die das Gerät im Golfkrieg einsetzen möchten.
Kurt Behrens hat seine Provisionsmillionen anscheinend in ein neues Firmengebäude investiert. Er widmet sich neuen Geschäften – und er tut nach wie vor so, als ob ihn dies alles nichts anginge.

5. Die Dritte Welt will durch Lizenzen autark werden

Indien: Teure Waffenschmieden für den Eigenbedarf

»*Newsweek:* Etwa 70 Prozent der indischen Waffen stammen aus der Sowjetunion. Fürchten Sie nicht, daß Indien von den Sowjets total abhängig werden könnte?
Gandhi: ›Wir haben auch viele französische und britische Waffen. Die meisten unserer Rüstungsgüter sind jedoch in Indien erzeugt worden – nicht nur unter Lizenz hergestellt, sondern von uns wirklich entworfen und entwickelt. Was die Sowjets betrifft, so fühlen wir uns ziemlich sicher, daß sie uns im kritischen Moment nicht im Stich lassen werden.‹«

Aus einem Interview mit Premier- und Verteidigungsminister Rajiv Gandhi

Indien ist nahezu ein Kontinent, eine Sammlung von Superlativen. Derzeit leben dort 750 Millionen Menschen. Im Jahr 2000 dürfte die Bevölkerung des Landes eine Milliarde zählen. Vor einem Dutzend Jahren hat Indira Gandhi die erste Atombombenexplosion angeordnet. Im Atomforschungszentrum Bhabha bei Bombay soll ein Team indischer Wissenschaftler bereits an einer neuen, noch leistungsfähigeren Kernwaffe arbeiten. Indien hat als eines der ersten Länder einen eigenen Satelliten ins All geschossen. Die hochentwickelte Industrie stellt überschallschnelle Kampfflugzeuge und beinahe alle erdenklichen Konsumgüter her.
Doch der Alltag des Normal-Inders ist beschwerlich. 14 von 1000 sterben bei der Geburt. Die durchschnittliche Lebenserwartung beträgt 52 Jahre. Ein Durchschnittsgehalt beträgt umgerechnet 300 Mark. Wer keine 60 Mark im Monat verdient, der hat die Armutsgrenze unterschritten. 60 Millionen Inder sind chronisch ar-

beitslos. Öffentliche Fürsorge gibt es nicht, dafür aber den funktionierenden Schutz durch die Großfamilie. Gesundheitsfürsorge ist kostenlos. Doch nicht jeder kann im Notfall die nächste Zentralpraxis erreichen oder gar darauf hoffen, daß das richtige Medikament vorhanden ist. Das ist nur eine Widrigkeit. Das tägliche Leben wird durch die Korruption der Herrschenden, durch Kastenhochmut, religiösen Fanatismus und militanten Separatismus geprägt.
Beim Jubiläumsparteitag seiner ererbten »Kongreß-I-Partei« sprach Rajiv Gandhi im Dezember 1985 Wahrheiten aus, die seine Landsleute aus dem Mund eines regierenden Politikers noch nie gehört hatten: »Bei uns gibt es Staatsdiener, die den Armen und Hilflosen nicht dienen, sondern sie unterdrücken; Publizisten, die das Gesetz nicht achten, sondern Schuldige decken; Steuereintreiber, die keine Steuern eintreiben, sondern mit denen gemeinsame Sache machen, die den Staat betrügen; schließlich unzählige, deren einziges Ziel ihr persönlicher Wohlstand auf Kosten der Gesellschaft ist.«
Ich fragte den Chefredakteur der angesehenen *Times of India*, ob denn ein derart extremes Gemeinwesen überhaupt noch regierbar sein kann? Seine Antwort war selbst eine Frage: »Die Bevölkerung unseres Landes stellt beinahe ein Sechstel der Menschheit. Das sind mehr Menschen, als in Westeuropa und in den USA leben. Wir sind größer als Europa, befinden uns aber auf einer viel niedrigeren Ebene. Bei der Unabhängigkeit vor 38 Jahren war unsere soziale Situation mit der Europas im 17. oder 18. Jahrhundert vergleichbar. Wir haben allgemein kaum aufgeholt. Aber geht es uns technologisch nicht schon viel besser? Haben wir nicht Aussichten, zum Ende des Jahrtausends ein moderner Sozialstaat zu sein?«
Immerhin: Indien unterhält mit 1,1 Millionen Mann das viertgrößte Heer der Welt. In Neu-Delhi befehligt man die fünftgrößte Luftwaffe und die achtgrößte Marine. Diese Streitkräfte sind eine teure Einrichtung, die Indien gegen feindliche Nachbarn und Unruhe im Inland zu benötigen glaubt. Jedes Jahr wächst der Militäretat des Armenhauses um ganze elf Prozent. Der Haushaltsentwurf sieht für das Finanzjahr 1986/87 Verteidigungsausgaben in Höhe von 87,3 Milliarden Rupien vor. Das sind 16 Milliarden Mark oder 16,5 Prozent des gesamten Budgets.

Indien ist kein gewöhnliches Land der Dritten Welt. Es ist die

Führungsnation der blockfreien Staatengemeinschaft. Jawaharlal Nehru war es, der ihm diesen Rang gesichert hat. In einer derart exponierten Position kommen den Indern natürlich Schrittmacherfunktionen zu – auch auf dem Rüstungssektor. 1962 beschloß Indien als eines der ersten unterentwickelten Länder, den Waffenfabrikanten der entwickelten Welt keine Produkte mehr, sondern die Produktionsmittel abzukaufen. Mit dem Zauberwort »indigenous« umschreiben die Inder seither ihr Traumziel, selbständig und aus eigener Kraft Fortschritt zu schaffen.

Indien ist das Beispiel hochfliegender, kostspieliger Pläne, die vor allem im Bereich komplizierter Waffensysteme immer wieder in Niederlagen mündeten. Die Großmacht Südasiens hat bis heute keine wirklich »indigenous production« geschafft. Indien ist nach wie vor von der Gunst der mächtigen Lieferanten abhängig und wird sich daraus auch nicht befreien können, da es sein Produktionsspektrum – im Gegensatz zu Korea oder Brasilien – nur ungern auf das wirklich Machbare beschränken möchte. Israel sollte in diesem Zusammenhang wohl nicht als Vergleich herangezogen werden, da dessen US-Bindung Indiens partielle Abhängigkeit von der Sowjetunion noch übertrifft. Ähnlichkeit haben nur die Bemühungen beider Staaten, die hochentwickelten Waffen der Supermächte möglichst erfolgreich nachzubauen beziehungsweise für eigene Zwecke nutzbringend zu modifizieren. Die indische Rüstungswirtschaft darf ohne Übertreibung als großer »militärisch-industrieller Komplex« bezeichnet werden. Viele Daten, die ein etwas genaueres Bild geben würden, sind geheim; vor allem der Kostenfaktor. Nach Zahlen des Jahres 1984 arbeiten rund 300000 Inder in der Rüstungsindustrie. Realistischen Schätzungen gemäß produzieren sie jährlich Wehrtechnik im Wert von vier Milliarden Mark. Manche Experten halten die genannten Zahlen noch für untertrieben und sprechen von 1,5 Millionen Beschäftigten in der Rüstungsindustrie und ihrem weitestgehenden wirtschaftlichen Umfeld. Den Wert einer Jahresproduktion setzen sie mit zehn Milliarden Mark an. Das gesamte Gefüge steht auf drei Beinen. Die sogenannten »Ordnance Factories«, 36 an der Zahl, produzieren mit 60 Prozent der Beschäftigten im Rüstungsbereich Kriegszubehör, von der Munition bis zur Uniform. Einzelne Rüstungsfabriken stellen aber auch leichte Waffen, Sprengstoff, Panzer und Truppentransporter her. Das meiste geht in die Depots des Heeres. Marine und Luftwaffe beziehen ihre Ausrüstung lieber von den »Public Sector Undertakings« des Verteidigungsministeriums – neun Rüstungskonzerne, die teilweise auch zivile Fertigung betreiben. Im Militärbereich stellen sie Hubschrauber und Düsenjäger her, Raketen, sensible Elektronik, Fregatten, Minenräumschiffe und Patrouillenboote.

Der dritte Bereich ist der Erforschung und Entwicklung neuer Waffensysteme gewidmet. 43 wichtige Laboratorien und Testorganisationen sind dem Wissenschaftlichen Berater des Verteidigungsministeriums unterstellt. Sie beschäftigen 25 000 Menschen, darunter 6000 Wissenschaftler und Ingenieure. Diese Experten entwickeln neue Radarsysteme und Flugzeugturbinen, Munition und chemische Stoffe. Zusammen mit der militärischen Forschung an Universitäten und in privaten Firmen entfällt ungefähr ein Viertel aller wissenschaftlichen Anstrengungen auf den Rüstungssektor.

Bereits im Jahr 1801 wurde die Gründung einer ersten Waffenfabrik auf indischem Boden nach London gemeldet. Es handelte sich um die »Gun Carriage Agency« der East India Company in Kalkutta. Die Engländer zogen es vor, Kleinwaffen und Munition in der Perle ihrer Kolonien herzustellen, um den Tücken langer Transportwege aus Großbritannien zu entgehen. 1947, als die Briten das Vizekönigreich endlich in die Unabhängigkeit entließen, existierten 16 Rüstungsbetriebe. Ihnen schenkte man vorläufig allerdings nur wenig Beachtung, da das Volk vom friedfertigen Geist eines Mahatma Gandhi und von der ausgleichenden Art eines Jawaharlal Nehru beeinflußt war.

Indien hatte in den fünfziger Jahren nur kleine Waffen und Ausrüstungsgegenstände produziert. Darüber hinaus gab es lediglich Absichtserklärungen und erste zaghafte Versuche, sich selbständig aufzurüsten. Neu-Delhi unterschrieb 1956 einen Vertrag über die Lizenzproduktion eines britischen Kampfflugzeuges mit Namen »Gnat«. Sieben Jahre später sollte die Serienfertigung beginnen können. Ähnlich war es mit dem ersten unabhängigen Flugzeugprojekt, dem »HF-24 Marut«. Hindustan Aeronautics, Indiens Luft- und Raumfahrtkonzern, startete ebenfalls 1956 mit seiner Planung, doch verzögerten sich die Vorhaben aus wirtschaftlichen und finanziellen Gründen.

Erst als die Grenzprobleme mit China 1959 zunahmen, deckten sich die Inder rasch mit ausländischen Waffensystemen ein: Panzer, Jagdflugzeuge und Bomber aus England und Frankreich, Hubschrauber aus der Sowjetunion. Nach der Niederlage im Grenzkrieg mit China 1962 stand das ganze Volk hinter der Entscheidung, der Waffenindustrie Priorität einzuräumen. Daran hat sich bis heute nichts geändert. Kritik an Rüstungsausgaben wird in Indien als unfein angesehen.

1963 entstanden sechs neue Rüstungsfabriken. Die westlichen Führungsmächte und die Sowjets beteiligten sich gerne daran. Doch die Sowjets gewannen den Wettbewerb um die Gunst der Kundschaft. Sie gaben ihr Kampfflugzeug MiG-21 zur Lizenzfertigung frei – eine Sensation auf dem internationalen Markt.

Mit ausländischer Hilfe entstanden zahlreiche indische Projekte. Das Know-how für den 37-Tonnen-Panzer »Vijayanta« kam von Vickers und Armstrong in England, für einen drei Tonnen schweren Transporter von MAN in Deutschland. Nissan und Komatsu aus Japan lieferten die Pläne für weitere Fahrzeugtypen. Zwischen 1962 und 1964 wurde das Militärbudget verdoppelt, doch die neu geschaffene Abteilung für Rüstungsproduktion im Verteidigungsministerium schaffte es nicht, die zur Verfügung gestellten Gelder auszugeben. Schon damals nämlich tauchten Probleme auf, die Indiens Waffenproduktion immer begleiten sollten. Es stellte kein Problem dar, einfaches Schießgerät herzustellen. An komplizierter Technologie aber, und vor allem an der Abstimmung zwischen selbstgefertigten und importierten Teilen, scheiterten die ehrgeizigen Kriegstechniker.

Das erste Großprojekt, an dem sich die Inder folgenschwer übernahmen, war der bereits genannte Kampfpanzer »Vijayanta«. Diese modifizierte Version des britischen »Chieftain« benötigte zehn Jahre, um in der eigens gebauten südindischen Panzerfabrik von Awadi vom Fließband zu gehen. Vickers und Armstrong lieferten vorsichtshalber 40 einsatzfähige Panzer an. 1500 weitere sollten in Indien produziert werden. Die Montage lief nur sehr langsam an, da man auf importierte Teile angewiesen war, die Zusammenarbeit mit der Privatwirtschaft – zum Beispiel bei der Herstellung von speziellem Stahl und von Elektronik – selten klappte und außerdem der Ausbildungsstand des Personal vorerst zu wünschen übrig ließ. Die Pannen der Panzerproduktion wurden zwi-

schen 1963 und 1969 durch den Import von 620 Streitwagen aus Frankreich, England und der Sowjetunion ausgeglichen.
Die seit der Teilung Britisch-Indiens schwelende Krise zwischen Ost- und Westpakistan, beruhend auf kulturellen und wirtschaftlichen Gegensätzen, führte im März 1971 zur Unabhängigkeitserklärung Ostpakistans, des heutigen Bangladesch. Truppen Westpakistans schlugen den Aufstand nieder. Als neun Millionen Menschen über die Grenze nach Indien flüchteten, sah sich Neu-Delhi gezwungen einzugreifen. Auch diesen Krieg konnte Pakistan nicht gewinnen. Diesmal hatte die Rüstungsindustrie zur Zufriedenheit der indischen Regierung funktioniert.
Die späten siebziger Jahre waren von den Einwirkungen der steigenden Ölpreise, wirtschaftlichen Problemen und sinkenden Deviseneinnahmen geprägt. Das trieb die Inder systematisch in die Arme der Sowjets. Während der Westen seine Waffen rasch und in Devisen bezahlt haben wollte, offerierten die Russen Konditionen, die Indiens Regierung nicht ablehnen konnte. Inder Malhotra, Chefredakteur der *Times of India:* »Die Russen sind harte Verhandlungspartner, und wir auch. Zuerst haben sie uns zwei rückzahlungsfreie Jahre und eine Tilgung der Schulden innerhalb von zehn Jahren angeboten. Wir baten um ein System von fünf und 15 Jahren. Schließlich einigten wir uns auf zwei und 15 Jahre. Zuerst zahlen wir also nichts, und dann zweieinhalb Prozent Zinsen über einen Zeitraum von 15 Jahren. Die Sowjets akzeptieren von uns auch indische Rupien und Gegengeschäfte mit Textilien oder Lebensmitteln. Ich kann mich auch noch gut an die Worte Marschall Ustinows erinnern. Er sagte, wenn Ihr genug Devisen habt, um französische Mirages zu kaufen, dann könnt Ihr das Geld auch uns geben.«
Die Amerikaner und die Chinesen verbündeten sich mit Pakistan, und so benötigte der große Nachbar einen eigenen Paten. Indira Gandhi, an deren Neigung zugunsten Moskaus nie ein Zweifel bestand, wurde im März 1971, genau zum Ausbruch des Konflikts um Ostpakistan, in einem triumphalen Wahlsieg erneut vom Volk angenommen. Sie hatte dadurch volle Handlungsfreiheit. Als die Flüchtlinge ins Land strömten und die politische Lage immer unübersichtlicher wurde, besuchte der sowjetische Außenminister Gromyko im August 1971 Neu-Delhi. Exakt am 9. August wurde einer jener Verträge über »Frieden, Freundschaft und Zusam-

menarbeit« zwischen Indien und der Sowjetunion abgeschlossen, über den sich nicht nur die Blockfreien schockiert zeigten. Die außenpolitische Konsequenz: Der Gigant Indien hängt seither an der Leine der Sowjets und darf nicht einmal auf eine ernsthafte Bedrohung der regionalen Stabilität, wie in Afghanistan geschehen, angemessen reagieren. Denn schon Artikel eins des Vertrages untersagt Einmischung »in die internen Angelegenheiten« des Partners. Die »Befriedung« Afghanistans scheint mittlerweile eine »interne Angelegenheit« geworden zu sein.

Aber auch die Sowjets haben dieses Bekenntnis von 1971 bis heute teuer bezahlt. Ihr größter Waffenkunde wurde stets bevorzugt bedient, und die Bedingungen waren nie marktgerecht. Es begann mit SA-2-Raketen und der Koproduktion von MiG-21. Zwischen 1970 und 1979 waren drei Viertel der in die Region Südasien transportierten Waffen für Indien bestimmt. Die weitaus meisten kamen aus der Sowjetunion.

Joachim Krause schreibt in seiner Studie zur sowjetischen Militärhilfepolitik: »Indien wurde (mit Ausnahme Nordkoreas) zum einzigen Entwicklungsland, das in großem Umfang sowjetische Großwaffensysteme in Lizenz herstellt... Wie groß das Interesse Moskaus an einer Bindung Indiens durch Militärhilfe – oder wie die Inder es formulieren: militärische Beziehungen – wurde, läßt sich daran ablesen, daß der Umfang der sowjetischen Rüstungslieferungen an Indien im Verlauf der siebziger Jahre die schon relativ große Wirtschaftshilfe deutlich überstieg und mittlerweile weit hinter sich gelassen hat. Militärhilfe wurde somit zum primären Instrument Moskaus im Umgang mit Indien.« Die Höhe der sowjetischen Rüstungslieferungen an Indien betrug zwischen 1965 und 1978 etwa drei Milliarden US-Dollar. In den achtziger Jahren reisten wiederholt hochrangige Militärdelegationen aus Moskau an. Das arme Indien unterzeichnete im Mai 1980 einen Liefervertrag im Wert von 18 Milliarden Dollar. Dafür trafen in den folgenden Jahren neue Panzer des Typs T-72, Schützenpanzer, Flugabwehrgeschütze und -raketen, Kampfflugzeuge der Baureihen MiG-23, MiG-25 und MiG-27 ein. Die Sowjets lieferten Transportmaschinen der Typen Il-76 und AN-32, moderne Hubschrauber Mi-25 und Raketen für die Luftwaffe. Die Marine erhielt Zerstörer des Typs »Kashin« und Aufklärungsflugzeuge. Im März 1984, kurz vor der Ermordung der Premierministerin Indira Gandhi, weilte Verteidigungsminister Dimitri Ustinow mit 55 Mann Gefolge in Delhi. Dabei wurde ein Abkommen über die Lieferung von noch mehr Panzern und Flugzeugen geschlossen. Ustinow versicherte väterlich, Moskau wünsche ein starkes Indien, das sich gegen die Bedrohung »von außen« wehren könne.

Die Gespräche über den neuen sowjetischen Kampfpanzer T-80, über U-Boote und Hubschrauber, aber auch um die bald lieferbare MiG-29 und die erst auf dem Reißbrett existierende MiG-31 wurden im Oktober 1984 in Moskau fortgesetzt. Mit am Tisch saßen Delhis neuer Verteidigungsminister S. B. Chavan und die stellvertretenden Stabschefs der drei Teilstreitkräfte. Die Moskauer Seite wird, wie üblich, die Bedrohung Indiens durch hochentwickelte pakistanische F-16 ausgemalt haben. Die indischen Gäste dürften erneut um Lieferungen und politische Preise gepokert haben.

Doch auch der Westen kommt immer stärker zum Zuge: 1978 kauften die Inder für 1,1 Milliarden Dollar britische Jaguar-Kampfflugzeuge. Es folgte eine Bestellung von 90 Maschinen des Typs Mirage 2000. Ihr Wert: 3,5 Milliarden Dollar. Die Zeitschrift *India Today* berichtete von einer Order für deutsch-französische Milan-Panzerabwehrraketen, Matra-Flugzeugraketen und lasergesteuerte Bomben im Wert von einer Milliarde Dollar. Der Artikel, erschienen im November 1985, führt auch bestellte britische Sea-Harrier-Maschinen, Hubschrauber des Typs »Sea King« und Raketen des Typs »Sea Eagle«, Aufklärungssysteme für die Marine und hochsensibles Radar für die Feldartillerie im Gesamtwert von drei Milliarden Dollar an.

Im Frühjahr 1986 kauften die Inder den ausgedienten britischen Flugzeugträger »Hermes«, einen Veteran des Falkland-Feldzuges, zum Freundschaftspreis von 25 Millionen Pfund (zuzüglich 15 Millionen Pfund für die Überholung). Die »Hermes« soll fünf Jahre überbrücken helfen. Nach dieser Zeit will Indien eigene Flugzeugträger vom Stapel laufen lassen.

Für die 1987 anstehende Lieferung und spätere Lizenzfertigung von westdeutschen U-Booten konnte keine Summe genannt werden. Der schwedische Konzern Bofors bekam jüngst den Zuschlag für 400 Artilleriehaubitzen, Munition und Reserveteile im Wert von 1,6 Milliarden Dollar. In Delhi wurde bekannt, daß noch weitere Verträge mit westlichen Lieferanten anstehen. Das Entwicklungsland will auch Computer im Wert von einer Milliarde Dollar kaufen und eine größere Stückzahl von Luftabwehrgeschützen der Schweizer Waffenfirma Oerlikon-Bührle. Im Mai 1985 unterzeichneten Indien und Italien einen Vertrag, der gemeinsame Rüstungsforschung zum Inhalt hat. Am selben Tag traf Amerikas Staatssekretär Fred Iklé in Delhi ein, um seinerseits amerikanisches Rüstungsgerät anzubieten. In Indien und in vielen anderen Dritt-Welt-Staaten kann man nachvollziehen, wieviel besser der Transfer von militärischen als der von zivilen Gütern funktioniert.

Die Inder haben in den letzten Jahren immer wieder Verhandlungen über eine Lizenzproduktion der britischen Jaguar-Flugzeuge oder/und der französischen Mirage 2000 geführt. Als die Sowjets bereits ihren Machtanteil schwinden sahen, bekamen sie doch noch den Zuschlag. Das aktuellste Beispiel ist die Lizenzfertigung der hochentwickelten MiG-27. Der Jagdbomber wurde in den ersten Januartagen des Jahres 1986 bei der indischen Luftwaffe eingeführt. Unter dem indischen Namen »Bahadur« (Nato-Codebezeichnung »Flogger-D«) wird die MiG-27 nun auch im Werk Nasik der Hindustan Aeronautics produziert. Sie hat damit den technisch veralteten Suchoi-Jet abgelöst.

Indien wird wohl diesen Kurs beibehalten, da man spätestens seit Ex-Pilot Rajiv Gandhi die Regierungsgewalt im Land übernommen hat, eingesehen haben wird, daß eine völlige Unabhängigkeit auf hochtechnologischem Gebiet bis auf weiteres unrealistisch ist. Die bitteren Erfahrungen begannen einst mit dem Transportflugzeug HS-748. Hindustan Aeronautics und Hawker Siddeley wollten es in den frühen sechziger Jahren herstellen. Die Leistung dieses Produkts war so enttäuschend, daß letztlich nur 79 Stück gebaut wurden.

Der Düsenjäger HF-24 Marut flog erstmals im März 1961. Seine Serienproduktion begann 1963. Auch im 24. Jahr seiner Planung schafften es die Inder nicht, Überschallgeschwindigkeit zu erreichen und das passende Triebwerk zu entwickeln. Indien testete britische, sowjetische und ägyptische Triebwerke. Der Marut wurde immer teurer. 1964 war er außerdem technisch längst überholt. So entstanden schließlich nur 145 der für den Anfang geplanten 214 Stück. Das Projekt wurde eingestellt, sollte jedoch durch ein modifiziertes Modell, den HF-25 ersetzt werden.

Auch das war bis heute nicht zu bewerkstelligen, da die indischen Flugzeugingenieure stets am Triebwerk scheiterten.
Das Nachfolgemodell sollte LCA (»Light Combat Aircraft«) heißen. Bei der Einführung der MiG-27 formulierte Premier Rajiv Gandhi seine Hoffnung, daß dieser bald zur Verfügung stehen werde. Die *Times of India* kommentierte es außerordentlich pessimistisch. British Aerospace und der US-Konzern Northrop seien interessiert, in Indiens Prestigeobjekt LCA einzusteigen. Wenn das erlaubt werde, dann sei die bisherige Entwicklungsarbeit umsonst gewesen. Wahrscheinlich sei der LCA aber schon längst passé. Das wird von offizieller Seite natürlich dementiert.
Pech hatten die Inder auch mit ihren selbstgefertigten Kampfflugzeugen »Gnat« und »Ajeet«. Ausnahmsweise lief alles bestens an. Der »Gnat« wurde ab 1962 produziert und zeigte im 65er Krieg gegen Pakistan gute Leistung. Mit 240 ausgelieferten Flugzeugen kam Hindustan Aeronautics sogar in die Gewinnzone. Trotz allem konnte man verschiedene technische Probleme nie lösen. Die Maschine sackte in niedrigen Höhen regelmäßig ab. So kam es zwischen 1963 und 1973 zu jährlich 50 Unfällen. 19 Piloten starben dabei.
Beim Nachfolgemodell »Ajeet« sollte das Problem behoben werden. Dieses Flugzeug entstand ab 1972. Das erste Modell stieg 1976 auf. Obwohl bis 1982 mehr als 80 Stück gefertigt wurden, zeigte sich die indische Luftwaffe stets unglücklich. Die Höhenkontrolle und das Freund-Feind-Erkennungssystem arbeiten nur unter Vorbehalt. Der Düsentrainer HTJ-16 Kiran wurde ab 1964 in Serie hergestellt. Er flog mit Elektronik von Marconi und Triebwerken von Rolls-Royce. Trotzdem heißt es in indischen Luftwaffenkreisen, daß der Kiran mehr zur Reparatur im Hangar stand, als er eingesetzt werden konnte. Als Hindustan Aeronautics dann noch mit einem eigenen Triebwerk experimentierte, funktionierte gar nichts mehr.
Also blieben die Inder bei ihren Import-Jagdbombern, zumeist bewährten Sowjetmodellen. Dafür hatten sie genug Berater, und alle nötigen Teile paßten zusammen. Daß die Produktion immer wieder unterbrochen werden mußte, lag an der zögerlichen Lieferung sowjetischer Bauelemente. Trotzdem wurden in Nasik mehr als 500 MiG-21 hergestellt, bevor sich Hindustan

Aeronautics auf die modernere MiG-27 konzentrierte. Es bestehen bereits konkrete Pläne zur Lizenzproduktion der MiG-29.
Ein ähnliches Schicksal wie bei den verschiedenen Flugzeugmodellen mußten die ohnehin fatalistischen Inder mit ihrem ehrgeizigen »Main Battle Tank« (MBT) ertragen. Der »Vijayanta« war, wie mir ein indischer Offizieller sagte, »ein Panzer mit einer der besten Kanonen auf einem der am schlechtesten entworfenen Fahrwerke«. Im Krieg von 1971 versagte er kläglich. Dieses Produkt und die anfälligen Flugzeuge waren Grund genug für das indische Militär, seither den Import funktionierender Waffen zu verlangen. Eine Fraktion des Verteidigungsministeriums steuert dagegen und investiert Millionen von Rupies in fixe Ideen. Die bislang letzte ist jener »Main Battle Tank«. Er sollte dem »Vijayanta« im Panzerwerk von Awadi nachfolgen. In den frühen siebziger Jahren wurde der Plan gefaßt, 1974 das nötige Geld genehmigt. 600 Millionen Dollar dürften bis 1985 ausgegeben worden sein, ohne daß der Panzer einsatzbereit war.
Die indische Presse sprach von »überambitionierten Forschungs- und Entwicklungszielen« und taufte den hochgelobten »Panzer für die achtziger Jahre« realistisch in einen »Panzer für die neunziger Jahre« um. Das Verteidigungsministerium schwieg betreten. Plötzlich war keine Rede mehr von »einer echten Konkurrenz zum deutschen ›Leopard II‹, zum amerikanischen XM-1 und zum sowjetischen T-72«.
Die öffentliche Diskussion über den MBT kam nur schleppend in Gang. Jahrelang hatte der frühere Verteidigungsminister R. Venkatamaran die Steuerzahler und auch das Parlament belogen. 1982 hatte er vor den Abgeordneten erklärt, die Entwicklung des MBT schreite rasch voran. Es werde exzellente Arbeit geleistet. Sechs Monate nach dieser Rede mußte er unter Druck zugeben, daß das 1500-PS-Projekt aufgegeben worden sei, weil der Motor maximal 400 PS geschafft habe. Im Februar 1984 besuchte Venkatamaran die Fertigungsstätte, drehte mit dem Panzer eine öffentliche Runde und ließ sich dabei fotografieren. Niemand erzählte den anwesenden Journalisten, daß es sich nur um ein MBT-Gehäuse handelte. Der Motor, lediglich für jenen Demonstrationstag eingebaut, stammte in Wirklichkeit vom deutschen Hersteller MTU (Leopard) und existierte nur in einem Exemplar.
Im April 1985 mußte die Öffentlichkeit noch einmal aus gegebe-

nem Anlaß vom Fortgang des Projekts unterrichtet werden. Um aufkommendes Mißtrauen zu zerstreuen, kletterten wieder einmal Militärs auf den MBT, den sie in einer spektakulären Zeremonie auf den Namen »Arjun« – ein Held der alten indischen Geschichte – tauften. Das Hohelied vom tapferen Mann wurde auf die künftigen Panzerfahrer und Kanoniere gesungen. Es hieß, sie würden mit das beste Gerät in der Welt bekommen – zum günstigen Stückpreis von 2,6 Millionen Dollar. Wenn die indischen Streitkräfte dann bis zum Jahr 2000 insgesamt 3000 Stück erhalten hätten, sei dies der größte Auftrag in der Geschichte der indischen Rüstungsindustrie gewesen. Daraufhin verschwand das Thema wieder aus den Schlagzeilen.

Wer die vergeblichen Versuche der indischen Rüstungsindustrie kennt, auf eigenen Beinen zu stehen, der muß sich nur wundern, wie viele Spione auf sie angesetzt sind. In den letzten zwei Jahrzehnten wurden in Delhi immer wieder Aktivitäten fremder Geheimdienste aufgedeckt. Unmittelbar nach Rajiv Gandhis Amtsantritt flog der größte Spionagering unter skurrilen Umständen auf. Zahlreiche hochrangige Informanten hatten ab 1978 geheime Informationen aus den Bereichen Wirtschaft, Verteidigung und Politik geliefert. Die Besteller saßen in der sowjetischen Botschaft und Handelsmission, bei den Vertretungen der DDR, Polens und Frankreichs. Die enttarnten Diplomaten mußten Indien verlassen, während 18 ihrer Informanten vor Gericht gestellt wurden. Bei diesen nichtöffentlichen Verfahren wurde bekannt, wie sehr die Ausländer an Neuigkeiten aus dem Bereich der Rüstung und Verteidigung interessiert waren.

Ob die zahlreichen Spione das einzig wirkliche Militärgeheimnis Indiens entschlüsseln konnten, sei dahingestellt. Es handelt sich um die Frage der Rentabilität der »unabhängigen indischen Rüstungsindustrie«. Meine eigenen Informanten in den Regierungszirkeln von Neu-Delhi sprechen von einer klaren Verdoppelung der Kosten, sobald ein Waffensystem in Indien gebaut wird. Reiner Import würde also den Verteidigungshaushalt deutlich geringer belasten. Da ändert sich auch nichts, wenn die Sowjets als Hauptlieferant und -lizenzgeber freundliche Preise verlangen, um ihren Einfluß am Indischen Ozean nicht zu verlieren. Eine MiG-27 soll für die Inder angeblich umgerechnet 7,5 Millionen Dollar kosten, während die Franzosen ihre Mirage 2000 nicht unter 18 Millionen Dollar pro Exemplar abgeben wollen. Während meiner Gespräche mit den Staatssekretären für Forschung und Entwicklung sowie Verteidigungsproduktion wurden aber nicht einmal diese Zahlen bestätigt. Im Gegenteil: Man versuchte, mein Interesse auf die »vielen Vorteile der Rüstungsproduktion für die zivile Wirtschaft« zu lenken. Ehrlich war dagegen der pensionierte Admiral N. P. Datta, den ich im Jachtclub von Bombay traf. Datta beaufsichtigte vor Jahren als stellvertretender Stabschef der Marine (und verantwortlich für Planungsfragen) die Mazagon-Werft, wo die meisten Kriegsschiffe produziert werden. Sein Urteil über Indiens Rüstungsanstrengungen: »Lizenzproduktion ist definitiv teurer. Es gibt viele Verzögerungen und Fehler. Wir müssen immer wieder neu starten und vor allem die kritischen Komponenten von außen kaufen. Indien wird nie mit den wichtigen Rüstungsindustrien der Welt konkurrieren können. Unser Bedarf ist nicht groß genug, um die notwendigen hohen Investitionen zu rechtfertigen.«

»Sollte Indien dann nicht ganz einfach zum Importeur werden, Herr Admiral?« – »Viele unserer Militärs sind dafür, aber sie trauen sich noch nicht, es öffentlich zu verkünden. Die Regierung lebt nach Nehrus Philosophie und ist strikt dagegen. Bis auf weiteres wird sich daran nichts ändern.« M. C. Sarin, Chef der Rüstungsproduktion bis Anfang 1985: »Wir haben Produkte, die sich verkaufen würden, aber nicht genügend Kapazität, um große Mengen zu produzieren. Wenn ich 150 Panzer brauche, dann werde ich nicht 500 bauen und die anderen verkaufen. Das würde zuviel unnötige Investitionen verschlingen.« Ähnlich sah es sein Kollege V. S. Arunachalam, Staatssekretär für Forschung und Entwicklung: »Indien bezieht keine Verkäufe in seine Produktionspolitik ein. Wir stellen nur soviel her, daß wir unseren eigenen Bedürfnissen genügen können. Nur so können wir unsere Identität bewahren.«

Trotzdem gibt es Rüstungsverkäufe ins Ausland und auch indische Waffenhändler. Sie vertreten – wie beispielsweise in Israel üblich – internationale Konzerne gegenüber der indischen Regierung und einheimische Unternehmen für den Export. Eine Reportage des Nachrichtenmagazins *India Today* beschrieb 1981 das Netz der dezent agierenden Alleshändler. Da wurden die Geschäfte der Firma Indian Avitronics und ihres Chefs Brij Mohan Gupta genannt. Es war die Rede von Lalit Mohan Thapar und seiner Firma Greaves Cotton & Company, die Importe der britischen Jaguar-Maschinen vermittelte. Andere einschlägige Unternehmen heißen Eureka Sales Corporation, Presco Enterprises und Anatronic General Corporation. Insgesamt sollen 25 Lobbyisten mit 3000 Angestellten pro Jahr Rüstungsgüter im Wert von 500 Millionen Dollar umsetzen. Viele von ihnen gehörten, wie üblich, bis zur frühzeitigen Pensionierung dem indischen Verteidigungsestablishment an. *India Today* fand insgesamt drei Generalleutnants, zwei frühere Marinebefehlshaber, mehr als ein Dutzend Brigadiere und Geschwaderkommandeure und 50 weitere Offiziere aller Kategorien im Waffengeschäft heraus. Manchmal mischen aber auch Offizielle mit, die noch gar nicht an Ruhestand denken. So gilt der jetzige indische Botschafter in Paris als langjähriger Lobbyist der französischen Luftfahrtindustrie.

Indische Waffen werden derzeit nur an ausgesuchte Kunden verkauft. Eine Kabinettsentscheidung des Jahres 1983 gab dazu eine grundsätzliche Erlaubnis, doch fürchtet jeder Verantwortliche auf der mittleren Verwaltungsebene das Risiko. Deshalb gab es bislang vor allem Militärhilfe-Exporte für Nepal und Bangladesch; zumeist Patrouillenboote und Helikopter auf nichtkommerzieller Basis. Weitere Hubschrauber wurden an die Seychellen geliefert, Jettrainer an Burma, Thailand, Kambodscha und Malaysia. Acht Cheetak-Hubschrauber, die indische Fassung der französischen »Alouette MK 3«, gingen 1983 in die Sowjetunion. Kleinwaffen und Munition wurden nach Jordanien, Malaysia, Nigeria, Oman und in den Libanon exportiert. Panzerverkäufe an Kuwait sind schwer zu verifizieren. Schwierigkeiten gab es bislang nur, als Indien nachgebaute Ersatzteile für sowjetische MiG-Maschinen an Ägypten, Syrien und den Irak liefern wollte. Das nämlich war entsprechend der indisch-sowjetischen Lizenzverträge verboten.

Eine wirklich blamable Geschichte aber geschah nur einmal. 1978, während der Zeit der Janata-Regierung des Urintrinkers Morarji Desai, wollte man 90 veraltete Centurion-Panzer verkaufen. Wundersamerweise fand sich gleich ein besonders weit entfernt wohnender Schrotthändler: eine spanische Firma namens Barrieros Hermanos. Später behauptete eine indische Boulevardzeitung, es habe ein »britischer Jude deutscher Abstammung« namens W. R. M. Michele dahintergesteckt. Über seine Scheinfirma

Eastern Trade Ensfalt in Lüttich/Belgien habe er die Spanier beauftragt, die Panzer für 21000 Dollar pro Stück zu kaufen. Am 29. Januar 1978 verließ die »Scan Fuji«, ein in Liberia registrierter Frachter, den die norwegische Reederei Fearnley and Eger Chartering von einer dänischen Firma gemietet hatte, mit voller Ladung den Hafen von Bombay. Man hatte beim Verladen genau darauf geachtet, daß die Panzer nebeneinander standen und nicht beschädigt werden konnten.

Ein spanischer Mittelsmann hatte den Kapitän des Schiffes mit zwei Sätzen von Dokumenten ausgestattet. Die einen blieben bei den indischen Behörden und gaben als Endziel Spanien an, während die richtigen Unterlagen als Empfänger das vom UNO-Waffenembargo betroffene Südafrika nannten. Am 13. Februar 1978 traf die »Scan Fuji« in Durban ein. Als erste Informationen über den Betrug in Delhi eintrafen, konnte Indiens Regierung die Katastrophe zuerst gar nicht fassen. Ausgerechnet sie, ein traditioneller Gegner der Apartheidspolitik (indische Reisepässe haben einen Sperrvermerk für Südafrika), hatten die verhaßten Rassisten vom Kap mit Waffen versorgt. Als ich in Indien diesen Deal recherchierte, wurden mir widersprüchlichste Daten und Zahlen genannt. Mühevoll war es, allein diese wenigen Tatsachen in Erfahrung zu bringen. Am liebsten würden die Herolde von Abrüstung und Blockfreiheit vergessen, daß es diese mißlichen Panzer jemals gegeben hat.

Der Privatsektor und sein schwindender Einfluß

»Ich habe Kriege gemacht, so daß ich an beide Seiten Waffen verkaufen konnte. Ich muß wohl mehr Waffen verkauft haben, als irgend jemand anderer auf der Welt.«

Sir Basil Zaharoff im *London Sunday Chronicle,* 29. 11. 1936

Würde Zacharia Basilius Zaharoff alias Zacharie Vasiliou Zacharoff Basile heute noch leben, dann wären die Groschenblätter, die Filmproduzenten, Geheimagenten und lebenslustigen Damen hinter ihm her. Und er würde es genießen, weil es ihm als Barometer seiner Bedeutung vorkäme. Eines steht außer Zweifel: Zaharoff war ein wichtiger Mann, einer, dem ein Platz in der Geschichte gebührt. Der prägnante Kosmopolit mit weißem Schnauz- und Spitzbart hat mit Waffen gehandelt, und das zu einer Zeit, als das Gewerbe noch keinerlei Anfechtungen ausgesetzt war, als der Kreativität von »Händlern des Todes« keinerlei Grenzen gesetzt wurde. Wie anders als kreativ sollte man sonst die unvergleichlichen Manöver des Sir Basil bezeichnen, mit denen er – man schrieb das Jahr 1886 – die allerersten U-Boote an die passenden Abnehmer brachte. Zuerst sprach er im griechischen Marineministerium vor – und wurde als griechischer Patriot angenommen. Der Minister erstand das etwas unheimliche Unterseeschiff, und der Vertreter des britisch-schwedischen Waffenproduzenten Nordenfelt reiste weiter nach Konstantinopel. Als »guter Türke« warnte er inständig vor der neuen Geheimwaffe der Griechen, so daß die Osmanen gar nicht umhin konnten, ebenfalls zwei U-Boote zu erwerben. Die nächste Station des Handlungsreisenden war St. Petersburg, das heutige Leningrad. Er lieferte die Information von den beiden, im Schwarzen Meer lauernden Türken-U-Booten. Daraufhin kaufte der Zar gleich vier Stück.

Sein Leben rekonstruieren zu wollen, gleicht einer Sisyphus-Arbeit, weil Zaharoff zugleich einer der größten Geheimniskrämer seiner Zeit war. Er wurde um 1850 als Sohn einer armen türkischen Familie oder auch als Sprößling eines reichen jüdischen Kaufmanns in Odessa geboren. Vielleicht war er aber Pole, Rumäne, Albaner, Bulgare, Grieche – oder einfach nur eine Parademischung aus Londons Stadtteil Whitechapel. Sein Biograph Donald McCormick hat jedenfalls Zaharoffs Spur erst während dessen Sturm- und Drangzeit in Konstantinopel aufnehmen können. 1872 tauchte er in englischen Strafakten auf.
Doch bald darauf kletterte Zaharoff die steile Erfolgsleiter geschickt nach oben. Er heiratete die wohlhabende Tochter eines Mühlenbesitzers aus Bristol und ließ sich als Kaufmann in Zypern nieder. Er schaffte es, von der schwedischen Rüstungsfirma Nordenfelt als Agent für Griechenland angestellt zu werden. Mit großem Erfolg reiste er zwischen den damals bedeutenden Hauptstädten Europas hin und her. Er selbst fühlte sich dabei wie »ein Russe in Rußland, ein Grieche in Griechenland, ein Franzose in Paris«.
Zaharoff kultivierte das seither wichtige Instrument der Bestechung – auch Provision oder Kommission genannt – für das internationale Waffengeschäft. So schmierte er den japanischen Vizeadmiral Matsumoto mit 800000 Goldmark. Dafür kauften die Japaner den Panzerkreuzer «Kongo«. Zaharoff wechselte zum Rüstungsproduzenten Vickers und brachte es zu hohen Umsätzen. 1902 wurden ihm 34000 Pfund ausgezahlt, und 1905 bereits 86000 Pfund. Reich geworden, ließ er sich in Paris nieder. Um immer über alle Machenschaften hinter den internationalen Kulissen informiert zu sein, organisierte er einen eigenen Geheimdienst. Zaharoff erwarb eine Bank und wurde Zeitungsverleger.
Zaharoff war stets im Einsatz, da ein Krieg dem anderen folgte. Er bestückte die Gegner im Salpeterkrieg zwischen Bolivien und Chile, im spanisch-amerikanischen Krieg, beim russisch-japanischen Konflikt und im Burenkrieg. Dann bewaffnete er die Griechen gegen die Türken, die Türken gegen die Serben und nämliche gegen die Österreicher. 1907 ließ er einen seiner Mitarbeiter im Pariser *Figaro* die Meldung plazieren, daß die französische Armee bessere Maschinengewehre besitze als die deutsche. Sofort genehmigte der Reichstag in Berlin 40 Millionen Mark für den Ankauf

von Maschinengewehren. Ein Teil des Auftrags ging an den Vikkers-Partner Paul von Gontard. Zaharoff kassierte ab.
Der Erste Weltkrieg begeisterte ihn. Keine Front kam ohne Zaharoff-Waffen aus. Seine Minen versenkten englische Schiffe. Deutsche Soldaten benutzten türkische Zaharoff-Kanonen im Kampf gegen die englische Infanterie an den Dardanellen; natürlich mit britischer Munition.
Kriegsgewinnler Zaharoff spielte 1920 wieder einmal Griechen und Türken gegeneinander aus. Er wollte den Transportweg des gerade entdeckten Erdöls aus dem Nahen Osten sichern. Ausnahmsweise gelang es ihm nicht, weil er versehentlich dem türkischen Nationalismus unter Kemal Atatürk zu blühendem Leben verhalf. Erstmals hatte auch Basil Zaharoff verloren. Er zog sich aus dem aktiven Dasein an allen Fronten zurück, heiratete 1924 seine geliebte Herzogin von Villafranca nach »40jähriger Leidenschaft« (Zaharoff), nahm den britischen Bathorden in der Westminster-Abtei feierlich entgegen und genoß als Sir Basil den mittlerweile unermeßlichen Reichtum.
Der Spiegel über ihn: »Auf dem Höhepunkt seiner Laufbahn war Zaharoff Mitglied von 300 Aufsichtsräten, Besitzer mehrerer Banken und Eisenbahngesellschaften, ihm gehörten Hotels, Ölquellen, Kohlegruben, Fabriken und Werften. Die Krupps zählten zu seinen Geschäftsfreunden, der spätere Chef der deutschen Abwehr, Admiral Canaris, zu seinen Freunden... An Zaharoffs Frackbrust durften 298 Orden und Ehrenzeichen aus 31 Nationen prangen.« In Briefen und persönlichen Gesprächen engagierte er sich bis zu seinem Tod gegen den Völkerbund und »den in Europa sich ausbreitenden Pazifismus«.
Sir Basil lebte zumeist in Monte Carlo, dessen Spielbank ihm gehörte, und im Château de Balincourt bei Pontoise. Am 29. November 1936 starb der Waffenzar in Monaco. Die Londoner *Times* verabschiedete ihn: »In seinen letzten Lebensjahren schwand Sir Basils Bewunderung für Politiker, und mit gleichmütiger Betrübnis bemerkte er, daß sie fast alle früher oder später an einer übertriebenen Vorstellung von ihrer Bedeutung litten.« Schriftsteller Anthony Sampson würdigte den alten Krieger auf seine Weise: »Sein Geist spukt noch in den Verteidigungsministerien, und immer noch hat seine Weltanschauung Anhänger.«
Mit Sir Basil starb das Gewerbe der privaten Waffenhändler nicht

aus. Ihre große Zeit war jedoch in jenen Jahren bereits vorbei. So uneingeschränkt und frei wie er, quasi keinerlei Gesetzen unterworfen, konnten sich seine »Enkel« und »Urenkel« nie mehr betätigen. Ein Blick in das Leben mehrerer – immer noch relativ erfolgreicher – Waffenhändler unserer Zeit wird das verdeutlichen.

Sam Cummings

Der 1927 in Philadelphia geborene britische Staatsbürger Samuel Cummings lebt nur wenige Straßen von Sir Basils ehemaligem Haus in Monte Carlo entfernt, wo er eine große Etagenwohnung in einem siebenstöckigen Appartementhaus besitzt. Vom gediegen eingerichteten 30-Quadratmeter-Arbeitszimmer – alte Drucke an den Wänden, eine Ritterrüstung, eine Kanone aus dem 18. Jahrhundert, Bücher über Waffen – gelangt man auf den Balkon, von welchem man einen wunderschönen Blick über das weite, blaue Mittelmeer hat. Eigentlich wollten wir uns in seinem Chalet »Le Crocus«, im schweizerischen Villars sur Ollon, unweit der Waadtländer und Walliser Alpen treffen, doch mußte Cummings umdisponieren und aus geschäftlichen Gründen an die Riviera zurückeilen. Wir kommen uns rasch näher, und ich gewinne jenen Eindruck, der mich bei nahezu allen Waffenhändlern, die ich kennenlernen durfte, verblüfft hat. Dieser Mann ist nett, freundlich, aufgeschlossen. Im Plauderton erzählt er Witze und kommt, wenn es ihm opportun erscheint, sofort konkret auf die Natur seiner Geschäfte zu sprechen. Vor allem aber besitzt er eine seltene Gabe: Er kann zuhören.
Bei unserem ersten Gespräch trug er die weiße Strickweste, deren Existenz ich aus früheren Berichten über Sam Cummings kannte. Das hat mit einem weiteren Wesenszug zu tun. Cummings ist schlicht und einfach geizig. Er hält sein Geld zusammen und leistet sich kaum etwas. Der vielfache Millionär raucht und trinkt nicht, fährt einen altersschwachen Audi 80 und fliegt zumeist in der Touristenklasse. Bei der telefonischen Vereinbarung unserer Begegnungen in Monaco und Manchester informierte er mich über billige Zugverbindungen und Buslinien zu seinem Waffendepot, beziehungsweise der monegassischen Wohnung. »Man muß immer

Die Firma »Interarms« des amerikanischen Waffenhändlers Sam Cummings wirbt mit farbigen Hochglanzprospekten für die vier meistverbreiteten Sturmgewehre. In seinem englischen Lagerhaus hält Cummings stets etwa 400000 Schußwaffen bereit.

Sam Cummings erläutert dem Autor den Gebrauch einer sowjetischen Kalaschnikow AK-47. In seinem privaten Schießstand, im Keller, führt er die Waffe gleich vor.

Günther Leinhäuser aus dem Saarland handelt in Paris mit Waffen und Munition.

Maria Kelemer aus Wien wurde wiederholt mit Waffendeals in Verbindung gebracht.

Die Israelis erbeuteten im Libanon Militärgüter der PLO, mit denen die Untergrundorganisation nicht weniger als 100000 Mann hätte vollständig bewaffnen können.

Projektile für Panzerfäuste erreichten Jassir Arafats PLO in Kisten mit dem Aufdruck des Palästinensischen Roten Halbmonds, dem Gegenstück des Roten Kreuzes.

Auch heute beschlagnahmen die israelischen Streitkräfte im Libanon Waffen und Munition militanter Milizionäre. Das meiste Kriegsmaterial kommt aus Ostblockländern.

sparen«, sagte er in seinem besorgten Tonfall, und das in gebrochenem Deutsch. Sparsam ist er auch bei seinem einzigen Luxus, einer fest gemieteten Strandhütte im Monte Carlo Beach Club. Der dortige Swimmingpool erspart ihm die Urlaubsreise.
Sam Cummings nimmt sich Zeit und beantwortet ausführlich jede Frage. Er ist aufgeräumt und herzlich und will so exakt wie möglich zeigen, daß er nichts zu verbergen hat. Wer nämlich derart gut im Geschäft ist wie er, der braucht keine krummen Dinger zu drehen. 100 Millionen Dollar Jahresumsatz sind allemal drin, und das reicht auch dem kühlen Rechner Cummings. Der leicht übergewichtige Amerikaner liebt die Sicherheit. Das hat ihn 33 Jahre lang gut durch die bewaffneten Konflikte der Welt gebracht. »Wenn ich meine Waffen so verkaufen würde, wie es manche Regierungen tun, dann wäre ich auf ewige Zeiten im Gefängnis – glauben Sie mir.« Sam Cummings meint es sichtlich ernst, und er legt Wert darauf, in seinen eigenen Grenzen gesehen zu werden.
Wie macht er also nun Geschäfte? Welche Philosophie kann er mir anbieten, um seine Branche zu erklären? Ich werfe das ihm oft schon umgehängte Prädikat »Händler des Todes« in die Debatte. Cummings reagiert sogleich. »Wenn ich ein ›Händler des Todes‹ bin, dann fallen noch ganz andere Leute in diese Kategorie. Wie wäre es mit Henry Ford? Seine Autos töten jedes Jahr viele Menschen. Sollten wir nicht auch die Tabakproduzenten und die Alkoholbrenner dazu nehmen? Und Sie selbst! Sie zahlen Steuern, von denen wiederum die Bundeswehr mitfinanziert wird. Wir sind alle im Geschäft mit der menschlichen Torheit.« Hat ihm diese Torheit, wie er sie nennt, nicht Reichtum gebracht? Was sagt das Gewissen eines so prominenten Waffenhändlers? »Waffen haben keinen Charakter«, entgegnet mir Sam Cummings. »Ich könnte mit einem Brieföffner töten. Er wäre dann genauso mißbraucht. Der Mißbrauch verleiht allem den negativen Charakter. Für mich ist jeder Getötete ein Verlust. Ich liebe den Frieden, weil der Kriegszustand nur Waffenembargos bringt und den freien Handel stoppt. Ich fühle mich für den Mißbrauch unserer Produkte nicht verantwortlich.«
Viele Fragen drängen sich auf. Macht er es sich damit nicht zu leicht? Hätte er es nicht in der Hand, mit dem Abschaffen der Waffen zu beginnen? Doch auch er hat da gleich die Universalbegründung bei der Hand, die ich so oft und überall in der Welt hören

mußte: Wenn wir nicht verkaufen, dann tun es andere! Das Gewerbe ist unsterblich. Und sogar bei kommunistischen Waffen sind Angebot und Nachfrage eng miteinander verzahnt.
Sam Cummings' Denkweise läßt sich nachvollziehen, wenn man mehr über sein Leben weiß. Die steile Karriere des heutigen Waffentycoons begann früh. Mit fünf entdeckte er in einer Ruine ein altes, verrostetes Maxim-Maschinengewehr. »Es hat zwei Jahre gedauert, bis ich herausfand, wie das gute Stück funktionierte, aber mit zehn Jahren war ich dann der einzige Maxim-Maschinengewehrexperte in der ganzen Nachbarschaft.« Für ein paar Dollar holte er Jahre später Militärramsch aus Trödlerläden und verkaufte ihn mit Gewinn an Sammler. Aus dem Erlös seiner besten Stücke konnte er sich 1948 die erste Reise nach Europa leisten. Zusammen mit Freunden besuchte er die Schlachtfelder des gerade beendeten großen Krieges. Dort entdeckten sie gewaltige Mengen an »Leftovers«, an übriggebliebenen Waffen.
Das Herz blutete dem 21jährigen, daß er den ganzen Waffenbasar nicht auf einen Schlag kaufen und mit nach Hause nehmen konnte. Als der Koreakrieg begann, heuerte ihn eine Firma an, bei der er sich zuvor schon vergeblich beworben hatte: der amerikanische Geheimdienst CIA. Er durfte Beutewaffen aus Ostasien auf ihren Gebrauchswert prüfen – eine leichte Aufgabe für den inzwischen weithin bekannten Tüftler. Als die Frage nach der Verwendung der Reste militärischer Geräte der geschlagenen Deutschen aufkam, hob Cummings blitzschnell den Finger. Er reiste wieder nach Europa. Zur Tarnung bekam er einen Hollywoodregisseur zur Seite, mit dem zusammen er – so die einstudierte Geschichte – einen gewaltigen Kriegsfilm ausstatten mußte. CIA-Agent Cummings kaufte mit unbegrenztem Budget alles, was noch schoß und fuhr. Er hatte seine Probe bestanden, zugleich aber erkannt, wie lukrativ das Waffengeschäft sein kann.
Also quittierte er bei erstbester Gelegenheit den Staatsdienst und gründete 1953 unter dem Namen Interarmco eine eigene Firma. Zwei heute noch gültige Geschäftsgrundsätze spornten das Unternehmen an: »Egal, wer einen Krieg gewinnt, wir gewinnen ihn in Wirklichkeit. Wir dürfen den Verlierer mit neuem Gerät beliefern, und wir können das erbeutete Material vom Gewinner kaufen.« Cummings lächelt überlegen und kommt gleich zum zweiten Punkt: »Wir würden nie etwas Anrüchiges tun. Ich mache keine

Geschäfte mit Achmed dem Betrüger und Mabub dem Rotbart, solange sie nicht mit Dokumenten ihrer Regierungen untermauert sind.«
Der schlaue Fuchs aus Philadelphia weiß genausogut wie seine Kunden, auf welche Weise Gesetze umgangen werden können. Ein Land, das einen Waffenhändler beauftragt, Rüstungsgerät zu besorgen, muß zuvor einen Letter of Intent (LOI) ausstellen. Damit bekommt der Mittelsmann bei Produzenten und anderen Händlern eine Offerte. Ist der Besteller mit dem Angebot einverstanden, unterzeichnet er ein sogenanntes End User Certificate. Darin muß der Zielort der Waffen aufgeführt sein, ebenso natürlich ihr Verbleib. Der Kunde verpflichtet sich, die Ware nicht weiterzuverkaufen. Sam Cummings zeigte mir das Endverbraucherzertifikat einer Bestellung von 10000 Garand-M-1-Gewehren für Haiti. Der stellvertretende Stabschef, Brigadegeneral Pierre Hypolite, versprach darin im Namen seiner Regierung, »die Ausrüstung nicht in die Hände von Banditen oder Privatpersonen« geraten zu lassen.
Cummings weiß genau, daß auf diesem Sektor viel belogen und betrogen wird. End User Certificates lassen sich bei den Botschaften und in den Verteidigungsministerien zahlreicher Dritt-Welt-Staaten ganz einfach kaufen. Normalerweise müssen dabei sechs Prozent des Warenwertes als Preis für das Dokument bezahlt werden. Wird ein Blankoformular gewünscht, dann erhöht sich der Preis, genauso bei Bestätigungen, die per Kontrollnummer von einer Regierung (und nicht nur von einem einzelnen Diplomaten) gedeckt werden. Gerade Länder, gegen die ein Lieferembargo verhängt wurde, bedienen sich falscher End User Certificates. Cummings weiß das und prüft diese Unterlagen besonders sorgfältig. (Siehe Dokument Seite 329.)
Dadurch mag ihm in der Vergangenheit manches Geschäft entgangen sein. Trotzdem konnte er allein zwischen 1953 und 1968 etwa viereinhalb Millionen Waffen und mehr als 500 Millionen Schuß Munition von ost- und westeuropäischen Regierungen kaufen und wieder unter wehrwillige Völker bringen. Empfänger waren Diktatoren wie Batista oder Castro, Trujillo oder Somoza (Cummings: »Despoten sind ordentliche Leute, die ihre Rechnungen pünktlich zahlen«), aber auch die deutsche Bundeswehr. Nur manchmal kam es zu unliebsamen Zwischenfällen, wenn

etwa auf beiden Seiten der Front zufriedene Cummings-Kunden im Schützengraben lagen. Immer wenn der Sieger feststellen konnte, wessen Waffen ihn in Bedrängnis gebracht hatten, lief bei Cummings das Telefon heiß. Als ihm eine solche Panne in Santo Domingo mit »Armalite«-Sturmgewehren passierte, die Cummings zuvor an Fidel Castro verkauft hatte, befand sich der Händler unglücklicherweise gerade selbst im Land und wurde mit den Realitäten seines Gewerbes konfrontiert. Cummings: »Ich war wirklich froh, daß ich da wieder lebend rauskam.«

Seit 1961 lebt der ungewöhnliche Amerikaner in Monte Carlo. Die lokalen Steuergesetze haben ihn wohl angelockt. Er selbst umschreibt es, dezent wie er ist, mit dem milden Klima. Interarms, wie seine Firma mittlerweile heißt, besitzt aber nach wie vor eine amerikanische Niederlassung. Sie befindet sich in Washingtons bezauberndem Vorort Alexandria, direkt am geschichtsträchtigen Potomac. Die Lagerhäuser an der idyllisch gepflasterten Prince Street beherbergen aber vor allem Sportwaffen, da die US-Gesetze seit 1968 den Handel mit ausgemusterten Surplus-Kriegswaffen außerordentlich erschweren. In Midland, Virginia, sitzt Interarms Industries, eine Fabrik, in der Cummings Handfeuerwaffen produzieren läßt.

Das Kriegsgerät lagert im mittelenglischen Manchester, in einem alten, aber sehr massiven Lagerhaus von zehn Stockwerken. Der rote Ziegelbau mit eigenem Kanalanschluß läßt von außen nicht darauf schließen, daß hier fast ständig 400000 Schießgeräte aller Art gelagert werden. Nur die Sensoren von drei verschiedenen Alarmanlagen und die dicken Stahltüren vermitteln den Eindruck einer Festung.

Cummings beschäftigt 200 Angestellte und Vertreter in 75 Ländern – Geschäftsleute, Ex-Offiziere und Angehörige prominenter Familien, die ihm zuarbeiten. Die meisten von ihnen haben direkten Zugang bei Regierungen und Herrscherhäusern. Sie erfahren frühzeitig, wo Militärsysteme ausgemustert oder neu bestellt werden sollen. Als Aufkäufer oder Bieter sind sie dann schneller als die Konkurrenz. Nur in Ausnahmefällen kommt der einstige Vielflieger Cummings noch selber. Er sitzt lieber am Telefon oder an der Telexmaschine und zieht die Fäden seines weltweiten Nachrichtensystems.

Cummings' Arbeitsaufwand kann dann so aussehen: Interarms

kauft in England ein ausgemustertes Lee-Enfield-Gewehr für 1,50 US-Dollar. Um einen 15 Cents höheren Preis wird es an die in Monaco registrierte Interarms Canada weitergegeben. In England ist das wegen des minimalen Gewinns nicht zu versteuern. Interarms Canada verkauft dasselbe Gewehr an Interarms USA in Alexandria. Der neue Preis beträgt 4,95 Dollar. Dieser Gewinn muß nach monegassischen Gesetzen mit einem Prozent versteuert werden (in Amerika wären es fast 50 Prozent). Interarms USA gibt die Waffe für 17 Dollar an ein Kaufhaus ab, wo sie schließlich für 24,95 Dollar angeboten wird. Dieses Beispiel erklärt, warum der deutsche Waffenhändler Gerhard Mertins in seinem Kollegen Cummings einen »Schrotthändler« sieht. Es zeigt aber auch, wie trickreich die Branche sein kann, und daß oft gerade die simplen Geschäfte sichere Gewinne bringen. Sam Cummings ist ein Meister solcher Kalkulationen. Nur er konnte in den fünfziger Jahren beispielsweise 1500 von der Wehrmacht in Holland zurückgelassene Maschinengewehre für ein schieres Trinkgeld aufkaufen und an die Bonner Regierung um 300 Dollar pro Stück zurückgeben.
Diese Transaktionen gehören aber heute schon der Zeitgeschichte an. Die Regierungen und ihre Rüstungsindustrien haben den Markt größtenteils untereinander aufgeteilt und entziehen den »Enkeln« von Sir Basil mehr und mehr die Grundlage. »Waffen werden immer gekauft, weil sie eine Form von Versicherung darstellen«, sagt der Vater von zwei erwachsenen Töchtern, »und jede Versicherung ist gut, wenn sie einen Krieg vermeiden hilft.« Würden sie auch in diesen ungeheuren Mengen in Umlauf gebracht, wenn es keinen Rüstungswettlauf mehr gäbe? Cummings blickt mich belustigt an, als wollte er feststellen, ob die Frage wirklich ernst gemeint ist. Seine Antwort kenne ich schon: »Hätte es eine Auswirkung auf den Lauf der Welt, wenn ich nicht im Waffengeschäft wäre?«

Adnan Kashoggi

»Er ist intelligent wie ein Fuchs, mißtrauisch wie ein Schakal und schnell wie eine Sandviper. Er jongliert mit Milliarden ebenso wie mit den Gefühlen schöner Frauen. Er selbst kann aber nur von seinesgleichen bezwungen werden.« Bedeutungsschwere Worte aus einer Erzählung des kalifornischen Starautors Harold Robbins, eines Chronisten der Schönen und Reichen. Robbins weiß, wovon er spricht, weil er mit seinem Studienobjekt befreundet ist. Der gerissene Prinz Baydar des Romans *Der Pirat* ist in Wirklichkeit Adnan Kashoggi; ein Dealer, der mit Waffen begann und doch nie ein wirklicher Waffenhändler war.

Adnan Kashoggi ist auf alle Fälle einer der bekanntesten Männer der Welt. Daß er eher zu den Reichen als zu den Schönen zählt, das weiß der 1935 in der heiligen Stadt Mekka geborene Saudi wohl auszugleichen. Auf den ersten Blick unterscheidet er sich kaum von anderen wieseligen Orientalen: 1,60 Meter groß, zwei Zentner schwer, Halbglatze und Schnauzbart. Der immer vom teuersten Schneider eingekleidete Broker mag im komischen Watschelgang eines Pinguins ankommen – wenn er im sanften Ton zu sprechen beginnt, verstummt jede Unterhaltung. Kashoggi betont das Arabische hart, wechselt ohne Mühe zu einem fehlerfreien amerikanischen Englisch über. Er besitzt die Entschiedenheit eines Mannes, der in zwei Welten zu Hause ist und der von beiden das Beste zu benutzen versteht.

So hat der britische Autor Anthony Sampson ihn erlebt: »Die Hände sind ständig in Bewegung, er ballt sie zur Faust und hämmert damit, legt sie aufs Herz, fährt damit durch die Luft, er umgibt seine eigene Welt mit eloquenter Mimik. Er verkörperte die Vitalität einer jungen arabischen Generation, entschlossen, dem Westen ihren Stempel aufzudrücken und es mit der internationalen Macht der Juden aufzunehmen. In Saudi-Arabien beruhte seine Bedeutung von Anfang an auf seiner besonderen Beziehung zu Angehörigen der königlichen Familie.« Sein Vater war nämlich der Leibarzt des Königs Saud, von der Abstammung her ein Syrer.

Adnan und seine beiden Brüder sollten bestmögliche Ausbildung erhalten, um der Familie Ehre einzubringen. Er durfte zuerst das feine Victoria College von Alexandria besuchen. Unter seinen Mitschülern befanden sich die heutigen Könige Hussein von Jordanien und Fahd von Saudi-Arabien. Adnan wechselte bald darauf in die USA über. Nun behaupten manche Biographen, daß er an die Colorado School of Mines ging, während andere ihn mit der Chicago State University in Verbindung bringen. Jedenfalls zog er nach kurzer Zeit an einen aufregenderen Ort, zur kalifornischen Stanford University. Schon Mitte der fünfziger Jahre gab Adnan Kashoggi das Studium auf, da ihn seine Geschäfte zu sehr beanspruchten. Er erinnert sich: »Als mir mein Vater 10000 Dollar für einen standesgemäßen Wagen schickte, da habe ich auf den schikken Schlitten verzichtet und mein Geld lieber in ein Lkw-Werk gesteckt.« Mit den ersten Gewinnen des Exports nach Saudi-Arabien gründete er die Al Nasr Trading and Industrial Corporation. Er übernahm Firmenvertretungen für den heimatlichen Wüstenstaat. Rasch schenkten ihm Weltunternehmen wie Rolls-Royce, Lockheed, Chrysler und Marconi ihr Vertrauen. Schon der 22jährige wußte, wie er keinen enttäuschen würde. Seine familiären Kontakte und persönliche Beziehungen, die er sich nach und nach im saudischen Königshaus erworben hatte, waren Gold wert. Kashoggis Einstieg in die Waffenbranche folgte 1958. Als der jemenitische Bürgerkrieg ausbrach, übernahm er eine Vertretung der französischen Firma Sofna. Er lieferte von den Saudis bezahltes Kriegsgerät an die Royalisten.

Anfang der sechziger Jahre wurden die Geschäfte mit dem sich öffnenden Saudi-Arabien interessant. US-Großfirmen suchten Kommissionäre, die sie in Riad und Dschidda plazieren konnten. Die große Stunde des Adnan Kashoggi war gekommen. In einem späteren Interview: »Ich war eben zur richtigen Zeit an der richtigen Stelle. Ein Geschäftsmann muß vorhersehen können.« 1964 vermittelte er den Verkauf der ersten Militärtransporter vom Typ »Lockheed Hercules C 130« an die Saudis. Drei Jahre später traf er in einem Pariser Restaurant mit einem Amerikaner zusammen, der sein späteres Leben maßgeblich beeinflussen sollte – mit Richard M. Nixon.

Der Zaharoff unserer Tage und der trickreiche Politiker und Geschäftsmann wurden Partner. Kashoggi setzte auf seinen neuen Freund. Er führte den Republikaner im Nahen Osten ein und organisierte Treffen mit König Hussein, Ägyptens Präsident Nasser und König Feisal von Saudi-Arabien. Zwei Jahre später war Nixon US-Präsident. Es ist ein offenes Geheimnis, daß der Araber und seine Hintermänner für den Wahlkampf des Jahres 1972 erhebliche Summen aufbrachten.

Kashoggi, inzwischen hervorragend im Geschäft, vertrat vorwiegend die amerikanischen Luftfahrtriesen Lockheed und Northrop.

Ein Meilenstein in seinem Aufstieg war der saudische 750-Millionen-Dollar-Auftrag für 60 Stück F-5-Kampfbomber von Northrop. Der Konzern nahm mehr als eine Milliarde Dollar ein. Davon standen dem Vermittler 54 Millionen zu. Die Geschäfte mit dem Nahen Osten florierten vor allem nach dem Ölpreisanstieg von 1973. Dadurch kletterten auch die Provisionen. Adnan Kashoggi bekam allein zwischen 1970 und 1975 106 Millionen Dollar von der Firma Lockheed.
Aus dem Verkauf der Verkehrsflugzeuge des Typs Tristar L-1011 erhielt Mittelsmann Kashoggi beispielsweise zwölf Prozent des Rechnungspreises, fünf Prozent bei den Ersatzteilen und fünf Prozent aus den Kosten für Pilotenausbildung und Wartung der Maschinen. Kashoggis Aufgabe war es auch, Bestechungssummen an die nimmersatten Saudi-Prinzen weiterzugeben. Peinlich wurde es nur, als plötzlich 450000 Dollar verschwanden, mit denen zwei saudische Generäle geschmiert werden sollten. Während der Korruptionsuntersuchungen des amerikanischen Senats räumte der bedrängte Kashoggi in einem Interview ein, das Geld selbst behalten zu haben. Der schlaue Wüstenfuchs erklärte freimütig, mit dieser Aktion habe er die Amerikaner bestrafen wollen, weil sie saudische Militärs für bestechlich hielten. Daß derselbe Senatsausschuß später noch Kommissionszahlungen von einer halben Million Dollar an den saudischen Prinzen Khaled bin Abdullah – ebenfalls über Kashoggi – entdeckte, konnte dem Makler aus dem Morgenland nicht schaden.
Er trat die Flucht nach vorne an und beriet sich mit dem damaligen Kronprinzen Fahd und Verteidigungsminister Prinz Sultan. Beide bezeichneten danach Northrops Erklärungen zu den Bestechungsaffären als schädlich für Saudi-Arabien. Arabische Geschäftsleute hätten ein Recht auf angemessene Entlohnung. Der Streit ging noch eine Weile weiter. Letztlich aber wurde nur Northrop zur Verantwortung gezogen, dem FBI und Justizministerium schon damals vorwarfen, um 6,1 Milliarden Dollar überhöhte Rechnungen an das Pentagon geschickt zu haben.
Seit jenen turbulenten Ereignissen in der zweiten Hälfte der siebziger Jahre scheint Adnan Kashoggi der Waffenbranche ferngeblieben zu sein. Könnte man ihm glauben, dann müßte man annehmen, er wisse gar nicht, was Waffen überhaupt sind: »Die Leute ordnen mich falsch ein, wenn sie mich einen Waffenhändler

nennen. Es sind in Wirklichkeit Systeme. Ich habe niemals mit Maschinengewehren gehandelt, ich habe nie welche besessen.« Das stimmt von der Aussage her, weil er sich mit Kleinzeug nie abgegeben, sondern immer gleich nach den Millionen gegriffen hat. Im übrigen ist es sicherlich verkehrt, wenn der Saudi heute noch geheimnisvoll als Waffenhändler vorgestellt wird. Dafür tanzt er auf zu vielen anderen Hochzeiten. Bereits 1967 gründete er zusammen mit seinen Brüdern Amr und Essam die Familienfirma Triad. Die Holding hat heute Niederlassungen in Paris, London, New York, Genf, Riad und verschiedenen anderen Finanzstädten. Triad kontrolliert Anteile an Banken in Kalifornien und im Sudan, Farmen in Kenia und Südamerika, Beteiligungen an der brasilianischen Fleischindustrie und an malayischen Kokosplantagen, an einer Frachtgesellschaft in Indonesien und an britischen Versicherungen. Triad interessiert sich für die Förderung und den Verkauf von Rohöl und für Diamanten und Kupfer in Zaire. Der volle Umfang ihres Imperiums ist wohl nur den Kashoggi-Brüdern selbst bekannt, und die sprechen ungern darüber.

Während Adnan, der Ältere, durch die Welt fliegt, hält Essam die Stellung für Triad America, dem Zweig, der allen am zukunftsträchtigsten erscheint. Bereits 1974 in Salt Lake City ins Leben gerufen, verwaltet Triad America ein Netz von lukrativen Immobilien, darunter das 650 Millionen Dollar kostende Triad Center.

Während sich die Kashoggis aus unsicheren Ländern zurückziehen – darunter auch aus dem vom Ölpreisverfall betroffenen Saudi-Arabien –, planen sie für die nächsten zehn Jahre amerikanische Investitionen in Höhe von sechs Milliarden Dollar. Das von Santa Barbara, Kalifornien, durch Essam Kashoggi gesteuerte Imperium wird dann sogar die Wartung von Nähmaschinen und Serviceleistungen für Gefängnisse umfassen. Der mit einer Amerikanerin verheiratete Essam Kashoggi: »Wir haben uns noch nicht endgültig entschieden, wo wir unsere Eier ablegen werden.«

Inzwischen lebt Familienchef Adnan Kashoggi so, wie sich die bunten Bilderblätter und ihre Leser einen Jet-setter vorstellen. Die größte Publicity erhielt Kashoggi 1981 durch die Scheidung von seiner ersten Frau Soraya (bürgerlich Sandra Jarvis-Dailey), die er 1960 als 17jährige geehelicht hatte. Mit 2,3 Milliarden Dollar Handgeld wurde er die englische Lebedame wieder los. Bei je-

der ihrer Affären – sei es mit dem Chauffeur, sei es mit Polit- und Filmgrößen – taucht sein Name mittlerweile wieder auf.
Der Ex-Waffenhändler scheint danach süchtig zu sein, seinen Reichtum jedermann vorzuführen. Exhibitionistisch läßt er sich und die Seinen von der Scheinwelt feiern. Er präsentiert seine New Yorker Wohnung, die sich über zwei Stockwerke im teuren Olympic-Tower der 51. Straße/5th Avenue erstreckt, als »das Luxusquartier des Geldprinzen aus dem Morgenland«. Für ihn, so hieß es, sei das aber nur eine Dutzendwohnung, denn er besitze »weitere nicht weniger opulente Behausungen in Paris, Rom, Madrid, Marbella, Cannes und Kenia sowie in seiner arabischen Heimat«.
Kashoggi genehmigte einer anderen Zeitschrift die publizistische Verwertung seiner 500 Millionen Mark teuren 92-Meter-Jacht »Nabila«, genannt nach der 22jährigen Tochter, die sich dem staunenden Volk als »Präsidentin« der Triad Holding vorstellt. Das Schiff hat Ballsaal, Schwimmbad, Kino, Hubschrauberlandeplatz, Autogarage und rasend schnelle Beiboote. Eine Spezialkamera zeigt die Unterwasserwelt live. Zur 40köpfigen Crew gehören drei Küchenmeister – ein Araber, ein Franzose und ein Chinese. Bis zu 65 Gäste können gleichzeitig abgespeist werden. Damit nichts über ihn verborgen bleibt, was er nicht selbst verschweigt, lädt Kashoggi auch regelmäßig zur Besichtigung seiner wohnlich umgebauten DC-8, die drei Salons, vier Schlafzimmer, zwei Bäder und eine Küche hat, ein. In der Darstellung vor großem Publikum hat der Broker die größte Übung. AK, wie ihn Insider nennen, ist dafür nichts zu teuer. Mit 500 Gästen feierte er 1985 in Marbella seinen 50. Geburtstag. Die Szenerie war mittelalterlich. Blechern gerüstete Ritter saßen auf Pferden, während Lautensänger durchs illustre Volk stapften. Als Höhepunkt erschien ein Heinrich VIII. und dankte symbolisch zugunsten von »Adnan dem Ersten« ab. Der Kitsch hat Methode, wie das unmittelbar darauf folgende Fest zum 21. Geburtstag seines Sohnes Mohammed im eigens gemieteten Wiener Palais Auersperg zeigte. Schmückte sich Vater Kashoggi früher mit Groupies und unbekannten Filmstarlets, so säumten ihn jetzt die schillernden Merkwürden des europäischen Geld- und Blutadels. 140 internationale Jet-set-Schnorrer wurden eingeflogen. Die Wiener Sängerknaben, eine Zigeunerkapelle, die Stars des Erfolgs-Musicals »Cats« und ein Feuerwerk garnierten das Kerzenlicht-Dinner für Jung-Mohammed.

Im Juni 1986 schien das Unternehmen ins Trudeln zu kommen, da sich Adnan Kashoggi allem Anschein nach bei seinen Finanzabenteuern übernommen hatte. Freunde verließen ihn blitzschnell, Verwandte klagten Geld ein. Der mutmaßliche Todeskampf dauert an.

Sarkis Soghanalian

Die äußerliche Ähnlichkeit zwischen Adnan Kashoggi und Sarkis Soghanalian ist verblüffend. Aber das liegt wohl daran, daß beide demselben ethnischen Hintergrund entstammen. Doch während Kashoggi längst weltlichen Richtern entrückt erscheint, wird Soghanalian immer wieder auf den Boden der Tatsachen zurückgezerrt. Der demnächst 60 Jahre alte türkisch-armenische Christ aus dem Libanon ist ein Waffenhändler der alten Sorte, und der gefährlichen noch dazu. Glamour ist ihm fremd, Selbstdarstellung, wenn sie mal passiert, ein purer Betriebsunfall. Es gibt nur wenig Menschen, die den Einzelgänger Soghanalian näher kennen, und die halten zumeist den Mund. Sogar in seiner gemeinhin so geschwätzigen Heimat wollte sich niemand an ihn erinnern. Deshalb sind die folgenden Angaben nach dem Prinzip der größtmöglichen Wahrscheinlichkeit und aus amerikanischen Gerichtsakten zusammengestellt. Seine Biographie weist erhebliche Lücken auf – und das ist der Stoff, aus dem die unsichtbaren Verbindungen zwischen manchen Waffenschmugglern, Geheimdiensten und Terroristen bestehen.

Sarkis Soghanalian, der sechs Sprachen beherrscht, entstammt einer wohlhabenden Familie aus dem Osten Beiruts. Er soll einmal als Dolmetscher für die amerikanische Botschaft gearbeitet haben und 1958 in die USA ausgewandert sein. Seine erste Frau Shirley ist die Tochter eines früheren Vizeadmirals der US-Marine und eine Kusine des Nobelpreisträgers Ernest Hemingway. Soghanalian ist übergewichtig, was in seiner Heimat den Sinn für gutes Leben und Wohlstand ausdrückt. Seine derzeitige Firma Panaviation hat ihren Sitz in Miami/Florida, wo auch er in einer Villa auf Hibiscus Island lebt. Eine Filiale des anscheinend florierenden Unternehmens existiert in Genf. Soghanalian soll außerdem Wohnungen in Paris, Athen und Madrid unterhalten. Als der libanesische

Bürgerkrieg 1976 begann, vertrat Sarkis Soghanalian die Firma Colt Arms Industries. Er exportierte deren Produkte – darunter die berühmten Revolver und das Standardgewehr vieler Armeen, das M-16, in den Zedernstaat. Wegen der zunehmenden Gewalttätigkeiten im Libanon wurde ihm dafür 1976 durch das »Office of Munitions Control« im State Department die Lizenz entzogen. Das betraf aber anscheinend nicht seine Geschäfte mit Flugzeugen, Patrouillenbooten und Geheimdienstausrüstungen. In jenen Tagen traf er den Reporter Jim Hoagland von der *Washington Post.* Leutselig erzählte er ihm von üblichen 20 Prozent Kommission und von einer Million Dollar Reingewinn pro Jahr.
In Beirut residierte Soghanalian, umgeben von grimmigen Leibwächtern, im 6. Stock eines Bürohauses. Die Firmenadresse hieß United Industries, Inc. Als das Geschäft mit den libanesischen Christen immer ertragreicher wurde, erwarb Soghanalian eine 1970 von PanAm an Jugoslawien verkaufte Boeing 707. Das Zeichen der US-Fluggesellschaft war nur mangelhaft übermalt, als er seine Waffen in Beirut anlieferte. Sogar die Registriernummer hatte man nicht geändert. Das veranlaßte PanAm, die eigenen Flüge nach Beirut eine Zeitlang abzusagen. Man befürchtete einen irrtümlichen Racheakt durch die PLO oder andere linke Gruppen.
Da Soghanalians Finanzdecke stets dünn war, konnte er bei einer anderen Gelegenheit 20 Tonnen Waffen, die er in Lissabon gekauft hatte, wegen einer Reparatur an der alten Boeing 707 nicht mehr ausfliegen. Ein in Madrid lebender libanesischer Christ mußte ihm aushelfen.
1977 bestellte der islamische Staat Mauretanien von der sinistren Firma Boca Investments, ansässig auf der britischen Kanalinsel Jersey, 197 Browning-Maschinengewehre. Damit sollten linke Guerillaeinheiten an der Nordgrenze des Landes gestoppt werden. Boca-Repräsentant John Ralph flog in die USA und traf mit Soghanalian zusammen, der sich als Direktor einer Fabrik für Maschinengewehre vorstellte und ihm sowie einem mauretanischen Offizier »seine« Fabrik in Albany im Staat New York zeigte. Die mauretanische Botschaft in Washington stellte die nötigen End-User-Certificates aus, und der Botschafter legte noch einen wohlmeinenden Brief für die US-Behörden dazu.
Auf Bocas Geheiß überwies die belgische Banque Bruxelles Lambert auf Soghanalians Konto bei der Irving Trust Bank in New

York die vereinbarte Summe von 1153000 Dollar. Vorher hatte der Händler mit falschen Dokumenten den Eindruck erweckt, daß die Ware lieferbereit wäre. Als Bocas Geld eintraf, wies Soghanalians Konto wieder einmal ein Minus von 5000 Dollar auf. Er hatte den Finanzsegen also dringend nötig. Nachdem die Kundschaft immer ungeduldiger wurde und Soghanalian bereits keine glaubhafte Entschuldigung für die Verzögerung mehr fand, erklärte er, die Waffen seien vom portugiesischen Zoll beschlagnahmt worden. Doch auch das stimmte nicht.

In Wirklichkeit hatte der Armenier die Million zur Rückzahlung von Schulden verwandt. Die beiden größten Ausgaben aber waren 150000 Dollar, die er sich selbst genehmigte, und 641800 Dollar an eine Lissabonner Export-Import-Firma namens Avitextil, von der später bekannt wurde, daß sie große Mengen von Waffen an das bereits dem Untergang geweihte Somoza-Regime in Nicaragua lieferte. Am 2. November 1978 flog eine Boeing 707 mit 25 Tonnen Schießgerät von Lissabon nach Managua. Die Maschine, Nummer N9985F, gehörte angeblich einem in Miami beheimateten Exluftwaffenpiloten namens Hank Wharton. Durch einen unglücklichen Zufall vertrat Whartons portugiesischer Anwalt auch die betrogene Firma Boca Investments. Dabei kam heraus, daß Wharton von Soghanalian per Scheck bezahlt wurde. Allem Anschein nach diente ein Teil des Boca-Geldes dazu, illegale Waffenlieferungen nach Nicaragua zu finanzieren. Es ist auch die Rede, daß mit den überwiesenen 641800 Dollar bei der portugiesischen Luftwaffe 315 Maschinengewehre gekauft wurden – für Nicaragua und nicht für Mauretanien.

Als John Ralph von Boca 1980 endgültig die Geduld verlor, wandte er sich an die amerikanische Bundespolizei FBI. Ein Jahr später wurde gegen Soghanalian Anklage in 38 Punkten erhoben. Das Delikt war keineswegs illegaler Waffenhandel, sondern simpler Betrug. Er wurde in der Schweiz verhaftet. In den USA kam er gegen eine Kaution von 300000 Dollar auf freien Fuß und durfte sogar seinen Reisepaß behalten. Die Gerüchte verdichteten sich, daß Soghanalians Waffentransfers für die CIA erfolgt waren. Wharton sagte: »Soghanalian hat hochrangige Freunde.« Er selbst dementierte, jemals für die CIA oder die US-Regierung gearbeitet zu haben: »Ich spreche mit solchen Leuten höchstens über meinen Beruf.«

Immerhin gab Soghanalian zu, Ed Wilson zu kennen; und das ist bereits wieder ein Indiz mehr. Ed Wilson arbeitete bis 1971 für die CIA und bis 1976 für den amerikanischen Marinegeheimdienst. Wegen finanzieller Vergehen trennten sich die Geheimorganisationen von ihm. Wilson, der bislang unter dem Deckmantel eines Waffenhändlers die entsprechende Szene im Nahen Osten beobachtet hatte, wurde selbst zum Waffenlieferanten. Sein Kunde hieß Oberst Muammar al-Khadafi. Ed Wilson leitete ein, was später als »größte Waffenschmuggelaktion der amerikanischen Geschichte« (*Time*) bezeichnet wurde.
Zusammen mit zwei Helfern brachte er große Mengen an Waffen und Sprengstoff nach Libyen, heuerte ehemalige Ledernacken an, um Khadafis Mordkommandos gegen libysche Oppositionelle in Europa und den USA ausbilden zu lassen. 1982 wurde Wilson gefaßt und in die USA zurückgebracht. Ein Gericht verurteilte den ehemaligen Geheimagenten zu 25 und 32 Jahren Gefängnis.
Soghanalian bestreitet, mit Ed Wilson jemals Geschäfte getätigt zu haben. Er gibt zu, daß er seine alte Boeing 707 von Wilson vermittelt bekam. Da dies jedoch nicht Gegenstand des Prozesses von 1982 war, mußte sich Sarkis Soghanalian dafür nicht weiter rechtfertigen. Der Urteilsspruch über ihn fiel ungewöhnlich milde aus: fünf Jahre Bewährungsfrist und Rückzahlung des unterschlagenen Geldes in Höhe von 1,1 Millionen Dollar innerhalb eines Jahres. Der Anwalt des Waffenhändlers versicherte noch, daß sein Mandant »diesem Land von großer Hilfe gewesen« sei.
Inzwischen hat sich Soghanalian noch mehr abgeschottet. 1982 lieferte er Exocet-Raketen an Argentinien. Derzeit unterstützt er den bedürftigen Irak und ist damit voll ausgelastet. Im Herbst 1984 ließ er sich einmal kurz in die Karten schauen und nahm ein Kamerateam der *Cable News Network*, das gerade die Dokumentation »Händler des Krieges« drehte, in seiner Privatmaschine nach Bagdad und an die Front des Golfkrieges mit. Ungeniert bewegte er sich dort inmitten großer Waffendepots, wurde von hochrangigen irakischen Offizieren begleitet. An Bord der Soghanalian-Maschine waren, wie mir CNN-Reporter Joe Trento in Washington versicherte, auch mehrere Repräsentanten von Rüstungs- und Zubehörfirmen gewesen, unter anderem Abgesandte von Soghanalians zeitweisen Partnern Spiro Agnew und John Mitchell, zweier anrüchiger Expolitiker aus der Nixon-Ära. Ihre Einreisevisa hat-

ten sie innerhalb weniger Stunden bei einem Zwischenaufenthalt in Genf erhalten. Der emsige Orientale wies immer wieder darauf hin, daß er alle Verträge außerhalb der USA abzuschließen pflege und niemals gegen amerikanische Interessen verstoßen würde. Er bezeichnete sich selbst als (seit 20 Jahren) »wichtige Quelle« für US-Geheimdienstkreise. »Wenn ich Waffen verkaufe, dann schaue ich zuerst, ob das dem Zweck dient, Frieden zu schaffen, oder auch der Selbstverteidigung. Erst dann verkaufe ich.«
Ich stand im Herbst 1985 für mehrere Wochen in Kontakt mit Sarkis Soghanalian, wurde von ihm eingeladen, mit ihm und auf seiner Maschine von Genf nach Miami zu fliegen, später eventuell auch nach Bagdad. Dann verließ er Genf in Richtung Golffront. Bei seiner Rückkehr erklärte er mir, er könne mich nicht direkt mitnehmen, weil er noch eine geschäftliche Besprechung in Irland wahrzunehmen habe. Ich solle drei Tage später nach Miami kommen. Das wurde unter dem Vorbehalt einer weiteren telefonischen Bestätigung vereinbart. Es kam nicht dazu, weil Soghanalian für mich fortan nicht mehr zu sprechen war.

Bekir Celenk

Eine nicht minder umstrittene Figur war der Türke Bekir Celenk. Vieles über ihn und sein Leben als »internationaler Waffenschieber großen Zuschnitts« (Erklärung der Regierung in Ankara) wird wohl niemals bekannt werden, da er im Oktober 1985 in türkischem Justizgewahrsam plötzlich und unerwartet starb. Seine letzten und diesmal echten Begleitpapiere sprechen von einem Herzanfall.
Der Türke Celenk scheint einer jener Alleshändler gewesen zu sein, der Gefahren erkannte und keine Chance ausließ, Geld zu machen. Der mobile Basarhändler verließ die Türkei in jungen Jahren und versuchte zuerst sein Glück in der Schweiz. 1962 fiel er den dortigen Behörden in einem Uhrenschmuggel auf. Zwei Jahre später wurde Celenk wegen dieser Tat in der Türkei verurteilt, was ihn aber nicht in seinen Aktivitäten bremsen konnte. 1970 gründete er im schweizerischen Biel eine Handelsfirma namens Falcon SA. Ausgehend von Uhren, erweiterte Celenk nach und nach das

Sortiment. 1976 kaufte er sein erstes Frachtschiff und taufte es auf den eigenen Namen. Die »Celenk« befuhr das Schwarze Meer mit schweren Waffenladungen. Danach baute der Geschäftsmann langsam eine international verästelte Firmengruppe auf.
Bekir Celenk kannte und schätzte den Syrer Henry Arsan, der von Morphinbase bis zu Panzern und schwerer Artillerie alles verschob, was große Gewinne brachte. Beide arbeiteten über einen längeren Zeitraum zusammen. Über ihn scheint Celenk auch in die »Bulgaria Connection« mit der Firma Kintex und dem Sofioter Geheimdienst gekommen zu sein. Bezeichnenderweise war Arsan nebenbei als V-Mann amerikanischer Drogenfahnder tätig. Das half ihm ungemein, seine eigenen Geschäfte zu verschleiern. Nach demselben Muster operierte ein späterer Partner von Bekir Celenk, der Türke Atalay Saral. Zusammen unterhielten sie die Export-Import-Firma Tirakya – Thrakien in der Münchner Bayerstraße 5. Im Handelsregister wurden dafür 120000 Mark Stammeinlage ausgewiesen. Davon entfielen 102000 Mark auf Bekir Celenk, der als »Reeder« mit einer Londoner Wohnadresse erschien, der Rest auf Saral. Offiziell brachten beide Südfrüchte, Gemüsesäfte und Mineralwasser in Umlauf, in Wirklichkeit vermutlich Rauschgift und Ostblockkriegswaffen. Die Ware wurde wahrscheinlich in geschickt getarnten Hohlräumen bulgarischer Lastzüge transportiert.
Saral, um den Bogen weiterzuspannen, kümmerte sich um den nötigen Schutz auf deutschem Boden, indem er die Konkurrenz an das Bundeskriminalamt verriet und die eigenen Transaktionen verschwieg.
Kann diese Verbindung der Grund gewesen sein, daß die Polizei gegen Saral nie wirksam vorging? Nachweislich wurden die in der Türkei gesuchten Bekir Celenk und Atalay Saral im Juni 1981 wegen Zollvergehens von türkischen Sicherheitsbehörden an Interpol Paris gemeldet. Am Bosporus existierte gegen sie ein Haftbefehl (Aktenzeichen 1981/4056, Reg.-Nr. 981/187). Aufgrund des türkischen Ersuchens an Interpol wurde am 6. Juni 1981 ein internationaler Haftbefehl ausgestellt. Interpol benötigte fünf Monate für die Eingangsbestätigung des Haftbefehls. Celenk wurde deshalb nicht festgesetzt. Die Türkei reklamierte am 28. Juni 1982 in Paris. Mittlerweile sagte Papst-Attentäter Mehmet Ali Agca bei den Verhören durch die italienische Polizei aus, Bekir Celenk

habe ihm in Sofia drei Millionen Mark für die Ermordung des Papstes versprochen. Am 7. Oktober 1982 reagierte die Interpol-Zentrale positiv, und elf Tage später erschien der Name Celenk im entsprechenden Verzeichnis. Nun wurde dem türkischen Mafioso doch der Boden zu heiß. Er blieb noch zwei Monate, selbstverständlich unerkannt, in Westeuropa und flog dann am 6. Dezember regulär nach Sofia, wo er sich unter den Schutz des Geheimdienstes begab. Im Hotel »Vitoscha«, wo Agca seinen Reisepaß erhalten hatte, durfte Celenk für die nächsten Jahre im Zimmer 1805 logieren. Nur gelegentlich mußte er für Pressekonferenzen zur Verfügung stehen, wenn es um die verlorene Ehre der Republik ging.

In Italien liefen zwischenzeitlich zwei Verfahren, bei denen Bekir Celenk nicht Zeuge, sondern Mitangeklagter gewesen wäre. Das eine war die Jahrhundertinszenierung um das Papst-Attentat, das andere der größte Prozeß aller Zeiten gegen illegale Waffen- und Drogenhändler. Eine 5898 Seiten starke Anklageschrift verzeichnet die 37 bekanntesten Mitglieder eines internationalen Ringes, der im Tauschgeschäft Waffen gegen Rauschgift nach Asien, Afrika und in den Nahen Osten geliefert haben soll. Richter Carlo Palermo, der 1985 knapp einem Mordanschlag entging (drei Menschen wurden getötet, sechs verletzt), will herausgefunden haben, daß Celenk und seine Partner auch Transfers von Panzern, Schiffen und Flugzeugen in den Irak, nach Taiwan und Argentinien sowie auf die Philippinen durchgeführt haben. Ein großer Teil der Geschäfte sei mit Hilfe der italienischen Mafia abgewickelt worden. Es sei vergeblich versucht worden, Kernwaffen nach Argentinien und in drei arabische Staaten zu liefern. Die Geschäfte liefen zwischen 1978 und 1983 ab und umfaßten »mehr Kriegsmaterial, als sich im Besitz der ganzen italienischen Armee befindet« (Carlo Palermo).

Bekir Celenk, enttarnt und damit für weitere internationale Einsätze untauglich geworden, blieb bis Anfang Juli 1985 in Sofia. Die Bulgaren lieferten ihn über 31 Monate hinweg weder nach Italien noch an die Türkei aus. Der Chef der staatlichen Nachrichtenagentur BTA, Bojan Traikow, in einer Stellungnahme: »Für uns ist Celenk ein Händler wie jeder andere. 80 Prozent unserer Wirtschaft ist vom internationalen Handel abhängig. Keine Polizei der Welt hat je von uns verlangt, Celenk festzunehmen. Es ist gut

möglich, daß er Geschäfte auf eigene Rechnung gemacht hat.« Kurz darauf setzten ihn die bulgarischen Behörden überraschend in ein Flugzeug nach Istanbul. Bekir Celenk kam in einem hellen Straßenanzug und mit geringem Gepäck an und wurde unter den Augen seiner wartenden Ehefrau von der türkischen Polizei abgeführt.
Einen sofort gestellten Auslieferungsantrag der Italiener beantworteten die Türken negativ. In der Begründung hieß es, die türkische Verfassung und das Strafgesetzbuch würden »eine Auslieferung eines türkischen Staatsbürgers in ein anderes Land unmöglich« machen. Der heimgekehrte Kriminelle belastete die politischen Beziehungen zwischen der Türkei und Italien und lenkte so vorübergehend von dem für Bulgarien unangenehmen Prozeß gegen Agca ab. Celenk wurde nach wenigen Tagen in eine Haftanstalt der Hauptstadt Ankara überstellt. Dort starb die Schlüsselfigur internationaler Geheimdienst-, Waffen- und Rauschgiftoperationen, ohne daß er noch einmal vor ein Gericht treten konnte. Die Umstände lassen nur naive Gemüter an einen Zufall glauben.

Peter Mulack

Immer wieder führen die Spuren der Waffenhändler nach Bulgarien, dem gesetzlosen Eldorado moderner Rüstungsschieber. Nirgendwo kann man leichter einkaufen als dort, und nirgendwo ist die Ausfuhr so einfach. Das zeigt der bereits beschriebene Fall der dänischen »Sarah Poulsen«, die im Spätsommer 1978 eine Ladung im Wert von mehr als neun Millionen Dollar nach Durban in Südafrika brachte. Die Weißen vom Kap gaben diese Schießgeräte an ihre schwarzen Freunde weiter, die damit linksgerichtete Regime in der Region bekämpften. Pikanterweise stammte das Endverbraucherzertifikat für diesen Deal von einem anderen schwarzafrikanischen Staat: Nigeria. Laut Liefervertrag hat Südafrika 449 705 Dollar zur Verfügung gestellt, um das Dokument beim nigerianischen Hochkommissariat in London kaufen zu lassen. Unterschrieben wurde es von Major E. Okoduwa, einem Diplomaten.
Nach der glaubwürdigen Aussage eines Augenzeugen, der sich bei der Verladung der Ware im bulgarischen Hafen Burgas befand,

soll Zwischenhändler Peter Mulack dem Kapitän vor dem Auslaufen einen verschlossenen Briefumschlag übergeben haben. Der Schiffer durfte ihn erst auf der Höhe von Nigeria öffnen. Dieser Brief enthielt die Anweisung zum Kurswechsel gen Südafrika. Der gesamte Transit zum Feindstaat war so geschickt eingefädelt, daß im Prinzip nichts schiefgehen konnte. Wer steckte hinter diesem Handel? Wer ist Peter Mulack?

Nach Angaben, die leider nicht von ihm selbst stammen, wurde er 1921 in eine Familie hineingeboren, der es vorher schon einmal besser gegangen war. Auch Mulack selbst war in den ersten Berufsjahren – in den verschiedensten Branchen tätig – nicht gerade erfolgreich. In den fünfziger Jahren soll er es mit immer anderen Deals versucht haben. Vom Stahlhelm bis zu Socken verkaufte er alles, was ein paar Mark Gewinn brachte. In Frankfurt soll Mulack bereits in kleinem Umfang mit Handfeuerwaffen gehandelt haben. Er wurde erwischt und prompt verurteilt.

Dann begann er plötzlich über Nacht den Hobby-Erfinder Hans Butgereit aus dem Dorf Astheim zu fördern. Dieser hatte bereits zehn Jahre mit der Entwicklung eines linsenförmigen Unterwasserschiffes verbracht. Mulack entdeckte ihn und schloß einen Vertrag. Butgereit bekam monatlich 1000 Mark und dafür durfte Mulack über eine von ihm gegründete Universum S.A. in Lausanne und die Frankfurter Entwicklungs- und Metallbau GmbH das vermeintliche Wunderding offerieren. In zahlreichen Schreiben wandte er sich an Verteidigungs- und Kriegsministerien der ganzen Welt. Das 4,40 Meter lange und 2,90 Meter breite Verkehrsmittel sollte 1,5 Millionen Mark kosten und dafür unbemerkt Hafeneinfahrten verminen und Schiffe torpedieren können. Das Tauchschiff – Codebezeichnung BU 400/2-5500 – stand in einem Schuppen der Groß-Gerauer Odenwaldstraße und erweckte rasch internationales Aufsehen. Mulack hatte den Bootskörper bei MAN teuer fertigen lassen und war bereits mit der Innenausstattung beschäftigt, als das Projekt platzte. Keiner wollte das U-Boot haben: Mulacks Konstruktion war nicht durchkonzipiert und kostete nur Geld.

Wie mancher andere versuchte auch Peter Mulack in den sechziger und siebziger Jahren, die großen Waffengeschäfte an Land zu ziehen. Erst um 1975 sollte der Durchbruch gelingen.

Ein Artikel der Illustrierten *Stern* aus dem Jahre 1976 spricht von

einem Mulack-Geschäft, das anscheinend über die Tschechoslowakei und Jugoslawien lief. Danach verließ das dänische Motorschiff »Aya Trigon« 1975 mit einer Ladung »Technische Artikel« den Hafen Kardeljevo-Plóce. Bestimmungshafen Dubai am Persischen Golf. *Stern* schrieb: »Die ›technischen Artikel‹ sind 13500 Schnellfeuergewehre des sowjetischen Typs AK-47 und 16,2 Millionen Schuß Munition vom Typ M-43, geliefert von der tschechoslowakischen Staatshandelsfirma Omnipol. Am Persischen Golf kommen die Kugelspritzen, ausreichend für eine kampfstarke Division, niemals an. Sie landen dort, wohin sie von Anfang an gebracht werden sollten: in Südafrika.«
Ein Münchner Geschäftsmann stellte die Verbindung zwischen Peter Mulack und den Südafrikanern her. Der Apartheidsstaat wollte Waffen kaufen, ohne daß dies bekannt wurde. Deshalb brauchte er verschwiegene Partner. Auf der einen Seite standen also die Einkäufer der staatlichen südafrikanischen Waffen- und Munitionsgesellschaft Armscor, und damit Pretorias Geheimdienst. Die dänische Fernsehreportage um den Fall »Sarah Poulsen« nennt eine zur Tarnung vorgeschobene Zeefeldt-Gesellschaft und dazu die Namen von vier Südafrikanern, die damals eng mit der Botschaft ihres Landes in Paris verbunden waren.
Dann kam Peter Mulack, der die Transporte organisierte. Er wurde von den Südafrikanern bezahlt und beglich wiederum die Rechnungen seiner Lieferanten, die zumeist in Sofia saßen. Die Verbindung nach Bulgarien lief über Wien. Dort gibt es einen Waffenhändler namens Wilhelm Weiß. Dieser beschaffte die Ware, und Mulack lieferte sie, bemühte sich dabei aber auch, den Eindruck zu erwecken, er sei nur eine Randfigur. Die beiden Partner sollen vereinbart haben, daß Weiß von jedem Geschäft 20 Prozent Provision bekommen würde. Nachdem aber im Waffenhandel jeder jeden betrügt beziehungsweise andere über den Umfang der Geschäfte im Ungewissen hält, kam es bald zu Unstimmigkeiten, die bis heute nicht aus der Welt geschafft werden konnten. Jede der genannten Personen glaubt, noch finanzielle Ansprüche an Peter Mulack zu haben. Sie möchten an seinem geschätzten Vermögen von 80 Millionen Mark partizipieren.
Ein treffendes Beispiel vom Umgangston zwischen Waffenhändlern ist ein Brief, den der Wiener Wilhelm Weiß im Dezember 1979 an Peter Mulack geschickt hat: »Sie versuchen mich um mei-

nen Anteil vom Schiff ›Sarah Poulsen‹ zu betrügen sowie bei der Abrechnung der ›Golf Trigon‹. Sie haben nicht, wie Sie mir gesagt haben, US-Dollar 1687741 als Verkaufserlös erzielt, sondern... US-Dollar 2074347.« In dem umständlich abgefaßten Schreiben droht Weiß »alle Mittel, die mir zur Verfügung stehen, ohne Nachsicht anzuwenden«. Dann bringt er »eine kleine Auswahl«: »Überprüfung des Todes Ihrer Gattin (Sie erinnern sich noch, daß Sie von mir tödliche Injektionen haben wollten. Zeugen hierfür sind vorhanden). Das FBI wird sich sicher auch für Ihre derzeitigen Geschäfte und Ihre Tätigkeit für Israel interessieren...« Weiß droht außerdem mit dem Bundeskriminalamt und mit einer Verfolgung »um die ganze Welt«. Weiter im Originalton: »Sie werden nicht zur Ruhe kommen. Ob Ihr Herz das aushält, glaube ich nicht. Überlegen Sie also gut, ob das alles US-Dollar 637674 wert ist, die Sie mir ja nicht schenken, sondern die mein rechtmäßiger Anteil sind, um den Sie mich betrügen wollen.« Mulack hat bis heute nicht gezahlt, und er hat sich auch von Abenteurern, die jene Summe gegen eine hohe Provision eintreiben wollten, nicht verunsichern lassen. So boten Wilhelm Weiß und der – einst ebenfalls beteiligte – Schwiegersohn von Mulack dem dänischen Fernsehautor Jørgen Pedersen per Vertrag 100000 Dollar für den Fall an, daß er ihre Forderung eintreiben könnte. Eine nicht näher bezeichnete hohe Summe wurde mir von Vera Meyrhofer in Wien offeriert. Dafür sollte auch ich an Mulack herantreten und ihm mehr als zwei Millionen Dollar abnehmen. Letztlich bemüht sich noch ein Münchner Krimineller namens Peter Graef-Bonin – wiederholte Verurteilungen wegen Betruges, Urkundenfälschung, Hehlerei und Erpressung – um den Schatz des Peter Mulack. Graef ist ein Reisender in Sachen Mulack. Seit Jahren versucht er ihn bei deutschen und amerikanischen Dienststellen anzuschwärzen und so zur Strecke zu bringen. Der Rheinländer weiß genau, wie das funktioniert, weil er sich einst selbst in der Waffenbranche versucht hat. Auch er flog zu seiner aktiven Zeit immer zwischen deutschen Städten, Wien und Sofia hin und her.

Seit April 1981 lebt Peter Mulack mit einer neuen Lebensgefährtin in einer 1,5 Millionen Dollar teuren Villa unter der Adresse 700 Casuarina Concourse, Coral Gables, Florida. Es handelt sich hier um eine direkt am Meer gelegene Reichensiedlung im Großraum Miami. Ständig patrouillierende Sicherheitskräfte halten alle un-

erwünschten Besucher fern. Fernsehkameras und sensible Alarmanlagen machen die hohen Mauern und Zäune unüberwindbar. Mulack hat genug Geld für seinen Lebensabend zusammengetragen. Er verkehrt nur mit einem kleinen Kreis von Freunden – und mit seinen Rechtsanwälten. Diese halten ihm die Kumpanen aus alten Tagen vom Leib und lassen jeden Verleumder vor den Kadi holen. Der dänische Fernsehfilm wurde in Auszügen auch von der amerikanischen Anstalt CBS übernommen. Daraufhin hat Mulack die Fernsehgesellschaften in den USA, Deutschland und Dänemark beziehungsweise deren Repräsentanten verklagt. Aus diesem Anlaß ließ sich der cholerische Peter Mulack erstmals von einem Redakteur des *Miami Herald* interviewen. Die von der Weiß-Clique an das dänische Fernsehen lancierten Hinweise auf Mulack-Geschäfte mit Heroin und Elektronik (im Austausch für Waffen) wies er kategorisch zurück.
Weder bei diesem Telefonat noch bei einem anderen Ferngespräch, das ich im März 1986 mit Mulack führte, stellte der Berliner seinen Anteil am internationalen Waffenhandel in Abrede. Er gibt zu, Ostblockwaffen gekauft und an Südafrika verkauft zu haben. Das Militärgerät sei antikommunistischen Insurgenten zugekommen. Mulack steht politisch rechts und damit motiviert er teilweise auch seine Geschäfte. Deals, die er spätestens dann einstellen mußte, als ihn die grellen Scheinwerfer des Fernsehens ausleuchteten.

Günther Leinhäuser

Peter Mulack und Günther Leinhäuser sind Freunde, falls es so etwas im internationalen Waffenhandel gibt. Auf alle Fälle respektieren sie sich, nachdem sie 1967 ein gemeinsames Geschäft mit Handfeuerwaffen abgewickelt haben. »Weitere geschäftliche Verbindungen bestehen nicht und haben auch nicht bestanden.« Das versicherte Leinhäuser im Juli 1985 an Eides Statt. Korrekt muß es schon zugehen in dieser Welt, auch bei Behauptungen, die an sich nicht ehrenrührig sind; es sei denn, die Kritiker, denen man mit Anwälten und juristisch einwandfreien Erklärungen pariert, versuchen das Gewerbe an sich zu kriminalisieren.

Bei der Erörterung dieser Frage ist Günther Leinhäuser aus dem saarländischen St. Ingbert ein passendes Beispiel. Als ich ihn nach monatelanger Verabredung das erste Mal traf, mußte ich ihm einige Stunden Anlaufzeit zugestehen. Er wollte herausfinden, wer sich da für ihn interessierte, wollte erkennen, welchem ideologischen Lager ich angehöre. Kritik, sagte mir Günther Leinhäuser, könne er immer vertragen, sie dürfe nur nicht weltfremd sein. Als wir zu dem Schluß kamen, daß der Waffenhandel immer noch viel Gelichter anziehe, aber auch mit übergroßem Idealismus bis auf weiteres nicht abgeschafft werden könne, da hatten wir unsere gemeinsame Plattform. Ein Zeitungsausschnitt des Jahres 1977 bescheinigt Leinhäuser die »biedere Physiognomie eines Studienrates in einer Kleinstadt«. Würde er in einer beliebten deutschen Fernsehshow auftreten, bei der die Berufe der Gäste erraten werden müssen, dann käme er wohl als Buchhalter, als Lokalpolitiker oder als Verwaltungsbeamter weg – nicht jedoch als prominenter Waffenhändler. Es gibt Tätigkeiten, die nicht anhand der sie ausübenden Menschen erkannt werden können. Eine davon ist das Waffengeschäft.
Wie weit Günther Leinhäuser von einem Sir Basil Zaharoff und vielen seiner »Enkel« weg ist, das zeigt schon sein ebenfalls beispielhafter deutscher Werdegang. Der heute 53jährige war zu jung, um am Dritten Reich Schaden zu nehmen. Seine Biographie darf also ruhig in den Aufbaujahren beginnen, im Saarland, das zuerst noch zu Frankreich gehörte. »Wir unterhielten ab 1950 eines der ersten elektronischen Rechenzentren in Europa. Bei uns standen die größten Rechner, alles IBM-Maschinen. Für nicht weniger als 1000 Unternehmen führten wir die Bücher. Das ging bis 1957 gut. Dann wurde die Saar an Deutschland zurückgegeben. Nach zehn Tagen stoppte der Zoll unsere Lochkarten an der neuen Grenze. Wir wurden immer mehr behindert. Mein Unternehmen brach nach sechsmonatigem erfolglosem Kampf mit den Behörden zusammen. Ich mußte 1,7 Millionen Mark Verlust auf mich nehmen und dichtmachen.«
Also ging Günther Leinhäuser auf die Suche nach »einem interessanten Job«. Eine deutsche Großbank stellte die Verbindung zum damals gut eingeführten Waffenhändler Heinz Krollmich her, der Leinhäuser anlernte. Die ersten Reisen führten ihn auf den wichtigsten Markt der Welt: Kuwait, Amman, Beirut und Damaskus.

In drei Monaten verdiente er, nach eigenen Angaben, 660000 Mark und erwarb sich erstklassige Verbindungen in Paris. Während des Algerienkrieges der Franzosen wurde Leinhäuser vom Chef des Deuxième Bureau in Paris nach Oran geschickt. Er kümmerte sich um das, was er heute als »Speditionsgeschäfte« bezeichnet, lieferte aber in Wirklichkeit Waffen für beide Seiten. Eines Morgens wurde er überhastet nach Casablanca ausgeflogen. Sein Büro war in die Luft geflogen, seine deutsche Sekretärin von der FLN gerettet worden. Leinhäuser vermutet die Bombenleger immer noch unter seiner »starken deutschen Konkurrenz«. Das spannende Leben des intellektuellen Saarländers ging in Libyen weiter, wo er alte gegen neue Waffen auszutauschen hatte.
Günther Leinhäuser kehrte Nordafrika den Rücken und reiste zuerst in den Libanon (»der Umschlagplatz für den ganzen Orient«) und dann nach Kurdistan. Mehrere Jahre lang schickte er von Paris aus Faustfeuerwaffen zum legendären Kurdenführer Mulla Mustafa Barsani. Die Schießeisen waren in mehr als 20 Lastwagen und in präparierten Autos versteckt. Es werden wohl auch die verschwundenen FN-Dienstpistolen der nordrhein-westfälischen Polizei mit dabeigewesen sein. Der Hintergrund: Auf Anordnung des Düsseldorfer Innenministers wurden 1966 die Dienstwaffen der Ordnungshüter, insgesamt 20000 Stück, ausgemustert. Plötzlich waren sie weg. Hauptinteressent Leinhäuser stand im Verdacht, sie verschoben zu haben, als sich die offizielle Käuferadresse als Trümmergrundstück erwies. Ein Gericht in Frankfurt verhandelte gegen ihn. Das Urteil lautete auf sechs Monate zur Bewährung und 1500 Mark Geldstrafe.
Leinhäuser war natürlich auch am Biafra-Krieg (1967 bis 1970) beteiligt. Kaum hatte sich diese Provinz Nigerias für unabhängig erklärt, da erkannten er und sein damaliger Partner Paul Favier schon ihre Chance. Sie kauften eine DC-6, eine »Super Constellation« und eine DC-4. Die DC-4, bis obenhin mit Maschinenpistolen gefüllt, ging bereits beim ersten Flug von Rotterdam nach Biafra zu Bruch. Am Steuerknüppel saß übrigens Hank Wharton, der den Crash überlebte, um später unter anderem für Soghanalian zu arbeiten. Und so lief die Transaktion ab: »Die Maschine sollte, laut Flugplan, von Rotterdam nach Southampton fliegen. Über dem Kanal erhielt sie Order zum Kurswechsel.

Schließlich verflog sich die Crew in einem Sandsturm und landete unsanft. Der Pilot wurde in Nordnigeria wegen Waffenschmuggels zu vier Wochen Gefängnis und 200 Dollar Geldstrafe verurteilt. Die Ware kam jedoch an, weil ein anderes Land versicherte, es sei der Besteller.« Ein amüsantes Detail am Rande: Die damalige Wharton-Ehefrau Gerda heißt heute mit Familiennamen Mulack. So klein ist die Welt von Miami.

1973 ging Leinhäusers Geschäft mit Libyen und der Irisch-Republikanischen Armee (IRA) über die Bühne. Insgesamt dreimal traf sich Leinhäuser in der Schweiz mit IRA-Oberbefehlshaber David O'Connell. »Er wollte, daß ich Waffen aus Tripolis nach Irland transportiere. Ich habe aber reklamiert und gesagt, Herrschaften, ich bin nicht euer Transporteur. Ich bin ja kein Fuhrunternehmer, sondern Waffenhändler.« Schließlich überzeugte ihn das Geld der IRA. 680000 Mark wurden an Leinhäuser bezahlt.

Die »Claudia«, ein 290-Tonner, der zu zehn Prozent Peter Mulack und zu 90 Prozent Marlene Leinhäuser gehörte, lag schon vor der italienischen Küste, um Zigaretten in Schmuggelboote zu laden. Das Schiff mußte nun Kurs auf Libyen nehmen. In Tripolis wurde der Frachter erwartet. Matrosen der libyschen Kriegsmarine schleppten fünf Tonnen Waffen und Sprengstoff an Bord: 250 russische Schnellfeuergewehre, 245 Webley-Pistolen britischer Herkunft, 5600 Schuß Munition für die Pistolen und 20000 Schuß für die Gewehre, 100 Panzerminen, 300 Handgranaten, 100 Tretminen, 500 Pfund Gelegnit, 18 Fässer TNT-Sprengstoff, 100 Zünder und große Rollen Zündschnur.

Vor der Abfahrt trafen noch IRA-Chef David O'Connell und Joe Cahill aus dem Obersten Rat der Untergrundorganisation ein. Sie begleiteten die brisante Ladung. O'Connell verließ jedoch die »Claudia«, als sie sich der irischen Küste näherte. Eine Barkasse holte ihn und einen Koffer voller Geld ab und brachte zwei IRA-Männer an Bord des Leinhäuser-Schiffes. Eine halbe Stunde später wurde der Waffenkahn auf Höhe von Dungarvon von der gesamten irischen Kriegsmarine – drei Minensuchboote – aufgebracht. Am Strand standen zusätzlich 3000 Soldaten.

Die IRA-Leute ließen sich widerstandslos festnehmen. Ihr tonnenschweres Gepäck wurde beschlagnahmt. Noch am selben Tag durften die leere »Claudia« und ihre Mannschaft nach Hamburg weiterfahren. Leinhäuser, der damals für einige Tage untertauchte: »Die ganze Reise war eine Kette von geradezu unglaublichen Fehlern. Amateurhafter geht es nicht.« Es sah so aus, als ob er zweimal kassiert hätte – für die Fahrt und für den Tip an die Polizei. Daran zweifelte die IRA nicht. Ihr Stabschef Seamus Twomey, der im November 1973 bei einer kühnen Blitzaktion aus dem Innenhof des Dubliner Mountjoy-Gefängnisses per Hubschrauber befreit wurde, in einem *Spiegel*-Gespräch, erschienen am 19. November 1973: »Der Waffentransport mit dem deutschen Schiff aus Libyen nach Irland wurde auch verraten. Wir haben Beweise und deshalb zwei Todesurteile gefällt... Gegen den Besitzer des Schiffes, Herrn Günther Leinhäuser, und gegen einen anderen Beteiligten... Die Urteile werden von uns vollstreckt werden zu einer Zeit und einem Ort unserer Wahl.« Twomeys Worte blieben eine leere Drohung.

Als in Beirut die Spannungen zunahmen, verbrachte Leinhäuser dort 50 Prozent seiner Zeit. Der Konservative und Traditionalist – eine Parallele zu Mulack – hielt es natürlich mit der christlichen Falange-Partei. Leinhäuser lernte Pierre Gemayel und den damaligen libanesischen Finanzminister Naznir Malouf kennen, mit denen er sich bestens verstand und mehrere Geschäfte abschloß. Eines davon sollte in Deutschland noch Justizgeschichte machen: Waffenhändler Leinhäuser erwarb 1975 von der marokkanischen Regierung zum Preis von 875000 Dollar 325 Tonnen Waffen. Dazu zählten 90 spanische Maschinengewehre Kaliber 7,62 mm, Mörser amerikanischer und sowjetischer Herkunft samt Munition, 20-mm-Kanonen und Vier-Kilo-Sprengpackungen.

Vom 21. bis 26. Dezember 1975 beluden 80 marokkanische Soldaten den 571-Tonnen-Frachter »Seagull« aus Elsfleth an der Elbe. Das Schiff verließ den Hafen Kenitra (um »offiziell« nach Somalia zu fahren) und steuerte Marseille an. Dort wurde ein Leichter übernommen, mit dessen Hilfe man die Waffen an der libanesischen Küste abliefern wollte. Im Sturm riß sich der Leichter jedoch los und ging verloren. Niemand wußte nun, wie die Waffen in der damals noch seichten Bucht von Junieh (Ost-Beirut) angelandet werden konnten. Schließlich klappte es doch. Kommandos der Falange löschten die Ladung, von maronitischen Priestern in Talaren beaufsichtigt. Doch am zweiten Tag geschah das Unglück: Die »Seagull« wurde von der Brandung auf einen Felsen geworfen. Eigner Herbert Bissa forderte von Lein-

häuser Schadenersatz in Höhe von 682000 Mark. Dieser weigerte sich zu bezahlen.
Erst ein Vierteljahr später konnte der Eigner Bissa sein mit Hypotheken und einer Bundesbürgschaft hoch verschuldetes Schiff an einen Zyprioten verkaufen. Als Leinhäuser auf Bissas Appelle nicht reagierte, trat dieser die Flucht nach vorne an und schaltete die Polizei ein. Das Bundeskriminalamt ermittelte. Die daraus resultierende Anklage gegen Leinhäuser lautete auf »Anstiftung zum Waffentransport auf Schiffen, die die Bundesflagge führen«. Leinhäuser heute: »Eine unfaire Anklage, pure Phantasie.« Im November 1977 mußte er sich zusammen mit Herbert Bissa und einem weiteren Helfer vor der IV. Großen Strafkammer des Landgerichts Oldenburg verantworten.
Nach sechs Monaten und 18 Verhandlungstagen ging der Angeklagte Leinhäuser stiften. Er flog zu einer »ärztlichen Behandlung« nach Florida. Das Gericht sah es anders und nahm an, daß »er sich dem Verfahren entziehen« wollte. Also wurde ein Haftbefehl erlassen, der erst 1985 verfiel. Leinhäuser war in der Zwischenzeit trotzdem »häufig in Deutschland«, hat jedoch generell »nie ein Geschäft auf deutschem Boden getätigt«. Die Jahre von 1978 bis heute waren ähnlich hektisch wie Leinhäusers Anfangszeit. Noch immer ist er im Kriegsgewerbe verwurzelt und hält sich an seinen alten Leitsatz: »Nur Idioten ballern mit Waffen. Kluge Männer machen ein Geschäft daraus.«
Günther Leinhäusers Aktivitäten und Niederlassungen sind aus steuerlichen Gründen weit verzweigt. Er vertreibt Schießgeräte über die Firmen APEX in St. Hellier/Jersey, Giromar auf Zypern und Maltraco in Malta, unterhält zwei Frachter mit den Heimathäfen Liberia und Malta. Die Libanesen sind ihm so treu geblieben, daß ihn Präsident Amin Gemayel im November 1985 nach einem Arztbesuch sogar in St. Ingbert beehrte. Leinhäusers Ware geht an Iran und Irak, an alle afghanischen Widerstandsgruppen (»von den Saudis bezahlt«) und an diverse Afrikaner. Er selbst hat sich 1984 mit afghanischen Mudschahedin an die Front begeben, um die Lage in dem besetzten Land am Hindukusch zu studieren. Sie kamen bis kurz vor Kabul.
Paricor heißt Leinhäusers französische Firma. Von der Pariser Rue de la Boétie 120 aus – einer Seitenstraße des Champs-Élysées – operiert sie in mehreren Dutzend Ländern. Leinhäuser heute:

»Wir können es uns leisten, neun von zehn Anfragen zurückzuweisen. Denn der Markt ist rapide gewachsen.« Was verdient ein Mann wie Günther Leinhäuser, wo liegen seine Handelsspannen? »Nehmen wir an, ich kaufe 18,6 Millionen Schuß Munition für ein afrikanisches Land. Pro 1000 Schuß muß ich in Bulgarien 18 Dollar ausgeben. Den Empfänger kosten sie schließlich 128 Dollar. Das sind dann sogenannte ›Goldfische‹. Bei Großgerät, das in die Hunderte von Millionen geht, ist eine Handelsspanne von fünf bis acht Prozent drin.«

»Gibt es einen Strukturwandel im Waffengeschäft? Wodurch unterscheidet sich die Zeit vor ein oder zwei Jahrzehnten mit heute?« Leinhäuser zögert einen Moment. Er setzt eine nachdenkliche Miene auf. Dann kommt die Antwort: »Das Waffengeschäft ist sehr an den Namen gebunden. Ich bedaure, daß es keinen qualifizierten Nachwuchs mehr gibt. Gerade in unserem Gewerbe sind die Gepflogenheiten oft ehrenhafter als bei anderen Geschäften. Nirgendwo wird soviel blindes Vertrauen investiert. Denn Roßtäuscher halten sich nicht lange. Das ist die eine Seite. Die andere: Um 1979 ist ein Strukturwandel in der Waffenbranche eingetreten. Die Gesetze haben sich weltweit verschärft, in Deutschland sogar übertrieben. Das geht, meiner Ansicht nach, an der Wirklichkeit vorbei. Die Bundesrepublik hat eine massive Rüstungsindustrie, verbietet jedoch zwei deutschen Privatpersonen, auch nur über Waffen zu reden.« Deshalb steht Leinhäuser nun auf vielen Beinen. Besucher neigen dazu, seine Paricor zu unterschätzen, wenn sie die engen Räume der Zentrale in einem Pariser Hinterhaus betreten.

Bei Paricor wurden aber die Zeichen der Zeit erkannt. Ähnlich wie Kashoggi hat Leinhäuser einen Großteil seiner früheren Gewinne in ein Gewirr von verschiedenen Branchen investiert. Das trägt Früchte und läßt den Konzern auch dann nicht straucheln, wenn neue Gesetze den Waffenexport noch mehr reglementieren sollten. »Ich bin heute ein Vermittler von Waffen«, sagte er mir im Januar 1986, »nicht das, was Laien unter einem Händler verstehen. Glauben Sie mir, ich habe seit zehn Jahren keine dieser Waffen mehr angefaßt.«

»Trotzdem, wo bleibt die Moral, Herr Leinhäuser?« – »Für mich hatte dieses Gewerbe noch nie mit Moral zu tun. Es ist einfach ein Geschäft. Ich bin offiziell registriert und darf Waffen an alle liefern, die Bestellungen aufgeben.«

Gerhard Mertins

Deutsche Karriere Nummer drei: Gerhard Georg Mertins. Der Doyen des privaten Waffenhandels der Bonner Republik ist der einzige mit umfangreicher militärischer Vorbildung. Als »deutscher Patriot« (Mertins) und Antikommunist wurde er 1919 in Berlin geboren. Er wuchs in einem Internat mit vormilitärischer Ausbildung auf und trat mit Kriegsbeginn in die Wehrmacht ein. In den letzten beiden Kriegsjahren kommandierte er als Major ein Fallschirmpionierbataillon.

Dem Kriegsende folgte eine kurze Zeit der Orientierungslosigkeit. Doch schon im November 1945 hatte er aber wieder Tritt gefaßt: Er wurde Direktionsassistent im Volkswagenwerk. Den Exfallschirmspringer hielt es nur kurz in den öden Büros, denn schon zwei Jahre später zog er zusammen mit anderen die Firma Taxilloyd und Bremer Reisedienst auf. Mertins und seine Partner transportierten Besatzungssoldaten in den neuen Autos des Volkswagenwerkes.

Gerhard Mertins traf bald auf alte Kameraden. Der ehemalige Skoda-Direktor Wilhelm Voss erzählte ihm, er habe von König Faruk den Auftrag erhalten, die ägyptische Rüstungsindustrie aufzubauen und die Streitkräfte zu drillen. Das war eine Aufgabe ganz nach dem Geschmack von Mertins. Zusammen mit etwa 70 anderen Ex-Militärs ging er nach Kairo, wo ihm die Luftlandetruppen der Ägypter zugeteilt wurden. Das Projekt endete 1954 mit dem Auftauchen der ersten sowjetischen Militärberater.

Für Mertins lag längst wieder ein neues Angebot vor, diesmal vom saudischen König Saud ben Abdul Asis, der in Ägypten die Fallschirmschule besucht hatte. Er lud Mertins ein, seine Truppen zu trainieren. – Doch da stieg Mertins bereits wieder um, diesmal auf die Karossen von Mercedes-Benz. Er führte die Erzeugnisse der Stuttgarter Weltfirma in Saudi-Arabien ein. Zur Premiere konnte er eine Sammelbestellung der Offiziersvereinigung vorweisen – 500 Stück des Typs 219, allesamt in Weinrot. Bei 150 Millionen Dollar Umsatz mußte Mertins, wie er selber sagt, die Mercedes-Vertretung an einen lokalen Repräsentanten abgeben.

Der vierfache Vater Mertins gründete, bevor er 1964 Saudi-Arabien wieder verließ, eine Firma, die später noch maßgebliche Aus-

wirkungen auf bundesdeutsche Innenpolitik haben sollte: die Merex – die Langform des Firmennamens bedeutete »Mercedes-Export«, und nicht, wie viele meinten, eine Kombination mit dem Namen Mertins –, über die der Unternehmer in der Folgezeit den militärischen Export für Mercedes organisierte. Er richtete die ersten Servicestellen für Mercedes in Saudi-Arabien ein. 1965 ging Merex nach Bonn.
Ab 1964 erwirtschaftete Mertins mit Überschußbeständen der Bundeswehr »enorme Umsätze und normale Gewinne«. Den Großteil der Ware sah er nie. Er vertrieb sie nur, wie ein Rohstoffhändler. Mertins heute: »Wir haben versucht, alles von Regierung zu Regierung an den Mann zu bringen, bevor es auf die Auktion ging. Das waren nicht immer nur Waffen, sondern auch Posten der Bundesbahn und der Bundespost.« Der clevere Mertins verfügte stets über gute Quellen, und so konnte er voraussagen, was die Bundeswehr als nächstes ausmustern würde. Die Fachwelt bewunderte seine schier hellseherischen Fähigkeiten.
Dann folgte ein Coup, dessen Brisanz allerdings nur Insider mitbekamen. Hassan Toufanian, ehemals iranischer Generalstabschef und engster Vertrauter des Schahs, kam nach Bonn, um Schießgerät einzukaufen. In seiner Begleitung befand sich auch Oberst Hussain Zaidi, der Chefeinkäufer der pakistanischen Armee. Sie besuchten Mertins, dessen Firma damals noch im Bonner Ortsteil Beuel ihren Sitz hatte. Rasch war man sich handelseinig. Mertins versprach, neben Munition und Handfeuerwaffen auch noch 89 Stück des Düsenjägers Canadair »Sabre VI« zu besorgen. Die Zeit war günstig, da die Bundesluftwaffe auf den später mißlichen »Starfighter F-104« umrüstete und sich deshalb gerne von den veralteten Sabres trennen wollte.
Die Perser traten offiziell als Kunden auf. Washington gab die Erlaubnis, die 40 Millionen Dollar kostenden Sabre-Jets (Mertins erhielt sie für 27 Millionen) an den Schah auszuführen. Im Frühjahr 1966 wurden die ersten von Piloten der Bundeswehr zum iranischen Feldflugplatz Vahdati geflogen. Unter Verletzung eines kurz zuvor verhängten Waffenembargos der UNO wurden die Kampfmaschinen nach Pakistan überführt und der dortigen Luftwaffe eingegliedert. Zur Tarnung hieß es anfangs, die Jets würden bei den östlichen Nachbarn überholt.
Mertins heute: »Es war eindeutig ein Geschäft von Regierung zu

Regierung. Nur die Abwicklung wurde von uns übernommen. Ja, im Anfangsstadium haben wir die Unwissenden gespielt. Wir haben von irgendeinem Zeitpunkt an gemerkt, daß die Ware woandershin geht.« Es sei Merex auch nicht verborgen geblieben, »daß eine Reihe der Iraner wahrscheinlich eine andere Nationalität hatte«. Solange das weder beim (für Waffenausfuhren zuständigen) Bundesamt für gewerbliche Wirtschaft noch beim Bundeswirtschaftsministerium bekannt wurde, konnte das Geschäft auch nicht platzen.

Ähnlich lief es mit Geschützen, Raketen, Maschinengewehren, Minen und Panzerfäusten für 4,5 Millionen Dollar sowie Munition, Ersatzteilen für Panzerfäuste und anderem Gerät für eine knappe Million an Saudi-Arabien ab. Für diese Ware lag eine Endverbleibsbescheinigung vor, die der persische General Hassan Alavikia unterzeichnet hatte. Das Merex-eigene Frachtschiff »Billetal« wurde vom Zollamt Nordenham abgefertigt. Am 7. Dezember 1965 lief es mit dem angeblichen Ziel Schahpur im Iran aus. Dann landete das Rüstungsmaterial jedoch in Damman/Saudi-Arabien. Wer konnte das in Deutschland kontrollieren?

Eine dritte Transaktion betraf 28 Flugzeuge vom Typ »Skyhawk« (Einkaufspreis 1,6 Millionen, Verkauf für 3,5 Millionen Mark) sowie sieben Flugzeugzellen, 19 Strahlturbinen und 107 Bordkanonen im Wert von 750000 Mark. Diesmal war Pakistans Todfeind Indien kaufwillig. Mertins: »Damals gab es noch die Hallstein-Doktrin, die uns auferlegte, Staaten zu meiden, mit denen die DDR diplomatische Beziehungen hatte. Indien war nun dabei, die Kontakte mit der Sowjetzone zu intensivieren. Unsere Aufgabe sollte es sein, diesen Prozeß zu verzögern. Also verkauften wir ihnen die ›Seahawks‹ für ihren einzigen Flugzeugträger in Cochin. Das war im Interesse der Bundesrepublik.« Vorerst blieben der Zoll und sonstige Genehmigungsbehörden darüber im unklaren, was der Bundesrepublik nutzte. In den Frachtpapieren stand als Besteller die Firma Tirenna AG in Rom verzeichnet. Der Merex-Frachter »Billetal« entlud jedoch die Flugzeuge ab 23. Juli 1966 in Indien. Die restliche Ware kam über England mit einem taktischen Umweg ans Ziel, jedoch auch an Bord der »Billetal«. Sie sollte im August 1967 beim Kunden eintreffen. Diese drei Waffentransaktionen waren Gegenstand eines aufsehenerregenden Prozesses, der erst 1975 abgeschlossen wurde. Gerhard Mertins und drei Mitarbeiter mußten sich vor der Vierten Großen Strafkammer des Bonner Landgerichts wegen »Verstoßes gegen das Kriegswaffenkontrollgesetz und Steuerhinterziehung« verantworten. Mit ihnen saßen indirekt die Bundesregierung und der Bundesnachrichtendienst (BND) auf der Anklagebank. Mertins und die Seinen wurden freigesprochen, da sie zwar deutsche Gesetze mißachtet, ihre nur scheinbar illegalen Geschäfte jedoch mit staatlicher Genehmigung betrieben hatten. Der »wortreiche Waffenhändler« (Anthony Sampson) versicherte mir bei ausführlichen Gesprächen im Jahr 1986: »Die entscheidende Instanz der Bundesregierung wußte ganz genau von unserer Tätigkeit. Bei uns war nichts geheim.« Mertins zur Rolle des Bundesnachrichtendienstes in den Transaktionen: »Man wollte mit dem Überschußmaterial Gutes tun, Freunde schaffen, die auch – wie wir – den Kommunismus nicht mögen. Außerdem ließen sich dabei Informationen sammeln. Und das gehört wohl zu den direkten Aufgaben des BND.«

In einem spektakulären Dialog mit dem *Spiegel* hatte er es 1979 so ausgedrückt: »Ich möchte glasklar darauf hinweisen, daß der BND nach meiner Rechtsauffassung nie am Waffenhandel beteiligt war. Der Bundesnachrichtendienst kann etwas initiieren, kann etwas fördern, kann etwas überwachen. Das ist seine Pflicht gewesen bei der damaligen Regierung, und das ist auch seine Pflicht heute... Der BND war an dem Genehmigungsverfahren beteiligt, aber nicht aktiv am Waffenhandel. Wem nützt es, wenn wir auf unserem Bundesnachrichtendienst herumhacken? Es ist die Aufgabe eines jeden Nachrichtendienstes, den Waffenhandel zu kontrollieren und zu verfolgen. Aber das ist meiner Meinung nach keine aktive Beteiligung am Waffenhandel.« Damit war die Affäre aber noch nicht beendet. Der Bundesnachrichtendienst hatte allem Anschein nach nichts Artfremdes getan, der damalige Staatssekretär im Kanzleramt, Karl Carstens, jedoch dem späteren Untersuchungsausschuß die Unwahrheit gesagt. Der Gehilfe des Exkanzlers Kurt-Georg Kiesinger stellte damals fest, er habe nichts davon gehört, »daß der Bundesnachrichtendienst am Waffenhandel beteiligt gewesen ist«. Carstens weiter: »Ich muß sagen, daß ich heute davon zum ersten Mal höre.« Helmut Schmidts Kanzleramtschef Manfred Schüler widerlegte das in einer Stellungnahme vom April 1975: »Pressemeldungen, wonach Professor Dr. Carstens in seiner damaligen Eigenschaft als Chef des Bundeskanzleramtes Kenntnis von der Beteiligung des Bundesnachrichtendienstes an Waffengeschäften hatte, sind zutreffend.« Schüler verwies auf schriftliche Anmerkungen, handschriftliche Anweisungen von Carstens und einen mündlichen Bericht des BND-Präsidenten Gerhard Wessel gegenüber dem Kanzleramtsminister vom 10. Juli 1969. SPD-Fraktionssprecher Knut Terjung stellte noch am gleichen Tag fest, »daß die Aussagen von Professor Carstens vor dem Untersuchungsausschuß falsch waren«. Der *Spiegel* fragte, ob Carstens »ein Fall für den Staatsanwalt« sei – wegen falscher uneidlicher Aussage. Letztlich war er es dann doch nicht: Karl Carstens' umstrittene Rolle wurde den gemeinhin dehnbaren »höherwertigen Belangen« zugeordnet.

Waffenhändler Gerhard Mertins hatte die innenpolitischen Stürme im amerikanischen Exil überstanden: »Ende 1968, als der Druck immer stärker wurde, sind wir gebeten worden, für zwei Jahre in die USA zu gehen.« Dort gab es bereits die »Merex Corporation«, die seit langem Einkäufe des Bundes koordinierte: »Durch Regierungsabkommen mußten wir jedes Jahr für mindestens 800 Millionen Dollar Rüstungsgüter einkaufen.« Mertins kam in den frühen siebziger Jahren wieder nach Bonn zurück, während der Großteil seiner Angehörigen den Aufenthalt in den USA bevorzugte. So ist es bis heute geblieben. Etwas resigniert gibt der 67jährige heute zu: »Mir ist die Familie aus der Hand geglitten.« Das kann ihm auch der Freispruch und fünf Millionen Mark Schadenersatz von der Bonner Regierung nicht reparieren.

Die Merex AG und ihre zeitweisen Exportfirmen, wie Terrapart in Remscheid und Wehrexport in Beuel, hielten sich bis zum Ende des Prozesses, also 1976, bei der »Befriedigung von Sicherheitsbedürfnissen eines anderen Landes« (Mertins) zurück. Dann nahmen sie die alten Geschäfte als »normales deutsches Im- und Exporthaus« (Mertins) wieder auf, wenn auch unter verschärften gesetzlichen Auflagen und deshalb mit stärkerer Konzentration auf die weltweiten Filialen. Nur einmal noch, 1980, kam das Unternehmen in die Skandalschlagzeilen. Doch auch da ging der Schuß gegen einen anderen. Die Vorgeschichte reicht bis 1976 zurück. Damals hatte sich Mertins mehrmals vergeblich um die Erlaubnis des Auswärtigen Amtes und des Wirtschaftsministeriums für die Lieferung einer 500 Millionen Mark teuren Maschinengewehrfabrik der Firma Rheinmetall nach Saudi-Arabien bemüht. Er sollte das Geschäft vermitteln. Saudi-Arabien wurde von den Sozialliberalen – Mertins' Intimfeinden – als Spannungsgebiet eingestuft, der Transfer abgelehnt. Dann trat die Mertins-Firma United Ordnance Procurement S.A. aus Luxemburg, die Rheinmetall des öfteren aus der Klemme helfen mußte, an die F.D.P. heran und ließ Schecks der Westdeutschen Landesbank zu je 50000 Mark überreichen. Die Empfängerin war Gertrud Rech, Assistentin des nordrhein-westfälischen F.D.P.-Schatzmeisters und Bundestagsabgeordneten Hans Gattermann.

Gerhard Mertins sagte später bei der Bonner Staatsanwaltschaft aus: »Etwa im Jahr 1976 erschienen bei mir außer dem früheren Bundesminister Höcherl dessen persönlicher Referent Eduard Schlipf... Anläßlich dieses Gesprächs... wurde mir bedeutet, daß mögliche Probleme bei Exportgenehmigungen aus der Welt geschafft werden könnten. Das könne Frau Rech machen, allerdings koste das etwas.« Der *Spiegel* berichtete 1981, Frau Rech habe zugegeben, 25000 Mark aus der erpreßten Mertins-»Spende« als Vermittlerin behalten zu haben. Gattermann habe 25000 Mark bekommen, 50000 Mark seien »in einem kartonierten Kuvert mit dem Fahrdienst des Bundestages an Minister Ertl geschickt« worden. Im übrigen habe es sich hier um eine gängige Bonner Praxis gehandelt. Gertrud Rech versicherte an Eides Statt, daß die Waffenfabrik Heckler & Koch 20000 Mark und der Nürnberger Rüstungsfabrikant Diehl mehr als 100000 Mark an die F.D.P. bezahlt hätten. Und jedem sei bei Militärexporten geholfen worden.

Die Merex AG befindet sich heute in Heisterbacherrott bei Königswinter, operiert aber auch aus Luxemburg, Alexandria/USA, Riad und anderen wichtigen Orten. Das alte Netz an Vertretern und Zuträgern ist unter dem Juniorchef Helmut Mertins nur noch teilweise vorhanden. Das Unternehmen mußte wie jede Waffenhandelsfirma auf dem Privatsektor abspecken.

Mertins senior grundsätzlich: »Merex hat heute kleine Umsätze. Nur gut, daß es noch alte Freunde in der Welt gibt, die ihre Anforderungen über uns laufen lassen. Durch die dauernden Angriffe in der Öffentlichkeit ist leider keiner mehr gewillt, das Zeug anzufassen. Der Gesetzgeber läßt kaum noch eine Tätigkeit auf dem wehrtechnischen Sektor zu, obwohl er durch seine Rüstungskooperationsverträge mit Frankreich und England selbst gegen die eigenen Verordnungen handelt.« Mit Trauer in der Stimme beklagt Mertins das mangelnde Konkurrenzdenken der Bundesrepublik gegenüber den Rüstungsindustrien der anderen Nato-Mitglieder. Für jeden Franzosen, so Mertins, sei es eine Selbstverständlichkeit, die Produkte seines Landes zu verkaufen, Diplomaten eingeschlossen. Deutsche Staatsbürger würden dagegen massiv behindert, jeder Exportchance »ein Knüppel zwischen die Beine geworfen«.

Trotzdem scheint es der Merex AG und ihren Besitzern nicht so schlecht zu gehen, wie sie sich geben. Sie handeln »mit zivilen Dingen im großen Bereich der Logistik« (Mertins), also Ausrüstungsgegenständen für fremde Heere. Sie führen Barter-Geschäfte durch, kaufen und verkaufen in entfernten Staaten und gemäß deren Gesetzen. Mertins liefert alles, von kompletten Industrieanlagen für China, seinem derzeit wichtigsten Markt, bis zu Polizeiausrüstungen und neuen Sicherheitsgeräten für die ängstlichen Saudis. Es erwachsen ihm auch immer wieder Aufgaben aus der »Military Consulting«, also strategischer Beratung für den Aufbau von Streitkräften. Die Idee eines gemeinsamen Katalogs der deutschen Wehrwirtschaft konnte er nicht durchsetzen. Genauso scheiterte sein Vorhaben, »eine logistische Börse für Länder, die Überschußmaterial abzugeben haben«, zu schaffen. Langsam gewöhnt sich aber auch Deutschlands Waffenhändler Nummer eins an die neuen Zeiten.

Um trotzdem ausgelastet zu sein, hat er eine Silbermine in Mexico erworben. 1978 begann er in Durango zu investieren – zwei Millionen Dollar. Die Erträge lassen noch auf sich warten. Auf seinem Gut Buschhof in Heisterbacherrott entstand ein modernes Hotel mit 35 Zimmern und 50 Betten, mit Konferenzräumen, einem französischen Restaurant und einer Jägerstube; mit 19 Tennis- und Squash-Plätzen in der Halle und im Freien. Ein florierender eigener Kindergarten steht daneben.

Käufer und Endverbraucher

1. Die heimlichen Geschäfte des Sadegh Tabatabai

»Und jede Gemeinschaft hat ihre Zeit; und so ihre Zeit gekommen ist, so kann sie sie um keine Stunde aufschieben oder beschleunigen.«

Koran 7/34

»Ich bin weder Waffenexperte noch besitze ich kaufmännisches Interesse. Mit Erfolg habe ich jedoch Vorbereitungsgespräche geführt, nachdem der Iran unter ein allseitiges Embargo gekommen war. Ich habe direkt mit den Produzenten der Waffen verhandelt.«

Sadegh Tabatabai in einem
Gespräch mit dem Autor,
November 1984 in Teheran

Es begann so kompliziert und unübersichtlich, wie Waffengeschäfte nun einmal ablaufen. Der Zürcher Kaufmann Roland Huber, 37 Jahre alt, begab sich in die Szene. Über drei Mittelsmänner gelangte er zum Bundeswehrmajor der Reserve Rolf Dörter aus Düsseldorf. Dieser Dörter kannte einen anderen prominenten Wahlbürger seiner Stadt, den Iraner Sadegh Tabatabai, mittlerweile 43. Jeder wußte, daß der Perser in enger Beziehung zu Khomeini stand und daß er für den gerade wenige Monate alten Krieg am Golf Ausschau nach Waffenlieferanten hielt. Man schrieb das Jahr 1981. Die Geiselnahme der Teheraner US-Diplomaten war endlich beendet worden. Eine ihrer Auswirkungen sollte jedoch den Iranern weiterhin Kopfschmerzen bereiten: das von Präsident Jimmy Carter verkündete Waf-

fenembargo gegen den einstmals wichtigsten Kunden der US-Rüstungsindustrie.
Emissäre der Ayatollahs schwärmten aus, um das dringend benötigte Schießzeug und soviel Munition wie möglich ins Land zu bringen. Dem iranischen Diplomaten Tabatabai kam die Offerte aus der Schweiz gerade recht. Roland Huber stellte seinen Partner vor – Walter Gnädinger, ein gelernter Weißwäscher aus Bern, laut Steuerauskunft mittellos. Mit dabei sollte auch Max Bretscher aus demselben Kanton sein, ebenfalls Kaufmann und so geldgierig wie die anderen. Die Schweizer boten dem Iraner einen Posten mit 50 amerikanischen Panzern des Typs M 48 A5 plus Ersatzteile und Munition an. Die Kriegsfahrzeuge seien noch bei der National Guard in Florida, hieß es. Sie könnten jedoch rasch geliefert werden. Sadegh Tabatabai erinnert sich an das erste Treffen mit den Partnern: »Gnädinger hatte ein 18seitiges, fertig ausgestelltes Zertifikat für die Panzer und einen – wie sich später herausstellte – gefälschten Ausweis vom Pentagon.« Der Kaufinteressent war begeistert, glaubte er doch aufgrund vorausgegangener Erkundigungen mit Ehrenmännern ins Geschäft zu kommen. Beide Parteien unterschrieben am 27. Juli 1981 einen Vertrag. Darin verpflichtete sich Gnädinger, der Londoner Iran-Firma Botco, die von Tabatabai verwaltet wurde, gegen Bezahlung von 67 Millionen US-Dollar die 50 Panzer und sämtliches Zubehör zu liefern. 70 Prozent der Summe, also 46,9 Millionen, würden bei Vorlage der Handelsrechnung, des Versicherungszertifikats sowie eines Konnossements fällig. Konnossement nennt man die Bestätigung eines Kapitäns, daß die Ware verladen ist und eine Versicherung abgeschlossen wurde. Die restlichen 30 Prozent würden nach der Ablieferung im iranischen Hafen Bandar Abbas bezahlt.
Tabatabai eröffnete ein Akkreditiv bei der Düsseldorfer Global-Bank. Darüber liefen später Gelder, die von der National Westminster Bank in London (aber eigentlich von der Teheraner Zentralbank) kamen. Zuvor landeten jedoch die Schweizer ihren Coup. Gnädinger besorgte ein echtes Versicherungszertifikat. Es war von der Brokerfirma Inter Assekuranz abgeschlossen und an ein Versicherungskonsortium mit Lloyds an der Spitze vermittelt worden. Eine Prämie von 800000 Franken wurde bezahlt. Auch die Schiffsbestätigung war gefälscht. Max Bretscher hatte sie von zwei Portugiesen, von denen einer ein Waffenhändler gewesen

sein soll, im Zürcher Savoy-Hotel ausstellen lassen. Das Papier sagte aus, daß ein Schiff namens »Timandra« am 29. September 1981 neben anderem 50 »Diesel Road Vehicles« (eine vornehme Umschreibung ordinärer Panzer) in Genua an Bord genommen habe und nun nach Dubai transportiere. Das paßte ins Bild, da sich die Händler verpflichtet hatten, ein Endverbleibszertifikat der Vereinigten Arabischen Emirate zu besorgen. Im übrigen stand in dem Konnossement noch zu lesen, daß die Frachtspesen vorausbezahlt worden und zwei Spediteure mit den Namen Edumar Ship Agents und Compania Naviera Algaravia eingeschaltet seien.

Die Handelskredit-Bank AG in Zürich erkannte am 5. Oktober die gefälschten Dokumente an und veranlaßte die Düsseldorfer Global-Bank, 46,9 Millionen US-Dollar beziehungsweise 90 Millionen Schweizer Franken zu überweisen. Die Betrüger mußten den Betrag nur noch unter sich aufteilen und auf ein weitverzweigtes Netz von Bankkonten transferieren. Dabei tat sich besonders Max Bretschers Ehefrau Jacqueline hervor, die gleich Immobilien in Millionenhöhe und Gold erwarb. Die drei Mittelsmänner zwischen Huber und Dörter erhielten je 350000 US-Dollar. Gegen sie läuft in Kassel ein Verfahren, mit dem das Geld wieder zurückgeholt werden soll. Als die Ware im November noch nicht angekommen war, wurde Einkäufer Tabatabai tätig. Er flog in die Schweiz und klagte der Zürcher Bezirksanwaltschaft sein großes Leid. Die Täter hatten sich bereits abgesetzt. Gnädinger reiste in jenen Wochen quer durch Europa. In Düsseldorf traf er Tabatabai und unterschrieb eine Erklärung, wonach die volle Anzahlung zurückgegeben werde, falls die Ware nicht vertragsgerecht eintreffe. (Siehe Dokument Seite 329.)

Am 6. Januar 1982 wurde er schließlich als mutmaßlicher Kopf der Bande in einem Berner Hotel verhaftet. Tage später gingen Max Bretscher und Roland Huber der Schweizer Polizei ins Netz. Umfangreiche Untersuchungen begannen, in deren Verlauf auch Sadegh Tabatabai des öfteren als Geschädigter befragt wurde. Er bat mit Erfolg darum, daß ein Teil seiner Aussagen zu iranischen Staatsgeheimnissen erklärt wurde. Das betraf vor allem die Frage, wie das End User Certificate beschafft werden sollte, und auch die Beziehungen zwischen Iran und Schweiz. Der Einkäufer geheimnisvoll: »Ich wollte politische Komplikationen zwischen der

Schweiz, den Emiraten und Pakistan vermeiden.« Bis auf runde fünf Millionen Dollar konnte die gesamte Kaufsumme durch Tabatabais Bemühungen wiederbeschafft werden. Da half auch Bretschers ablenkende Aussage nichts, daß sieben Millionen Dollar als Provision an Sadegh Tabatabai bezahlt worden seien.
Das Bundesgericht in Lausanne mußte erst über die Vertraulichkeit der Tabatabai-Aussagen beschließen, bevor der Weg zur Hauptverhandlung gegen die Bretschers, Huber und Gnädinger frei war. Die »Panzer aus Phantasien« (*Züri Woche*) standen am 20. März 1985 vor dem Zürcher Obergericht zur Erörterung. Ihre Erfinder sorgten für neue Überraschungen. Huber versicherte, er habe das Panzergeschäft stets für reell gehalten. Bretscher: »Ich sollte das Geld lediglich treuhänderisch verwalten. Dafür sollte ich zwei Millionen erhalten.« Und schließlich Gnädingers Schutzbehauptung: »Tabatabai wollte gar keine Panzer. Er versprach mir 15 Millionen Dollar. Er selber hätte 30 Millionen kassiert.« Das Verfahren wurde am nächsten Tag ausgesetzt, eine neue Untersuchung angeordnet. Wenn der smarte, immer gut gekleidete, exzellent Deutsch sprechende und sicherlich allen sonstigen Beteiligten intellektuell überlegene Iraner auch nicht als Waffeneinkäufer unter Anklage steht, so dreht sich doch alles um ihn. Ohne ein Geistlicher zu sein oder wenigstens wie ein solcher auszusehen, zählt er zur Führungsschicht der Islamischen Republik Iran. Er ist kein Emporkömmling, sondern war praktisch sein ganzes Leben in der Revolution engagiert – durch Abstammung und Umgebung. Deshalb eignet sich Sadegh Tabatabai so gut, das Bindeglied zwischen westlichen Staaten, die mit dem Ausbruch iranischer Religiosität nichts anfangen können, und der straffen, militanten Mullahkratie zu sein. Tabatabai hat stets Zugang zu Khomeini, dessen Sohn Ahmed zudem sein Schwager ist, findet aber auch in den politischen Kreisen Europas ein offenes Ohr. Seine Tätigkeit nennt sich Geheimdiplomatie. Sie taucht nicht in den Tagesnachrichten auf. Er selbst kam auch nur in die Schlagzeilen, weil man ihn 1983 in Düsseldorf mit 1,6 Kilogramm Rohopium im Reisegepäck erwischte. Die Umstände sind bis heute ungeklärt, und vieles spricht dafür, daß das Rauschgift von Tabatabais politischen oder sonstigen Gegnern untergeschoben worden ist. Auf alle Fälle wurde durch diesen Skandal Tabatabais internationale Reputation empfindlich getroffen.

Wie wurde Sadegh Tabatabai zu dem, was er seit langem ist: ein Bindeglied zwischen Produzenten und Verkäufern von Waffen auf der einen und den Endverbrauchern auf den Schlachtfeldern am Schatt el-Arab auf der anderen Seite? Viel Aufschluß über diesen unbekannten Prominenten gibt sein nur wenigen Freunden vertrauter Lebenslauf. Tabatabai kommt aus allerbestem islamischem Haus. Die verschiedenen Zweige seiner Familie reichen bis zu den ersten schiitischen Religionsführern, den sogenannten Imamen, zurück. Auch die Vorfahren der letzten Jahrhunderte werden zu den größten islamischen Theoretikern ihrer Zeit gerechnet. Zwei Verwandte Tabatabais standen an der Spitze der schiitischen Bevölkerungsgruppen im Irak und im Libanon. Beides waren immens wichtige Männer: der im Auftrag von Saddam Hussein ermordete Mohammed Bagher Sadr und der 1978 in Libyen spurlos verschwundene Imam Musa Sadr. Tabatabais Vater Mohammed Bagher lebt in der heiligen Stadt Ghom und bekleidet die Titel eines Theologieprofessors und Ayatollahs. Zwischen dieser Familie und der Khomeinis gibt es seit Menschengedenken verwandtschaftliche Bindungen. Wer die Einstellung der Perser zur Institution Familie kennt, der weiß, was es bedeutet.

In den insgesamt 21 Stunden dauernden Gesprächen erzählte mir Sadegh Tabatabai in seinem Haus im Norden Teherans minuziös, wie er zu seinem heutigen Status kam. Hier lassen sich nur Auszüge wiedergeben, auch wenn darin die Gefahr der Verfälschung steckt. Diesem Mann gerecht zu werden, ist nach den Ereignissen der letzten Jahre und angesichts des politisch immer aggressiver werdenden Irans zunehmend schwieriger. Ihn zu verstehen, das fällt leichter. Sadegh Tabatabai war ein ausgezeichneter Schüler, besonders auf dem Gebiet der Naturwissenschaften. 1961 legte er das Abitur ab. In jener Zeit standen neue innenpolitische Auseinandersetzungen zwischen den religiösen Kräften in Ghom und dem Schah in Teheran an. Khomeini sollte bald des Landes verwiesen werden.

Sadegh Tabatabai hingegen verließ den Iran freiwillig. Sein Vater und sein Onkel Musa Sadr drängten ihn, sein Studium an einer europäischen Universität zu beginnen. Also flog der 18jährige Sadegh im Januar 1962 nach Deutschland, wo er sich an der Technischen Universität Aachen einschrieb. Tabatabai blieb bis

1979 an den Universitäten Aachen und Bochum, wo er bereits 1975 zum Doktor der Naturwissenschaften promovierte.
Parallel zu seiner wissenschaftlichen Arbeit, die höchste Anerkennung durch die Professorenschaft fand, engagierte sich der Student in starkem Maße im iranischen Studentenverein. Zusammen mit anderen Unzufriedenen, die im nachrevolutionären Iran ebenfalls hohe Ämter erhielten, baute Sadegh Tabatabai ein internationales Netz von Khomeini-freundlichen Kontakten auf. »Wir haben moderne Anschauungen in der Religion vertreten, Toleranz gepredigt, den schiitischen Glauben als gemeinsame Grundlage wirken lassen. Bei den Aktionen gab es eine Wechselwirkung zwischen dem SDS und iranischen Studenten.« Ab 1967 wußte der Schah-Geheimdienst »Savak«, mit welchem Gegner er es zu tun hatte.
Beirut, wo Imam Musa Sadr die Fäden zog, diente zur Planung und Koordination aller in den Iran hineinreichenden Aktivitäten. In Deutschland wurden Gelder gesammelt. Sie stammten von Exil-Persern und aus dem Iran selbst. Jeder Student mußte 10 Prozent seiner Einkünfte abliefern und mindestens einmal im Jahr praktische Arbeit leisten. 1971 fiel die Entscheidung, die iranischen Kommilitonen in asiatischen Ländern zu organisieren. Sadegh Tabatabai besuchte mehrfach Kuwait, die Golfstaaten, Indien und die Philippinen. Ab 1972 gehörten alle der Zentralorganisation in Europa an. Ihr Einfluß nahm nun auch an der Universität Teheran zu und drängte die marxistischen Kräfte zurück. Aus politischen Gründen unterstützten sie die Guerillabewegung im Iran, was nicht unumstritten blieb. Selbst war man jedoch noch nicht schlagkräftig genug. Tabatabai: »Unser eigener militärischer Zweig entwickelte sich langsam, vor allem durch Kontakte mit dem religiös motivierten Flügel von Arafats ›Fatah‹.« Wieder lief alles über Beirut, die damalige Drehscheibe.
Und nun begann Tabatabais Karriere als Waffenbeschaffer. Das klingt in seinen eigenen Worten so: »Unsere Leute im Iran stellten fest, daß sie Waffen benötigten. Also wurden sie gekauft, hauptsächlich in Belgien. Die Syrer stellten ihre Botschaften dafür zur Verfügung. Unsere Waffenkäufe waren begrenzt, haben niemals 20000 bis 30000 Dollar überschritten. Die Waffen kamen immer auf dem Flughafen Teheran an. Wir hatten dort Leute, die sich um alles kümmerten. Mädchen und Frauen versteckten sie unter dem

Tschador. So ging kaum etwas verloren. Die syrische Botschaft in Teheran war ebenfalls hilfreich.«

Von Februar bis Juni 1979 war Sadegh Tabatabai stellvertretender Innenminister. Er hatte maßgeblichen Anteil am Aufbau der internen Sicherheitsorgane. Von Juli bis September 1979 nahm er die Aufgaben des stellvertretenden Ministerpräsidenten und des Regierungssprechers wahr. Nach dem Rücktritt von Khomeinis erstem Premier Mehdi Bazargan verwaltete Tabatabai das Amt kommissarisch.

Ab September 1980 führten ihn Regierungsaufträge nach Europa. Die diplomatische Affäre wurde rasch durch eine militärische abgelöst. Der Golfkrieg hatte begonnen, und der Iran mußte versuchen, durch die unterschiedlichsten Tricks das amerikanische Rüstungsembargo zu umgehen. Khomeini berief den Obersten Verteidigungsrat verfassungsgemäß ein, und Tabatabai wurde Sonderbeauftragter dieses Exekutivorgans. Neun Monate lang wirkte er innerhalb des Verteidigungsrates als Außenminister. Unter dem Schutz diplomatischer Immunität trat er überall auf, wo Waffenlieferungen mit Gesprächen von Regierung zu Regierung eingefädelt wurden.

Sadegh Tabatabai soll maßgeblich an den israelisch-iranischen Waffengeschäften beteiligt gewesen sein. Konkrete Beweise gibt es jedoch nicht. Er organisierte kurzzeitige militärische Versorgungsflüge zwischen Zypern und Teheran und verhandelte in Deutschland über den Verbleib von sechs U-Booten, die der Iran zur Schah-Zeit bei den Howaldtwerken Deutsche Werft (HDW) in Kiel bestellt hatte. Tabatabai in einem am 8. November 1982 erschienenen *Spiegel*-Gespräch: »Diese Verträge wurden nach der Revolution annulliert. Für Umdisponierungen und Wiederherstellung des alten Vertragsverhältnisses waren viele politische Gespräche notwendig. Dabei habe ich mich mit Erfolg eingesetzt.«

Der Sonderbotschafter organisierte die Überführung von 16 bereits bezahlten Hubschraubern des italienischen Lizenzpartners der US-Firma Bell. Iranische Piloten brachten die Helikopter über Italien, Griechenland und die Türkei ins Land. Allem Anschein nach landeten sie unter anderem in präzise vorherberechneten Zeitabständen auf einem Schiff und wurden dort aufgetankt. Tabatabai führte immer wieder »Gespräche mit persönlichem Sicherheitsrisiko«. Siebzehnmal versuchten seine Gegner, ihn ermorden zu lassen.

Da im illegalen Waffengeschäft mit kriminellen Methoden verhandelt wird, kann es vorkommen, daß Akteure, bevor es zu Vertragsabschlüssen kommen kann, ein paar Kugeln in den Kopf und Gewichte an die Beine verpaßt bekommen. Dieses Schicksal erfuhr ein Waffenvermittler, der sich mit Tabatabai treffen wollte. Bis heute ist die mysteriöse Mordsache George M. Perry nicht aufgeklärt worden. Der amerikanische Millionär wollte den Iranern Schießgerät aus Brasilien im Wert von einer Milliarde Dollar besorgen.

Sadegh Tabatabai ließ Transportmaschinen mit Waffen füllen und nach Pakistan fliegen. Unterwegs mußten sie ausgerechnet auf einem iranischen Flugplatz notlanden. Die ursprünglich deklarierte Ladung, zum Beispiel Kartoffeln, wurde ordnungsgemäß auf dem Zielflughafen ausgeladen. Der Emissär gab selbst »Hunderte von Dollarmillionen in europäischen und südostasiatischen Ländern« aus. Ansehnliche Summen flossen über die beiden Tarnfirmen des schlauen Persers. Die eine war 1972 unter der Adresse einer Anwaltsfirma in der Londoner Basinghall Street Nummer 35 als Botco Limited gegründet worden. Mit einem Grundkapital von 250 US-Dollar, aufgeteilt in 50 gleichgroße Anteile, handelte Botco nach den offiziellen Dokumenten des Londoner Handelsregisters in den siebziger Jahren mit Zigaretten, Tabak »und anderen Rohstoffen«, ab 1981 dagegen mit landwirtschaftlichen Maschinen. In der Frühgeschichte der Firma Botco wurde das Unternehmen zumeist von Strohmännern gelenkt, später dann vorrangig von Sadegh Tabatabai unter einer Teheraner Adresse und von einem anderen Regierungsbeauftragten unter Tabatabais Düsseldorfer Anschrift. Immer wieder tauchten Querverbindungen zu einem Gewirr von Firmen in wirtschaftstechnisch interessanten Plätzen wie der Schweiz, Liechtenstein, Luxemburg und Panama auf. Im Finanzjahr 1981 erhielt Botco einen neuen Namen: Wedemex.

So hieß die von einem Freund Tabatabais unter dem 13. Juli 1981 im Düsseldorfer Amtsgericht an der Oberkasseler Schanzenstraße eingetragene Firma. Ihre Aufgabe: »Beratung auf dem Gebiet des Vertriebs von Industrie- und Handelsgütern.« Der deutsche Ableger wurde übrigens am 3. November 1982 aufgelöst, während Wedemex in England weiterexistiert. Obwohl bislang keine ersichtlichen Gewinne erwirtschaftet worden sind und das Eigenkapital minimal ist, kann es sich Botco/Wedemex leisten, 67 Millionen US-Dollar für den vorgesehenen Kauf von 50 amerikanischen Panzern zu transferieren. Tabatabais Buchhalter muß ein Genie sein. Das erklärt wohl auch den von Sadegh Tabatabai am Ende einer langen Unterredung in Zürch ausgesprochenen Satz: »Niemand kann sich vorstellen, was ich schon erlebt habe.«

2. Deutsche Geheimdienste und das Waffengeschäft

»Horst Grillmayer, 43, aus Krems, wurde verhört. Er hatte die sieben geschmuggelten Draganow-Gewehre in Bukarest gekauft. ›Für einen Herrn Paul Saalbach in Deutschland‹, behauptet er. Das sei, so vermutet er, ein Deckname für einen Herrn des Bundesnachrichtendienstes gewesen.«

Aus der Wiener Tageszeitung *Kurier* vom 12. Januar 1984

Das sowjetische Sturmgewehr der Typenbezeichnung »Samozarjadnyj Vintovka Draganova« (SVD) ist die ideale Waffe für Scharfschützen und Attentäter. Der zehnschüssige Halbautomat, ein 4,3 Kilo schwerer Gasdrucklader, ist besonders gefährlich, weil er ein »optronisches« Zielfernrohr besitzt. Damit ist das Ziel selbst auf 1000 Meter nur noch in ungünstigen Umständen zu verfehlen. Das Vierfachglas läßt das Ziel auch bei Dämmerung deutlich erscheinen. In einer Anklageschrift der Staatsanwaltschaft Korneuburg vom 27. September 1983 heißt es: »Bei dieser Waffe handelt es sich nach den österreichischen Gesetzen um Kriegsmaterial.«
Deshalb wurden die Draganovs – genau sieben waren es – beschlagnahmt, als sie der tschechische Staatsbürger Peter Bardon, geboren 1945, Gelegenheitsarbeiter bei einer Wiener Handelsfirma, am 11. Januar 1983 gegen Mitternacht über die Grenze beim Zollamt Kleinhaugsdorf schmuggeln wollte. Der Fahrer eines Kleintransporters war aufgefallen, weil er die tschechoslowakische Abfertigung überraschend schnell passiert hatte. Die ansonsten so akribischen ČSSR-Beamten schienen an ihm kein Interesse zu haben, obwohl er, mit Zollplombe versiegelt, 15000 Schuß Pistolenmunition bei sich hatte. Also filzten ihn die Österreicher um so gründlicher und entdeckten 308 nicht deklarierte Pistolen, die bereits genannten sieben Draganov-Gewehre mit 44 Magazinen, sieben Zielfernrohren und sieben Bajonetten. Der Staatsanwalt nannte dies später einen »Vorrat an Waffen, Schießbedarf oder anderen Kampfmitteln, der nach Art und Umfang geeignet ist, eine größere Anzahl von Menschen zum Kampf auszurüsten«.

Sofort kursierten die wildesten Vermutungen. Es hieß, die sieben Draganov-Gewehre seien von einer internationalen Terrororganisation bestellt worden. Niemand interessierte sich mehr für den amtsbekannten Peter Bardon, einen kleinen Gauner, von dem es viele in der Wiener Exilantenszene gibt. Hinter ihm standen nämlich, wie sich schon beim ersten Verhör zeigte, gewichtigere Waffenschieber, die Besteller der in Kleinhaugsdorf gefundenen Ware. Der eine, der damals 43jährige Leopold Willert, kam als verwitweter Kaufmann in den Akten der Staatspolizei vor. Er fuhr häufig in die Tschechoslowakei, traute sich aber nicht – obwohl er eine Konzession als Waffenhändler hatte –, das Schießgerät im eigenen Wagen mitzubringen, seit er 1981 beim Transfer von 140 tschechischen Pistolen an der DDR-Grenze aufgefallen war. Er hatte, nach Erkenntnissen westdeutscher Behörden, den Übergang per Losungswort und ohne einen Stempel in den Paß gedrückt zu bekommen, passieren dürfen.
Willerts Kontaktmann in Prag ist ein Herr Davidek. Er arbeitet offiziell für die Waffenhandelsfirma Merkuria und sorgt für den reibungslosen Ablauf größerer Einkäufe durch Kunden aus dem Westen. Auch in diesem Fall hatten Davidek und Merkuria die Hand im Spiel. Eine Serviceleistung staatlicher Stellen für den organisierten Waffenschmuggel. Die Pistolen waren für den afrikanischen Staat Ghana bestimmt. Nach Jahresfrist tauchte dazu noch ein in tschechischer Sprache abgefaßter Brief von Merkuria auf, in dem bestätigt wird, daß 300 Pistolen nach Ghana gehen sollten, die restlichen acht nach Singapur und Italien. Willert hatte gebeten, als Endverbleibsland die Türkei oder Syrien anzugeben. Ingenieur František Kotek von Merkuria: »Die Gründe für eine solche Vereinbarung sind mir nicht bekannt. Vielleicht hat Herr Willert befürchtet, daß wir das künftig für direkte Lieferungen ausnutzen und dann mit ihm konkurrieren könnten.« Scheinheilig schließt das Schreiben: »Wir waren davon überzeugt, daß es sich um erlaubte Transitware handelte.«
Soweit die Geschichte der Pistolen. Etwas kniffliger wurde es bei der Frage nach den Scharfschützengewehren. Ihr Besteller hieß Horst Grillmayer, geboren 1940, zuletzt arbeitslos und wohnhaft in Krems an der Donau. Grillmayer ist eine der schillerndsten Figuren im österreichischen Kleinwaffengeschäft. In der Vergangenheit hat er häufig den Ostblock, Syrien und Libyen besucht.

Die Browning-Pistole des Papst-Attentäters Ali Agca wurde durch den Grillmayer-Freund Otto Tintner mit Hilfe von Grillmayers (1981 abgelaufener) Lizenz aus der Schweiz importiert.
Grillmayer sollte wohl insgesamt zehn Draganovs beschaffen. Er wußte, daß diese Präzisionsgewehre von sowjetischen und – in Lizenz – von rumänischen Firmen hergestellt werden. Bei der Wiener Herbstmesse 1982 nahm Grillmayer deshalb mit den Rumänen Kontakt auf. Als er bald darauf ein Telegramm erhielt: »Die Analyse unserer Möglichkeiten erfordert mehr Zeit. Wenn Sie solche Wünsche haben, kommen Sie direkt nach Bukarest«, fuhr er im Oktober in die rumänische Hauptstadt. Dort wurde man sich rasch handelseinig. Seltsamerweise wurde eine Auslieferung über Prag vereinbart. Waffenschieber Willert informierte die Firma Merkuria und damit den Herrn Davidek: »Sendung für Grillmayer kommt am 5. 11. 82 mit Flug RO Nr. 229 AWB in Prag an. Bitte diese unfrei nach München weiterleiten. Adresse Zollfreilager z. Hd. Herrn Paul Saalbach.« Eine Lieferung nach München war den Tschechen nicht geheuer, und so lehnten sie es ab. Hätten sie dem Wunsch entsprochen, dann wäre die Draganov-Affäre wohl nie bekannt geworden.
Grillmayer hatte zwei Kunden. Der eine war der finnische Zollbeamte Heikki Pohjolainen, der unter dem Namen »Suomen Museoase Oy« die größte private finnische Waffensammlung betreibt. Der andere, Paul Saalbach, wurde in der Anklageschrift als angeblicher Angestellter einer wehrtechnischen Informationsstelle in München (»der jedoch nie ausgeforscht werden konnte«) bezeichnet. Der Finne hatte angeblich zwei Draganov-Gewehre bestellt. Wegen des problematischen Lieferwegs sollte die ganze Partie nun erst nach Finnland und dann nach Bayern gehen.
Die Person des Paul Saalbach wurde in den Medien und der Justiz unterschiedlich vorgestellt. Grillmayer lernte den Deutschen über einen in Luzern ansässigen amerikanischen Waffenhändler namens Fred Datzig kennen. Datzig soll den Österreicher darauf hingewiesen haben, daß Saalbach einer offiziellen deutschen Dienststelle angehöre. Nach der Verhaftung Grillmayers nannten er und österreichische Militärs zwei mögliche Auftraggeber für Saalbach: das Bundesamt für Wehrtechnik und Beschaffung (BWB) in Koblenz und ein ominöses Kuratorium zur Förderung historischer Waffensammlungen e. V. in München. Die Koblenzer Behörde

ist ein aufgeblähter Apparat von 20000 Beamten und Angestellten, der Innovationen auf dem Rüstungssektor prüft und für die Bundeswehr einkauft. Sein Budget beträgt bis zu neun Milliarden Mark pro Jahr. Grillmayer hatte an dieselbe Adresse bereits ein Draganov-Gewehr geliefert. Eine von Paul Saalbach unterschriebene Bestätigung wurde von der Polizei bei einer Hausdurchsuchung in Krems entdeckt.
Nun begann sich das bundesdeutsche Behördenkarussell zu drehen. Nach tagelangem Nachdenken kam eine Reaktion vom Koblenzer Amt für Wehrtechnik. Sein Sprecher Egbert Nietmann: »Wir sind natürlich auch an solchen Waffen interessiert. Aber das ist nicht unsere Art, sie zu beschaffen. Da haben wir unsere Möglichkeiten im NATO-Bündnis.« Das Bundeskriminalamt in Wiesbaden und das Bayerische Landeskriminalamt dementierten ebenfalls, an der Aktion beteiligt gewesen zu sein. Als nun auch noch das deutsche und das österreichische Fernsehen über die schlampigen Wiener Staatsschützer witzelten, setzte Innenminister Erwin Lanc eine Pressekonferenz an und schoß zurück. Er verwahrte sich gegen »von außerhalb Österreichs gelenkte Versuche, Österreich als einen Tummelplatz internationaler Waffenschieber« hinzustellen. Wien habe noch nie so lange auf eine offizielle Auskunft aus der Bundesrepublik warten müssen wie in diesem Falle.
Plötzlich lüftete sich der Schleier. Die gewöhnlich gut unterrichtete Wiener Tageszeitung *Presse* benannte den Bundesnachrichtendienst in Pullach bei München als Auftraggeber Grillmayers. Das räumte der Waffenhändler auch während des späteren Hauptverfahrens ein. Jener mysteriöse Paul Saalbach wurde nie als Zeuge vorgeladen und tauchte – nach Geheimdienstmanier – auch nie mehr auf. Horst Grillmayer erhielt eine Haftstrafe von zehn Monaten, zuzüglich 40000 Schilling (rund 5700 Mark) Geldbuße. Neben ihm wurden sechs weitere Beteiligte bestraft. Seit jener Affäre ist Grillmayer untergetaucht. Angeblich kennt nicht einmal die österreichische Polizei seinen neuen Aufenthaltsort.
Fußnote: Schon während des Gerichtsverfahrens hatten Horst Grillmayer und Peter Bardon angedeutet, daß sie ihres Lebens nicht mehr sicher seien. Als mögliche Gefahr wurden jedoch nicht die Leute vom Bundesnachrichtendienst benannt, sondern die Lieferanten im Ostblock und einschlägige Wiener Kreise. Wie so oft, wenn man in Österreich einen neuen Skandal langsam

entblättert, schienen im Hintergrund weiterreichende Zusammenhänge auf. Da ging es um einen noch nicht ausgeführten Deal mit 50000 Pistolen, an dem die aktiven Damen Vera Meyrhofer und Maria Kelemer interessiert gewesen sein sollen (sie wurden gleich nach Bardons Festnahme zur U-Haft abgeholt). Ein Helfershelfer der Hauptangeklagten erzählte dem Richter, daß wegen des Geschäfts mit den aufgeflogenen Draganov-Gewehren eine ungleich größere Transaktion geplatzt sei: 100000 Kalaschnikow-Gewehre und zahlreiche tschechische Skorpion-Maschinenpistolen für den Nahen Osten. Durch österreichische Vermittlung hätten auch 25 amerikanische Hubschrauber für den Golfkrieg verschoben werden sollen. Österreich, das Wunderland der Waffenspediteure.
Mittlerweile wurde bekannt, daß sich die Bonner Regierung über die deutsche Botschaft in Wien bei den Österreichern entschuldigt haben soll. Im Wiener Innenministerium kursiert das Gerücht, der BND habe die Waffen für die amerikanischen Freunde von der CIA beschaffen wollen. Das deckt sich mit der Information, die ich aus gut informierten deutschen Quellen bekam. Es sei nur eine Beschaffungsaktion zum Zwecke eines Gegengeschäfts gewesen. Damit ist die Draganov-Affäre entzaubert und zum normalen Geheimdienstalltag geworden. Kein Mensch wird wohl im Ernst behaupten, daß der Bundesnachrichtendienst die Scharfschützenwaffen offensiv einsetzen würde. Es zählt zu seinen Aufgaben, über den Stand östlicher Wehrtechnik informiert zu sein. Und manchmal ist es erforderlich, anderen eine Gefälligkeit zu erweisen.
So ähnlich könnte auch ein Fall liegen, der im Sommer 1985 vor dem Krefelder Landgericht verhandelt wurde. Der 42jährige Kraftfahrzeugsachverständige Uwe Celler war wegen eines »Verdachts des Verstoßes gegen das Kriegswaffenkontrollgesetz« angeklagt. Celler, offensichtlich ein Angeber, hatte Jahre zuvor öffentlich behauptet, das »große Geld« sei »nur mit Waffenlieferungen in den Vorderen Orient zu machen«. Da der Bundesnachrichtendienst überall seine Netze auslegt, in dem sich illegale Waffenhändler verfangen sollen, sprachen bald zwei Unbekannte den Krefelder an und wollten wissen, ob er wirklich Waffen besorgen könne. Da dieser sich keine Blöße geben wollte und sein Spiel weiterführte, beauftragten sie ihn, einen sowjetischen Kampfhub-

schrauber vom Typ Mi-24 – auf den westliche Experten sehr gespannt sind – zu kaufen.
Irgendwie gelang es Celler dann doch, in der Branche Fuß zu fassen. Die Gespräche wurden konkreter und mündeten in einem Vertrag mit zwei mutmaßlichen BND-Leuten: »Der Kaufgegenstand wird bis zum 30. April 1983 an einem noch zu vereinbarenden Ort innerhalb der Bundesrepublik dem dort anwesenden Käufer zur Abnahme angeboten...« Als Kaufsumme wurden 22 Millionen Mark ausgehandelt. Die Hälfte davon lag für Celler auf zwei Festgeldkonten in einer Stuttgarter Bank bereit; Codewort »Exploration/Celler«. Von nun an stand Celler unter intensiver Observation deutscher Sicherheitsdienste. Als er 2757 falsche 50-Dollar-Noten verkaufen wollte, »um den Waffenhändlern zu beweisen, daß meine Weste nicht blütenweiß ist«, wurde er von der Polizei festgenommen. Das Landgericht Essen verurteilte ihn wegen der Blüten zu zweieinhalb Jahren Haft. Für die Hubschraubergeschichte erhielt er in Krefeld drei Monate dazu. Da Celler eine dubiose Figur war, plädierte sogar der Staatsanwalt für ein mildes Strafmaß. Statt dessen rügte er die Auftraggeber in seinem Plädoyer: »Der BND hat keine Vorsorge getroffen, um Celler auf ein eventuell verbotenes Tun aufmerksam zu machen.«
Es deutet nichts darauf hin, daß der Bundesnachrichtendienst – im Gegensatz zu den meisten anderen Diensten dieser Welt – unter seinen letzten Präsidenten in Waffentransaktionen verwickelt war, die zu Verkäufen führten. Das zählt nicht zu den Aufgaben der »Firma« und ihrer 6000 Mitarbeiter. Sie sammeln vielmehr Informationen im Ausland und werten sie zusammen mit Erkenntnissen elektronischer Aufklärung zu Entscheidungshilfen für die Bundesregierung aus. In den sechziger Jahren war das jedoch nicht so eindeutig. Abgesehen von den Transaktionen der Firma Merex AG und ihres Inhabers Gerhard Mertins kontrollierte der Bundesnachrichtendienst unter General Gerhard Wessel diverse andere Transfers.
Die zur Zeit der Großen Koalition noch von ihrem Gründer General Reinhard Gehlen zeitweise höchst unsensibel geführte Behörde bediente sich von 1964 bis 1966 der Firma Mertins. Als diese »verbrannt« (enttarnt) war, wechselte das Amt zwischen 1966 und Anfang 1970 zur Hamburger Exportfirma Dobbertin & Co. KG über. Das gab Wessel, der dem legendären Gehlen 1968

nachfolgte, in einem Geheimbericht des Jahres 1973 zu. Dobbertin hatte seit 1912 einen guten Namen als Außenhändler für Stahl- und Walzwerkerzeugnisse.
Regierungsdirektor Dr. Erwin Hauschildt wurde zum 1. Mai 1969 beim BND beurlaubt und avancierte unter dem neuen Namen Dr. Hermsdorf zum stellvertretenden Geschäftsführer der Firma Dobbertin. Die bedeutenderen Geschäfte der Hamburger Exporteure waren: Waffen und Geräte nach Nigeria mit einem vermutlichen Gewinn von zehn Millionen Mark und Flugzeuge des Typs Sabre F-86 nach Rhodesien, außerdem Waffen aus Bundeswehrbeständen an Südafrika, Griechenland und Jordanien. Die Volksrepublik China erhielt eine Uranprobe im Wert von 1750 Mark und das Angebot für weitere 20 Tonnen. An diesen Geschäften war auch die Dobbertin-Tochterfirma Werkzeug-Außenhandels-GmbH (WAH) beteiligt. Am 9. Februar 1970 zog sich der Bundesnachrichtendienst aus dem Unternehmen Dobbertin zurück. Das Handelshaus wurde Ende 1976 im Hamburger Handelsregister gelöscht.
In weitaus seltsamere Geschäfte scheint sich der Militärische Abschirmdienst (MAD) unter seinem resoluten damaligen Chef Brigadegeneral Paul-Albert Scherer begeben zu haben. Das Kölner Amt (2500 Mitarbeiter) heuerte Günther Leinhäuser an, Ostblockwaffen von der Prager Staatsfirma Omnipol zu beschaffen. Es ging um Gewehre, Panzerfäuste und Granaten. Das Gerät sollte dann, so Scherers Begründung, bei der Bundeswehr erprobt werden. Leinhäuser behauptet heute, auch Peter Mulack sei mit von der Partie gewesen. Er habe die Aufgabe gehabt, die Waffen vor Sizilien vom Leinhäuser-Schiff »Claudia« abzuholen. Mulack sollte sie auf eine Jacht umladen »und zu einem Ort bringen, wo sie von Bundeswehrmaschinen zum Weitertransport in die Bundesrepublik übernommen werden sollten« (so Leinhäuser).
Alles Weitere ist heute noch ziemlich undurchsichtig. 1974 berichtete der *Stern:* »Scherers Operation ›Claudia‹ wurde vom Bonner Verteidigungsministerium, das politische Verwicklungen befürchtete, abrupt gestoppt.« 1977 hieß es im selben Magazin, die Tschechen hätten von der Beteiligung des westdeutschen Militärgeheimdienstes erfahren und das Geschäft platzen lassen. Wie auch immer: Scherer mußte Lehrgeld in Höhe von 170000 Mark bezahlen. Außerdem schienen mit dieser Affäre seine Chancen, Nachfolger

des damaligen BND-Präsidenten Gerhard Wessel zu werden, ebenfalls ins Wasser gefallen zu sein. Günther Leinhäuser behauptet inzwischen, die Waffen hätten einem Wert von 680000 Mark entsprochen. Sie seien im Westen weithin bekannt gewesen, und niemand habe sie noch ausprobieren müssen. Gerade bei Sprengstoff, Munition und Handgranaten gebe es keine Neuerungen, die der NATO verborgen blieben, beziehungsweise an die ohne komplizierte Verschiffung nach Sizilien (und mit Hilfe eines Endverbraucherzertifikats für Zaire, wie damals geschehen) nicht heranzukommen sei. Leinhäuser glaubt, daß der damalige MAD-Chef die Ostblockwaffen politischen Gegnern unterschieben wollte. Der Gedanke an Terroristen und Untergrundbewegungen kommt auf. »Das ist ein Mißbrauch des Waffenhandels«, beschwerte sich Günther Leinhäuser in einem Gespräch, »daß man hinterher jemanden zum Kriminellen abstempeln kann. Man hat sein politisches Ziel erreicht, indem eben gewisse Dinge erfolgt sind, die gegen das Gesetz sind.«

3. Die verschwiegenen Wege der Rebellen

»Wir brauchen nur zu einem befreundeten Land zu gehen und es zu bitten, Waffen zu kaufen, die dann an uns weitergeschickt werden. Aber man muß immer das elfte Gebot beachten: Du sollst dich nicht erwischen lassen.«

Dany Chamoun, einer der wichtigsten Waffeneinkäufer im christlichen Lager des Libanon

Afghanen gegen Moskau

Bei langjährigen Recherchen in Afghanistan und Pakistan wurde mir und anderen Journalisten immer wieder eine ungemein heroische Geschichte erzählt: »Die Waffen liefern uns die Russen – unfreiwillig. Wenn wir eine Einheit der sowjetischen Armee angreifen und besiegen, nehmen wir ihre Waffen als Beute mit und bilden unsere Männer daran aus.« Je länger dieser grausame Krieg dauert – er begann immerhin schon Weihnachten 1979, als die ersten 85000 Sowjetsoldaten eintrafen –, desto weniger läßt sich diese Version halten. Afghanistan ist heute zur größten CIA-Operation seit dem Vietnam-Krieg geworden. Für das Finanzjahr 1985 sollen 240 Millionen Dollar genehmigt gewesen sein, für 1986 sogar 480 Millionen zur Verfügung stehen. Die genauen Beträge sind selbstverständlich geheim.
Einer der stärksten Befürworter amerikanischer Waffenhilfe für die afghanischen Mudschahedin ist der Kongreßabgeordnete Charles Wilson, ein Demokrat aus Texas: »Ich kenne niemanden, der nicht den religiösen Freiheitskämpfern den Rücken stärken möchte gegen die atheistische Horde aus dem Norden. Dagegen kann es keine Argumente geben.« Auch Stiftungen und Bürgerinitiativen wie »Freedom House« stoßen in dasselbe Horn. Da sie aber – wie alle Beobachter der Szene – trotz steigender Ausgaben keine wirklichen Resultate sehen, werden sie immer ungeduldiger. James Philipps von der rechten Heritage-Stiftung beklagt die,

seiner Ansicht nach, zu niedrige Militärhilfe. Auch würde »etwa die Hälfte der CIA-Güter« von Pakistanern abgezweigt und weiterverkauft. Das hat Andrew L. Eiva, ein früherer West-Point-Hauptmann, der jetzt als Exekutivdirektor die Federation for American Afghan Action leitet, ebenfalls erkannt. »Ein Großteil der Hilfeleistung geht an die Korruption in Pakistan verloren, ein Großteil der Waffen ist Schund, und die einfachen Soldaten sind nicht genügend ausgebildet.« Eiva, unterstützt von immer mehr seiner Landsleute, fordert die Lieferung amerikanischer Waffen. »Die Widerstandskämpfer sollen einmarschierende Russen mit unseren Waffen empfangen. Die Sowjets hatten ja auch keine Vorbehalte, ihre Kriegshilfe direkt nach Nordvietnam zu schikken.«

Das dürfte so leicht nicht passieren. Dafür baut jedoch die CIA ihr Transportnetz aus, um dem plötzlichen Schwund der Waffen vorzubeugen. Die CIA-Pipeline wurde bereits 1979 durch Präsident Carters Nationalen Sicherheitsberater Zbigniew Brzezinski organisiert. Verschämt, wie die Amerikaner sind, kauften sie über die Jahre hinweg immer wieder Sowjetmaterial zusammen, damit die Quelle nicht zu deutlich wurde. Senator Birch Bayh, Vorsitzender des Senatsausschusses für Geheimdienste: »Unsere Idee war, einen Ausgleich zu schaffen. Auf der einen Seite wollten wir die Sowjets einen spürbaren Preis zahlen lassen. Auf der anderen Seite sollte der Konflikt nicht auf die Ebene eines konventionellen Krieges gehoben werden.«

So blieb es bis heute, obwohl die Mudschahedin zunehmend hitzesuchende Boden-Luft-Raketen erhalten; aber eben nicht genug, um den Krieg zu ihren Gunsten zu wenden, wie das die Vietnamesen mit entsprechender Luftabwehr vermochten. Neben den Amerikanern lieferten auch stets die Saudis, die Ägypter (Präsident Sadat räumte es in einem Interview kurz vor seinem Tod ein) und die Chinesen. Deren gesamter Anteil beträgt angeblich noch mal 200 Millionen US-Dollar pro Jahr. Während China und Ägypten zumeist Waffen und Munition aus eigener Produktion beisteuern, schicken die dezenten Saudis mit Vorliebe Bargeld. Das deckt sich mit ihrer Lebensphilosophie.

Unter Reagans CIA-Chef William Casey wurden etwa 100 Exil-Afghanen ausgewählt und in speziellen Kursen für ihre nachrichtendienstliche Tätigkeit ausgebildet. Nun arbeiten sie für Speditio-

nen auf der arabischen Halbinsel und kontrollieren die Auslieferung der Waffen und Hilfsgüter in Pakistan. Sie kommunizieren über leistungsstarke Funkanlagen sowohl mit dem CIA-Hauptquartier in Langley wie auch mit Zentren der Mudschahedin in Afghanistan. Ihr Meisterstück lieferten sie wohl kurz vor der siebten Sowjetoffensive gegen das strategisch wichtige Pandschir-Tal im Frühjahr 1984. US-Satelliten erkannten die Truppenbewegungen als erste. Mittelsmänner verständigten daraufhin den gefährdeten Rebellenführer Ahmad Schah Masud und seine Männer. Über eine seiner 40 von der CIA gelieferten Funkanlagen bestellte Masud Panzerminen, die er benötigte, um die heranrollenden Kolonnen zu stoppen. Depots der US-Armee in den USA und in Deutschland stellten die Minen zur Verfügung. Nachdem alle Registriernummern entfernt waren, wurden sie in einer CIA-Basis bei Stuttgart verpackt. In den Stahlboxen befanden sich eine Schicht Minen und darüber Telefondrähte sowie Batterien. Deklariert als Telefonanlage, gingen die Sprengkörper zu einem abgelegenen Flugplatz im Sultanat Oman.
Die Minen wurden auf einen Frachter verladen und über das Meer zur pakistanischen Makran-Küste transportiert. Dort warteten bereits die afghanischen Abnehmer. Die Minen traten den Rest ihrer Reise auf einem erbeuteten sowjetischen Lastwagen an. Als dieser zusammenbrach, ging es auf Kamelrücken weiter. Außerhalb von Kabul wurden die amerikanischen Geschenke noch mal neu verpackt – in einer Mischung aus Kameldung, Schlamm und Stroh. Daraus baut man im ländlichen Afghanistan primitive Häuser. So erreichten die US-Minen das Pandschir-Tal noch rechtzeitig genug für eine verlustreiche Abwehrschlacht. Bis 1986 dürften in Afghanistan 500000 Zivilisten und islamische Freiheitskämpfer ums Leben gekommen sein, aber auch 20000 Sowjetsoldaten und eine schwer zu ermittelnde Zahl von Regierungstruppen.

Kambodschas »China Connection«

Als die Amerikaner 1975 aus Vietnam abziehen mußten, blieben ungeheure Mengen an Waffen zurück. Auf der nachträglich erstellten Inventarliste des Pentagon stehen 791000 Sturmgewehre des Typs M-16, 857580 andere Gewehre, 90000 Militärpistolen, 50000 Maschinengewehre, 59000 Granatwerfer aller Art, 80 Kanonen und 1250 Haubitzen, 48000 Funkgeräte, 42000 Lastwagen, 1750 Panzer, 130000 Tonnen Munition, 940 Schiffe, 466 Hubschrauber und 529 Flugzeuge zehn verschiedener Baureihen. Sämtliche zurückgelassenen Waffen sollen fabrikneu fünf Milliarden Dollar gekostet haben.

Sam Cummings versicherte mir 1985, die Ware sei immer noch eine Milliarde wert. Schließlich befinde sich der Großteil in der Originalverpackung. Er könne jedoch nicht verstehen, warum die Vietnamesen damit nicht auf den Weltmarkt gingen. Auf sein Kaufangebot in Höhe von 500 Millionen Dollar – »im Namen meiner Klienten« – hätten sie nie geantwortet. Wann immer Cummings über die US-Überbleibsel in Vietnam spricht, wirkt seine Stimme belegt. Traurig schüttelt er den Kopf.

Inzwischen habe ich immerhin eine Handvoll dieser Waffen gesehen – in einer Fotoausstellung, die Besuchern der kambodschanischen Botschaft in der nordkoreanischen Hauptstadt Pyöngyang zugänglich ist. Die gezeigten Farbfotos sind Zeugnisse eines Krieges, der die Welt etwa genauso lange beschäftigt wie ein ähnlicher in Afghanistan. Nur die Wurzeln und Hintergründe unterscheiden sich stark.

Als die Amerikaner nach dem verlorenen Vietnamkrieg den südostasiatischen Schauplatz verließen, begann für das kleine Land Kambodscha eine Zeit politischer Wirren und unendlichen Leidens. Das wechselvolle Spiel der verschiedenen innen- wie außenpolitischen Kräfte zu schildern, würde den Rahmen dieses Buches sprengen. Fest steht, daß sich im Lande selbst gegen die vietnamesischen Besatzer, die von den Sowjets mannigfache Hilfe erhalten, eine starke Front gebildet hat, die von der Volksrepublik China kräftig unterstützt wird. Der kambodschanische Widerstand bestand im März 1986 aus rund 60000 Mann. Davon dürften 40000 bei den Roten Khmer des alten Regimes (»Demokratisches Kampuchea«), 14000 bei der bürgerlichen »Nationalen Front zur Befreiung des Khmer-Volkes« (FNLPK) unter dem Expremier Son Sann und weitere 6000 unter dem Kommando des ehemaligen Staatsoberhauptes Prinz Norodom Sihanouk zu finden sein.

Sie stehen 160000 vietnamesischen Besatzern gegenüber und wehren sich mehr schlecht als recht ihrer Haut. Das läuft jedes Jahr nach demselben Muster ab. In der Regensaison, von April bis September, offeriert Hanoi politische Lösungsvorschläge, und in der Trockenzeit (Oktober bis März) greifen die Truppen an. Auch die Rebellen nutzen eher die trockenen Monate. Ansonsten bewegen sich ihre Führer auf dem diplomatischen Parkett. Schließlich ist die von Vietnam gestürzte Regierung noch offiziell bei den Vereinten Nationen akkreditiert. Chinas Spitzenpolitiker versicherten ausländischen Korrespondenten zum Jahresbeginn 1986, ihr Land werde den antivietnamesischen Widerstand unterstützen, und wenn es noch hundert Jahre dauern sollte. Hanois Angebot, seine Truppen bis 1990 abzuziehen, falls bis dahin die Roten Khmer neutralisiert sein würden, interessiert die Chinesen nicht. Bei den Kräften um Khieu Samphan und Son Sen (Pol Pots Erben) handelt es sich schließlich um Chinas wichtigste Verbündete. Während die Amerikaner stets nur Lebensmittel an die kambodschanischen Rebellen geschickt haben, waren die Chinesen seit der Invasion von 1978 die Waffenlieferanten. Südostasien-Experte Stephen Heder, der für das Washingtoner State Department zweieinhalb Jahre in Thailand verbrachte: »Von Anfang an war die Waffenhilfe für die Roten Khmer unbegrenzt. Ab 1982 bekamen sie von den Chinesen sogar mehr Waffen und Munition, als sie effektiv verbrauchen konnten.« Mitte 1984 sollen 300 bis 500 Tonnen pro Monat eingetroffen sein. So können es sich die Rebellen leisten, größere Mengen an antikommunistische Gruppierungen in Laos und sogar innerhalb Vietnams abzugeben.

Ein angesehener amerikanischer Korrespondent erzählte mir in Bangkok: »Die Waffenschiffe kommen aus chinesischen Häfen. Während der Nacht laufen sie in den Golf von Siam ein. Sie landen in Sattahip, wo sich ein Marinestützpunkt der Thais befindet, und löschen ihre Ladung innerhalb weniger Stunden. Die thailändische Marine kümmert sich um den Weitertransport zu den Kambodschanern. Ich bin einem solchen Konvoi gefolgt. Der Übergabeplatz Ban Liem liegt bereits in Kambodscha, also jenseits der

Grenze.« Nach den Aussagen anderer Kambodscha-Experten werden die chinesischen Kalaschnikows und Panzerfäuste, die leichten Geschütze und Granatwerfer auch in der Nähe des kambodschanischen Hafens Kompong Som entladen und auf dem Mekong nach Norden transportiert. Die Khmer sollen im Dreieck zwischen Laos, Vietnam und Kambodscha zahlreiche Lager unterhalten. Das Gerücht hält sich hartnäckig, daß es acht weitere Camps in der chinesischen Provinz Yünnan gibt, die nur zur Ausbildung antivietnamesischer Guerillaeinheiten eingerichtet wurden. Natürlich dementieren das die Chinesen. In gut unterrichteten Kreisen Bangkoks wurde mir mitgeteilt, daß die bürgerlichen Partner der kommunistischen Roten Khmer von den Chinesen etwas stiefmütterlich behandelt werden. Deshalb sollen Sihanouk und Son Sann nebenbei auch Gewehre aus Singapur importiert haben. Es lägen auch Hinweise vor, daß Israel erbeutetes PLO-Gerät liefern wolle. Das paßt ins Bild, da Singapur und Israel im Waffenhandel gemeinsame Interessen haben.
Es wird auch in Zukunft genug interessierte Parteien geben, die sich, wie Prinz Sihanouk es in seiner blumigen Art ausdrückt, »um die Leiche meines unglücklichen Landes streiten«.

PLO – Kalaschnikows für Palästina

Die Firma hieß Autohandel Schmitt, einfach und wenig originell. Auf ihrem Briefkopf stand eine Münchner Adresse, jedoch weder eine Telefon- noch eine Telexnummer. Denn Autohandel Schmitt gab es nicht, jedenfalls nicht unter dieser Anschrift.
Ein besonders eklatanter Fall geschah folgendermaßen: Die Export-Import-Gesellschaft erwarb drei mittelgroße Tankwagen der Marke Mercedes-Benz. Diese wurden nach Bulgarien geschafft und anscheinend dort auch beladen. Die drei Lastwagen und die reguläre Fracht sollten vom Hafen Burgas aus an Bord des griechischen Frachters »Athanassios S« direkt nach Hodeidah im Nordjemen gehen.
Es schien alles in Ordnung zu sein, da sich keine ausländischen Speditionen, sondern bulgarische Firmen direkt der Ware annahmen. Despred und Inflot, zwei Staatsunternehmen, beauftragten

Bulfracht mit der Abwicklung des Transports. Die Lastwagen fanden Platz auf der »Athanassios S« und verließen Burgas pünktlich. Unterwegs erreichte den Kapitän Zoumboulis Haji Theodoru ein Funkspruch seiner Athener Reederei Aeon 21 Shipping & Trading Co. Es wurde ihm aufgetragen, weiteres Frachtgut im griechischen Hafen Khalkis an Bord zu nehmen. Das Schiff lief also Khalkis an. Man schrieb den 26. April 1984. Kaum hatte der Frachter festgemacht, als griechische Zollbeamte an Bord kamen und zielstrebig auf die Mercedes-Tankwagen zusteuerten. Sie untersuchten die Fahrzeuge und entdeckten in den künstlichen Hohlräumen der Behälter folgende zusätzliche Ladung: 14119 automatische Pistolen aus Belgien und Spanien, 3000 automatische Kalaschnikow-Gewehre und zwei Millionen Schuß Munition, mit einem Gesamtgewicht von 25 Tonnen. Das Schiff wurde beschlagnahmt. Nun begann die Suche nach den Bestellern und den Absendern. Beide konnten bei den Nachforschungen nicht ermittelt werden.
Gut informierte Nahostkreise lieferten mir folgende Erklärung: Die Waffen waren von der Palästinensischen Befreiungsorganisation (PLO) des Jassir Arafat, die seit dem Jahreswechsel 1983/84 ihr militärisches Hauptquartier im Nordjemen aufgeschlagen hatte, bestellt worden. Da den Palästinensern immer sehr daran liegt, ihre Waffenkäufe zu verschleiern, und sie sich außerdem in fremdem Land befanden, zogen sie es vor, die Schußwaffen schmuggeln zu lassen. Ein ihnen nicht freundlich gesinnter Geheimdienst gab den griechischen Behörden einen Tip, so daß der ganze Deal platzte. Zu alledem wurde später bekannt, daß es sich bereits um die dritte Fahrt nach derselben Methode gehandelt hatte. Jedesmal wurden drei Tankwagen nach Hodeidah gebracht.
Zufall oder nicht: Bereits im Januar 1984, wenige Tage nachdem Arafats Al Fatah den Libanon ein zweites Mal hatte verlassen müssen, brachten die Israelis ein der PLO gehörendes Frachtschiff, die »Enoda«, auf dem Weg vom Libanon nach Hodeidah auf. An Bord befanden sich zwei Panzer, sieben Lastwagen, Dutzende von Geschützen und schwere Maschinengewehre, die bei der raschen Evakuierung in Tripoli zurückgeblieben waren. Selbstverständlich behielten die Israelis das Wehrgerät. Sollte die PLO, um ähnliche Zwischenfälle zu vermeiden, auf die Idee mit der »Athanassios S« gekommen sein? Und kann Israels Geheim-

dienst Mossad das spätestens nach der zweiten Fahrt erfahren haben?
Die Israelis sind geübt bei der Übernahme von PLO-Ausrüstung. Am erfolgreichsten waren sie während der ersten Vertreibung des Vorsitzenden und seiner Getreuen aus dem Libanon im Sommer 1982, als sie die PLO so gut wie entwaffneten.
Kämpften die Mitglieder der einzelnen PLO-Fraktionen vor 1970 noch mit simplen Handfeuerwaffen, so schafften sie sich nach ihrer Vertreibung aus Jordanien (»Schwarzer September«) im libanesischen Exil ein riesiges Arsenal an, das bis zu schwerer Artillerie und Panzern reichte. Sogar Israels Premier Menachem Begin, den das Böse niemals überraschen konnte, stellte fest: »Wir fanden im Südlibanon zehnmal mehr Waffen, als wir erwartet hatten.«
Wo war das Schießzeug hergekommen? Ich fragte eine Frau, die es wissen muß: Leila Khaled von der Volksfront zur Befreiung Palästinas (PFLP), eine berühmte Flugzeugentführerin. Heute noch organisiert sie Einsätze. Sie selbst ist in der Öffentlichkeit zu bekannt, als daß sie persönlich aktiv werden könnte. Ihre Antwort: »Wir haben immer genug Waffen von unseren Genossen im Ostblock und von unseren Freunden in der arabischen Welt bekommen, und wir haben nie etwas dafür bezahlen müssen.« Arafat hat schon gelegentlich dafür bezahlt, weil er westliches Gerät auf dem freien Markt kaufen ließ und weil er genug Geld hat. Die PLO ist nämlich die reichste Untergrundorganisation der Geschichte.
Saudi-Arabien überweist regelmäßig hohe Dollarbeträge. Vom April 1982 ist eine Zahlung in Höhe von 250 Millionen Dollar bekannt, wohl die Rekordsumme. Ständig treffen bei Arafat Dividenden aus aller Herren Ländern ein. Das Gewerbeunternehmen PLO unterhält so unterschiedliche Betriebe wie zwei Beiruter Hotels, eine Fluglinie auf den Malediven, Hühnerfarmen in Afrika, eine Diskothek in Rom, Anteile an Schiffswerften, multinationalen Firmen, Öltankern und internationalen Fernsehstationen. Sie kontrolliert 70 Prozent der jordanischen Wirtschaft. Einen großen Teil ihres auf mindestens sechs Milliarden Dollar bezifferten Vermögens haben die PLO-Funktionäre in den Aktien von sicheren amerikanischen Konzernen angelegt. Ein 1964 gegründeter Palästinensischer Nationalfonds kassiert von den weltweit verstreut lebenden Landsleuten drei bis sechs Prozent ihres Einkommens und nimmt Spenden – zumeist von den 150 palästinensischen Multimil-

lionären – in Empfang. Die PLO-Gelder liegen auch auf sicheren Schweizer Nummernkonten. Zentral laufen sie jedoch bei der Arab Bank Ltd. in Amman zusammen, an der Arafats Organisation beträchtlich beteiligt ist. Diese Bank soll über vier Milliarden Dollar Grundvermögen, Filialen und Beteiligungen in 19 Staaten verfügen. Als in Beirut der Bürgerkrieg tobte, blieb nur die Filiale der Arab Bank Ltd. verschont. PLO-Kämpfer bewachten sie rund um die Uhr. Der Kampf der PLO verschlingt eine Million Dollar pro Tag. Die Befreiungsorganisation ist in über 100 Staaten mit Botschaften oder Verbindungsbüros vertreten, unterhält einen gewaltigen Stab in arabischen Ländern und etwa 15000 Kämpfer mit hochmodernen Waffen. Diese Waffen sind entweder regulär eingekauft oder zusätzliche Geschenke der militanten arabischen Staaten beziehungsweise des Ostblocks; letzteres wohl am wenigsten.
Aus den Beiruter Tagen der PLO liegen viele Geheimdienstberichte vor, die Waffentransporte von Libyen, dem Südjemen und aus Algerien auflisten. Algeriens Außenminister Ibrahimi hat 1983 bei einem Besuch in Stockholm enthüllt, wie seine Regierung – kurz vor der israelischen Intervention im Libanon – dem sowjetischen Botschafter in Algier einen Scheck über 20 Millionen Dollar überreichte. Dafür seien dann Waffen aus Moskau nach Damaskus geflogen worden. Algerien habe selbst noch zwei Flugzeugladungen mit Rüstungsgütern in den Libanon geschafft. Ibrahimi: »Militärisch erhielten die Palästinenser alles, was sie von uns begehrten.«
Diesen Standpunkt scheinen auch so unterschiedliche Staaten wie die Volksrepublik China, Nordkorea und Saudi-Arabien vertreten zu haben. Beim Libanon-Feldzug erbeuteten die Israelis das Protokoll einer Sitzung des Militärrates der Fatah vom 25. Juli 1981. Unter dem Vorsitz von Jassir Arafat wurde neben anderem über die Bereitschaft Saudi-Arabiens gesprochen, Waffen an die PLO abzugeben. Im letzten Satz heißt es: »Saudi-Arabien versprach, alle unsere Bestellungen für Waffen und Munition zu erfüllen.« So fanden die Israelis im Juni 1982 Kisten mit Maschinengewehrmunition, die von der Armeemunitionsfabrik Lake City in Missouri stammte und, wie sich herausstellte, 1977 an die Saudis geschickt worden war.
Das war die gesamte Beute der Israelis: In 540 Waffendepots (davon 140 in Beirut) fanden sich

- 5630 Tonnen Munition (davon 960 Tonnen in Westbeirut),
- 1320 Fahrzeuge (darunter mehrere hundert Panzer der Sowjetbaureihen T-34, T-55 und T-62, davon 243 in Westbeirut),
- 33303 Handfeuerwaffen (davon 4999 in Westbeirut),
- 1352 panzerbrechende Waffen (darunter 1099 Panzerfäuste, 27 Raketenwerfer und 226 Geschütze),
- 215 Granatwerfer (Kaliber 60, 81, 82, 120 und 160 Millimeter),
- 62 Katjuscha-Raketenwerfer,
- 82 Stück Feldartillerie (der Kaliber 122, 130 und 155 Millimeter sowie 25-Pfund-Kanonen),
- 196 Luftabwehrgeschütze,
- 2024 Funkgeräte,
- 2387 optische Instrumente (Teleskope, Ferngläser).

Die PLO hätte mit dieser Menge an Material nicht weniger als 100000 Mann bewaffnen können. Militärexperten, die sich mit der Herkunft des Materials befaßten, stellten dabei fest, daß das meiste nach dem Juli 1981 angeliefert worden war. Die Waffen stammten aus mehr als einem Dutzend Ländern, darunter Ungarn, Rumänien, ČSSR, DDR, Nordkorea, China, Japan, Belgien, Frankreich, Großbritannien, der Bundesrepublik Deutschland und den USA. Im Libanon hatte man das Militärgerät in ausgedehnten Tunnelanlagen, in Wohnhäusern und in der Nähe von Moscheen, Schulen und Krankenhäusern eingelagert. Damit wollte die PLO israelische Luftangriffe auf ihre Waffenlager abwenden.

US-Rüstungsgüter kamen vor allem aus Staaten wie Kuwait oder Südkorea und waren illegal weitergegeben worden. Viele Kisten trugen, zur Irreführung, die Aufschrift »Rotes Kreuz« oder ganz einfach die Bezeichnung »landwirtschaftliche Ersatzteile« beziehungsweise »Maschinenteile«. Auf dem Messegelände in Tel Aviv, wo zahlreiche dieser falsch beschrifteten Kisten gezeigt wurden, konnte ich feststellen, daß diese vorwiegend aus Libyen stammten. Das wiederum deckt sich mit einer Erklärung des Palästinenserführers Ahmed Jibril (PFLP-GC), die dieser 1982 in einem Interview mit der Beiruter Tageszeitung *As-Safir* abgegeben hat: »Libyens Hilfe für uns beträgt bereits Hunderte von Dollarmillionen.«

Seit dem Libanon-Krieg und den Bruderkämpfen von Tripoli hat sich die PLO weder militärisch noch politisch erholt. Die Israelis haben immer wieder Schiffe mit Waffenladungen für den Libanon

aufgebracht und – im Bedarfsfall – sogar versenkt. Solange sie den Südlibanon besetzt hielten, konnten sie zahlreiche Waffenlieferungen auf dem Landweg abfangen. Bei einem Besuch im Verteidigungsministerium von Tel Aviv bekam ich 1985 folgende Auskunft: »Die PLO kontrolliert keine sicheren Häfen mehr, über die sie alles empfangen kann. Bis heute hat sie ihre schweren Waffen nicht mehr ersetzen können. Die Organisation befindet sich wieder auf dem Stand von 1969. Ihre Kämpfer verfügen nur über Handfeuerwaffen und Sprengstoff; und das gibt es auch im Libanon überall zu kaufen.«
Gelegentlich erzählt Jassir Arafat von PLO-eigenen Waffenfabriken. Er spricht dabei von den »schwierigen Bedingungen, unter denen wir seit unserer Abreise aus Beirut drei Fabriken in verschiedenen Teilen der arabischen Welt aufgebaut haben« (*Kuwait News Agency* vom 4. Oktober 1984). Stolz berichtet der stoppelbärtige Chef von der Produktion kleiner Katjuscha-Raketen, von Panzerfäusten und von Semenow-Gewehren. »Sie sollten gesehen haben, wie unsere Ingenieure und Wissenschaftler die Gebäude mit ihren eigenen Händen geschaffen haben.« Nur, bis heute ist noch kein Schießzeug aufgetaucht, das sich in palästinensische Eigenproduktion zurückverfolgen läßt.

IRA – Ulsters alltäglicher Tod

In der Ausgabe der *Frankfurter Allgemeinen Zeitung* vom 1. März 1985 stand zu lesen: »Premierminister Thatcher und die Führer der demokratischen Parteien Nordirlands haben den Überfall der IRA auf die befestigte Polizeistation im nordirischen Newry als einen Akt der Barbarei bezeichnet. Bei dem Anschlag in der Nacht zum Freitag wurden neun Polizisten, darunter zwei Frauen, getötet und 37 Polizeibeamte und Zivilisten verletzt... Eine IRA-Gruppe, die entkommen konnte, schoß von einem 200 Meter entfernt geparkten Lastwagen aus mit Mörsergranaten über die Häuser hinweg auf die Polizeistation von Newry. Die Beamten hatten sich in ihrer hölzernen Kantine gerade zum Abendessen hingesetzt. Keine der mindestens vier Granaten verfehlte nach Augen-

Irans Waffenbeschaffer Sadegh Tabatabai im trauten Gespräch mit Ayatollah Ruhollah Khomeini. Tabatabai gehört zu den engsten Vertrauten des Revolutionsführers.

Das deutsche Standardgewehr G3 wird von Irans Revolutionsgardisten benutzt.

Junge Freiwillige des Golfkrieges paradieren mit sowjetischen Kalaschnikows.

Das sowjetische Standardkriegsgewehr Kalaschnikow zählt im Golfkrieg zur Grundausstattung beider Seiten – hier bei irakischen Streitkräften in einem Bunker bei Basra.

Die afghanischen Bergstämme decken sich bei einem Besuch im pakistanischen Grenzdorf Darra mit neuen Waffen ein. Sogar schwere Flaks gibt es im Einzelhandel.

Bei der Besetzung der Insel Grenada erbeuteten die amerikanischen Truppen große Mengen an Kriegsgerät aus der Sowjetunion, der Tschechoslowakei und Bulgarien.

Der Autor im Gespräch mit den befehlshabenden Offizieren der US-amerikanischen Schule für Anti-Guerilla-Kriegführung im Dschungel von Panama.

Die amerikanische Luftaufklärung beobachtet alle eintreffenden Ostblock-Waffenlieferungen für Mittelamerika, zum Beispiel im nicaraguanischen Hafen El Bluff.

Diese Sowjetsonde sollte vor der amerikanischen Küste U-Boot-Bewegungen orten. In ihr befand sich ein kleines Steuerelement, das dem US-Original haargenau glich.

zeugen das unmittelbar vor einem eng besiedelten Wohngebiet liegende Ziel.«
Jener Anschlag war nicht der Anfang und nicht das Ende des nordirischen Wahnsinns. Diese schier endlos lange Blutspur begann im 12. Jahrhundert, als die Engländer auf der grünen Insel einfielen und König Heinrich II. den Boden von Ulster (Nordirland) an seine Getreuen verteilte. Bis in unser Jahrhundert blieben irische Aufstände gegen die Besatzer in der Provinz Ulster erfolglos.
Ende der sechziger Jahre nahm die IRA den Krieg gegen die Engländer in einer Brutalität von nie gekannter Weise auf. Schon im Oktober 1969 gab es 13 Tote und 78 Verletzte. Und bereits damals wurden 80 Prozent der Waffen aus den USA geliefert. 1970 entstand in New York eine Organisation, die sich »Irish Northern Aid Committee«, kurz Noraid, nennt. Offiziell setzte sie es sich zur Aufgabe, Spenden für Witwen und Waisen und arme Katholiken der Ulster-Provinz zu sammeln. In Wirklichkeit handelte es sich jedoch zu jeder Zeit um die Waffeneinkaufsorganisation der provisorischen IRA.
Noraid wurde von dem legendären Michael Flannery gegründet, der bereits im jungen Alter von 14 zusammen mit seinen Brüdern der IRA-Brigade von Nord-Tipperary angehörte. Das war im Jahre 1916. Elf Jahre später sandte ihn die IRA in die Vereinigten Staaten, wo er die irischen Republikaner organisieren mußte. Im New Yorker Stadtteil Brooklyn wurde er zur Instanz, alle Spenden liefen über ihn. Noraid sammelte Millionen von Dollars und gründete etwa 90 Büros im ganzen Land. Man rekrutierte 30000 Mitglieder. Der Schwerpunkt liegt nach wie vor in den irischen Zentren der Ostküste. Bis 1981 schaffte es Noraid, die weiße Weste sauber zu halten. Die führenden Funktionäre erklärten stets, die Organisation habe reinen Wohlfahrtscharakter und sei der IRA in keiner Weise verbunden. Noch nie habe man einen Penny für Waffen ausgegeben. Dann platzte die Seifenblase über Nacht. Das kam so: Das FBI holte den zwielichtigen New Yorker Waffenschieber George DeMeo aus dem Gefängnis, wo er gerade zehn Jahre wegen illegaler Lieferungen an die IRA abzusitzen hatte. Man versprach ihm, die Strafe zu halbieren, wenn er die führenden Noraid-Leute auffliegen lassen würde. DeMeo, der nach einem Memorandum aus der Feder des früheren FBI-Chefs J. Edgar Hoover in früheren Zeiten für die CIA den Mord an Fidel Castro

organisieren sollte und der einen langen Lebenslauf als Waffenhändler hat, sagte zu. Operation Bushmill (FBI-Code) begann. Was das FBI anscheinend nicht wußte, ist die Tatsache, daß George DeMeo seine Geschäfte stets in Abstimmung mit der CIA unternommen hatte. »Wir haben an die IRA Waffen geliefert«, soll er später gesagt haben, »damit sie sich nicht im Ostblock bedient.« Jedenfalls offerierte DeMeo dem Flannery-Vertrauten George Harrison dieselbe Ware wie in den vergangenen 25 Jahren. Lieferant sollte ein Waffenhändler namens John White sein, ein FBI-Mann. Harrison verständigte Michael Flannery. Dieser genehmigte 16800 Dollar für das vermeintliche Geschäft mit einer 20-Millimeter-Kanone, einem Flammenwerfer, 21 Handfeuerwaffen und 12500 Schuß Munition. Als alles perfekt zu sein schien, griff das FBI zu und verhaftete fünf führende Köpfe von Noraid, darunter den 80jährigen Flannery. 1982 standen sie vor einem New Yorker Gericht. Die Noraid-Offiziellen präsentierten sich als irische und amerikanische Patrioten in Personalunion. Flannery referierte über den »Terrorismus der Engländer« und forderte »die Freiheit Irlands«. Da das Wissen von US-Behörden über den Waffenschmuggel nach Nordirland nicht richtig aufgeklärt werden konnte, wurden die fünf Angeklagten freigesprochen. Die Organisation Noraid schottete sich wieder ab und ging künftig keine Risiken mehr ein. Sie koordiniert alle US-Aktionen mit dem Irish-American Defense Fund, einer IRA-nahen Beratungsgesellschaft in Rechtsangelegenheiten. Im Prinzip tritt nur noch Martin Galvin, der 36jährige Anwalt und Sprecher von Noraid, in Erscheinung. Gelegentlich taucht er sogar bei großen Demonstrationen in Belfast auf. Wenn die Polizei ihn greifen will, ist er schon wieder in der Menge verschwunden. So geschah es zuletzt im August 1984. Während die englische Polizei den Noraid-Mann jagte, wurden 20 Sympathisanten verletzt und einer getötet.

Es deutet alles darauf hin, daß die Noraid-Gelder sowie die aus den USA auf Frachtern eingeschmuggelten Waffen über ein Büro am Parnell Square in Dublin verteilt werden. Dort hat die Provisorische Sinn Fein ihr Hauptquartier. Ihre »wohltätige« Unterabteilung nennt sich gälisch An Cumann Cabhrach (soviel wie Wohlfahrtsorganisation) und wird von Joe Cahill geleitet, der zuletzt 1973 wegen der illegalen Waffenlieferung auf Günther Leinhäusers Frachter »Claudia« ins Gefängnis mußte.

In Cahills Zuständigkeitsbereich fällt allem Anschein nach die Organisation von Waffentransfers. 1973 war er selbst mit dabei. 1977 wurden mehrere Tonnen von Waffen für die Provisorische IRA auf der »MV Towerstream« im Hafen von Antwerpen entdeckt. Einige der Kisten trugen die Aufschrift »Al Fatah«. Sie kamen aus dem Libanon. Damit scheint sich die Nahost-Verbindung der IRA schon erschöpft zu haben. 1979 wurden 151 Waffen aus den USA auf einem Containerschiff im Hafen von Dublin beschlagnahmt. Sie stammten von George DeMeo. Im Juni 1982 flog eine Millionen-Dollar-Operation der IRA in New York auf. Zwei Iren versuchten, fünf Luftabwehrraketen und Sturmgewehre zur Lieferung nach Ulster zu kaufen. Auch sie gingen einem FBI-Agenten auf den Leim. Wie so oft zuvor war einer von beiden ein Noraid-Mann. 1983 fanden französische Behörden 24 Pistolen, 12000 Patronen, 23 Pfund Sprengstoff, 200 elektrische Zünder und zwei Granaten auf einem Volvo-Lastzug, der in Le Havre auf die Fähre zum irischen Hafen Rosslare wartete. 1984 flog die größte Schmuggelaktion der letzten zehn Jahre auf. Ein in Kanada registrierter Frachter transportierte 200 Schußwaffen, darunter AR-15- und M-16-Sturmgewehre von Colt, koreanische Handgranaten und 100000 Schuß Munition, von einem Hafen der US-Ostküste nach Irland. Kurz vor seiner Ankunft lief der Kutter »Marita Ann« mit fünf IRA-Männern an Bord aus. Sie übernahmen die Ware außerhalb der 200-Meilen-Zone. Bei ihrer Rückkehr wurden sie schon von der irischen Marine erwartet und verhaftet.
Dublins Premierminister Garret FitzGerald nahm Stellung: »Es handelte sich um Waffen, die in dieses Land gebracht wurden, um Iren aus Norden und Süden zu töten. Noch immer gibt es Menschen in Amerika, die unsere Situation nicht begreifen können und die gewillt sind, Geld für Waffenkäufe zu geben, damit in diesem Land weitergemordet werden kann.« Das wird sich auch nicht ändern, da viele US-Iren von ihrer Mission erfüllt sind. Noraid-Funktionär Richard Lawlor in einem Interview mit der *Irish Press*, Dublin, vom 14. August 1984: »Ich würde niemanden davon abhalten, Gewehre hierherzuschicken... Es ist wohl die moralische Pflicht jedes amerikanischen Iren, Gewehre zu beschaffen, um Demokratie zu ermöglichen.«

Krieg, Krieg – bis zum Sieg?

1. Golfkrieg zwischen Iran und Irak – das Geschäft des Jahrzehnts

»Und wenn Ihr im Krieg mit den Ungläubigen zusammentrefft, dann haut ihnen mit dem Schwert auf den Nacken. Wenn Ihr sie vollständig niedergekämpft habt, dann legt sie in Fesseln, um sie später entweder auf dem Gnadenweg oder gegen Lösegeld freizugeben.«

Koran 47/4

»In Karatschi erfuhr ich..., daß zwei (iranische) Phantoms abgestürzt waren, und die Nachricht war merkwürdig bedrückend: so ein schmuckes und tödliches Flugzeug und die nicht richtig ausgebildeten Männer darin so verletzlich, halbe Opfer und doch Männer, die an diesem Morgen dem Willen Gottes und des zwölften Imam gehorchten und voller Mord steckten.«

Aus dem Buch »Eine islamische Reise« von V. S. Naipaul

Die folgende Geschichte ist in ihrem vollen Umfang nicht bekannt. Vielleicht wird man niemals erfahren, was wirklich passiert ist. Auch die bisher bekannten Details sind so widersprüchlich, daß sie eher verwirren als aufklären. Trotzdem soll an dieser Stelle der Versuch unternommen werden, wirklich stichhaltige Einzelheiten von phantasievoller Ausschmückung zu trennen. Es beginnt, wie so viele Waffengeschäfte, die mit Unterschriften und Schecks abgewickelt werden, in Zürich. Der 41jährige Andreas Jenni lebt dort. Er mag den Begriff Waffenhändler nicht, läßt sich lieber als Spediteur titulieren. Er vermittle Transporte, sagt er. Es war ein ganz spezieller Transfer, den Jenni im Jahre 1981 an seinen Partner, den damals 38 Jahre alten Schotten Stuart Allan McCafferty, weiterleitete, einen freundlichen Mann, der nie über seine Geschäfte sprach. Nachbarn erzählte er nur, er sei Pilot. Als solcher begab er sich im Juni 1981 nach Buenos Aires. Er besuchte dort eine Firma namens Transporte Aero Rioplatense (TAR). McCafferty charterte bei ihr eine Frachtmaschine CL 44, zahlte sofort in bar und erzählte, er würde Medikamente von Larnaca nach Teheran schaffen. Die nächste Station der Reise war wieder Miami, wo einer der Motoren überholt werden mußte. Am 7. Juli verließ er mit der Maschine und einer dreiköpfigen argentinischen Crew die USA. Der Kapitän hieß Hector Cordero und war ein reicher Viehzüchter, der solche Aufträge aus purer Abenteuerlust übernahm.

Nächste Station: Amsterdam. Von dort soll das Flugzeug am 10. Juli seine Weltreise fortgesetzt haben und als nächstes in Tel Aviv gelandet sein. Dort wurde es angeblich mit Ersatzteilen für amerikanische Panzer des Typs M-48 vollgeladen. Die drei Argentinier und der Schotte bekamen Starterlaubnis nach Larnaca in Zypern. Sie wechselten die Frachtpapiere aus und hoben wieder ab, diesmal nach Teheran. Nach Auskünften, die Jenni der Londoner *Sunday Times* gab, wurde die Maschine in Teheran entladen; und sie kehrte über Larnaca nach Tel Aviv zurück. Das geschah noch zweimal. Bei den nächsten Flügen soll vorwiegend Munition an Bord gewesen sein.

Insgesamt waren sechs bis sieben Flüge vorgesehen. Die gesamte Ladung – 360 Tonnen – hatte einen Wert von 15 Millionen Pfund und war zwischen Engländern, von denen die einen den Iran und die anderen Israel vertraten, vertraglich vereinbart worden. Der iranische Geschäftspartner hieß Sadegh Tabatabai. Am 12., am 14. und am 17. Juli flogen McCafferty und seine neuen Freunde nach Teheran. Auf dem Rückweg passierte es. Die Transportmaschine überflog die nördliche Türkei und wich plötzlich nach Steuerbord vom Kurs ab. Die Fluglotsen in Ankara konnten genau verfolgen, wie die CL 44 in sowjetischen Luftraum geriet und dann völlig verschwand. Kurz zuvor hatten zwei kleinere Punkte ihren Kurs gekreuzt. Die *Sunday Times* mutmaßte, daß die Sowjets die Cargo-Maschine mit falschen Funkfeuern vom Kurs abgebracht

und dann zerstört hatten. Eine abenteuerliche Version. Jenni – der seinen 600 000-Dollar-Anteil schon erhalten hatte – wollte sogar wissen, daß die CL 44 von zwei sowjetischen Jägern 200 Kilometer tief über türkischem Gebiet abgefangen worden sei. Der Grund: Angeblich hätten sich die Russen an den Transporten gestört.
Vier Tage danach meldete die Moskauer Nachrichtenagentur TASS, eine nicht identifizierte Maschine habe sowjetischen Luftraum verletzt. Der Pilot habe sich nicht ausgewiesen. Nach gefährlichen Manövern sei das Flugzeug mit einer sowjetischen Maschine zusammengestoßen und abgestürzt. Tabatabais Version lautet so: »Die Maschine kam stets aus Larnaca und hatte keine Ware aus Israel geladen. An jenem Tag flog sie leer nach Zypern zurück. Die Sowjets stellten uns später nur drei Leichen zur Verfügung. Sie waren total verbrannt und nicht mehr zu identifizieren. Die Maschine oder ihre Trümmer haben wir nie gesehen. Vielleicht hat man sie auch zum Landen gezwungen und dann erst gesprengt. Die restliche Fracht wurde von Larnaca mit dem Schiff nach Bandar Abbas gebracht.«
Ersatzteile und Munition waren für den Krieg zwischen Iran und Irak bestimmt, dem derzeit größten Konflikt zweier Staaten. Das im allgemeinen als Golfkrieg bezeichnete gegenseitige Abschlachten dauert bereits so lange wie der Zweite Weltkrieg. Auf einer Länge von 1200 Kilometern stehen sich die Armeen gegenüber, im Iran von Hunderttausenden von Freiwilligen ergänzt. Längst ist daraus ein Stellungskrieg geworden, der gelegentlich von regional begrenzten iranischen Offensiven mit hohen Menschenverlusten unterbrochen wird.
Die historische Frage, wer den Golfkrieg begonnen hat, ist bis heute ungeklärt. Die Iraker sprechen von zahlreichen iranischen Provokationen, von regelrechten Grenzgefechten. Für sie begann der Golfkrieg am 4. September 1980. Saddam Hussein verfügte damals über 200 000 Mann. Ihr Ausbildungsstand konnte als relativ gut bezeichnet werden. Sie hatten 2850 Panzer und 332 Kampfflugzeuge. Der Irak befand sich auf dem Höhepunkt seiner wirtschaftlichen Stärke.
Für die Iraner und den Rest der Welt begann die Auseinandersetzung am 22. September 1980. In einem Überraschungsangriff besetzten die Iraker 4126 Quadratkilometer iranischen Territoriums. Saddam Hussein erreichte genau das Gegenteil von dem, was er

beabsichtigt hatte: Er stabilisierte das Khomeini-Regime. Eine bis heute anhaltende Welle von Patriotismus erfaßte das 43-Millionen-Volk. Während die natürlich national gesinnten Streitkräfte im Westen engagiert waren, konnten die Mullahs nach und nach jegliche Opposition ausschalten. Damals verfügte der Iran über 1985 Panzer und 447 Kampfflugzeuge. Das Großgerät war jedoch nur beschränkt einsatzbereit. Gleichzeitig erholte sich die marode iranische Wirtschaft wieder. Erlöse aus dem Ölverkauf füllten die Kriegskasse. Das ist wichtig, da die Iraner pro Jahr schätzungsweise 1,5 Milliarden Dollar für den Krieg ausgeben.
Der irakische Siegeszug wurde schon nach drei Monaten gestoppt. Die erste Gegenoffensive der Iraner, im Januar 1981, endete mit einer Niederlage der Verteidiger. Dafür konnten die Perser den Irakern im März 1981 hohe Verluste beibringen. Mit drei großangelegten Offensiven gelang es Khomeinis »Gotteskriegern«, zwischen November 1981 und März 1982 die Angreifer fast in allen Frontabschnitten über die Grenze zurückzuwerfen. Seither stehen sich die feindlichen Heere hinter Erdwällen, mit einem Netz von Bunkern und Schützengräben gegenüber. Irakischen Eltern wurde zu Beginn des sinnlosen Krieges für jeden gefallenen Sohn finanzielle Abfindung, ein Haus und eine Luxuslimousine versprochen. Inzwischen schickt die Regierung nur noch kleine Toyotas. Auf iranischer Seite zählt dagegen nach wie vor der Anreiz mit dem Platz im Paradies.
Heute stehen sich am Golf mindestens eine Million schwerbewaffnete Krieger gegenüber. Sie sterben in einem Krieg, den wohl der Irak begonnen hat, den der Iran aber nicht beenden möchte. Gewinnen kann ihn keine Seite mehr. Die bereits erlittenen Verluste würden den Sieg nicht aufwiegen. Gewonnen haben jedoch die Rüstungsindustrien der Welt. Nicht weniger als 40 Staaten beliefern den Iran und Irak mit kriegswichtigen Gütern. Beinahe die Hälfte von ihnen scheut sich nicht, beide Seiten zu versorgen. So wird die von den Großmächten gewünschte Balance gewahrt, und der Schlagabtausch kann weitergehen, solange er finanziell durchzustehen ist.
Der Iran hat bislang regelmäßig seine Petrodollars bei den Waffenhändlern der Welt abgeliefert und so die Weiterentwicklung des Landes vernachlässigt. Iraks Saddam Hussein war schlauer. Er hat sein Land seit 1980 stark modernisiert, sich den Krieg zum

Großteil von den Staaten der arabischen Halbinsel finanzieren lassen und zudem Schulden gemacht. Aus 50 Milliarden Dollar Guthaben wurden mittlerweile 50 Milliarden Dollar Schulden. Bagdad kann damit noch leben. Die Zukunft des Golfkrieges wird aber sicherlich auch vom Ölpreis abhängen. Seit 1980 ist der Wert eines Barrels (159 Liter) von 38 auf unter zehn Dollar gesunken. Das trifft vor allem den Iran, der wegen seiner selbstverschuldeten internationalen Isolierung nur wenig kreditwürdig ist.
Auf alle Fälle waren es vor allem die Perser, die in den letzten Jahren ihre Deviseneinnahmen auf zumeist abenteuerliche Weise mit Waffen vergeudet haben. Dabei hatten es die islamischen Revolutionäre ursprünglich ganz anders handhaben wollen. Gleich nach dem Sturz des alten Regimes kündigte Iran, in den siebziger Jahren Hauptkunde der amerikanischen und britischen Rüstungsindustrie, die meisten der laufenden Verträge. Europäische Firmen sollen damals neun Milliarden Dollar verloren haben, amerikanische sogar elf Milliarden. Storniert wurden unter anderem: 4000 britische Panzer des Typs »Super Chieftain«, Unterseeboote und Fregatten aus der Bundesrepublik und den Niederlanden, französische Schnellboote und Frühwarnsysteme vom Typ »Awacs« aus den USA. Voreilig versicherte ein Teheraner Regierungssprecher, sämtliche künftige Käufe würden im Licht der »tatsächlichen Zweckmäßigkeit« betrachtet werden.
Diese Zweckmäßigkeit kam schneller, als man dachte. Schon unter dem ersten Ministerpräsidenten Mehdi Bazargan entstand ein neues, geheimes Rahmenabkommen für die Lieferung militärischer Güter aus den USA. Es ging um Waffen im Wert von fünf Milliarden Dollar, die der Schah noch bestellt hatte. In heimlicher Mission reisten im Sommer 1979 US-Militärberater an und offerierten den Mullahs die Reparatur ihrer Luftabwehr. Der Militärhandel funktionierte auf allen Ebenen, bis im November 1979 sogenannte Studenten die amerikanische Botschaft besetzten. Präsident Carter verkündete im April 1980 Sanktionen gegen den Iran und untersagte die Lieferung von bereits bezahlten Ersatzteilen. Außerdem erließ er ein totales Handelsembargo.
Das lag im Interesse internationaler Waffenverkäufer. Schon Tage später meldeten sich die Vertreter amerikanischer und westeuropäischer Firmen in Teheran und bei iranischen Auslandsvertretungen. Natürlich zeigte sich auch das allzeit lieferbereite Israel inter-

essiert. Nach Kriegsbeginn, im September, hatte der Iran für alle ein offenes Ohr. In der ersten Phase waren die Einkäufer noch unerfahren und ließen sich mehrfach massiv betrügen. Sadegh Tabatabais mißglückter Versuch, in Zürich 50 amerikanische Panzer zu kaufen, fällt unter diese Kategorie. Es handelt sich jedoch um den einzigen Fall, bei dem der Iran sein Geld zurückbekam. Ein in Paris lebender Exiliraner erzählte mir von einem geplanten Deal mit Taiwan. Drei Offiziere des Teheraner Verteidigungsministeriums sollten die Lieferung von Ersatzteilen, vor allem auch Reifen für Flugzeuge und Lastwagen, in Taipeh organisieren. Um allen Risiken vorzubeugen, wurde die Kaufsumme auf dem Bankweg vorausgeschickt. Als die drei Offiziere eintrafen, um ihre Dollarmillionen abzuholen, zeigte sich, daß ihnen drei andere Personen mit denselben Namen und iranischen Reisepässen zuvorgekommen waren. Diese Geschichte konnte in Teheran nicht verifiziert werden.

1981 erbeutete ein syrischer Waffenhändler namens Ahmad Sarabki allem Anschein nach 56 Millionen Dollar aus der iranischen Kriegskasse. Anstelle seiner üblichen Beiruter Adresse gab er den Einkäufern eine Anschrift in Athen, unter der er später nicht gefunden werden konnte. Dann legte er der iranischen Bank Melli die gefälschten Transportdokumente des schwedischen Frachters »Sydkust« vor. Danach sollte das relativ kleine Schiff am 18. Februar den Hafen von Rio de Janeiro mit einer für ihn viel zu großen Waffenladung in Richtung Bandar Abbas verlassen haben (unter anderem 600 Luftabwehrraketen und eine halbe Million Granaten). Das Geld wurde ausbezahlt. Im nachhinein zeigte sich, daß auch die für den Versandort Rio angegebene Spedition nicht existierte und ihre angebliche Adresse bloß eine Baustelle war. Genausowenig gab es die für das Schiff in den Unterlagen aufgeführte schwedische Reederei. Und selbstverständlich kamen die Waffen nie an.

Den abenteuerlichsten Coup lieferte ein iranischer Waffenhändler, Doktor der Philosophie und früheres Mitglied des berüchtigten Schah-Geheimdienstes Savak. Banham Nadjumi, heute 40 Jahre alt, legte das Mullah-Regime im Oktober 1981 mit einer kinoreifen Inszenierung herein. Zusammen mit seinem Partner Dogan Arif, 35, stellte er den Teheraner Einkäufern 8000 Raketen in Aussicht. Dafür forderte er 26 Millionen britische Pfund. Die

Ware, so sagte er, sei in der Hand einer in Panama beheimateten Firma namens Washington Enterprises Inc. (die er zuvor gegründet hatte) und liege, verpackt in 34 Containern, im belgischen Antwerpen bereit. Sofort reisten drei hohe Militärs aus Teheran an, um die Raketen zu prüfen. Nadjumis Leute warteten schon auf sie. Mit Waffengewalt wurden die Obristen entführt und in einer Villa außerhalb Antwerpens festgehalten.
Dasselbe passierte einem iranischen Diplomaten, einem weiteren Offizier sowie einem Bankier, die zusammen mit Nadjumi auf das Ergebnis der Brüsseler Erkundung warten und dann das Geld anweisen sollten. Nadjumi hielt sie in seiner Wohnung im Zentrum Londons fest. Die Geiseln wurden von bewaffneten und maskierten Männern bewacht. Im weiteren Verlauf der Posse wollte Nadjumi, verkleidet als iranischer Oberst, und Arif, der sich als britischer Geheimdienstler ausgab, das Geld abholen. Da flog der Betrug auf. Die Polizei befreite alle Entführten und setzte die Bande um Nadjumi fest.
Beim Gerichtsverfahren im Frühjahr 1983 versuchte Nadjumi, alles zu verharmlosen. Unter den Geiseln seien ein alter Schulfreund und ein weitläufiger Verwandter gewesen. Der Haupttäter bekannte sich zum iranischen Widerstand und erzählte dem Richter, daß er sein Land 1979 unter Lebensgefahr verlassen habe. Gleichzeitig erwähnte er aber auch den Namen Sadegh Tabatabai. Mit ihm sei er wegen der 8000 Raketen in Kontakt gewesen. Nadjumi wurde zuerst zu zehn Jahren Gefängnis verurteilt. Zwei Wochen später revidierte das Gericht das Urteil und erhöhte das Strafmaß auf 20 Jahre.
In diese Zeit fiel auch das erste Regierungsgeschäft mit der Ware Geiseln gegen Waffen. Die iranischen Revolutionswächter erlaubten die Ausreise von drei britischen Missionaren erst, als ihnen der englische Waffenhändler Michael Aspin Browning-Maschinengewehre im Wert von 2,6 Millionen Pfund verkauft hatte. Die nötigen Verhandlungen wurden in Dubai geführt. In ähnlicher Weise ließ sich auch die Carter-Regierung erpressen, als es um die Freilassung der in Teheran festsitzenden US-Diplomaten ging. In Geheimverhandlungen des Jahres 1985/86 ging es um den Tausch der in Beirut von der schiitischen Untergrundorganisation Islamischer Heiliger Krieg entführten Ausländer gegen 10500 POW-Panzerabwehrraketen für den Iran.

Die Iraner handeln Waffenlieferungen zumeist in Zürich, Athen, Madrid und London aus. In der Young Street Nummer 15 im Londoner Stadtteil Kensington unterhielt die iranische Luftwaffe zu Kriegsbeginn ein Beschaffungsbüro. Heute ist ein 32köpfiger Luftwaffenstab im sechsten Stock des Londoner Gebäudes der staatlichen Ölgesellschaft in der Victoria Street 4 untergebracht. Die Niederlassung im Schatten der Westminster-Abtei nennt sich Logistics Support Center Europe. In Athen gibt es anscheinend kein festes Büro. Dort vertreten Waffenhändler wie Al Hadji Reza Dai und Faruk Azizi die Interessen der Mullahs. In Paris erfuhr ich, daß die iranische Botschaft in Madrid und pensionierte Obristen aus Francos Zeiten für die Interessen der Teheraner Militärmaschinerie arbeiten.

Israels gutes Verhältnis zum Iran wurde nach der Machtübernahme der Islamisten im geheimen weitergeführt. Öffentlich verfluchten die Mullahs die verhaßten Zionisten, während sie insgeheim bei ihnen Waffen kauften. Die Kontakte dürften nicht nur über Jakov Nimrodi gelaufen sein. Verteidigungsminister Ariel Sharon gab später zu, daß die meisten Transaktionen zwischen 1980 und 1983 erfolgt sind. Dann wurde der Druck der Reagan-Regierung zu stark.

Die *New York Times* berichtete 1982 von einer Information des Geheimdienstes Mossad an die CIA, in der von Waffenlieferungen im Wert von 70 Millionen Dollar, allein im Jahr 1981, die Rede war.

Iranische Widerständler beobachteten am Frankfurter Flughafen, wie Frachtmaschinen der El Al und der South African Airways in einer entlegenen Ecke ihr Cargo in Maschinen der Iran Air umluden. Eine Presseinformation vom Oktober 1984 gibt dazu genaue Daten und Flugnummern. Als israelischen Lieferanten stellten die Volksmudschahedin die Firma Motorola heraus. Das Unternehmen produziert unter anderem Ersatzteile für Bell-Hubschrauber und Kampfflugzeuge sowie Teile von Luftabwehrsystemen.

Nachdem ein iranischer Pilot mit seiner »Phantom« F-4 nach Saudi-Arabien desertiert war, wurde die Maschine von Experten zerlegt und von amerikanischen Geheimdienstleuten untersucht. Diese fanden heraus, daß viele Teile der Maschine zuvor an Israel, manche aber auch an Griechenland und andere NATO-Staaten verkauft worden waren.

Erstaunlicherweise hieß es im August 1985, daß 30 von ursprünglich 79 Kampfmaschinen des hochentwickelten Typs »F-14« flugbereit seien; westliche Experten waren bis dahin von nur neun einsatzfähigen Flugzeugen ausgegangen.
Das kann natürlich auch die Folge umfangreicher Lieferungen aus den Vereinigten Staaten selbst sein. Immer mehr Amerikaner – und Iraner mit dortigem Wohnsitz – haben erkannt, wie lukrativ Geschäfte mit Embargoware für Teheran sind. Schließlich läßt sich ohne weiteres der drei- bis fünffache Listenpreis verlangen. Die Perser zahlen jederzeit, wenn sie die gewünschten Rüstungsmaterialien bekommen können. Bereits 1982 flog ein Engländer namens Ian Smalley auf, als er 100 Panzer, 100 Artilleriegeschütze und eine Million Schuß Munition im Wert von mehr als 50 Millionen Dollar an den Iran liefern wollte. Als den Besteller nannte Smalley, der von Polizeibeamten in eine Falle gelockt wurde, Sadegh Tabatabai. Smalley wollte übrigens besonders clever sein und dem Irak zum Ausgleich 8300 Panzerabwehrraketen liefern.
1983 wurde ein geplanter Waffenschmuggel im Umfang von zwei Milliarden Dollar aufgedeckt. Der zuständige New Yorker Staatsanwalt Rudolph Giuliani teilte mit, acht mutmaßliche Waffenschmuggler seien festgenommen worden, unter ihnen ein Mann, der sich als ehemaliger südafrikanischer General ausgab. Sie hätten V-Männern, die als Vertreter der iranischen Regierung aufgetreten seien, unter anderem 25 Kampfhubschrauber, 100 Panzer, Ersatzteile für die »Phantom« F-4 und 60 Flugabwehrraketen vom Typ »Hawk« verkaufen wollen.
1984 wurde ein Frankfurter Spediteur zusammen mit vier Briten in San Diego unter Anklage gestellt. Er hatte versucht, zwei 80 Kilo schwere Radarröhren für die Boden-Luft-Zielanpeilung zu beschaffen. 1985 geriet zum schwarzen Jahr für die illegalen Iran-Händler. Es gab Prozesse gegen leitende Angestellte von Elektronikfirmen in St. Louis und Springfield/Virginia. Ein Bundesgericht in Bridgeport/Connecticut verurteilte einen gewissen John Reed, weil er daran beteiligt gewesen sein soll, 400000 ABC-Schutzanzüge aus dem Land zu schaffen.
Ein ehemaliger Angestellter eines amerikanischen Marinelagers in San Diego gab zu, einem Schmuggelring angehört zu haben, der Ersatzteile, unter anderem für die F-14, für Millionen von Dollars an den Iran geliefert hat. Der 60jährige Pedro Quinto sagte aus, er

habe Flugzeugteile im Wert von 300000 Dollar aus den Marinedepots gestohlen. Einer von Quintos Komplizen gehörte sogar zur Mannschaft des Flugzeugträgers »Kitty Hawk«, dessen Heimathafen San Diego ist. Die Ware wurde, in den Frachtpapieren als Automobilteile und Medikamente deklariert, jeweils über New York und London verschickt.
In New York stehen fünf Männer unter Anklage, die seit dem Beginn des Golfkrieges Embargoware an den Iran geschickt haben sollen. Zwei von ihnen heißen mit Familiennamen Hashemi und sind Verwandte des Teheraner Parlamentspräsidenten Hashemi Rafsandshani. Der ermittelnde Staatsanwalt Rudolph Giuliani will im Zusammenhang mit diesen fünf Männern von mehr als 100 illegalen Transfers wissen. Einer seiner Mitarbeiter sprach gegenüber der Presse von einem »Multi-Millionen-Geschäft«.
Der spektakulärste Fall wurde im Sommer 1985 aufgedeckt. Ein hochdekorierter Oberstleutnant namens Wayne Gillespie wurde zusammen mit Mitverschwörern festgenommen, da er angeblich 1140 TOW-Raketen im Wert von 9,1 Millionen Dollar und Flugzeugersatzteile an iranische Aufkäufer liefern wollte. Der 46jährige West-Point-Absolvent und Vietnam-Kriegsteilnehmer saß an der Quelle – bei der Heeresmaterialstelle in Alexandria/Virginia, unweit des Pentagon. Auch dieser Schmuggelring flog durch einen eingeschleusten Agenten des FBI auf.
Im April 1986 wurde ein weiterer, großangelegter Schmuggelskandal mit amerikanischen Waffen bekannt. Ein New Yorker Gericht erhob Anklage gegen 17 Personen, darunter vier Deutsche. Sie sollen den Transfer von Kriegsmaterial im Wert von zwei Milliarden Dollar an den Iran vorbereitet haben. In den Ermittlungsakten war die Rede von 64 Kampf- und fünf großen Transportflugzeugen, Geschützen, Panzern, 3750 Panzerabwehrraketen und 15000 Luftabwehrraketen. Es hieß auch, die Beschuldigten hätten sich End User Certificates der Türkei, der Philippinen und anderer Staaten besorgt, um den amerikanischen Zoll und andere zuständige Behörden zu täuschen.
Der prominenteste Mitverschwörer wurde zusammen mit vier Kumpanen auf den Bermudas festgenommen – der israelische Brigadegeneral der Reserve, Abraham Bar Am. Er sagte aus, daß Israel von dem Geschäft gewußt habe. Falls sein Heimatland nicht zu seinen Gunsten interveniere, dann werde er alles enthüllen.

Selbstverständlich dementierten das Verteidigungs- und das Außenministerium in Tel Aviv mit deutlichen Worten. Die israelische Regierung habe weder direkt noch indirekt etwas damit zu tun. Staatssekretär Menachem Meron: »Die Leute handelten alle allein für sich.« In Teheran sprach man nur von einem Komplott gegen die Islamische Republik.
Statistiken des Washingtoner Justizministeriums zeigen, daß zwischen September 1984 und September 1985 acht Firmen und 54 Personen wegen einer Verletzung des Iran-Embargos angeklagt wurden. Das ist mehr als die doppelte Quote der drei vorhergehenden Jahre.
Solche Fälle passieren nicht nur in den USA. Das iranische Beschaffungssystem arbeitet inzwischen weltweit. Ein Insider ließ mich im November 1984 in Teheran wissen: »Hinter allen Einkäufen stehen das Verteidigungsministerium oder das Oberkommando des Heeres. Ersteres kümmert sich um die langfristige Planung und um Großgerät. Das Heereskommando kauft selbständig Verbrauchsmaterial, Ersatzteile, einfache Sachen. Alles kann besorgt werden. Es ist nur eine Frage des Preises.« Man erlebe im Alltag die kuriosesten Dinge, fügte der Informant hinzu. »Ich habe schon mal eine Radaranlage für den 300fachen Preis erworben, dann wieder eine Panzerkette unter dem Preis gekauft.«
Überhöhte Preise hätte dieser Mann oder einer seiner Kollegen auch in Hamburg bezahlen dürfen, wenn das Geschäft zustande gekommen wäre. Da gab es 1984 ein seltsames Trio: Ein 31jähriger Amerikaner namens Leerone Moorhead, Makler für Edelmetalle und Berufsboxer, eine 67jährige Gräfin Lisa von Schwerin und der iranische Mittelsmann Abd Hassan Moghaddam. Moorhead kam aus Los Angeles und bot der Gräfin 280 Panzer vom Typ M-48 für 1143000 Dollar pro Stück an. Die Kampfwagen sollten von Israel aus in den Iran gebracht werden. Die Polizei der Hansestadt hörte alles am Telefon mit und verhaftete die Runde; dazu auch noch den Anwalt der Gräfin, von dessen Büro aus telefoniert wurde. Ähnliches passierte einem Exilperser, der von seinem Wohnsitz Oldenburg aus rege mit Waffenhändlern in Uruguay, Brasilien und Israel telefonierte und dann Teheran jeweils über den Stand der Dinge unterrichtete. Dabei unterhielt er sich fachkundig über Artilleriegranaten und Teile von Phantom-Maschinen. Auch hier hatte die Polizei das Ohr am Geschehen. Mit den

Aufzeichnungen vor Gericht konfrontiert, meinte der Perser, er könne sich schlecht erinnern, aber sie würden wohl stimmen.
Für innenpolitischen Zündstoff im Vorfeld der französischen Wahlen des Jahres 1986 sorgte die Waffenfirma Luchaire. Das Unternehmen, Hersteller von Artilleriemunition, beantragte angeblich eine Ausfuhrgenehmigung für 350000 Granaten vom Kaliber 155 Millimeter. Sie wurde auch erteilt. Also ließ Luchaire die Ware, angeblich für Portugal, Thailand, Brasilien und Pakistan bestimmt, in Cherbourg verladen – im Juli 1985 und im Januar 1986 auf die »Nicole«, im September 1985 auf die »Trautenfels«. Beide Schiffe entluden ihre schwere Fracht im iranischen Bandar Abbas. Die Iraker, Stammkunden der französischen Wehrwirtschaft, reagierten außerordentlich verärgert.
Solchen Ärger ersparen sich die Iraner, wenn sie von Nordkorea oder China kaufen. Es geht die Rede, daß die Regierung in Peking 1985 einen Vertrag in Höhe von 1,6 Milliarden Dollar zur Lieferung von Panzern, Flugzeugen und Artillerie mit Teheran geschlossen hat. Nordkorea soll seit 1982 im Wert von 800 Millionen Dollar geliefert haben. Auf diese Weise, und seit kurzem auch direkt, kommt Material sowjetischen Ursprungs in iranische Hände. Zu den traditionellen Lieferanten gehören auch Brasilien und das mit ihm eng verbundene Libyen sowie Syrien. Das Regime in Damaskus soll sich verpflichtet haben, die vom gemeinsamen Feind Irak zerstörte Luftverteidigung wiederaufzubauen.
Libyen und Syrien stehen dem Iran gerne mit »Endverbrauchszertifikaten« bei, was sogenannte neutrale Staaten im Umfeld des NATO-Bereichs ausnutzen.
In den iranischen Tageszeitungen nehmen die Meldungen über Neueröffnungen von Rüstungsfabriken zu. So soll im Dezember 1985 in Isfahan der erste Betrieb für Patronen vom Kaliber 23 Millimeter gestartet worden sein. Im Januar 1986 wiesen die Revolutionswächter auf ihre anlaufende Produktion von Granatwerfern hin. Bei einer Militärmesse in einem Teheraner Park pries Oberst Ismail Sohrabi, der Generalstabschef, Erfolge dieser Art: »4400 Teile wurden bereits von unserem Militär produziert und werden gegen die irakischen Truppen eingesetzt.« Dieser Industriezweig, noch vom Schah begründet, wurde während der Revolution stark vernachlässigt. Nach der ursprünglichen Konzeption sollte die iranische Rüstungswirtschaft international konkurrenzfähig werden.

Wegen der Mullah-Herrschaft hat sie es nicht weiter gebracht als zur Herstellung von Gewehren (darunter das deutsche G-3 von Heckler & Koch und ein Maschinengewehr von Rheinmetall), von Munition und leichter Artillerie. Auch das iranische Panzerprojekt »Shir« (Diehl aus Nürnberg lieferte eine Fabrik für Panzerketten) läuft seit Anfang des Jahres 1985.

Was den Nachschub betrifft, können die Iraker alles leichter nehmen. Auch hier trifft der Satz zu, den ich aus einem Gespräch mit Sam Cummings in Erinnerung habe: »Der Golfkrieg gehört bereits zur Weltwirtschaft und kaum ein Land kann dem widerstehen.« Nachdem der Irak, im Gegensatz zum aggressiven Nachbarn, kein Außenseiter-Staat ist, sind Waffenexporte nach Bagdad auch von niedrigeren Hürden umgeben. Saddam Husseins Regime ist durch einen bilateralen Freundschaftsvertrag an die Sowjetunion gebunden. Deshalb kamen bislang auch 70 Prozent der Kriegswaffen aus Moskau. Die Sowjets lieferten Panzer der Baureihen T-54 bis T-72, Raketen, Kampfflugzeuge, Infanterie- und Artilleriewaffen, Flakgeschütze und Schnellboote. Als der Irak 1980 gegen den Iran vorrückte, waren die Sowjets eine Zeitlang verschnupft und schickten nur das Nötigste. Erst als sie sahen, daß sich ihre eigene Position im Iran nicht mehr verschlechtern konnte, kehrten sie zur alten Bündnistreue zurück.

An zweiter Stelle der Lieferanten folgt Frankreich. Zwischen 1982 und 1984 kauften die Iraker in Paris für fünf Milliarden Dollar ein, hauptsächlich Kampfflugzeuge (89 Mirage F-1) und Exocet-Raketen, an denen der Irak einen hohen Verbrauch hat. 1985 folgte ein weiterer Vertrag über 24 Mirage-F-1-Jagdbomber im Wert von 1,3 Milliarden Mark. Frankreich hatte dem Spitzenkunden zuvor fünf Marineflugzeuge vom Typ »Super-Etendard« geliehen. Sie wurden am 7. Oktober 1983 zur irakischen Luftwaffenbasis Qyararah geflogen und dienten in den folgenden beiden Jahren vor allem zu Angriffen auf »große Marineziele« (Jargon der Bagdader Kriegsberichte). Inzwischen kann auch die neue Mirage F-1 Raketen vom Typ »Exocet« abschießen. Deshalb wurden die »Super-Etendard« entbehrlich. Vier kehrten nach Frankreich zurück, eine war abgeschossen worden.

Aus Frankreich kommen Roland-Flugabwehrraketen der Firma Euro-Missile. Dadurch verdient die Firma MBB indirekt am Golfkrieg. Ein anderes deutsches Produkt wurde bereits durch den

MBB-Partner Construcciones Aeronauticas S. A. (Casa) aus Madrid geliefert: 24 Hubschrauber des Typs Bo-105. Im *Spiegel* hieß es dazu: »Die irakische Version des deutschen Kampfhubschraubers ist mit einer 20-mm-Kanone der Schweizer Firma Oerlikon und Panzerabwehrraketen vom Typ Hot... ausgestattet.« Die Amerikaner haben mehrfach Bell-Hubschrauber in den Irak verkauft. Seit die diplomatischen Beziehungen zwischen beiden Staaten Ende 1984 wieder aufgenommen worden sind, scheinen die Amerikaner lieferfreudiger geworden zu sein. Es ist die Rede von schweren Kampfpanzern, die der Irak bekommen soll. Das hatte der israelische Verteidigungsminister Sharon übrigens schon 1981 angeprangert. Der förmlich im Glashaus sitzende Waffenlieferant der Iraner beschuldigte damals Washington, insgeheim Artilleriegeschütze und Munition über Jordanien und Saudi-Arabien nach Bagdad zu schicken. Als Revanche ging die CIA daran, Israels inniges Verhältnis mit dem Iran zu überprüfen – und wurde rasch fündig.

Sharons Beobachtungen waren sicherlich richtig (nur falsch interpretiert), da die arabischen Staaten, für die der Irak einen Stellvertreterkrieg führt, ihrem Bruder Saddam Hussein seit Jahren massive Hilfe leisten. Der Großteil der ägyptischen Waffenexporte – derzeit eine Milliarde Dollar pro Jahr – geht an den Irak. Die Saudis, mehrere Golfstaaten und vor allem Jordanien unterstützen den Frontstaat am Euphrat mit jährlich zwölf Milliarden Dollar. Da der Nation von 14 Millionen langsam das Menschenpotential ausgeht, kämpfen inzwischen auch Zehntausende von Söldnern, die die Lücken in den Schützengräben füllen, für die panarabische Sache.

Der Irak schließt, sobald er in Bedrängnis gerät, das Vorfeld auf andere Weise. Er feuert Granaten und wirft Bomben, die mit Giftgas gefüllt sind. Diese geächtete Art der Kriegführung wurde vor allem in den Marschen am Schatt el-Arab und in den Sümpfen von Madschnun festgestellt, wo der Gegner nicht so leicht zu fassen ist. Im April 1985 meldete Teheran, daß allein im Zeitraum von sechs Wochen 4600 Menschen durch irakisches Giftgas getötet beziehungsweise verletzt worden sind.

Westliche Experten glauben die Verwendung von Tabun und Senfgas festgestellt zu haben. Beide Kampfstoffe können vom Irak hergestellt werden – angeblich im Khor al-Zubair Petrochemical

Complex No. 1 bei Basra, errichtet von der amerikanischen Firma Lummus und der deutschen Thyssen Rheinstahl-Technik.
Seit März 1986 scheint klar zu sein, wer dem Irak geholfen hat. 500 Tonnen des als Grundstoff für Senfgas verwendbaren Thiodiglykol (TDG) wurde von belgischen und niederländischen Firmen zum nördlichen Golfanrainer geliefert. Auch eine Firma in Arnheim soll den weiteren Grundstoff Phosphoroxichlorid nach Irak ausgeführt haben. Besteller war die Staatsdachorganisation »Sep« (State Establishment Production) in Bagdad, zuständig für die Herstellung von Pestiziden. Holländer und Belgier versprachen, die Lieferungen einzustellen.
In der Londoner *Times* war am 12. März 1984 zu lesen: »Es ist schwierig, in so einem widerlichen und nutzlosen Krieg zwischen zwei gleichermaßen abstoßenden Seiten ein Kriterium dafür zu finden, wer die größere moralische Schuld hat. Keine Seite hat sich auf dem Schlachtfeld größere Skrupel auferlegt, und viele Verbrechen des iranischen Regimes gegen sein eigenes Volk sind mindestens so entsetzlich wie diejenigen von Irak gegen Iran. Dennoch: Man sollte sich von Gefühlen nicht dermaßen einlullen lassen, daß man nicht mehr über die Verwendung einer besonders üblen Form von Waffe erschrickt.«

2. Mittelamerika: Eine Region wird aufgerüstet

»Im nachhinein betrachtet, muß ich sagen, daß wir sogar noch zuwenig Waffen besaßen. Es tut mir leid, daß wir nicht mehr Waffen hatten... Besitzen die Amerikaner – auf die Quadratkilometer ihres Landes umgerechnet – nicht mehr Waffen, als wir je hätten haben können?«

Kendrick Radix, Exminister der Revolutionsregierung von Grenada, im Gespräch mit dem Autor

Grenada – mehr Waffen als Menschen

»Dies ist meine Insel in der Sonne, wo mein Volk lebt, seit die Zeit begann...« Harry Belafonte besingt in jenem Lied Grenada. Der Ministaat, ein karibisches Paradies von nur 344 Quadratkilometern, trägt den Beinamen »Gewürzinsel«, weil von hier neben anderem ein Drittel der Weltproduktion an Muskatnüssen kommt. Die grenadischen Afro-Karibier, 95 Prozent der Bevölkerung, wurden bis zum 12. März 1979 von einem wunderlichen und nichtsdestoweniger gefährlichen Law-and-Order-Mann regiert, von Eric Gairy. Der Diktator setzte seinen Willen mit Hilfe einer Schlägertruppe durch, nutzte seine Redezeit vor der UNO, um den vermeintlichen Nachweis zu führen, daß es fliegende Untertassen gibt, und unterhielt enge Kontakte zu Rechtsregimen.
Am 13. März 1979 installierte der charismatische Rechtsanwalt Maurice Bishop auf Grenada nach einem beinahe unblutigen Coup ein linksgerichtetes Regime. Damals standen den Putschisten zwölf Gewehre und sechs Revolver zur Verfügung, für deren unrechtmäßigen Export nach Grenada in den USA zu alledem Ermittlungen gegen Bishop liefen. Der neue Premierminister und seine New-Jewel-Bewegung begannen sozialreformerisch und endeten als mörderische Diktatur. Die Herrscher der Insel, sie bekannten sich zum Marxismus-Leninismus und standen mit fast allen Ostblockstaaten auf gutem Fuß, schafften das innerhalb von

nur viereinhalb Jahren. Die Bewegung spaltete sich zum Schluß in eine radikale, moskauhörige Gruppierung und eine gemäßigtere zu den Kubanern tendierende Fraktion.
Am 19. Oktober 1983 fraß die Revolution einen Teil ihrer Kinder. Maurice Bishop und seine engsten Gefolgsleute wurden exekutiert. Als sich die Situation auf Grenada immer mehr zuspitzte, intervenierten am 25. Oktober US-amerikanische Truppen und ein Kontingent der ostkaribischen Staaten. Nach einer Übergangsregierung aus Männern, die während der Diktatur außer Landes gewesen waren oder sich gegenüber den Machthabern bedeckt gehalten hatten, fanden 1984 freie Wahlen statt. Die neugeschaffene Nationalpartei von Herbert Blaize ging daraus als Sieger hervor; eine moderate, demokratische Mehrheit. Grenada verschwand aus den Schlagzeilen und wurde wieder zur einfachen Insel in der Sonne. Vielleicht auch zu einer etwas umfangreicheren Fußnote unserer aufregenden Zeitgeschichte.
Ein Aspekt der Bishop-Ära sollte noch mal betrachtet werden: die immer mehr außer Kontrolle geratene Aufrüstung dieser kleinen Insel. Denn Grenada ist ein Idealbeispiel, was der an Konsumgütern arme Ostblock unter Entwicklungspolitik versteht. Die amerikanischen Marines fanden beim Einmarsch in der Inselhauptstadt St. George's bei der Durchsicht von Regierungsdokumenten die Originale von sechs geheimen Militärabkommen mit kommunistischen Staaten. Drei davon waren mit der Sowjetunion geschlossen worden. Sie wurden in den Jahren von 1980 bis 1982 in Havanna unterzeichnet und enthielten die Verpflichtung der Sowjets, Waffen und Ausrüstungsgegenstände im Wert von 14,4 Millionen Rubel über einen nicht genannten Helfer in Kuba kostenfrei zu liefern. Beim vierten Kontrakt, der 1983 noch zustande kam, wurde die Lieferung von zwei Kanonenbooten, Munition und Uniformen für den Zeitraum bis 1986 bestätigt. Gesamtwert der Sowjetrüstungsgüter: 24,8 Millionen Rubel.
In einem undatierten Militärhilfeabkommen zwischen Grenada und Kuba (wahrscheinlich vom September 1981) einigten sich beide Partner auf die Stationierung von 27 kubanischen Militärberatern und auf weitere 13, die in einer Art rotierendem System immer wieder abgelöst werden sollten. Kleinere Gruppen von Grenadern wurden ab 1982 auch in Kuba ausgebildet. Militärische Soforthilfe war bereits im April 1979 von Havanna nach St. George's

geschickt worden. Ein Memorandum des grenadischen Generalstabs von 1981 weist folgende Posten auf: 3400 Gewehre aus sowjetischer und amerikanischer Produktion, dazu drei Millionen Schuß Munition; 200 Maschinengewehre plus 500000 Schuß Munition; 100 Pistolen und 66000 Patronen; 100 Panzerabwehrraketenwerfer mit 4000 Geschossen, zwölf 82-mm-Granatwerfer mit 4800 Granaten; zwölf 76-mm-Kanonen mit 600 Granaten; zwölf Fla-Maschinengewehre vom Kaliber 12,7 Millimeter und dazu 237000 Schuß.

Der sechste und letzte unter den bekannten Militärhilfeverträgen war anläßlich von Bishops Besuch in Pyöngyang am 14. April 1983 unterschrieben worden. Die nordkoreanischen Genossen stellten für 1983/84 Schnellfeuer- und Maschinengewehre, Abschußgestelle für Panzerabwehrraketen, Handgranaten, Munition, militärisches Zubehör und zwei Küstenwachtboote in Aussicht. Wert der Solidaritätsgabe: zwölf Millionen US-Dollar. Es scheint auch ein Hilfsabkommen zwischen Grenada und der Tschechoslowakei gegeben zu haben, weil der Frachter »Sitno« 1250 Kisten Munition (Aufschrift: »Warhead, Rocket«) an den Auftraggeber »Botschaft von Grenada, Miramar, Havanna, Kuba« brachte. Vielleicht handelte es sich aber auch nur um einen Unterauftrag von seiten der Sowjetunion. Ein Memorandum der grenadischen Botschaft in Havanna spricht von einem weiteren Militärhilfevertrag mit dem allzeit bereiten Lieferanten Bulgarien. (Siehe Dokument Seite 330.)

Den Grenada-Dokumenten läßt sich entnehmen, daß die Sowjets die Lieferung von Waffen und die ideologische Indoktrinierung auf eine Ebene stellten. Ohne Herzen und Hirne der Karibik-Insulaner zu gewinnen, so muß man im Kreml kalkuliert haben, wären auch die umfangreichsten Waffengeschenke wertlos. Die Sitzungsprotokolle des Zentralkomitees und des Politbüros sprechen immer wieder von »ideologischen Kursen«. Die Vietnamesen luden 20 Grenader zum Studium von Abwehrmaßnahmen gegen chemische und radioaktive Kampfstoffe, zur Umerziehung von »antisozialen und konterrevolutionären Elementen« und zu den »Taktiken der Yankees und ihren Waffen, die sie in Vietnam benutzt haben«, ein.

Der Aufbau grenadischer Streitkräfte lief unter diesen Bedingungen zügig voran. Im März 1979 verfügte die Insel lediglich über eine Polizeitruppe, ein Erbe der britischen Kolonialtage, und über

ein 140köpfiges Kontingent von leicht bewaffneten Soldaten. Deren mangelnde Effizienz zeigte sich bei Bishops Putsch. Unmittelbar nach der Machtübernahme der New-Jewel-Bewegung wurde eine Volksmiliz ins Leben gerufen, die künftig als Bindeglied zwischen Polizei und Armee diente. Militärisch wurden die Milizionäre in einem zweimonatigen Grundkurs ausgebildet. Politische Schulung erfolgte wöchentlich.
Unter dem Kommando des ehemaligen Gefängniswärters Hudson Austin entstanden im Januar 1981 die Revolutionären Volksstreitkräfte (PRAF). Sie unterteilten sich in eine Revolutionäre Volksarmee (PRA), eine Revolutionäre Volksmiliz (PRM), die Polizeitruppe Grenadas (GPS), die Küstenwache und in andere Hilfsorganisationen. Bis zum Oktober 1983 dienten in der grenadischen Armee bereits 600 Mann. Die Miliz bestand aus 2500 bis 2800 Kämpfern. Regelmäßig berichteten die Grenader militärische Aufbauleistungen nach Moskau. Als Endstufe wollten sie 18 Bataillone erreichen. Würde es sich dabei um kleine Bataillonsstärken nach kubanischem Muster gehandelt haben, dann hätte die Insel letztlich 7200 Männer und Frauen unter Waffen gehabt. Bei regulärer Bataillonsstärke wäre die Ziffer sogar auf 10000 und mehr gestiegen, ein Zehntel der Gesamtbevölkerung. In Relation zu seiner Einwohnerzahl hätte Grenada eine der stärksten Armeen der Welt erhalten.
Ich war dabei, als Maurice Bishop während der Konferenz der Blockfreien, im März 1983 in Neu-Delhi, davon schwärmte, in der Karibik eine »Zone des Friedens« zu schaffen. Zuerst, so meinte er, müsse aber der Imperialismus beseitigt werden. Denn er bemühe sich, die Region hochzurüsten. Keiner zweifelte, daß damit die USA gemeint waren. Eineinhalb Jahre später hatte ich in St. George's die Gelegenheit, Bishops rechte Hand, den ehemaligen Minister Kendrick Radix, zum selben Thema zu sprechen. »Sehen Sie«, meinte er wütend, »wir besaßen viel zuwenig Waffen. Besser ausgerüstet hätten wir dem Imperialismus anders trotzen und ihm viele Wunden zufügen können.« Dann drückte er mir ein Flugblatt in die Hand: »Ein Volk, eine Nation, eine Zukunft. Im Geist von Maurice Bishop geht der Kampf weiter. Vorwärts auf unseren Füßen, niemals auf den Knien.«

Nicaragua und der Osten

In der Versammlungshalle des Präsidialamtes von Managua herrscht aggressive Stimmung. Umgeben von Leibwächtern kommen Regierungsmitglieder an, die zuerst zum Büro des Präsidenten, Commandante Daniel Ortega, eilen. Etwa 200 Zuschauer, zumeist junge Leute, werden auf die Galerie des Saales geführt. In den ersten Stuhlreihen des Hauptraumes unter ihnen sitzen die Botschafter aller Staaten, mit denen Nicaragua diplomatische Beziehungen unterhält.
Ich merke, wie Ungeduld und Spannung sich die Waage halten. Was will uns Daniel Ortega, Berufsrevolutionär und seit November 1984 erster marxistischer Präsident Nicaraguas, sagen? Greifen die Amerikaner an? Marschieren die Contras auf die Hauptstadt vor? Die Überlegungen werden unterbrochen, als zahlreiche Scheinwerfer des Fernsehens aufflammen. Der jugendlich wirkende, schnauzbärtige Intellektuelle erscheint in olivgrüner Militäruniform und mit fünf weiteren prominenten Sandinisten. Die Nationalhymne ertönt. Der Gesamtchor der Einheimischen löst sie ab: »Unser Vaterland wird angegriffen!« – »Patria libre«, ruft eine Gruppe, »Freies Vaterland«, »Patria o muerte« die andere – »Vaterland oder Tod«.
Atemlose Stille, als Daniel Ortega in normalem Tonfall, aber sehr bestimmt, zu reden beginnt. Fünfzehn Minuten später weiß jeder, daß es sich eigentlich nur um eine rhetorische Routineübung handelt. Der Erbe des vor rund 50 Jahren ermordeten Bauernführers Augusto C. Sandino hat von »US-Aggression gegen El Salvador und Nicaragua« gesprochen, »terroristische Aktivitäten vom Territorium Costa Ricas ausgehend« verdammt und seinen Landsleuten geraten, »keine falschen Erwartungen für eine friedliche Lösung zu haben«. Abschließend appellierte der enge Freund Fidel Castros und der Sowjetunion an die »Regierungen der Welt«, Waffen und Geräte zu schicken, damit Nicaragua sich gegen den »Feind der Menschheit«, die Amerikaner, verteidigen kann. Er fordert internationalen Druck auf Washington, damit das Pentagon seine militärische Präsenz in ganz Mittelamerika aufgeben müßte.
Mit unbewegter Miene sitzt der US-Botschafter in der ersten Reihe und nimmt die Vorwürfe gegen seine Regierung zur Kennt-

nis. Zum Schluß ertönt lautstarker Revolutionsgesang vom Tonband. Die Hymne der Sandinisten, die das Drei-Millionen-Volk am 19. Juli 1979 von einer der ältesten Familiendiktaturen Lateinamerikas befreit und in eine neue Unfreiheit geführt haben, ist nur teilweise verständlich: »Vorwärts Genossen, Konstrukteure der Befreiung...« Alltag in einem isolierten Land, wo der Feind vor den Toren steht und die Menschen immer weniger Rechte haben, wo der Lebensstandard, der Geldwert und der Durchhaltewille immer mehr schwinden; wo Inflation, Preise und der Umfang der Streitkräfte beständig ansteigen.

Gerade letzteres erinnert frappierend an Kuba und das vorherige Beispiel Grenada. Das arme Nicaragua unterhält die stärkste Armee Mittelamerikas. Die 62000 Mann (plus 40000 Milizionäre) werden von 3500 Kubanern gedrillt. Sie haben seit der Machtübernahme der Sandinisten sowjetische Waffen im Wert von 600 Millionen Dollar erhalten. Darunter befinden sich 100 mittelschwere Kampfpanzer der Typen T-54/55, etwa 20 leichte Amphibienpanzer und 120 Schützenpanzer. Nicaragua hat 50 schwere Haubitzen und 24 Mehrfachraketenwerfer. Die Junta in Managua befehligt 120 Flugabwehrgeschütze und rund 700 Boden-Luft-Raketen vom Typ SA-7. Die Luftwaffe setzt zwölf schwere Kampfhubschrauber vom sowjetischen Typ Mi-24 ein, der in Afghanistan seit Jahren Angst und Schrecken verbreitet. Sie haben einige Trainingsmaschinen, jedoch, entgegen anderslautenden Gerüchten, noch keine Düsenjäger MiG-21. Ein Überläufer erzählte allerdings den Amerikanern: »MiG-Kampfflugzeuge für Nicaragua stehen schon in Kuba bereit. Nicaraguanische Piloten, die gegenwärtig in Bulgarien ausgebildet werden, sollen sie fliegen.«

US-Präsident Reagan hat mit Luftaufnahmen der vier neuen und erweiterten nicaraguanischen Militärflughäfen beweisen wollen, daß die Luftwaffe der Sandinisten noch viel stärker ausgebaut werden soll. Dazu ein trotziger Daniel Ortega gegenüber dem Herrenmagazin *Playboy:* »Zum einen haben wir jedes Recht, Jagdflugzeuge zu erwerben – egal ob MiGs oder sonst ein Fabrikat... Außerdem kaufen wir auch keine Waffen – wir schauen uns nur nach Staaten um, die uns Spenden, Stiftungen geben wollen. Unsere Wirtschaft wäre bald am Ende, wenn wir all die Waffen kaufen müßten, die wir brauchen... Wenn uns Libyen Waffen geben möchte, dann werden wir sie annehmen.«

Der überall aktive Oberst Khadafi hat wohl schon vier italienische Düsentrainer geliefert und jede Menge Kleinzeug. Flakgeschütze, Raketenwerfer, Bomben, Handgranaten, Gewehre, Munition und Flugzeugteile befanden sich in vier Transportmaschinen, die 1983 in den brasilianischen Städten Recife und Manaus zwischenlanden mußten und dort von den lokalen Behörden ausgeräumt wurden. Ähnlich wie bei den bulgarischen PLO-Waffen, die in Griechenland ihre Endstation fanden, soll es auch hier abgelaufen sein. Nur daß bei diesem Transfer Libyen – Nicaragua die CIA mit im Spiel gewesen sein muß. Peinlich für den ertappten Obristen aus Tripolis, der zudem eine Weile an der Version festhielt, seine Piloten würden Medikamente zu den sandinistischen Brüdern schaffen.

Doch solche Ortega-Aussagen lenken nur von den eigentlichen Lieferanten ab: Kuba, Bulgarien und die Sowjetunion. In den Jahren nach der Machtübernahme schickten die Freundesstaaten unter ihrer eigenen Flagge mit Vorzug über den nicaraguanischen Pazifikhafen Corinto (der zeitweise von der CIA vermint wurde) und zum Atlantikhafen El Bluff. Die Auswertung der amerikanischen Luftüberwachung ergibt sicherlich eine lange Liste von Transporten.

In einem Fall, im November 1984, bewiesen die Amerikaner, wie perfekt sie den Verkehr zwischen Nicaragua und dem Ostblock überwachen können. Ein Spionagesatellit erfaßte im sowjetischen Schwarzmeerhafen Nikolajew zwölf große Kisten, wie sie in der Vergangenheit immer wieder zum Versand der MiG-Kampfflugzeuge verwendet worden sind. Daneben lag der Frachter »Bakuriani« vor Anker. Dann verdüsterten sich die Wolken. Als der Himmelsspion wieder freie Sicht hatte, waren die Behälter und das Schiff verschwunden. Im Pentagon nahm man an, daß wieder einmal MiG-21 – die schon in 34 Ländern eingesetzt werden – zur Auslieferung anstanden. Die »Bakuriani« wurde weiter überwacht. Als sie durch den Bosporus fuhr, erklärten die Sowjets den türkischen Behörden auf Befragen, das Schiff werde Havanna anlaufen.

Der Sowjetfrachter umrundete die Südspitze von Lateinamerika, das berüchtigte Kap Hoorn, und hielt dann wieder Kurs nach Norden. Inzwischen blieben nicht mehr viele Ziele übrig. Die aufmerksamen Amerikaner glaubten an Peru als möglichen Empfän-

ger. In Lima wartete man nämlich auch auf bestellte MiGs. Als der peruanische Hafen Callao rechts liegenblieb, merkten die Beschatter, daß sie es mit einer sensiblen Fracht zu tun hatten, die bei einer Durchfahrt des Panamakanals nur unnötig aufgefallen wäre. Nach zweimonatiger Fahrt traf die »Bakuriani« am 6. November 1984, dem amerikanischen Wahltag, in Corinto ein. Das Washingtoner Außenministerium sandte dem Kreml eine ernste Warnung, daß es eine neue Ebene der regionalen Aufrüstung durch die Lieferung von überschallschnellen Jets nicht akzeptieren werde.
Die »Bakuriani« wurde entladen, doch kamen keine MiGs zum Vorschein, sondern allem Anschein nach Mi-24-Helikopter und Luftabwehrgeschütze sowie Patrouillenboote. Am 1. Dezember veröffentlichte das Pentagon die Information, daß Managua im ganzen Jahr 1984 nicht weniger als 15000 Tonnen Militärmaterial erhalten hätte. Zusätzlich seien noch sechs Schiffe, die neben anderem Rüstungsgüter geladen hätten, unterwegs. Der Krieg der Worte hielt unvermindert heftig an. Commandante Leticia Herrera erklärte auf einer Pressekonferenz: »In dem Augenblick, wo ein einziger Gringo seinen Fuß auf den Boden unserer Strände setzt, werden die Menschen in jedem Winkel bereitstehen, mit Waffen in der Hand, um Nicaragua zu verteidigen.« Daniel Ortega bot den Amerikanern am 28. Februar 1985 im »Rahmen eines Friedensangebotes« den Abzug aller kubanischen Militärberater und die Einstellung von Waffenkäufen an. Als Washington im Sommer wieder die Absicht bekundete, die Contra-Guerilla gegen Managua zu unterstützen, hob Ortega den hoffnungsvollen Erlaß wieder auf. Er sah sein Nicaragua »größerer militärischer Bedrohung« ausgesetzt und kündigte neue Waffenbestellungen an. Im Anschluß daran ließ er 200000 Gewehre an die Bevölkerung austeilen, zum Jahresende dasselbe noch mal. Im Falle eines Krieges, so Daniel Ortegas Bruder Humberto, der Verteidigungsminister, werde man »das Schlachtfeld auf ganz Mittelamerika ausdehnen«.
Insgeheim wirkten die Sandinisten zu diesem Zeitpunkt schon darüber hinaus. Sie lieferten Waffen an linksgerichtete Widerstandsorganisationen in allen Nachbarstaaten, in Kolumbien, Peru, Guatemala und Panama. Auch die seit vielen Jahren bestehenden Verbindungen zur PLO wurden wieder intensiv gepflegt. Ende 1985 deutete vieles darauf hin, daß die bulgarischen und sowjeti-

schen Waffenlieferanten ab sofort neue, unauffälligere Wege bevorzugten. Ihre Frachter liefen nun den kubanischen Hafen Mariel an. Dort wurde das Rüstungsmaterial in kleinere, nicaraguanische Schiffe umgeladen. Die weitere Route ist bekannt: El Bluff an der Atlantikküste, den Escondido-Fluß bis zur Ortschaft Rama und weiter mit einer Flotte von Militärlastwagen. Amerikanische Aufklärungsflugzeuge wollen auf diesem Weg die Ankunft von 40 neuen Panzern T-54/55 beobachtet haben.
Die politische Bühne Washingtons gehörte im Frühjahr 1986 der Debatte um amerikanische Militärhilfe für die Contras in Höhe von 100 Millionen Dollar. Präsident Reagan schaffte es letztlich, das Paket vom Kongreß genehmigt zu bekommen. »Sollen wir der Sowjetunion erlauben, ein zweites Kuba, ein zweites Libyen direkt vor der Haustür der Vereinigten Staaten aufzubauen?« fragte er in einer weithin beachteten Fernsehansprache. Auch die Antwort kam von Reagan: »Aus Gründen unserer eigenen Sicherheit müssen wir der Sowjetunion einen Brückenkopf in Nordamerika verweigern.«

Honduras und der Westen

Der kalifornische Kreuzzügler gegen den Osten weiter: »Lassen Sie mich eines klarmachen, ich spreche nicht über amerikanische Soldaten. Sie werden nicht benötigt, und sie sind nicht angefordert worden. Der demokratische Widerstand in Nicaragua fragt uns nur um Mittel für seinen Kampf, das eigene Land vor dem Kommunismus zu retten.« Das kontrastiert entschieden mit Eindrükken, die ein journalistischer Besucher im Vier-Millionen-Staat Honduras erhält. Das Land ist in gleichem Maße eine amerikanische Militärbasis geworden, wie der südliche Nachbar den Sowjets und Kubanern gehört. Honduras sitzt auf zwei Milliarden Dollar Auslandsschulden, hat 70 Prozent Arbeitslosigkeit und einen Unterernährungsindex von 80 Prozent. Sogar amtliche Statistiken verschweigen nicht, daß 56,7 Prozent der Honduraner in extremer Armut leben müssen. Nur den Menschen Haitis geht es in Lateinamerika schlechter.
Da jagt natürlich eine amerikanische Finanzspritze von jährlich

rund 100 Millionen Dollar den Kreislauf des kranken Honduras wieder hoch. Da 32,9 Prozent des Haushalts in das stramme Militär gesteckt werden, verfügt das Land laut *Military Balance 1985/86* über 16600 Soldaten und dazu 5000 Mann in paramilitärischen Einheiten. Honduras besitzt die stärkste Luftwaffe Mittelamerikas: 20 Super-Mystère-B-2-Jagdbomber, zehn F-86-Sabre-Jagdbomber und 50 Transporthubschrauber. Das Heer hat 17 moderne Skorpion-Panzer aus britischen Waffenschmieden, dazu noch einige Schützenpanzer und etwas Artillerie. 148 Jahre ist Honduras scheinbar unabhängig. Rein rechnerisch hat es beinahe jedes Jahr eine neue Regierung erlebt, dazu die Plage von 16 verschiedenen Verfassungen. 385mal wurden Staatsstreiche oder Putschversuche registriert. Bis 1925 hatten US-Truppen schon sechsmal interveniert.
Das haben sie heute nicht mehr nötig, weil sie als integraler Bestandteil des Sicherheitssystems im Land sitzen und ihre Fürsorge mal den Honduranern und dann wieder den von hier aus operierenden Contras zuteil werden lassen. Die aufschlußreichste Militärbasis der Amerikaner ist Palmerola, rund 100 Kilometer nordöstlich der Hauptstadt Tegucigalpa. Ich konnte Palmerola 1984 besuchen und wertvolle Erfahrungen sammeln. Zuerst sieht man nur ein vermeintlich provisorisches Truppenlager mit 157 Baracken, dahinter getarnte Radarstationen und eine beinahe drei Kilometer lange Start- und Landebahn. Wachposten blicken mißtrauisch hinter Sandsackbarrikaden hervor und lassen erst den zuständigen Offizier aus dem Camp kommen, bevor sie den Schlagbaum öffnen. Der Flughafen wird von einer weiten Ebene und Hängen mit Kaffeeplantagen umschlossen. Das Flugfeld und die Militäranlagen von Palmerola sind streng geheim. Der Gast darf nur die Krankenstation und andere soziale Einrichtungen der Joint Task Force Alpha – so heißen die Gastgeber – besichtigen. Auf diese Weise entgeht ihm vieles. In Palmerola ist nämlich das 224. Intelligence Battalion mit seinen Beechcraft- und Mohawk-Aufklärern stationiert. Von hier aus werden täglich Einsätze über Nicaragua und El Salvador geflogen. Im einen Land wollen die Amerikaner sehen, was die Sandinisten treiben, im anderen suchen sie aus der Luft nach der linksgerichteten Guerilla. Angeblich starten jede Nacht vier bis fünf Maschinen, um Nicaragua gründlich abzuhören. Weitere Spähflugzeuge kommen von der Howard Airbase in

Panama und aus Cherry Point in North Carolina. Die Einsätze über Ortegas Territorium werden selbstverständlich vom US-Militär heftig in Abrede gestellt.
Der Stützpunkt Palmerola existiert seit 1983 und dient als Hauptquartier der alljährlich zu vier oder fünf Manövern einfliegenden US-Truppen. Seit Februar 1985 ist er voll ausgebaut und wird von versteckten Raketenstellungen abgeschirmt. In Palmerola, wie in Aguacate, sollen auch Lieferungen der CIA für antisandinistische Rebellen eintreffen. Darüber hinaus gibt es weitere neun Flugpisten. In Puerto Castilla an der Karibikseite trainieren seit 1983 150 US-Militärberater Eliteeinheiten aus El Salvador, Guatemala und Honduras. Sie lernen, wie man Guerillakrieger stoppt. Ständig sind 2000 US-Soldaten in Honduras stationiert, doch steigt ihre Zahl während der häufig laufenden Übungen auf rund 6000 an. In Krisenzeiten, wenn die Spannungen mit den »Nicas« zunehmen, stehen auch Pioniere der 82. Luftlandedivision bereit. Diese GIs konnten zuletzt in Grenada den Ernstfall erleben. Immer wieder wurde mir erzählt, daß die ersten Contra-Einheiten von der CIA initiiert worden sind. Ich traf einen der sieben Führer der »Fuerza Democrática Nicaraguense«, kurz FDN, im Villenviertel von Tegucigalpa. Adolfo Calero Portocarrero, ein stämmiger, weißhaariger Mann, den Reagan gerne in seiner Umgebung sieht, war früher Unternehmer und Koordinator der wichtigsten Oppositionspartei von Nicaragua. Unter Somoza saß er vorübergehend im Gefängnis. Er erzählt, daß die FDN 1981 mit 300 Mann gegründet wurde. Im Frühjahr 1982 seien erste militärische Einsätze erfolgt. Die Waffen dafür habe man von den Sandinisten erbeutet und auf dem internationalen Markt gekauft, beispielsweise von Belgien.
Die FDN operiert von Honduras aus. Ihre Einheiten werden von Enrique Bermudez, einem früheren Oberst der Nationalgarde und Militärattaché in Washington, kommandiert. Calero und seine FDN scheinen über 8000 bis 10000 Kämpfer zu verfügen, in den höheren Rängen ehemalige Somoza-Militärs. 5000 bis 8000 Rebellen befehligt der einstige Sandinisten-»Commandate Zero« Eden Pastora von seinen Schlupfwinkeln in Costa Rica und aus dem südlichen Nicaragua. Seine Organisation ARDE (Alianza Revolucionaria Democrática) hat der Ideologie der ehemaligen Genossen abgeschworen, da er sich mehr als Nationalist denn als kommunistischer Internationalist fühlt.

Eine dritte, bedeutsame Gruppierung besteht aus rund 2000 Miskito-Indianern, die traditionell im Nordosten von Nicaragua siedeln, durch die Sandinisten jedoch größtenteils vertrieben und zwangsweise umgesiedelt wurden. Sie stehen unter dem Befehl von Steadman Fagoth. Der Vollständigkeit halber sei noch eine relativ kleine Kampfgruppe namens FARN genannt. Etwa 60 Millionen Dollar sollen die Amerikaner zum Aufbau der Contra-Organisationen ausgegeben haben. 1984 bewilligte der Kongreß noch einmal 24 Millionen. Dann stagnierte die Militärhilfe. Nur noch 27 Millionen Dollar »humanitäre« Mittel wurden von der Washingtoner Legislative genehmigt. Die Operationen der Contras innerhalb Nicaraguas, die bislang noch nirgendwo einen Durchbruch erzielen konnten, kamen beinahe zum Erliegen – bis Ronald Reagan 1986 das große Geld lockermachte.
Nun läuft alles wieder in den alten Bahnen. Die CIA und ein angeblich neu gegründeter, überaus geheimer Nachrichtendienst namens Army Intelligence Support Activity betreuen die Contras. Offiziell erklären diese, sie würden jetzt mehr Luftabwehrraketen des Typs Sam-7 und Geschütze, die sich gegen Helikopter einsetzen lassen, kaufen wollen. Bereits im Dezember 1985 hatten sie gezeigt, daß sie mit solch kompliziertem Gerät umgehen können. Ein nicaraguanischer Militärhubschrauber vom Typ Mi-8 wurde durch eine Boden-Luft-Rakete der Contras abgeschossen. Managua nannte es einen »Akt des Terrorismus« und holte seinen ohnehin von niemandem ernst genommenen Botschafter vorübergehend aus Washington heim. General Vernon Walters, Vertreter der USA bei den Vereinten Nationen, wies den Vorwurf zurück, die Rakete sei von seinen Landsleuten geliefert worden. Dabei müßte er als ehemaliger stellvertretender CIA-Chef und Experte in delikaten Geheimmissionen solche Dinge doch wissen. Es heißt, die Contras würden Waffen aus verschiedenen lateinamerikanischen Ländern, darunter Venezuela, Kolumbien und Chile, erhalten. Andere Quellen berichten von übriggebliebenem Gerät der amerikanischen Manöver in Honduras, das ohne Dienstweg den Besitzer wechselt, auch von erbeuteten PLO-Waffen, die Israel schickt. In Tel Aviv und Jerusalem wird das strikt zurückgewiesen. Vielleicht hat man wirklich nichts an die Contras geschickt, sondern nur an die honduranische Regierung – zur freundlichen Weitergabe. FDN-Kommandeur Bermudez hat jedenfalls

die einstigen PLO-Waffen in einer ruhigen Stunde als »25 Prozent unserer gesamten Ausrüstung« bezeichnet.
Auch in Zentralamerika gehen die Stellvertreterkriege ihren von Washington und Moskau geregelten Gang. Beide Seiten fühlen sich von der jeweils anderen umzingelt und fordern zur Abrüstung auf. In dieser Position werden sie noch lange weiterleben können, jährlich ihre Rüstungskäufe qualitativ steigernd. Wie definierte es US-Außenminister George Shultz, als 1985 wieder einmal Wirtschafts- und Militärhilfegelder im Kongreß durchzuboxen waren: Die positive Entwicklung (in Richtung Demokratie) verlange langfristige Verpflichtung. Das müsse in El Salvador, Honduras und Guatemala schon 350 Millionen Dollar wert sein.

El Salvador dient allen

Die Filmvorführung im Außenministerium zu Washington erinnerte irgendwie an den (Hollywood-)Krieg der Sterne oder an Video-Spiele. Da tanzten sogenannte »Hot spots« auf grünem Hintergrund, und der Bildschirm war mit allerlei Daten – Uhrzeiten, Orte des Geschehens – garniert. »Hot spots«, das sind Wärmefelder, die von Menschen und Tieren ausgestrahlt werden. Sie können auch nachts durch die hochsensiblen Infrarotortungsgeräte amerikanischer Aufklärungsflugzeuge erfaßt und in den richtigen Zusammenhang gebracht werden. Hochrangige Moderatoren, wie der damalige Kommandeur des US Southern Command in Panama, General Paul F. Gorman, und der US-Botschafter in El Salvador, Thomas Pickering, erklärten an jenem 8. August 1984 die Bedeutung der Wärmeflecken.
Auf einem Film, aufgenommen am 24. Juni 1984, erkannten die Experten drei Kutter, Packesel und Menschen. Bei Icacal an der Südostküste von El Salvador entluden sie schwere Lasten und transportierten sie ins Land hinein. Dasselbe geschah am 10. Juli in der Nähe der Isla Montecristo. Ein Fischkutter und zwei kleinere Boote gaben dort Ladung ab. Dann bewegten sich die beiden Boote näher zum Ufer hin, zur Mündung des Flusses Lempa. Dort warteten bereits andere Leute am Strand. Auch sie wurden versorgt.

Gorman führte das Zielgerät eines vietnamesischen Granatwerfers vor, der im April auf ähnliche Weise am Strand von El Espino angekommen sein soll. Darüber wußte der US-Geheimdienst noch mehr. Auf Eselsrücken war er zusammen mit anderen Ausrüstungsgegenständen nach El Brazo und dann auf einem gerade erbeuteten Lastwagen nach El Transito gebracht worden. Die Lieferung erreichte San Miguel, die östliche Metropole von El Salvador, und wurde am 6. Mai zu einem Angriff auf die Stadt benutzt.
Vier Tage später, als die Regierungstruppen zurückschlugen, wurden zahlreiche Beweisstücke erbeutet, darunter das Gerät aus Vietnam und Munition aus Bulgarien. Gorman fügte hinzu, daß man 156 von 214 kürzlich bei der Guerilla gefundenen amerikanischen Sturmgewehren M-16 durch ihre Seriennummern bis Vietnam zurückverfolgt habe. Sie seien in den sechziger Jahren vom Pentagon dorthin geliefert worden. Nur 19 Prozent würden aus den Beständen der salvadorianischen Streitkräfte stammen. Leider blieb diese Behauptung bisher unbewiesen. Die Amerikaner waren trotz mehrmaliger Bitten nicht in der Lage, die Seriennummern zu präsentieren und näher zu erläutern. Abschließend zeigte Gorman einen in El Salvador erbeuteten Raketenwerfer aus chinesischer Produktion.

Das steht im Gegensatz zu den Aussagen der politischen und militärischen Führung der linksgerichteten Frente Farabundo Marti de Liberación Nacional (FMLN), einer Dachorganisation aller salvadorianischen Guerilleros. »Die Vereinigten Staaten sind unser größter Waffenlieferant«, zitierte die Nachrichtenagentur *Associated Press* einen Sprecher der rund 10000 Rebellen, »wir erbeuten deren Waffen einfach von den hiesigen Streitkräften.« Ruben Zamora, der die Organisation in Mexico City vertritt, versicherte: »Wir kaufen Waffen und Munition in Europa, dem Nahen Osten und Nordafrika, wie jeder andere auch. Und wir zahlen in bar. Das Problem ist nicht, wie wir sie bekommen, sondern wie wir sie ins Land bringen.«

Das erledigen zumeist die Nicaraguaner. Zwischen dem Hafen Corinto und Cosiguina, an der nicaraguanischen Pazifikküste, befinden sich zahlreiche Fischerhäfen. Von dort werden Waffenladungen in kleinen, tief im Wasser liegenden Booten, genannt Pangas, über den Golf von Fonseca gebracht. Manchmal, wenn die Ware zu schwer ist, setzen die Lieferanten einen kleinen Frachter

ein, der vor El Salvador durch Boote entladen wird. Die Marinestation auf der honduranischen Tiger-Insel, bemannt mit 150 US-Marines, versucht diesen regen Verkehr zu stören. Von dem Eiland aus werden auch kleine Sportflugzeuge beobachtet, die aus Nicaragua kommen und ihre Waffenladungen auf salvadorianischen Buschflugpisten abladen. Eine weitere bekannte Schmuggelmethode sind die Hohlräume von großen Lastzügen, die zwischen Nicaragua und El Salvador auf der Panamericana verkehren.
Mit diesen Waffen wird nach dem umgekehrten Schema von Afghanistan seit 1980 ein grausamer Bürgerkrieg geschürt. Aus den sozialen Spannungen des kleinen mittelamerikanischen Landes heraus hat sich ein von Managua und Havanna intensiv unterstützter Widerstand entwickelt. Das Hauptquartier der FMLN befindet sich sogar in der nicaraguanischen Metropole. Bis 1985 sind in diesem Bürgerkrieg etwa 50000 Menschen getötet worden, davon wohl 35000 durch die erbittertsten Gegner der Guerilleros, den rechtsextremen Todesschwadronen. 500000 der fünf Millionen Salvadorianer leben als Flüchtlinge im eigenen Land, etwa 130000 haben es verlassen. Das einstmals fleißigste Volk Mittelamerikas siecht unter dem Eindruck von alltäglicher Gewalt, von Mord, Folter und Erpressung dahin. Der Bürgerkrieg hat fast die Hälfte der Arbeitsfähigen ihrer Jobs beraubt, hat sie entwurzelt. Mit 15 entscheidet sich für die meisten jungen Männer, ob sie sich der Guerilla oder der Armee anschließen werden.
Die Streitkräfte sind seit 1980 um ein Mehrfaches gewachsen und besolden nun 50000 Mann. Sie haben 57 Panzer und gepanzerte Fahrzeuge, 56 Haubitzen und 119 Granatwerfer, dazu 32 Kampfflugzeuge einfacherer Art, sechs Kampfhubschrauber vom Typ Hughes-500 und 50 Helikopter zum raschen Truppentransport bei Aktionen gegen die Guerilla. Die Marine verfügt über zwei Dutzend Patrouillenboote. Seit durch die Wahl von Jose Napoleon Duarte zum Präsidenten neue demokratische Hoffnungen keimen, fließt die zeitweilig zögerliche Militärhilfe aus Washington wie nie zuvor. Der US-Kongreß gab 1984 einem Eilantrag von Präsident Reagan statt und genehmigte 70 Millionen Dollar zusätzliche Militärgelder. Damit stieg der Aufwand für El Salvador im Jahr 1984 auf 196 Millionen Dollar. Der Bewilligungsausschuß des Repräsentantenhauses sagte für 1985 gleich weitere 123 Millionen

Dollar zu. El Salvador steht auf der Prioritätenliste der US-Regierung an bevorzugter Stelle. Das zeigt auch die Anwesenheit von 55 Militärberatern des Pentagon und etwa 150 CIA-Agenten.
Inzwischen eskalierte die militärische Situation in El Salvador. Auf der einen Seite haben die Guerilleros seit 1983, als sie sich beinahe alles erlauben konnten, stark an Boden verloren. Viele ihrer Kämpfer sind desertiert, als sie Sympathien für Duarte entwickelten. Innerhalb der Bewegung hat sich dagegen ein härterer marxistisch-leninistischer Kurs durchgesetzt, deren Vertreter bevorzugt amerikanische Militärs bekämpfen. Im Mai 1983 wurde der stellvertretende Kommandeur der Ausbilder, Lieutenant Commander Albert Schaufelberger, ermordet. Beim Massaker vor einem Straßencafé in San Salvador starben im Juni 1985 vier Marines, zwei amerikanische Geschäftsleute und sieben Salvadorianer. Die Guerilleros unter dem Kommando des mutmaßlichen Waffenbeschaffers Jorge Shafik Handal – er steht auch der kleinen Kommunistischen Partei El Salvadors vor – baut wieder mehr auf individuelle Terroranschläge und schränkt die aufwendigen Militäraktionen ein. Kurz nachdem Handal und Ferman Cienfuegos, ein weiterer FMLN-Führer, im Februar 1986 am kubanischen Parteikongreß teilgenommen hatten, kündigten sie ein Abkommen mit der Regierung Duarte gegenseitig auf, in dem auf Angriffe und Entführungen von Guerilleros und Soldaten sowie deren Angehörigen verzichtet wurde.
Als die offizielle US-Hilfe für El Salvador und für die Antisandinisten 1984 auf ein Minimalmaß zu schrumpfen drohte, wurde in den USA sofort eine Vielzahl von rechten Organisationen gegründet, die Spenden aller Art sammelten. Teilweise waren es nur Ableger von längst bekannten Stiftungen und patriotischen Vereinigungen. Zur »Privatisierung« der Kriege in Mittelamerika trugen die Americanes Foundation der Ritter von Malta (Vorstandsmitglieder: CIA-Chef Casey, Alexander Haig und Zbigniew Brzezinski) und das Christian Broadcasting Network bei. Für die *Washington Times* und ihre Spendenaktion machte sich Ex-UNO-Botschafterin Jeanne Kirkpatrick stark, die Friends of the Americas Foundation durfte ihre Geschenke sogar mit der amerikanischen Luftwaffe nach Honduras schicken.
Besonders aktiv, und nicht erst seit 1984, ist das vielgelesene Söldnermagazin *Soldier of Fortune* (Glücksritter) und sein Umfeld.

Sein Verleger Robert K. Brown (Jahresumsatz 6,5 Millionen Dollar) ist ein Haudegen und Antikommunist besonderen Schlages. Einstmals Oberstleutnant der Special Forces im Indochinakrieg und selbst Söldner, hat er von der Materie nicht mehr lassen können. Für den 53jährigen Bob Brown ist die Reagan-Regierung »ein Haufen von Schlappschwänzen«, der die »rote Flut« niemals anständig stoppen werde. Der Stil seiner Verlagsprodukte ist militant und eindeutig. Bob Brown stellt neue Waffen vor, bietet per Steckbrief eine Million US-Dollar für den ersten Hubschrauber Mi-24, der von einem Deserteur intakt aus Nicaragua herausgeflogen wird, und schickt sein geschultes Reporterpersonal in alle »hot spots« der Erde. Die Mitarbeiter von *Soldier of Fortune* (»Das Journal für den professionellen Abenteurer«) sind bewaffnet und haben Dienstanweisung, »jederzeit zurückzuschießen, wenn auf sie geschossen wird«.
Einmal im Jahr treffen sie sich mit ihren Lesern zu einer großen Convention in Las Vegas. Dort, in der Wüste, wird nach Herzenslust Munition vergeudet und tagelang Fachliches ausgetauscht. So betitelte *Der Spiegel* seine Berichterstattung über das Las-Vegas-Treffen: »Kill sie alle, Gott sortiert die Schurken aus«. SOF hat nicht nur ein Potential von 166000 monatlichen Käufern. Die Leserschaft ist aktiver als bei irgendeinem vergleichbaren Druckerzeugnis. Sie inserieren ihre Dienste als Leibwächter und als »Männer für alle Fälle«. Damit kein Irrtum aufkommt: Perfekter Umgang mit allen Handfeuerwaffen, Sprengstoffen und Verhörtechniken sind die Voraussetzung. Manche von ihnen – und die Redakteure dazu – trainieren Contras in Honduras und Regierungseinheiten in El Salvador.
Denn um Commies zu töten, so das Motto des Hauses, ist kein Aufwand zu groß. Macho Bob Brown, der sich mit Vorliebe »Oberst« nennen läßt, trägt bevorzugt Jeans und T-Shirts mit aggressiver Aufschrift und gilt als Prototyp amerikanischer Rambomanie. »Ich könnte mir gar nichts anderes mehr vorstellen«, sagt er, »Urlaub ist für mich, ein Fort in Afghanistan anzugreifen.« Derzeit liegt ihm Zentralamerika näher. Seine Refugee Relief International hat bereits »humanitäre Hilfe« in Höhe von 4,5 Millionen Dollar an den dortigen Fronten verteilt. »Nur so«, sagt der polternde Bob Brown, »stoppen wir die Roten, bevor sie an unseren Grenzen stehen.«

Der illegale Transfer hochentwikkelter Technologie – das geheime Geschäft mit der Kriegswaffe Computer

»Westliche Großcomputer koordinieren sowjetische Truppenbewegungen in der DDR; westliche Kleincomputer steuern sowjetische Boden-Luft-Raketen im Nahen Osten; die SS-20-Mittelstreckenraketen fahren auf Transportfahrzeugen, die von IBM-Rechnern entworfen wurden. Sollte der Befehl zum Abschuß jemals kommen, werden ihre nuklearen Sprengköpfe mit Kreiseln in westliche Ziele gelenkt, die mit Hilfe der US-Firma Bryant Grinder hergestellt wurden.«

Jay Tuck, Autor des Buches »Die Computer-Spione«, im Gespräch mit dem Autor

Die Bestellung kam aus Deutschland. Im August 1983 wandte sich die Firma Wegu-Meßtechnik aus Püttlingen an die amerikanische Anorad Corporation im Staat New York. Eine lebhafte Korrespondenz nahm ihren Lauf, bei dem noch ein zweites westdeutsches Unternehmen auftauchte: die Optimation GmbH von Rudolph Krinner in München, auch unter dem Namen Sciencecare GmbH in einschlägigen Justizkreisen bekannt. Die beiden Fachfirmen waren am Microdensitometer-Meßsystem, Modell 1472H, interessiert. Stückpreis: 253000 Dollar plus Spesen. Im März 1984 beantragte Anorad eine Ausfuhrlizenz. Die Endverbrauchsbescheinigung wies auf das Physikalische Institut Lebadew der Akademie der Wissenschaften in Moskau hin. »Eine schlechte Adresse«, wie mir ein Experte für Hochtechnologie im Pentagon versicherte.
Die Lizenz wurde nicht erteilt. Anorad Corporation unternahm im

Mai einen neuen Anlauf beim Washingtoner Wirtschaftsministerium. Der Hersteller bat die Genehmigungsbehörde, ihm entgegenzukommen. Dann überschlugen sich die Ereignisse. Der New Yorker Zoll fragte plötzlich beim Pentagon, Abteilung für Sicherheitspolitik (und Technologietransfer), an, was denn ein Microdensitometer sei. Und wohin das Gerät geschickt werden dürfe? Bevor die entsetzte Antwort mit dem Ausfuhrverbot kommen konnte, war die Ware schon auf dem Weg nach Europa. Wie sich später herausstellte, hatte Anorad einige technische Kleinigkeiten verändert und dem Gerät eine neue Typenbezeichnung gegeben. Außerdem sollte es jetzt, nach den Papieren, in München bleiben.
Die Zollabteilung der Bonner US-Botschaft lief auf Hochtouren. Mit den deutschen Kollegen wurde Kontakt aufgenommen. Die Amerikaner stellten rasch fest, daß sich der Microdensitometer bereits in Helmstedt befand, am Grenzübergang zur DDR. Er sollte zur Ausfuhr abgefertigt werden. Das Bundesamt für gewerbliche Wirtschaft in Eschborn, zuständig für den Export von Technologie, erklärte den US-Fahndern, alle Unterlagen seien in Ordnung gewesen. Deshalb habe man grünes Licht zum Transport in den Ostblock gegeben. Noch größere Panik brach aus. Unterstaatssekretär Richard Perle griff zum Telefon und bedrängte den Wirtschaftsattaché der deutschen Botschaft in Washington. Das Pentagon holte sich Rückendeckung vom Justizministerium. Die »nationale Sicherheit« sei in Gefahr, hieß es in diesem Schreiben.
Dann rückten die Amerikaner gegenüber Bonn mit den wahren Hintergründen des Microdensitometers heraus. Dieses hochempfindliche Laserinstrument wird zum Digitalisieren von Fotoaufnahmen verwendet. Damit können Bilder bis zu einem Zehntel Mikron Genauigkeit verkleinert, vergrößert, geändert und per Computer analysiert werden. Das Gerät wird im Gesundheitswesen benutzt, aber – und das war der eigentliche Punkt – auch von den amerikanischen Geheimdiensten. CIA und DIA, aber auch die National Security Agency, werten mit dem Laserprodukt Luftaufnahmen ihrer Himmelsspione aus. Deshalb ist die Technologie streng geheim.
Als sich in Helmstedt die Ausfuhr wegen einer Diskrepanz in den Papieren um einen weiteren Tag verzögerte, hatten die Amerikaner genügend Zeit, einen Techniker aus Washington kommen zu

lassen. Er flog mit Zollbeamten und Militärs per Hubschrauber nach Helmstedt und untersuchte den Microdensitometer. Dabei stellte sich heraus, daß der zuvor veränderte Meßcomputer wieder in seinen alten Zustand versetzt worden war. Das hatte, so das Pentagon, der deutsche Importeur Wegu erledigt. Optimation aus München firmierte nun als Exporteur. Zugleich entdeckten die Fahnder zwei weitere Geräte, deren Ausfuhr verboten ist. Die beiden Gegenstände waren nicht in der Originalrechnung erwähnt. Aufschriften und Seriennummern hatte man größtenteils entfernt. Dies alles geschah am 26. Oktober 1984. Ein Briefwechsel zwischen dem deutschen und dem amerikanischen Justizministerium begann. Das Wirtschaftsministerium in Bonn wurde eingeschaltet. Zwei weitere Experten kamen aus Washington. Ein Ermittlungsverfahren gegen alle beteiligten Firmen, vor allem Anorad (Pentagon: »Das US-Gesetz verlangt, daß die ausführende Firma uns noch mal informiert, wenn Veränderungen vorgenommen wurden. Das ist in diesem Fall nicht geschehen«), lief an. Im weiteren Verlauf der Auseinandersetzungen wurde ein Wissenschaftler der Technischen Hochschule Braunschweig hinzugezogen, um herauszufinden, ob es sich überhaupt um einen Microdensitometer handelte. Die deutsche Regierung erwies sich als wenig hilfreich gegenüber den US-Alliierten. Es folgten zwei Beschlagnahmeverfahren und ein Strafverfahren durch den Zoll. Und plötzlich, quasi über Nacht, wurde der Microdensitometer von Unbekannten beschädigt. Dic Videokamera war abgebrochen. Die Meßachsen standen aufeinander. Auch im Frühjahr 1986 dauerte der Streit um das Wundergerät noch an. Nun versicherte mir ein Optimation-Vertreter in München: »Das ist gar kein Microdensitometer.« Ein Verwirrspiel ohne Ende, und doch eines mit Sinn. Es geht nämlich um die neueste Variante des internationalen Waffenhandels, den illegalen Transfer von Kriegstechnologie. Es kann sich dabei um einen winzig kleinen Mikrochip, aber auch um den Steuercomputer der Feuerleitanlage einer Pershing-Batterie handeln. An nahezu allem sind die Sowjets interessiert, und sie sind – wie auch beim Microdensitometer – bereit, durchaus den vierfachen Listenpreis zu zahlen, wenn das Geschäft klappt. Ein neuer Wirtschaftszweig mit immer höherem Risiko, zugleich aber immensen Gewinnspannen, ist aus der hochtechnisierten

Kriegführung der siebziger und achtziger Jahre hervorgegangen.
Darüber sprach auch Caspar Weinberger, als er im September 1985 einen Report seines Hauses über »Die sowjetische Beschaffung von militärisch wichtiger Technologie aus dem Westen« vorlegte. Weinberger bezeichnete die Sowjets als »Diebe« und beklagte, daß der Westen den militärischen Aufbau des Ostens förmlich subventioniere. In dem Bericht hieß es, die Sowjets konzentrierten ihre Bemühungen auf amerikanische Rüstungsfirmen und Universitäten, erlangten Tausende von nichtgeheimen, aber nützlichen Dokumenten und verschafften sich Hochtechnologieausrüstungen, die in Waffenprogrammen verwendet werden können.
Der Nutzen, den Moskau daraus für seine Aufrüstung gezogen habe, sei weitaus größer, als bisher angenommen, so das Pentagon. Die sowjetische Produktion von Mikroelektronik basiere nahezu ausschließlich auf im Westen beschafften Produkten und Unterlagen. »Endziel« des Westens müsse es sein, diesen Fluß von Gütern und Dokumenten in den Sowjetblock zu stoppen. »Nach eigenen Einschätzungen der Sowjets profitieren jährlich mehr als 5000 sowjetische Militärforschungsprojekte erheblich durch erworbene westliche Technologie«, fügte Weinberger hinzu. Die besten Erfolge würden sie bei der Beschaffung von Daten in den Bereichen Elektronik, Kommunikation, Luftfahrt sowie der Computerindustrie erzielen. Etwa 60 Prozent des Materials sei amerikanischen Ursprungs. Seit Ende der siebziger Jahre habe Moskau pro Jahr 1,4 Milliarden Dollar ausgegeben, um westliche Unterlagen und Produkte zu erwerben, aber bei der eigenen Forschung Milliarden eingespart. Auch die DDR soll auf diese Weise jährlich 300 Millionen Mark weniger ausgegeben haben.
Um diese Entwicklung zu kontrollieren und, wenn möglich, zu stoppen, wurde 1949 CoCom gegründet. CoCom steht für Coordination Committee für East-West Trade Policy. Mit diesem Instrument, einer geheim arbeitenden Behörde, der 14 Mitgliedsländer der NATO und Japan angehören, soll den gigantischen Technologiekäufen des Ostblocks ein Riegel vorgeschoben werden. CoCom sitzt in der Rue la Boétie 58 in Paris, nur wenige Häuser vom Firmensitz des Waffenhändlers Günther Leinhäuser

entfernt. Es handelt sich um ein unscheinbares Gebäude, das der amerikanischen Botschaft gehört, und zugleich um »eine der wichtigsten Kommandozentralen der westlichen Welt« (*Die Zeit*).
Die ersten 30 Jahre fiel CoCom nicht weiter auf. Es fanden nur Routinesitzungen statt, und zeitweise ermunterte man den Ostblock sogar noch, möglichst viel Technik aus dem Westen einzukaufen. Gerade zwischen der Epoche des kalten Krieges und der Reagan-Ära glaubte man, die Sowjets und ihre Satelliten mit dieser Politik stärker an sich binden und Geld verdienen zu können.
Nur zu Krisenzeiten arbeitet CoCom nach strengeren Maßstäben. 1962/63, während der Auseinandersetzungen um Berlin und Kuba, erzwangen die USA die Stornierung eines Ost-Geschäftes, an der drei große deutsche Firmen beteiligt gewesen wären.
Nach dem Einmarsch der Sowjets in Afghanistan, Ende 1979, folgte die nächste Frostperiode im Ost-West-Verhältnis. US-Präsident Jimmy Carter erließ ein weitreichendes Handelsembargo. Wegen der gespannten Situation in Polen folgten noch mehr Handelsrestriktionen. Solche Politentscheidungen werden bei CoCom in Paris kontrolliert. Eine Handvoll Fachleute stellt Listen zusammen, in denen besonders sicherheitsempfindliche Waren, Produktionsmethoden und Kenntnisse zusammengefaßt sind. Eine Aufstellung betrifft militärische, die andere nukleare und die dritte kommerzielle Industrieprodukte, die sowohl militärisch als auch zivil genutzt werden können (dual-use). Dazu überwacht CoCom die Vereinbarungen zwischen den westlichen Vertragspartnern. Strafen kann es nicht verhängen, auf die oder den Schuldigen jedoch einwirken. CoCom ist auch eine moralische Gemeinschaft.
Die Behörde besteht aus der Coordinating Group (CG), dem Coordinating Committee (CoCom) und zwei Ausschüssen für Haushalt und Exportkontrolle. Die Koordinierungsgruppe, das eigentliche Organ, tagte nach Jahrzehnten erst wieder 1982. Der Koordinierungsausschuß trifft sich dagegen jeden Dienstag zu geschäftsführenden Sitzungen. Er berät über Ergänzungen zu den gerade aktuellen Listen, stellt Empfehlungen der Mitgliedsländer zur Diskussion und entscheidet über Ausnahmegenehmigungen.
Oberregierungsrat Michael Waldmann vom Bundesamt für gewerbliche Wirtschaft: »Die Bundesrepublik kann in einigen Fällen auch Ausnahmen gewähren, ohne CoCom zu konsultieren, zum Beispiel bei Personalcomputern. Ansonsten legen wir alle in Frage

kommenden Ausfuhranträge bei CoCom vor und werden gewöhnlich nach drei Wochen benachrichtigt.«
Das klingt einfacher, als es sich oft in die Praxis umsetzen läßt. Nebenbei können, zum Beispiel in den USA, Rivalitäten zwischen dem Wirtschaftsministerium und dem Zoll auftreten. Bei den einen stehen 50 Experten zur Verfügung, während die anderen 5000 Beamte beschäftigen, um den Schmuggel sensibler Technologie zu unterbinden. Dann gibt es auch politische Verwicklungen, wenn unternehmerfreundliche Senatoren den Niedergang der US-Exporte stoppen wollen, während eingefleischten Kommunistenhassern die Kontrollen immer noch zu lasch ablaufen. Zu alledem existiert eine Rivalität zwischen den Amerikanern und den Europäern, die auch auf CoCom-Ebene ausgetragen wird. Da wurde dem britischen Chips-Produzenten Plasma Technology die Ausfuhr seiner Produkte in die – ohnehin liberal behandelte – Volksrepublik China verboten. Ein amerikanischer Konkurrent erledigte den Auftrag über seine schwedische Tochterfirma. Schweden muß auf CoCom keine Rücksicht nehmen. Solche Beispiele ließen sich noch mehr finden.
Der Politologe Hanns-Dieter Jacobsen von der Ebenhauser Stiftung Wissenschaft und Politik hat die Schwachstelle erkannt: »Der innerwestliche Streit über die richtige Ost-West-Handelsstrategie ist schon längst zu einem Streit zwischen den Industriestaaten über die besten Ausgangspositionen für die eigene künftige wirtschaftliche Entwicklung und über die Stellung auf den Weltmärkten geworden, in denen fortgeschrittene Technologien eine zentrale Rolle einnehmen werden.« Das betrifft vor allem die westeuropäischen Unternehmen, deren Ostgeschäfte 1984 den Wert von 30 Milliarden Dollar erreichten – deutlich mehr als die US-Konkurrenz.
Unstimmigkeiten werden natürlich von cleveren Einkäufern des Ostens ausgenutzt. Über 160 östliche Waffensysteme sind bereits mit westlicher Technik produziert worden. Die aerodynamischen Entwürfe der »Backfire«-Fernbomber stammen ursprünglich von Boeing, Steuerelemente der SS-20-Atomraketen werden auf Präzisionsmaschinen aus dem US-Staat Vermont geschliffen. Das Lastwagenwerk an der Kama entstand mit westlicher Technologie. Entgegen sowjetischen Versprechen wurden dort Militärtransporter gebaut, die in der DDR und in Afghanistan Verwendung

fanden. Die Sowjetunion kaufte zwei riesige schwimmende Trokkendocks, die heute in Wladiwostok und in Murmansk stationiert sind.
Die »Atoll«-Rakete, mit der am 1. September 1983 eine Linienmaschine der Korean Airlines abgeschossen wurde, ist der amerikanischen »Sidewinder« nachempfunden. Sowjetische »Rjad«-Rechner arbeiten mit denselben Programmen und Zusatzgeräten wie die IBM-Computer 360 und 370. Angeblich sollen die Sowjets zur Reparatur sogar die IBM-Schaltpläne benutzen.
Vor der amerikanischen Ostküste wurde eine Sonarboje der Sowjets entdeckt, mit der US-Unterseeboote ausspioniert werden sollten. Sie enthielt einen Mikrochip, der sich nicht von einem Mikroprozessor der Firma Texas Instruments unterschied. Viele neue Waffensysteme gleichen den westlichen Vorbildern. Ende 1985 wurden Einzelheiten zum neuen sowjetischen Kampfflugzeug »Suchoi-27« bekannt. Die SU-27, das Gegenstück zur amerikanischen F-15, kann aus großer Höhe niedrig fliegende Tornado-Jagdbomber und Cruise Missiles abschießen. Die Sowjetmaschine verfügt, wie die neue F-18 der Amerikaner, über ein nach unten blickendes Radar und über radargelenkte Raketen, die ihre westlichen Vorbilder noch übertreffen sollen. Sie ist schneller als die F-15 und kann sogar 500 Kilometer weiter fliegen. Luftfahrtexperten glauben, daß die Sowjets bei der SU-27 durch Spionage Entwicklungskosten in Höhe von 120 Millionen Mark und fünf Jahre Entwicklungsarbeit gespart haben.
Die Beschaffung wird von Firmen mit Namen wie Semitronic oder Electronics International, Techma GmbH oder Integrated Time erledigt. Ihre Besitzer haben in den letzten Jahren traurige Berühmtheit erlangt. Der US-Zoll hat für seine seit 1981 laufende Abwehrmaßnahme Operation Exodus eine Liste der meistgesuchten »Techno-Banditen« herausgegeben. Die Spitzenreiter der High-Tech-Exporteure sind zwei Deutsche:
Der eine, Richard Müller, gebürtiger Berliner mit Schweizer Paß, hat seit Anfang der siebziger Jahre mit einem Netz von 75 Firmen in Österreich, Frankreich, der Schweiz, Großbritannien, USA und der Bundesrepublik Deutschland »legal« gekaufte Embargoware für mindestens 58 Millionen Dollar Listenpreis in den Ostblock geschafft. Müllers Machenschaften flogen Anfang 1983 auf, als er sieben VAX-Großrechner der Firma Digital sowie dazuge-

hörige Hard- und Software über Südafrika, die Bundesrepublik und Schweden in die Sowjetunion liefern wollte. Das VAX-System findet sich in der Feuerleitanlage amerikanischer Atomraketen. Der Händler aus Jesteburg bei Hamburg ist seit 1983 flüchtig und soll sich vorwiegend in Ungarn und der DDR aufhalten. Der Ingenieur Hans Jochheim aus Laatzen bei Hannover, der mit Müller zusammengearbeitet haben soll, wurde inzwischen zu drei Jahren und vier Monaten Gefängnis verurteilt. In Stockholm läuft ein umfangreiches Verfahren gegen den Müller-Freund Olaf Haakanson.
Der andere ist Werner Bruchhausen. Der früher in München lebende Kaufmann organisierte gleichfalls eine Kette von Scheinfirmen, mit deren Hilfe er Hochtechnologie im geschätzten Wert von 30 Millionen Dollar auf Umwegen in Moskaus Machtbereich schaffte. Er soll Schlüsselkomponenten für Raketen und Satelliten verschoben haben. Zu seinen Kunden gehörten Firmen wie Elektronorg in Moskau, Metronex in Warschau und Isotimpex in Sofia. Nach langer Jagd wurde Bruchhausen im Mai 1985 in einem Londoner Hotel festgenommen. Er besaß einen brasilianischen Paß mit dem Namen Ernesto Hause. Er saß fortan im Londoner Pentonville Prison. Zwischen den USA und Großbritannien begann ein Gerangel um die Auslieferung von Bruchhausen. Im Juni 1986 gaben die Engländer nach. Nun erwartet er seinen Prozeß in Los Angeles.
Diese Männer treten öffentlich in Erscheinung, solange ihr trickreiches Geschäftsgebaren es zuläßt und CoCom nicht auf sie aufmerksam geworden ist. Völlig unabhängig von ihnen wirken Hunderte, ja vielleicht Tausende von Industriespionen, die in westlichen Großunternehmen, manche für einen Hungerlohn, viele nur für Ehre und Auszeichnung, Konstruktionsunterlagen stehlen und Forschungsgeheimnisse in den Osten liefern.
Dazu zwei Beispiele: Der US-Bürger William Bell arbeitete als Radarfachmann für die Hughes Aircraft Company und in seinem Doppelleben für den polnischen Geheimdienst. Ein angeblicher polnischer Geschäftsmann war sein Führungsoffizier. Er übernahm von Bell in den Jahren zwischen 1978 und 1981 Informationen über die »stillen« Radarsysteme des B-1- und des streng geheimen »Stealth«-Bombers, technische Details zu neuen Radareinrichtungen der Marine und im Panzerbau, zur »Phoenix«-Rakete, die von der F-14 abgeschossen wird, zum neu konzipierten

»Hawk«-Luftabwehrsystem von Raytheon, zur Luftabwehrrakete »Patriot« (gleichfalls Raytheon) und dem geplanten NATO-Luftverteidigungssystem. Er verriet eine Sonaranlage der amerikanischen U-Boot-Flotte und das bereits erwähnte neue, sensationelle Radar der F-18 (SU-27 und MiG-25 bei der Sowjetunion). Bell war für die Agenten ansprechbar, weil er sich bei seiner Scheidung hoch verschuldet hatte. Insgesamt bekam er von seinem polnischen Kontaktmann 110000 Dollar; eine Kleinigkeit im Verhältnis zur Leistung.

Manfred Rotsch, 62, war unter dem Decknamen Emil Moskaus bester Mann in der westdeutschen Luft- und Raumfahrtindustrie. 1952 schloß er sein Studium an der Ingenieurschule Dresden ab, zog 1954 zu seinen Eltern in den Westen. Bereits damals arbeitete er für das Ostberliner Ministerium für Staatssicherheit (MfS), in Wirklichkeit jedoch für den sowjetischen Geheimdienst KGB. Bis 1959 gehörte er dem Heinkel-Flugzeugbau in Stuttgart an, wechselte dann zum Entwicklungsring Süd in München, wo er als Leiter der Abteilung Festigung am damals sensationellen Senkrechtstarter-Projekt VJ 101 beteiligt war. Manfred Rotsch ging 1964 zu Junkers und wurde schließlich 1969 von MBB übernommen.

Nun war er am Ziel angelangt. Rotsch wurde zuerst Leiter der MBB-Abteilung FM-34 des Großprojekts MRCA Tornado. Er kannte die geheime Rumpf-Mittelteil-Konstruktion des höchstentwickelten Jagdbombers, die Unterbringung von Systemen und Versorgungsleitungen, die Aufhängung der Tanks, das Schwenkflügelsystem und den Simulator für Schießversuche. Rotsch arbeitete im Auftrag von MBB mit mehreren ausländischen Partnerfirmen zusammen, darunter dem US-Konzern Grumman. Auch von solchen Dienstreisen brachte er für das KGB verwertbare Erkenntnisse mit. Auf diese Weise erfuhr der Osten Neuigkeiten aus der westeuropäischen und transatlantischen Rüstungskooperation. Die von MBB heruntergespielte Rotsch-Spionage soll sogar Raumfahrtbereiche und Einzelheiten des geplanten »Jägers 90« umfaßt haben. Der biedere Blumenzüchter und Schachspieler Rotsch, Mitglied der CSU und Reihenhausbewohner, wurde am 20. September 1984, kurz vor seiner Pensionierung, nach einjährigen Ermittlungen des Bundesamtes für Verfassungsschutz verhaftet.

Erst im Frühjahr 1986 begann der Prozeß gegen Rotsch wegen eines Verdachts »der geheimdienstlichen Agententätigkeit im besonders schweren Fall sowie Verletzung des Dienstgeheimnisses und einer besonderen Geheimhaltungspflicht« (so die Anklageschrift) vor dem Bayerischen Obersten Landesgericht.
Leute wie Bell, Rotsch, Bruchhausen und Müller – man könnte derzeit sicherlich 100 Namen hinzufügen – arbeiten für einen übergeordneten Auftraggeber, die Militärisch-industrielle Kommission des Ministerrats (VPK) der Sowjetunion. Der VPK gehören zum Teil die Spitzenmanager der meisten Moskauer Schlüsselministerien an, vor allem jedoch die Minister für Luftfahrt, Maschinenbau (Geschosse und Sprengstoffe), Wehrproduktion (Panzerbau und Elektrooptik), allgemeinen Maschinenbau (strategische Raketen und Raumfahrt), Kommunikationsgeräte, Rundfunkindustrie (Radargeräte und Großrechner), mittleren Maschinenbau (Kernwaffen und Hochleistungslaser), Schiffbau und Elektronik. Das Außenhandelsministerium und die Geheimdienste arbeiten voneinander unabhängig, letztlich aber auch im Interesse der Kommission. Im Weinberger-Report vom Herbst 1985 heißt es: »Ende der 70er und Anfang der 80er Jahre beschafften sich die sowjetischen Nachrichtendienste mittels der eigenen Tätigkeit und derjenigen der osteuropäischen Stellvertreter rund 60 bis 70 Prozent aller Materialien, die jedes Jahr im gesamten VPK-Programm gesammelt wurden. Diese Nachrichtendienste spielten eine noch wichtigere Rolle in der weltweiten Sammlung von 90 Prozent der Informationen, die Moskau für die bedeutendsten hielt und danach in vielen Hunderten von militärischen Forschungsprojekten verwendete.«
Beim KGB kümmert sich das erste Hauptdirektorat (Auslandsnachrichten) um Wissenschaft und Technologie. Zu seinem als Direktorat T bezeichneten Zentralbüro gehören rund 1000 Offiziere. Davon sind 300 im Westen eingesetzt. Gut informierte Geheimdienstkreise rechnen beispielsweise den derzeitigen stellvertretenden Leiter der sowjetischen Handelsdelegation in Wien, Diplom-Ingenieur Wladimir Koltschenko, zu ihnen. Männer wie Koltschenko – die mit Vorliebe über Länder wie Österreich, Schweden, Finnland, die BRD und die Schweiz der Technologiebeschaffung nachgehen – sind in den als Linie X bezeichneten Einheiten organisiert. Die meisten von ihnen haben eine wissenschaftliche

Ausbildung. Gelegentlich, wenn sie es zu auffällig treiben, werden diese KGB-Experten scharenweise von den bespitzelten Gastländern heimgeschickt.
Die Offiziere der Linie X sind in vielerlei Tarnstellungen untergebracht. Zahlreiche Legenden wurden auch für die 1500 im Ausland tätigen Offiziere des sowjetischen Militärgeheimdienstes GRU erfunden. Er ist die eigentliche Zentralstelle für militärisch-wissenschaftliche Daten des Westens und beschafft auf diesem Gebiet angeblich bis zu zehnmal mehr als das KGB. Die vier Operationsdirektorate des GRU sind geographisch eingeteilt. Ihre Mitarbeiter besitzen vor allem technische Ausbildung und Erfahrung. Zumeist kommen sie aus dem Militärapparat der Sowjetunion. Ein desertierter GRU-Mann in London: »Wir kümmern uns bevorzugt um Zulieferfirmen, die sich unserer Existenz nicht so bewußt sind, und versuchen dann, das ganze Bild eines Flugzeuges oder einer Rakete durch Einzelinformationen zusammenzufügen. Ich glaube, daß Präsident Reagan recht hat. Was immer Ihr der Sowjetunion gebt, sie wird es für militärische Zwecke nutzen.«
In Moskau sieht man das übrigens anders. Eine der seltenen Stellungnahmen zum problematischen Technologietransfer erschien im Oktober 1984 aus der Feder von Oberstleutnant I. Leonidow in einer angesehenen Militärfachzeitschrift. Darin heißt es, die westliche Abwehr ziele darauf, »politischen Druck auf die sozialistischen Staaten auszuüben, ihre wirtschaftliche und wissenschaftlich-technische Entwicklung zu beschneiden, um dabei militärische Überlegenheit gegenüber der Sowjetunion zu erreichen«. Dr. Stephen Bryen, eine rechte Hand des Technologiefahnders Richard Perle aus dem Pentagon, las mir dieses Zitat in seinem Washingtoner Büro vor und blickte grimmig. »Wir waren bis 1981 sehr desorganisiert«, fügte er hinzu, »und konnten nicht richtig abwehren. Aber nun beginnt es die Russen zu beißen.« Die Erfolgsstatistik der US-Zollbehörde ist beeindruckend: Von Oktober 1981, als »Operation Exodus« begann, bis Juni 1985 beschlagnahmten die High-Tech-Spürnasen mehr als 4000 verdächtige Artikel im Wert von 274 Millionen Dollar. Bis März 1985 wurden 579 Personen verhaftet, 369 von ihnen rechtskräftig verurteilt.
Daß die Amerikaner aber gelegentlich zweierlei Maß anlegen, wenn es an ihre nationalen Emotionen rührt, sollte zu denken geben. Als eine deutsche Firma aus Fulda 1984 einen Posten von

11000 kugelsicheren Westen an Syrien verkaufen wollte, legten die Amerikaner ihr Veto ein. Das Fibergarn stammte nämlich vom US-Konzern Dupont und wurde zum militärisch bedeutsamen Material erklärt. Das Pentagon zeigte sich konziliant und kaufte – um den deutschen Unternehmer vor dem Ruin zu bewahren – die Neun-Millionen-Dollar-Lieferung auf.
Im selben Jahr wurde in Houston ein Pakistaner namens Nazim Ahmad Vaid beim illegalen Export von Krytrons, kleinen Bauteilen für den Zündmechanismus von nuklearen Explosionen (und diversen anderen industriellen Vorgängen) erwischt. Seine Verhaftung löste hektische Aktivitäten im Kongreß aus. Da gab es Senatoren, wie Alan Cranston und John Glenn, die ein sofortiges Einfrieren aller Hilfsgelder für Pakistan verlangten, aber auch den Abgeordneten Stephen Solarz aus New York – in arabischen Kreisen als »Kongreßvertreter aus Haifa« bekannt –, der weitestreichende Sanktionen forderte. Die pakistanische Regierung wies natürlich jede Verbindung zu Nazim Ahmad Vaid zurück und dementierte, daß die Krytrons für die Nuklearindustrie des südasiatischen Landes gedacht gewesen seien. Der ertappte Exporteur – er wurde inhaftiert und später des Landes verwiesen – gab an, die elektronischen Elemente hätten zur Ölgewinnung und auf dem medizinischen Sektor verwendet werden sollen. Doch die »islamische Bombe« war schon in aller Munde.
Das Nachrichtenmagazin *Newsweek* und die *Washington Post* berichteten im Mai 1985 von einer Aktion des unter anderem in Kalifornien lebenden israelischen Wirtschaftstycoons Arnon Milchan. Milchan soll im Zeitraum von 1979 bis 1983 800 Krytrons nach Israel geschmuggelt haben, wo man bekanntlich auch sehr aktiv an Atomwaffen bastelt. Milchan hatte die sensitiven Kleinteile über die kalifornische Handelsfirma Milco direkt beim Monopol-Produzenten EG and G Inc. in Massachusetts besorgen lassen. Dem Lieferanten wurde versichert, daß die Krytrons ausschließlich in den USA benutzt und nicht außer Landes geschafft würden.
Als die Geschichte nach und nach herauskam, mußte das israelische Verteidigungsministerium zugeben, daß es »eine Reihe von« Krytrons für die konventionelle Waffenproduktion erworben hatte. Der lokale Exporteur, ein Amerikaner namens Richard Smyth, wurde in Kalifornien unter Anklage gestellt. Daraufhin sollen die Israelis erklärt haben, sie würden die Krytrons wieder

zurückgeben. Alle Beteiligten waren zufrieden, und die mißliche Angelegenheit konnte abgelegt werden. Im US-Kongreß erhob sich keine einzige Stimme, die Israel in einer Weise verurteilte, wie es vorher mit Pakistan geschehen war. Die Beratungen über US-Wirtschafts- und Militärhilfe für den Judenstaat in Höhe von 4,5 Milliarden Dollar konnten ungestört zu Ende geführt werden.

Waffenbusiness und Moral

»Nichts Bessers weiß ich mir an Sonn- und Feiertagen
als ein Gespräch von Krieg und Kriegsgeschrei,
wenn hinten, weit, in der Türkei,
die Völker aufeinanderschlagen.
Man steht am Fenster, trinkt sein Gläschen aus
und sieht den Fluß hinab die bunten Schiffe gleiten;
dann kehrt man abends froh nach Haus
und segnet Fried und Friedenszeiten.«

Johann Wolfgang von Goethe, »Faust«

Herr Pieper, der zuvorkommende, wohl bekannteste Sprecher der deutschen Rüstungsindustrie, hat einen Zettelkasten. Darin befinden sich »Argumente für die Sicherheit«, aufgeteilt nach möglichen Fragen und den dafür passenden Antworten. Wird Herr Pieper nach der Moral gefragt – beispielsweise so: »Besteht für uns Deutsche eine moralische Pflicht, auf den Waffenexport zu verzichten?« – dann darf er zwischen einer griffigen und einer argumentativen Entgegnung wählen. Die flotte Antwort aus dem Rheinmetall-Bauchladen lautet so:

»Seit nahezu drei Jahrzehnten ist die Bundesrepublik Deutschland fester Bestandteil des westlichen Verteidigungsbündnisses. Von daher ist es völlig klar, daß wir auch Aufgaben übernehmen müssen, die manchen Mitbürgern aus ›historischen Gründen‹ problematisch erscheinen. Unsere Bündnispflichten bestehen nun einmal nicht nur darin, daß wir Soldaten stellen. Wir müssen auch unseren Anteil bei der Waffenproduktion leisten. Denn: Es kann sich niemand nur mit dem Knüppel wehren, wenn ein Maschinengewehr auf ihn gerichtet ist. Dies gilt für uns Deutsche. Aber auch für unsere Verbündeten und Freunde: Der Schutz des eigenen Landes und Volkes mit seinen Familien und Menschen ist eine moralische Pflicht eines jeden Staates.«

Worte wie aus Stein gehauen, und vor allem von zwingender Logik. Doch lassen sich das Waffengeschäft und die Moral so einfach erklären? Das früheste Gewerbe – wurde etwas Älteres produziert als der Faustkeil oder die Keule aus dem Knochen eines Tieres? – ist vielschichtig wie kein anderes. Mord und Totschlag gab es immer, notfalls auch ohne spezielle Waffen; und natürlich gab es Kriege. Die Kriegerkaste verstand es stets, ihre Existenz abzusichern. Und immer ging es um die Sicherung oder die Ausübung von Macht, oft um Abschreckung. Moralische Ansprüche folgten allemal an zweiter Stelle oder gar mit weitem Abstand. Schon Machiavelli definierte die politische Ordnung als mit militärischer Macht identisch.

Otto von Bismarck bezeichnete die Armee als »wahrsten Repräsentanten« des deutschen Volkes. Preußens General Helmut von Moltke: »Der ewige Friede ist ein Traum, und nicht einmal ein schöner, und der Krieg ein Glied in Gottes Weltordnung.« Zu jener Zeit schmückte man sich noch mit Kriegen. Eine Äußerung wie jene aus dem Munde Friedrichs II. von Preußen war moralisch sauber: »Der Ehrgeiz, mein Vorteil, der Wunsch, mir einen Namen zu machen, gaben den Ausschlag, und der Krieg war beschlossen.« Nun leben wir in einem Zeitalter, in der es Vereinte Nationen gibt, die von »der Geißel des Krieges« sprechen.

Ende 1984 wurden auf der Erde 30 Kriege geführt, davon 22 schon seit mehr als fünf Jahren. Das ergab eine Erhebung der »Arbeitsgemeinschaft Kriegsursachenforschung« der Hamburger Universität. Die Forscher fanden heraus, daß die traditionelle Form des zwischenstaatlichen Krieges, wo also ein Land seinen Nachbarstaat angreift, abgenommen hat. Dagegen liegt der Anteil interner Auseinandersetzungen, innerhalb der jeweiligen Grenzen, bei mittlerweile 60 Prozent. In vielen Fällen mischt sich das Ausland ein. Die Hamburger Wissenschaftler zählten die meisten Kriege in der Dritten Welt. Als am häufigsten betroffene Regionen wurden Süd- beziehungsweise Südostasien genannt, Schwarzafrika und der Nahe oder Mittlere Osten. Lateinamerikas Kriegsanfälligkeit sei, entgegen weitverbreiteter Meinung, sehr mäßig. Seit dem Ende des Zweiten Weltkrieges hätten am meisten die USA, Großbritannien und Südafrika interveniert. In dieser Reihenfolge. In 44 Fällen – von 159 Kriegen nach Hamburger Zählung – haben Industriestaaten in der Dritten Welt militä-

risch eingegriffen. Sie seien also mithin weniger friedfertig als es scheine, so die Autoren.
An dieser Stelle drängen sich nun Zahlen auf, die nicht neu sind, aber doch immer wieder erschrecken. Zur Zeit des Römers Julius Cäsar kostete es 1,75 Mark, einen Soldaten zu töten. Feldherr Napoleon mußte schon umgerechnet 6900 Mark ausgeben. Die Toten von Verdun schlagen mit je 48300 Mark kalkulatorisch zu Buche, die Leichen von Stalingrad mit 115000 Mark. Um einen Vietcong zu töten, mußten die Amerikaner rein rechnerisch 690000 Mark aufbringen. Im Zeitalter des hochtechnisierten Abschlachtens potenzieren sich die Summen.
Würde der Verantwortliche für diese Daten, der holländische Friedensforscher Bert V. A. Roeling, weiterrechnen, so käme er beispielsweise beim Luftangriff der Amerikaner auf Libyen, am 15. April 1986, auf das Mehrfache der Vietnam-Kosten. Die Bombenlast jeder der 33 Maschinen war viele Millionen Dollar wert. Ein Jagdbomber vom Typ F-111 ging verloren – 39 Millionen Dollar pro Einheit. Dazu kommen Sprit, der gesamte militärische Apparat, zwei Flugzeugträger mit ihrer Begleitflotte vor Sizilien. In Tripolis und Benghasi starben 37 Menschen.
Wie viele von ihnen Zivilisten waren, wird man nicht mehr herausfinden können. Im Ersten Weltkrieg trugen 90 Prozent der Getöteten Uniform. Von den 55 Millionen Opfern des Zweiten Weltkriegs müssen 31 Millionen als Zivilisten gelten. In Vietnam lag ihr Anteil schon bei 90 Prozent. Krieg ist häßlich, grauenhaft, böse. Und doch wird Tag für Tag alles getan, damit er jederzeit und überall ausbrechen kann. Von SIPRI stammt die Information, wonach pro Minute eine Million Dollar für Rüstung ausgegeben wird. Sollte sie stimmen, dann wäre es ein weiteres Indiz auf die umsatzstärkste Branche aller Zeiten. Als dieses Phänomen vor zwei Jahrzehnten untersucht wurde, stießen die Rechercheure auf jede Menge »Makler des Todes«. Die privaten Waffenhändler aller Schattierungen hatten das Geschäft im Griff. Auch als der scharfsinnige Anthony Sampson 1976 sein Buch *The Arms Bazaar* verfaßte, fand er die Dominanz vieler Geschäftemacher und Broker bemerkenswert.
Inzwischen haben sich in den meisten zivilisierten Staaten die Gesetze für den Waffenverkauf und -export zuungunsten der Dealer verschärft. Die Regierungen verstanden es zugleich mit bemer-

kenswerter Geschicklichkeit, den Markt zu übernehmen. Heute beherrschen sie ihn, mit Hilfe umfangreicher Verkaufsorganisationen, mit Unterstützung ihrer Auslandsvertretungen, durch verstaatlichte Industrien, durch Geheimdienste. In jüngster Zeit, und parallel zum Anstieg der Arbeitslosigkeit in den hochindustrialisierten Ländern, ist die Umkehrung bisheriger Werte deutlich auszumachen.

Eine Zeitungsmeldung vom Februar 1986 begann mit folgendem Satz: »Die Gewerkschaften und die Sozialdemokratische Partei Dänemarks fordern mehr nationale Produktion von Rüstungsgütern, um die Arbeitslosigkeit zu bekämpfen.« Krisenbedrohte dänische Betriebe, so Spitzenpolitiker in einem Appell an das Verteidigungsministerium, könnten durch eine Umstellung auf Rüstungsproduktion zusätzliche Kenntnisse und auf lange Sicht Exportmöglichkeiten in anderen NATO-Ländern gewinnen. Die Nachricht endete: »Der konservative Verteidigungsminister Engell zeigte sich an diesem Vorschlag interessiert.« Ein Vorstoß, den man in ähnlicher Form schon aus Österreich kennt. Doch da unterstützt die Regierung lokale Waffenherstellung mit hohen Subventionen und untersagt dann den Verkauf.

Daß ein benachbartes Alpenland logischer handelt – und weniger Moral empfindet – zeigt das letzte Beispiel. Die Schweiz von Wilhelm Tell und Friedrich Dürrenmatt (»Politik und Moral decken sich nicht, aber so tun als ob ist bedenklich«) gilt nicht nur als erstrangiges Touristenziel und als Idealversteck für schwarze Gelder, sie mischt im internationalen Waffenhandel stärker mit, als der Rest der Welt annimmt. Würde man der Außenhandelsstatistik glauben, dann müßte von einer zeitweiligen Krise der eidgenössischen Wehrwirtschaft ausgegangen werden. 1981 wurde Kriegsmaterial im Wert von 511 Millionen Franken ausgeführt. 1982 für 470 Millionen und im Jahr darauf nur noch für 377 Millionen. Die Ziffer änderte sich auch 1984 nur unmerklich. 1985 stieg die Verkaufsquote wieder auf 540 Millionen Franken.

Wer jedoch die internen Verhältnisse zwischen Zürich und Genf kennt, der weiß, daß die offiziell mit 47000 angegebenen Rüstungsbeschäftigten und ihre Umsätze nur die Spitze vom Eisberg der Zunft sind. Schweizer Unternehmen sind häufig multinational angelegt. Um den Daumenschrauben des 1973 verschärften »Bundesgesetzes über das Kriegsmaterial« zu entgehen, verkaufen und produzieren Schweizer Firmen bevorzugt über Niederlassungen in Frankreich oder Italien oder sonstwo. Dem Marktführer Oerlikon-Bührle steht zum Beispiel Oerlikon Italiana zur Verfügung, aber auch die Bührle-Tochter Contraves in Rom. In einer seiner seltenen Stellungnahmen ließ Gruppenchef Claus A. Bon wissen: »Von Zürich aus beliefern wir die NATO-Staaten und die Neutralen, von Rom aus alle übrigen Länder.« Der Radpanzerhersteller Mowag aus Kreuzlingen produziert in Chile, desgleichen die Schweizerische Industriegesellschaft (SIG), deren Sturmgewehre weltweit begehrt sind.

Oerlikon-Bührle ist im übrigen daran schuld, daß die bedächtigen, aber geschäftstüchtigen Schweizer mit Exportrestriktionen leben müssen. In den späten sechziger Jahren lieferte der Vorzeigekonzern des Dieter Bührle unerlaubterweise Kanonen an das aufständische Biafra, während seine Mitbürger Nahrungsmittel, Medikamente und getragene Kleidung für die Opfer sammelten. Bührle wurde im nachhinein zu acht Monaten Gefängnis verurteilt, mußte sie aber nicht absitzen. Schlitzohrig, wie die Eidgenossen sind, haben sie für ihren Exportschlager »Pilatus PC-7«, ein gegen Guerilleros höchst effektives Kleinflugzeug, bestimmt, daß es nicht als Waffe zu gelten hat, solange es die Grenze ohne militärische Ausstattung passiert. Spätestens im Empfängerland wird die PC-7 zum Kampfmittel. Oerlikon-Bührle schickt auf Anfrage jedem ernsthaften Interessenten eine Broschüre, in der er sieht, wie das Flugzeug mit Maschinengewehren und Bombenabwurfvorrichtungen an Attraktivität gewinnt. Tarnung ist alles.

Gerade im Zusammenhang mit dem Golfkrieg haben die alpenländischen Spekulanten immer wieder gezeigt, wie findig sie sein können. Sie leiten die Ware nicht nur über Auslandsfilialen, sie handeln auch allzu oft mit fremden Erzeugnissen. Dann fließen nur die Gelder über Schweizer Konten. Insider sprechen davon, daß 90 Prozent der europäischen Waffengeschäfte auf irgendeine Weise mit den massiven Finanzburgen um die Zürcher Bahnhofstraße und den eleganten Geldhäusern von Genf zu tun haben. Und alles läuft unglaublich dezent und heimlich ab. Daß da jede Außenhandelsbilanz durcheinanderkommen muß, ist wohl kein Wunder.

Ein Toni Lienhard kommentierte 1979 im Zürcher *Tagesanzeiger:* »Im Prinzip soll der Export schweizerischer Waffen nicht unterbunden werden, so will es das Gesetz, denn dieser Export sichert Existenz und Niveau unserer Waffenschmieden, garantiert somit Arbeitsplätze, und wenn die Schweiz diese Waffen nicht liefert, machen es andere noch so gern. Niemand ist eine Insel, und nach dem Willen der Parlamentsmehrheit, die diesem Gesetz zustimmte, soll und kann die Schweiz auch nicht eine Insel der Moral sein, waffenkaufend zwar für die eigene Armee, keine Waffen verkaufend andererseits der weißen Weste zuliebe. Daß aber gerade direkt Geld verdient wird am Blutvergießen irgendwo auf der Welt, das mochten Bundesrat und Parlament doch wieder nicht gestatten. Motto: Geschäfte ja, das nützt uns in verschiedener Hinsicht, Kriegsgewinnlertum nein. Schließlich hat die Schweiz einen Ruf zu verteidigen, das Land des Roten Kreuzes. Und dann hat die Schweiz auch einige außenpolitische Maximen, worunter jene der Humanität.«

Waffenbusiness und Moral. Ich habe in dreijährigen intensiven Recherchen manche Waffengeschäfte erlebt und von vielen erfahren. Moral, in ihrem ursprünglichen Sinn, habe ich nirgendwo entdeckt. Das soll nicht heißen, daß es sie nicht gibt. Sie zeigt sich nur immer wieder unter einem anderen Etikett, und jeder glaubt – zu seiner eigenen Beruhigung –, sie für sich gepachtet zu haben. Der alte Florentiner Niccolò Machiavelli lebt in den Fluren der Verteidigungsministerien und in den Hirnen der Politiker. »Vor allem anderen«, soll er, der natürliche Feind aller Moralisten, befunden haben, »seid bewaffnet!« Die Rüstungsindustrie müßte ihn eigentlich zu ihrem Schutzpatron küren.

ROYAL OMAN POLICE
P. O. Box 2
MUSCAT.
Sultanate of Oman
Telephone QURUM 600099
TELEX 377 COMPOL MB

شـــرطة عمان السلطانية
ص . ب ٢
مسقط
سلطنة عمان

CERTIFICATE OF END USE

ARMS

This certifies that the quantity of ____________

______________________________ ordered by ____________

under their reference ______________________________, are

required solely for the use of the ROYAL OMAN POLICE,

within the Sultanate of Oman.

It further certifies that the said is not

for disposal, loan or sale to any other organisation,

for any purpose what so ever.

CERTIFIED ______________________ DATE

CERTIFIED ______________________ DATE

Q M G Department
MUSCAT

Dokument 1 – zu S. 207

Walter Genädinger, Bern

hierdurch verpflichte ich mich, für den fall, daß die im vertrag vom 17.7.81, geschlossen zwischen mir und Botco Ltd., vereinbarte Warenlieferung in Höhe von 67.000.000,-- US dollar nicht vertragsgemäß und in Übereinstimmung mit der zum Vertrag gehörenden Modifikation und Spezifikation abgewickelt werden sollte, die bereits erhaltene Summe in Höhe von 70% des Vertragsvolumens= 46.900.000,--US dollar unverzzüglich an den Vertrags-partner zurückzuzahlen.
Ich erkläre weiterhin, daß einer Anlieferung nunmehr nach ERhalt der Bestätigung über den Verbleib der Ware nichts mehr im Wege steht und der Käufer berechtigt ist , eine Besichtigung vorzunehmen.

Düsseldorf den 9.12.81

Walter Genädinger

Dokument 2 – zu S. 243

Shipper

FEDERAL MINISTRY OF FOREIGN TRADE
T.D.PRAHA

PAGE 2

B/L No· 8.-

Consignee

ORDER OF AMBAJADA DE GRANADA 5 AVENIDA NO.8409
MIRAMAR LA HABANA C U B A

ORIGINAL

CZECHOSLOVAK OCEAN SHIPPING
INTERNATIONAL JOINT-STOCK Co.
POCERNICKA 168
100 99 PRAHA 10

CABLES: PLAVBA PRAHA

Notify address

Local vessel | from

(Ocean) vessel: "BITNO"

Port of loading: KARDELJEVO

Port of discharge: HAVANA

Final destination (if on-carriage)

Freight payable at: FREIGHT PREPAID

Number of original Bs/L: THREE/3/

Marks & Nos.	Number and kind of packages; description of goods	Gross weight	Measurement
2110054/B 893/1-893 2110054/B 45/1-45	938 CASES SMALL AMMUNITION AND EXPLOSIVE ARTICLES	25.011	19,961

ČECHOFRACHT PRAHA
Ref:144/80666

FEDERAL MINISTRY OF FOREIGN
TRADE T.D.PRAHA
Ref:121/0841

ABOVE PARTICULARS DECLARED BY SHIPPER.

Freight and charges

1. Freight to be paid as per note above plus other charges incurred in accordance with the provisions contained in this B/L and to be considered as earned ship and/or cargo lost or not lost. – Shipped on board in apparent good order and condition unless otherwise stated and to be discharged at the aforesaid port of discharge or so near thereto as the vessel may safely get and be always afloat. – Weight, measure, marks numbers, quality, contents and value if mentioned in the Bill of Lading, are to be considered unknown unless the contrary has been expressly acknowledged and agreed to. The signing of this Bill of Lading is not to be considered as such an agreement. – In accepting this Bill of Lading the Merchant expressly accepts and agrees to all its stipulations, exceptions, and conditions, on both pages, whether written, printed, stamped or otherwise incorporated as fully as if they were all signed by the Merchant. One of the Bills of Lading must be surrendered dully endorsed in exchange for the goods or delivery order. – In witness whereof the Master of the said vessel has signed the number of original Bills of Lading stated above, all of this tenor and date, one of which being accomplished the others to stand void.

PLACE AND DATE OF ISSUE
KARDELJEVO [illegible]

SIGNED (FOR THE MASTER) BY

Dangerous cargo and heavy lifts. a) Before the goods of dangerous or damaging nature and radioactive material are tendered for shipment, the Merchant shall inform in writing the Carrier, Master or Agent of the vessel, of their exact nature or danger, indicating the precautions to be taken, give the name and address of the sender and receiver [illegible] distinctly mark the nature of the goods on the surface of the package or packages, as required by the International Maritime Dangerous Goods Code and applicable statutes or regulations and in addition [illegible] container, flat, trailer, etc. A special stowage order giving consent to shipment must be obtained from the Carrier. b) Any lift weighing over two tons gross must be declared in writing before shipment and the weight must be stencilled clearly on the package. c) The Merchant will be liable for all loss, damage, delay or expenses, if the foregoing provisions are not complied with". Iron and Steel Angles, Bars, etc., Loose or in Bundles. Every piece and bundle shall be distinctly marked with oil paint and every bundle must be securely fastened and metal tagged, otherwise the Carrier shall not be responsible for correct delivery and all expenses incurred at the port of discharge consequent upon insufficient marking or securing will be payable by Consignees".

Sčt 05-3 2808-77-O

Dokument 3 – zu S. 294

Empfehlenswerte Literatur

The Military Balance
Strategic Survey
Herausgegeben vom International Institute for Strategic Studies, 23 Tavistock Street, London WC2E 7NQ. Erscheint jährlich.

World Military Expenditures and Arms Transfers
Herausgegeben von der U.S. Arms Control and Disarmament Agency, Washington, D.C. Erscheint jährlich.

World Armament and Disarmament
Jahrbuch des Stockholm International Peace Research Institute. Erscheint jährlich bei Taylor & Francis, London und Philadelphia.

The Middle East Military Balance
Jaffee Center for Strategic Studies, Tel Aviv University. Erscheint jährlich.

Albrecht, Ulrich: »Politik und Waffengeschäfte«. München 1972.
Albrecht, Ulrich / Lock, Peter / Wulf, Herbert: »Mit Rüstung gegen Arbeitslosigkeit?«. Reinbek bei Hamburg 1982.
Ball, Nicole / Leitenberg, Milton (Hrsg.): »The Structure of the Defense Industry«. New York 1983.
Barnet, Richard J.: »Der amerikanische Rüstungswahn oder Die Ökonomie des Todes«., Reinbek bei Hamburg 1971.
Benedict, Hans-Joachim / Bahr, Hans-Eckehard (Hrsg.): »Eingriff in die Rüstungsindustrie«. Darmstadt und Neuwied 1975.
Brandt, Willy: »Der organisierte Wahnsinn«. Köln 1985.
Brogan, Patrick / Zarca, Albert: »Deadly Business«. The Story of Sam Cummings. London 1983.
Broszka, Michael / Guha, Anton Andreas / Wellmann, Christian: »Das Geschäft mit dem Tod«. Frankfurt a. M. 1982.
Broszka, Michael / Ohlson, Thomas: »Arms Production in the Third World«. SIPRI-Buch, London und Philadelphia 1986.
Ehrenberg, Eckehart: »Der deutsche Rüstungsexport«. München 1981.
Engelmann, Bernt: »Meine Freunde die Waffenhändler«. Bergisch-Gladbach 1964.
Goodwin, Jacob: »Brotherhood or Arms«. New York 1985.
Kessler, Ronald: »The Richest Man in the World«. The Story of Adnan Kashoggi. New York 1986.
Kidron, Michael / Smith, Dan: »Die Aufrüstung der Welt«. Ein politischer Atlas, Kriege und Waffen seit 1945. Reinbek bei Hamburg 1983.
Klare, Michael T.: »American Arms Supermarket«. Austin 1984.
Klieman, Aaron S.: »Israel's Global Reach«. New York 1985.
Koch, Peter: »Wahnsinn Rüstung«. Hamburg 1982.

Krause, Joachim: »Der internationale Handel mit konventionellen Waffen und Rüstungsgütern«. Ebenhausen bei München 1985.
Krause, Joachim: »Sowjetische Militärhilfepolitik gegenüber Entwicklungsländern«. Baden-Baden 1985.
Luttwak, Edward N.: »The Pentagon and the Art of War«. New York 1985.
Mechtersheimer, Alfred: »MRCA Tornado«. Bad Honnef 1977.
Neumann, Robert: »Sir Basil Zaharoff«. München 1951.
Nielebock, Thomas (Hrsg.): »Rüstungsexport«, Tübingen 1984.
Nussbaum, Bruce: »Das Ende unserer Zukunft«. München 1984.
Perdelwitz, Wolf / Fischer, Hasko: »Waffenschmiede Deutschland«. Hamburg 1984.
Pierre, Andrew J.: »The Global Politics of Arms Sales«. New York 1982.
Roth, Jürgen: Makler des Todes. Hamburg 1986.
Sampson, Anthony: »Die Waffenhändler«. Reinbek bei Hamburg 1977.
Schmid, Fred: »Abrüsten oder totrüsten«. Frankfurt a. M. 1981.
»Südfrüchte aus Oberndorf«. Forum Europa Verlag, Bonn 1986.
Tagungssekretariat »Für das Leben produzieren«, »Waffenplatz Schweiz«. Bern 1983.
Thayer, George: »War Business«. Hamburg 1970.
Tuck, Jay: »Die Computerspione«. München 1984.
Wulf, Herbert (Hrsg.): »Aufrüstung und Unterentwicklung«. Reinbek bei Hamburg 1983.

Register